Recherches en sciences du langage

Research in Language Sciences

Aránzazu Gil Casadomet (dir./ed.) &
Marta Tordesillas (co-dir./co-ed.)

Recherches en sciences du langage

Perspectives internationales et interdisciplinaires
en langues et communication

Research in Language Sciences

International and Interdisciplinary Perspectives
on Languages and Communication

PETER LANG
Berlin · Bruxelles · Chennai · Lausanne · New York · Oxford

Information bibliographique de la Deutsche Nationalbibliothek
La Deutsche Nationalbibliothek a répertorié cette publication dans la Deutsche Nationalbibliografie; les données bibliographiques détaillées peuvent être consultées sur Internet à l'adresse https://dnb.dnb.de.

Données de catalogage de la Bibliothèque du Congrès
Library of Congress Cataloging-in-Publication Data
Names: Gil Casadomet, Aránzazu editor | Tordesillas, Marta editor
Title: Research in language sciences : international and interdisciplinary perspectives on languages and communication = Recherches en sciences du langage : perspectives internationales et interdisciplinaires en langues et communication / Aránzazu Gil Casadomet (dir./ed.) & Marta Tordesillas (co-dir./co-ed.).
Other titles: Research in language sciences international and interdisciplinary perspectives on languages and communication
Description: Berlin ; New York : Peter Lang, 2026. | Includes bibliographical references. | 12 contributions in English, 7 in French.
Identifiers: LCCN 2026013965 (print) | LCCN 2026013966 (ebook) | ISBN 9783631937785 hardback | ISBN 9783631937792 pdf | ISBN 9783631937808 epub
Subjects: LCSH: Linguistics | Corpora (Linguistics) | LCGFT: Essays
Classification: LCC P125 .R47 2026 (print) | LCC P125 (ebook)
LC record available at https://lccn.loc.gov/2026013965
LC ebook record available at https://lccn.loc.gov/2026013966

Cofinancé par l'Union européenne dans le cadre de l'Alliance CIVIS, au sein du programme BIP "Scientific Communication and Linguistic Corpora: Tools for Interdisciplinary Research".

ISBN 978-3-631-93778-5 (Print)
ISBN 978-3-631-93779-2 (ePDF)
ISBN 978-3-631-93780-8 (ePUB)
DOI 10.3726/b23576

Published by Peter Lang GmbH, Berlin, Allemagne

info@peterlang.com

Cette publication a été évaluée par des pairs.

www.peterlang.com

Contact concernant le Règlement relatif à la sécurité générale des produits (RSGP) : gpsr@peterlang.com

Sommaire / Summary

Liste des figures / List of figures 9

Liste des tableaux / List of tables 13

Avant-propos / Foreword 17

SECTION I
Linguistique / Linguistics

CHAPITRE 1
Aperçus philosophiques et scientifiques sur le langage et la langue : les enjeux de l'objectivité et la subjectivité 25
Marta Tordesillas

CHAPITRE 2
Approches pour le repérage et la conception de l'expression discursive des émotions linguistiques dérivées de la violence 53
Marta Tordesillas et Aránzazu Gil Casadomet

CHAPITRE 3
Le nom propre – un corpus encyclopédique au service des traducteurs 73
Sonia Berbinski

CHAPITRE 4
Dynamique néologique franco-espagnole dans les médias : les matrices externes et internes 97
Aránzazu Gil Casadomet et Marine Abraham

SECTION II
Traduction / Translation

CHAPTER 5
Teaching Translation with AI Tools Using Short-Form Texts:
Some Preliminary Methodological Issues 125
Eleni Tziafa and Mavina Pantazara

CHAPTER 6
Challenges of Big Data and Corpus Linguistics in the Analysis and Translation of Linguistic Emotions and Semantic Polarity in French and Spanish 151
Aránzazu Gil Casadomet

SECTION III
Didactique des langues / Language Didactics

CHAPTER 7
Research Methodology in Languages and Technologies 173
Imane El Imadi

CHAPTER 8
The Synergy Between Pedagogical Engineering and Didactics at the Heart of Pedagogical Innovation in Language Teaching 191
Mohamed Erradi, Jamal Eddine Barhone and Omar Erradi

SECTION IV
Projets de doctorat basés sur des corpus : applications et études de cas / Doctoral Projects Based on Corpora: Applications and Case Studies

CHAPITRE 9
La Didactique Argumentative et Énonciative (DAE) : un outil pour améliorer la production écrite en FLE au niveau B1 215
Laure Bracq

CHAPITRE 10
Le discours multimodal des infox – un corpus hétérogène analysé par la compétence de littératie 231
Elena-Cristina Drăguţ

CHAPITRE 11
Étude du possible impact des manuels de FLE d'Algérie sur les représentations des apprenants Algériens vis-à-vis du Français 251
Belkacem Tayeb-Pacha

CHAPTER 12
Anti-Pedagogism Movement: Teacher's Voices in the Construction of Educational Theory in X Platform 275
Carmen Fontaneda

CHAPTER 13
Linguistic Framing of Agriculture in Spanish Discourse:
A Corpus-Based Analysis of Agricultura and *Agricultura Urbana*, Environmental Narratives 305
Hugo López-Romano

CHAPTER 14
Cultural and Linguistic Strategies in Promotional Language:
A Comparison Between English and Spanish 317
Margherita Manieri

CHAPTER 15
Metaphors of Anger in Italian and Catalan:
A Corpus-Based Cognitive Linguistic Analysis 327
Francesca Minerba

CHAPTER 16
Topic Constructions of Spanish Psych Verb *Gustar* 345
Ling Mu

CHAPTER 17
Discursive Patterns in the German Web:
A Corpus Linguistic Analysis of the Reporting on Femicides 369
Chantal Seta

CHAPTER 18
The Discursive Meaning of Everyday Fitness:
A Sociological Analysis Using Corpus Linguistics 391
Alina Silion

CHAPTER 19
AI Meets Literary Corpora: LLMs for Advanced Synthetic Data Generation and Automated Evaluation in *Luces de Bohemia* 405
Yanco Amor Torterolo Orta

Notices biographiques des autrices/auteurs / Biographical Notes of the Authors 419

Liste des figures / List of figures

Marta TORDESILLAS et Aránzazu GIL CASADOMET
Figure 1: Déploiement des dynamiques conclusives et concessives de l'émotion linguistique de l'angoisse par million de *tokens* 60
Figure 2: Déploiement des dynamiques conclusives et concessives de l'émotion linguistique de la colère par million de *tokens* 62
Figure 3: Déploiement des dynamiques conclusives et concessives de l'émotion linguistique du dégoût par million de *tokens* 64
Figure 4: Déploiement des dynamiques conclusives et concessives de l'émotion linguistique de la peur par million de *tokens* 65
Figure 5: Déploiement des dynamiques conclusives et concessives de l'émotion linguistique de la tristesse par million de *tokens* 67
Figure 6: Tableau récapitulatif des fréquences d'usage des émotions de l'*angoisse*, la *colère*, le *dégoût*, la *peur* et la *tristesse* dans des dynamiques conclusives et concessives par million de *tokens* 69
Figure 7: Rapport total des fréquences d'usage des émotions de l'*angoisse*, la *colère*, le *dégoût*, la *peur* et la *tristesse* dans des dynamiques conclusives et concessives par million de *tokens* 70

Aránzazu GIL CASADOMET et Marine ABRAHAM
Figure 1: Tableau raisonné et hiérarchisé des matrices internes et externes (Sablayrolles, 2019 : 127) 101

Aránzazu GIL CASADOMET
Figure 1: Analysis of the data collected via Brand24 concerning the emotion *joie* 158
Figure 2: Analysis of the data collected via Brand24 concerning the emotion *alegría* 158
Figure 3: Analysis of the data collected via Brand24 concerning the emotion *amour* 160
Figure 4: Analysis of the data collected via Brand24 concerning the emotion *amor* 160
Figure 5: Analysis of the data collected via Brand24 concerning the emotion *tristesse* 161
Figure 6: Analysis of the data collected via Brand24 concerning the emotion *tristeza* 161
Figure 7: Analysis of the data collected via Brand24 concerning the emotion *colère* 163
Figure 8: Analysis of the data collected via Brand24 concerning the emotion *ira* 163

Mohamed ERRADI, Jamal Eddine BARHONE, and Omar ERRADI
Figure 1: Cycle for transforming an educational model into a digital scenario 198
Figure 2: Synergy between IPDM and language didactics in the design of language training systems 201
Figure 3: Synergy diagram: IPDM / DL / TI 203
Figure 4: Pedagogical process diagram for the immersive learning system 204
Figure 5: Learning path sequence diagram 205
Figure 6: IPDM/DL/TI synergy for pedagogical innovation 207

Carmen FONTANEDA
Figure 1: Feeling of the word pedagogism on the Internet 284
Figure 2: Feeling of the word educational bureaucracy on the Internet 286
Figure 3: Feeling of the word educational expert on the Internet 286

Hugo LÓPEZ-ROMANO
Figure 1: Screenshot illustrating the Concordance Tool of Sketch Engine, with the options selected for the creation of the final corpus ... 309
Figure 2: Screenshot illustrating the word sketch process for the word 'agricultura' in the previously created corpus ... 312

Margherita MANIERI
Figure 1: The comparison of mentions between *sale* and *oferta* ... 321
Figure 2: Sentiment Distribution ... 322
Figure 3: Modifiers of the word *descuento* ... 323
Figure 4: Modifiers of the word *discount* ... 323

Ling MU
Figure 1: Types of *gustar* constructions ... 356

Chantal SETA
Figure 1: *Femizid* as noun ... 381

Alina SILION
Figure 1: The main sources of fitness content ... 398
Figure 2: Sentiments expressed on online platforms regarding fitness ... 398
Figure 3: Comparison between context of discussion last year (left) and 26 March (right) ... 401
Figure 4: Emoji used in fitness mentions last year (left) and on 26 March 2025 (right) ... 402

Liste des tableaux / List of tables

Eleni TZIAFA and Mavina PANTAZARA

Table 1: Five-step didactic model for teaching translation with short forms and AI ... 132
Table 2: Comparison 1: Translation by three AI tools ... 138
Table 3: Comparison 2: Translation vs. post-editing generated by two AI tools ... 140
Table 4: Comparison 3: Translation vs. post-editing generated by the same AI tool ... 141
Table 5: Examples of successful combinations correction-explanation ... 142
Table 6: Examples of successful corrections with problematic comments ... 143
Table 7: Examples of successful comment on an unsuccessful correction ... 144
Table 8: Examples of both unsuccessful comment and correction ... 145

Mohamed ERRADI and Omar ERRADI

Table 1: Cross-referencing of different instructional design models ... 198

Laure BRACQ

Tableau 1: Résultats des devoirs faits à la maison sans utiliser la DAE et après avoir utilisé la DAE ... 223

Tableau 2: Résultats des examens de fin d'année sans utiliser la DAE et après avoir utilisé la DAE 226

Belkacem TAYEB-PACHA
Tableau 1: Les manuels de FLE analysés 256
Tableau 2: Fiche signalétique des quatre enquêtes 257
Tableau 3: Les réponses des questionnés de l'enquête 1 (Hazar, 2011) 261
Tableau 4: Liste non exhaustive des erreurs repérées dans le manuel de FLE de la 3e année secondaire 267

Carmen FONTANEDA
Table 1: Monitoring of the selected initial words: pedagogism, educational bureaucracy, and educational expert 281

Hugo LÓPEZ-ROMANO
Table 1: Frequency and ranking of keywords in terms of their occurrence along the main concepts around which the corpus used revolves (the cells coloured green represent the highest ranking, while those coloured orange represent the lowest) 310

Ling MU
Table 1: Types and distribution of *gustar* construction 355

Alina SILION
Table 1: The operationalisation of liquid discursive meaning of fitness 396

Yanco Amor TORTEROLO ORTA
Table 1: RAG-ready .csv format example 408
Table 2: A .csv format example ready for SDG 409
Table 3: Prompt for SDG 409
Table 4: Prompt for evaluating the QA dataset 410
Table 5: Rating guidelines followed by the judge models 411

Table 6: Ratings by judge model and generation model (82 × 5 = 410 max. rating per model) 412
Table 7: Average model scores per judge model 412
Table 8: Example of a correct QA pair generated by gemma 413

Avant-propos / Foreword

Le présent volume collectif propose une réflexion interdisciplinaire sur les dynamiques discursives, les enjeux linguistiques et les pratiques pédagogiques, à partir d'approches innovantes centrées sur l'analyse du langage, la traduction et la didactique des langues. Cette diversité de perspectives témoigne de la richesse des articulations entre linguistique, humanités numériques, traduction spécialisée et ingénierie pédagogique, dans une démarche résolument contemporaine, critique et plurilingue.

Structuré en quatre sections – Linguistique, Traduction, Didactique des langues et Projets doctoraux fondés sur corpus –, l'ouvrage réunit des chercheurs issus d'universités européennes et maghrébines, autour d'un ensemble de travaux empiriques appuyés par des questionnements théoriques et méthodologiques de grande actualité.

This collective volume offers an interdisciplinary reflection on discursive dynamics, linguistic issues and pedagogical practices, drawing on innovative approaches to language analysis, translation and language didactics. This diversity of perspectives highlights the richness of the connections between linguistics, digital humanities, specialised translation and pedagogical engineering, within a distinctly contemporary and critical framework.

Structured into four sections – Linguistics, Translation, Language Didactics, and Corpus-Based Doctoral Projects – the volume brings together researchers from European and Maghreb universities around a corpus of empirical studies supported by up-to-date theoretical and methodological inquiries.

The first section, devoted to linguistics, opens with a philosophical

La première section, consacrée à la linguistique, s'ouvre sur une réflexion d'ordre philosophique et épistémologique sur la tension entre objectivité et subjectivité dans le langage (chapitre 1, Marta Tordesillas, Universidad Autónoma de Madrid), interrogeant les effets des mutations culturelles sur la perception du réel. Le chapitre 2 (M. Tordesillas et Aránzazu Gil Casadomet, UAM) prolonge cette perspective par une étude sémantique des émotions liées à la violence dans un corpus d'adjectifs et de marqueurs discursifs. Dans le chapitre 3, Sonia Berbinski (Universitatea din Bucureşti) explore les enjeux traductologiques du nom propre anthroponymique à travers une réflexion théorique approfondie et une analyse contrastive de corpus issus du discours pamphlétaire roumain et de la bande dessinée *Astérix et Obélix*, mettant en lumière les tensions entre fidélité, infidélité et créativité traductive. Le chapitre 4 (A. Gil Casadomet, UAM, et Marine Abraham, Universidad de Murcia) met en lumière la vitalité de la néologie dans les discours médiatiques francophones et hispanophones, en dressant une cartographie précise des procédés morphologiques et discursifs de création lexicale.

La deuxième section, centrée sur la traduction, ouvre une réflexion critique sur l'intégration de l'intelligence

and epistemological reflection on the tension between objectivity and subjectivity in language (Chapter 1, Marta Tordesillas, Universidad Autónoma de Madrid), questioning how cultural shifts influence our perception of reality. Chapter 2 (M. Tordesillas and Aránzazu Gil Casadomet, UAM) follows with a semantic analysis of language-based emotions associated with violence, based on a rich corpus of adjectives and discursive markers. In Chapter 3, Sonia Berbinski (Universitatea din Bucureşti) investigates the translational challenges of anthroponymic proper names through a thorough theoretical discussion and a contrastive analysis of corpora drawn from Romanian pamphlet discourse and the *Asterix and Obelix* comic series, shedding light on the tensions between fidelity, infidelity, and translational creativity. Chapter 4 (A. Gil Casadomet, UAM, and Marine Abraham, Universidad de Murcia) highlights the vitality of media neology in the French- and Spanish-speaking spheres, providing a detailed mapping of contemporary morphological and discursive word-formation processes.

The second section, focused on translation, introduces a critical perspective on the integration of artificial intelligence into translation pedagogy (Chapter 5, Eleni Tziafa artificielle dans l'enseignement de la traduction (chapitre 5, Eleni Tziafa et Mavina Pantazara, Université nationale et capodistrienne d'Athènes), à travers l'analyse de textes courts et les défis d'adaptation dans des langues peu dotées. Le chapitre 6 (A. Gil Casadomet, UAM) approfondit ces enjeux en examinant les apports du Big Data et de la linguistique de corpus à l'analyse traductive des émotions en français et en espagnol, en soulignant les tensions entre sémantique différentielle et contraintes technologiques.

La troisième section, dédiée à la didactique des langues, valorise les innovations pédagogiques. Le chapitre 7 (Imane El Imadi, Université Hassan II de Casablanca) expose une méthodologie intégrant langue et technologie dans une démarche de recherche appliquée. Le chapitre 8 (Mohamed Erradi, Jamal Eddine Barhone et Omar Erradi, ENS, Université Abdelmalek Essâadi) met en lumière les synergies entre ingénierie pédagogique et didactique des langues, en valorisant les dynamiques d'innovation dans les dispositifs de formation.

La quatrième section regroupe des projets doctoraux fondés sur l'analyse de corpus. Le chapitre 9 (Laure Bracq, UAM) étudie la progression vers le niveau B1 en FLE à travers une approche sémantico énonciative

and Mavina Pantazara, National and Kapodistrian University of Athens), through the analysis of short texts and the challenges of adapting them into under-resourced languages. Chapter 6 (A. Gil Casadomet, UAM) extends this reflection by exploring the contributions of Big Data and corpus linguistics to the translation of language-based emotions in French and Spanish, highlighting the cultural and technological challenges posed by differential semantics.

The third section, dedicated to language didactics, foregrounds pedagogical innovation. Chapter 7 (Imane El Imadi, Hassan II University of Casablanca) outlines a methodological framework for integrating language and technology in applied research. Chapter 8 (Mohamed Erradi, Jamal Eddine Barhone and Omar Erradi, ENS, Abdelmalek Essâadi University) showcases the synergy between pedagogical engineering and language didactics, emphasising innovation within teaching frameworks.

The fourth section features doctoral research projects based on corpus analysis. Chapter 9 (Laure Bracq, UAM) explores the use of argumentative and enunciative semantics in the progression towards B1 level in French as a Foreign Language, through a study of written academic production.

appliquée à des productions écrites en contexte universitaire. Le chapitre 10 (Elena-Cristina Drăguţ, Universitatea din Bucureşti) offre une lecture interdisciplinaire du discours multimodal des infox, croisant sémiotique, littératie numérique et pragmatique discursive.

Le chapitre 11 (Belkacem Tayeb-Pacha, UAM) interroge l'impact des manuels algériens de FLE sur les représentations des apprenants, révélant les enjeux identitaires et idéologiques de l'enseignement du français en contexte postcolonial. Dans le chapitre 12, Carmen Fontaneda (UAM) analyse les discours critiques sur les réformes pédagogiques dans les espaces numériques à partir de témoignages d'enseignants recueillis sur la plateforme X.

Hugo López-Romano (UAM), dans le chapitre 13, s'intéresse aux cadres linguistiques et environnementaux structurant les discours sur l'agriculture et l'agriculture urbaine en Espagne, à travers une analyse de la polarité sémantique. Le chapitre 14 (Margherita Manieri, Sapienza Università di Roma) propose une étude interculturelle des stratégies linguistiques du discours promotionnel en anglais et en espagnol, mettant en évidence les effets contrastés de l'adaptation culturelle.

Dans le chapitre 15, Francesca Minerba (Sapienza Università di

Chapter 10 (Elena-Cristina Drăguţ, Universitatea din Bucureşti) provides a critical and interdisciplinary analysis of the multimodal discourse of fake news, combining semiotic, digital literacy and discursive pragmatic approaches.

In Chapter 11, Belkacem Tayeb-Pacha (UAM) examines how Algerian FLE (French as a Foreign Language) textbooks shape learners' representations, exposing the ideological and identity-based stakes of teaching French in a postcolonial context. Chapter 12 (Carmen Fontaneda, UAM) analyses critical discourse on educational reforms in digital spaces, based on teacher's testimonies gathered from the platform X.

Chapter 13 (Hugo López-Romano, UAM) focuses on the linguistic and environmental frameworks structuring Spanish discourse on agriculture and urban agriculture, via a corpus-based analysis of semantic polarity. Chapter 14 (Margherita Manieri, Sapienza Università di Roma) presents an intercultural comparison of linguistic strategies in promotional discourse in English and Spanish, revealing the contrasting effects of cultural adaptation and discursive marketing.

Chapter 15 (Francesca Minerba, Sapienza Università di Roma) draws on conceptual metaphor theory to analyse discursive representations of

Roma) analyse, à travers les métaphores conceptuelles, les représentations discursives de la colère en italien et en catalan, révélant des schémas culturels différenciés. Le chapitre 16 (Ling Mu, UAM) propose une analyse linguistique et pragmatique des constructions à thème avec le verbe psychologique *gustar*, en soulignant les enjeux syntaxiques et didactiques.

Le chapitre 17 (Chantal Seta, Eberhard Karls Universität Tübingen) explore les régularités discursives autour des féminicides dans la presse allemande à travers une lecture critique des stratégies d'euphémisation et de culturalisation. Le chapitre 18 (Alina Silion, Universitatea din Bucureşti) propose une approche sociolinguistique du discours numérique sur le fitness, révélant les circulations contemporaines de valeurs autour du corps, de la santé et de la performance.

Enfin, le chapitre 19 (Yanco Amor Torterolo Orta, UAM) clôt le volume par une étude pionnière sur la modélisation linguistique automatisée à partir de corpus littéraires. En articulant humanités numériques et intelligence artificielle, l'auteur explore le potentiel des grands modèles de langage (LLMs) dans la génération et l'évaluation de données textuelles synthétiques à partir d'œuvres telles que *Luces de Bohemia*, ouvrant ainsi

anger in Italian and Catalan, exposing divergent cultural frameworks. In Chapter 16, Ling Mu (UAM) offers a linguistic and pragmatic analysis of themed constructions involving the psychological verb *gustar*, underscoring both syntactic and pedagogical implications.

Chapter 17 (Chantal Seta, Eberhard Karls Universität Tübingen) explores discursive patterns surrounding femicides in the German press, through a critical linguistic analysis of euphemisation and culturalisation strategies. Chapter 18 (Alina Silion, Universitatea din Bucureşti) offers a sociolinguistic reading of digital discourse on fitness, highlighting how contemporary values surrounding the body, health and performance circulate online.

Finally, Chapter 19 (Yanco Amor Torterolo Orta, UAM) closes the volume with a pioneering study on automated linguistic modelling based on literary corpora. Combining digital humanities and artificial intelligence, the author demonstrates how large language models (LLMs) can now generate and evaluate synthetic textual data based on works such as *Luces de Bohemia*, opening the way to a new generation of computational literary analysis tools.

This collective work gathers contributions rooted in diverse la voie à une nouvelle ère de l'analyse littéraire computationnelle.

Ce volume collectif réunit des contributions ancrées dans des contextes linguistiques, culturels et technologiques variés, mais unies par une ambition commune : rendre compte, à partir d'approches critiques et empiriques, de la puissance structurante des discours dans nos sociétés contemporaines. Les corpus analysés – littéraires, médiatiques, éducatifs ou numériques – sont ici considérés comme des terrains vivants de négociation du sens, des identités et des idéologies.

Cet ouvrage propose un dialogue fécond entre théorisation linguistique, applications traductologiques et innovations didactiques, dans un esprit de circulation des savoirs et de partage méthodologique. Il s'adresse à un lectorat pluriel – chercheurs en sciences du langage, enseignants, traducteurs, doctorants, spécialistes des humanités numériques – soucieux de comprendre les mutations discursives contemporaines et de concevoir de nouveaux outils d'analyse, de transmission et d'intervention. Il témoigne enfin de la vitalité des recherches émergentes portées par une génération de jeunes chercheur·e·s à l'intersection entre linguistique de corpus, analyse du discours, humanités numériques et engagement critique.

linguistic, cultural and technological contexts, yet all converge in a shared ambition: to provide, through empirical and critical approaches, a nuanced understanding of the structuring power of discourse in contemporary societies. The corpora analysed – whether literary, media-based, educational or digital – are here approached as dynamic sites where meaning, identities and ideologies are negotiated.

This volume promotes a fruitful dialogue between linguistic theorisation, translational practice and pedagogical innovation, in the spirit of knowledge circulation and methodological exchange. It is addressed to a wide readership – researchers in language sciences, educators, translation scholars, doctoral students and digital humanities practitioners – who seek to better understand today's discursive transformations and to design new tools for analysis, dissemination and intervention. Ultimately, it testifies to the vitality of emerging research led by a new generation of scholars working at the intersection of corpus linguistics, discourse analysis, digital humanities and critical engagement.

Aránzazu Gil Casadomet
Universidad Autónoma de Madrid

SECTION I

Linguistique / Linguistics

Aperçus philosophiques et scientifiques sur le langage et la langue : les enjeux de l'objectivité et la subjectivité[1]

*Marta Tordesillas**

RÉSUMÉ

Cet article propose une analyse approfondie de l'évolution de la relation entre objectivité et subjectivité dans le langage et la langue, depuis l'Antiquité jusqu'à nos jours. En explorant les principales théories philosophiques et scientifiques, concernant les perspectives linguistiques et sociolinguistiques, nous mettons en lumière comment la conception de la vérité ou de la dynamicité, de la représentation et de l'expression a évolué, influençant la manière dont les sociétés perçoivent la réalité et communiquent. Nous observons comment la perception de la réalité et la communication, de l'évolution de la conception de la science et, par extension, de la linguistique ont modulé les conceptions scientifiques du langage et du monde. Nous soulignons l'impact des changements socio-culturels, technologiques et philosophiques, sur cette dynamique, en insistant sur la tension constante entre objectivité et subjectivité dans la construction du sens.

Mots clés : philosophie, science, sémantique, subjectivité, émotions

ABSTRACT

This article offers an in-depth analysis of the evolution of the relationship between objectivity and subjectivity in language and linguistics, from ancient times to the present day. By exploring the main philosophical and scientific theories concerning linguistic and sociolinguistic perspectives, we highlight how the conception of truth or dynamism, representation and expression has evolved, influencing the way societies perceive reality and communicate. We observe how the perception of reality and communication, the evolution of the conception of science and, by extension, linguistics have modulated scientific conceptions of language and the world. We highlight the impact of socio-cultural, technological and philosophical changes on this dynamic, emphasising the constant tension between objectivity and subjectivity in the construction of meaning.

Keywords: philosophy, science, semantics, subjectivity, emotions

* Universidad Autónoma de Madrid, marta.tordesillas@uam.es

[1] Ce chapitre fait partie de la recherche menée dans le cadre de l'équipe de recherche HUM F1-301 LAEC-UAM et le Laboratoire des Sciences du Langage et de la Communication (TiLc&Com ; UAM, Espagne).

Sommaire

Introduction 27
1. Le langage dans l'Antiquité : mythes, logos et vérité 28
   1.1. Platon et la théorie des formes 28
   1.2. Aristote et la logique 29
   1.3. Le sophisme et la subjectivité 30
      1.3.1. Isocrate (436-338 av. J.-C.) 31
      1.3.2. Cicéron (106-43 av. J.-C.) 31
2. Le Moyen Âge : théologie, scolastique et relativité du langage 31
3. La Renaissance : humanisme, redécouverte de l'individu et empirisme du langage 33
   3.1. L'humanisme et la valorisation de l'individu et de la connaissance 33
   3.2. L'empirisme du langage : une approche expérimentale et observationnelle 34
   3.3. Avec l'humanisme, l'émergence de la linguistique descriptive 35
4. L'époque moderne : rationalisme, empirisme et la science du langage 36
   4.1. Descartes et la certitude subjective 36
   4.2. Locke et la *tabula rasa* 37
   4.3. Kant et la synthèse 37
   4.4. Le développement de la logique formelle 37
      4.4.1. Le projet de Leibniz : la *characteristica universalis* 38
      4.4.2. Les avancées de Frege : une logique mathématique rigoureuse 38
   4.5. L'objectif commun : objectiver la pensée et le langage 38
5. Le XIXe siècle : linguistique structurale et psychologie du langage 39
   5.1. Saussure et la distinction entre langue et parole 39
   5.2. Le structuralisme et la recherche d'une objectivité 40
   5.3. La psychologie du langage au XIXe siècle 40
6. La linguistique contemporaine : sémantique, pragmatique, cognition et digitalisation 41
   6.1. La sémantique : étude du sens 41
   6.2. La pragmatique : étude de l'usage et du contexte 41
   6.3. La cognition : le langage comme reflet de la pensée 42
   6.4. La digitalisation et son impact sur la linguistique 42

7. Les enjeux actuels sur la relation objectivité et subjectivité ... 43
7.1. L'objectivité dans l'analyse du langage ... 43
7.2. La modélisation des sentiments ... 44
7.3. L'intelligence artificielle ... 44
7.4. La manipulation informationnelle ... 44
8. Le signe : objet scientifique, objectivité et subjectivité ... 45
8.1. Signe et structure ... 45
8.2. Signe et sens ... 46
8.3. Signe et énonciation ... 47
8.4. Signe et stéréotype ... 48
Conclusion ... 48
Références bibliographiques ... 49

Introduction

Depuis l'aube de la civilisation, le langage est devenu à la fois un outil de transmission de connaissances et un moyen d'expression personnelle et collective. La question de l'objectivité et de la subjectivité dans la langue constitue un enjeu central pour comprendre la manière dont les sociétés ont cherché à représenter la réalité, à communiquer des faits, à exprimer des sentiments ou à construire des mondes et des objets. On tend alors à poser de façon dichotomique que si l'objectivité vise une représentation neutre, informative et universelle de la réalité, la subjectivité reflète l'individualité, l'émotion et des points de vue.

Ce paradoxe, omniprésent dans l'histoire de la pensée, a suscité de nombreux débats depuis l'Antiquité jusqu'à l'époque contemporaine. La philosophie, la linguistique, la rhétorique, la psychologie ou la sociolinguistique, entre autres, ont toutes pris position, selon les époques, sur cette tension. Notre étude se propose d'explorer cette évolution à partir de plusieurs moments philosophiques et/ou scientifiques : l'Antiquité et la conception mythologique et philosophique du langage ; le Moyen Âge et l'essor de la royauté, de la théologie et de la scolastique ; la Renaissance et l'émergence d'une science du langage ; l'époque moderne et le développement de la philosophie empiriste et rationaliste ; le XIXe siècle avec la linguistique structurale et la psychologie du langage, et, enfin, l'ère contemporaine, marquée par la linguistique, la sémantique, la pragmatique et la digitalisation.

Il est à signaler que la prise de position sur l'objectivité et la subjectivité a provoqué non seulement l'établissement de différentes perspectives, mais aussi et surtout, en ce qui nous touche de plus près, une conceptualisation spécifique des objets d'étude et d'analyse, la conceptualisation des objets scientifiques.

1. Le langage dans l'Antiquité : mythes, logos et vérité

Dans l'Antiquité, la conception du langage oscille entre mythologie, rationalité et conventionnalisme. Les Grecs antiques distinguent souvent deux notions : le *mythos* et le *logos*, plus tard la *mimesis* et la *convention*. Le *mythos*, qui renvoie à une narration symbolique, subjective, souvent liée à la religion, et la tradition, le *logos*, quant à lui, désigne l'ordre rationnel, la parole qui tente de refléter une vérité objective, bien que cette objectivité aille aussi se développer dans une parole susceptible de représenter la réalité ou d'accorder par convention une parole appliquée, en société, à la réalité.

1.1. Platon et la théorie des formes

Platon, dans ses dialogues, insiste sur la distinction entre le monde sensible et le monde intelligible. La langue, selon lui, doit permettre d'accéder aux formes, dites parfaites, qui sont l'incarnation, d'après une partie de sa pensée, de l'objectivité. La vérité résiderait dans ces formes, indépendantes de la subjectivité de l'individu. La parole philosophique doit donc s'efforcer d'être objective, universelle, détachée des opinions personnelles. Deux concepts fondamentaux et opposés émergent cependant dans la réflexion de Platon : le naturalisme, basé sur la *physis*, et le conventionnalisme, constitué autour du *nómos* ou *thésis*.

Le premier implique une position philosophique qui considère l'analyse du langage comme essentielle d'un point de vue épistémologique. Dans ce sens, le langage constitue une mimésis de la réalité, il en transmet l'essence par le biais de la relation directe entre les composants linguistiques et les éléments ontologiques. De ce point de vue, l'étymologie est une méthode heuristique valable pour atteindre la connaissance de la réalité. L'un des exemples sur lesquels il s'appuie pour soutenir cette hypothèse est la formation de mots à partir des onomatopées dans le vocabulaire et à partir du symbolisme sonore plus général de la configuration phonologique de certains mots.

Le second, quant à lui, rejette l'identification entre langage et réalité. Ainsi, un objet, un événement ou autre est nommé linguistiquement selon des conventions provenant généralement d'habitudes communautaires ou des accords sociaux. Selon cette proposition, il n'existe pas nécessairement de véritable langue qui exprime de manière directe et transparente la nature et la structure de la réalité. Pour soutenir l'idée du caractère conventionnel du langage humain, de l'hétérogénéité sociale et culturelle, la disparité des langues elle-même est considérée comme une illustration de ce point de vue. Il rejette ainsi la nécessité d'un lien entre le langage et la réalité et les conséquences qui peuvent en découler, principalement l'idée d'un caractère objectif et unitaire de la réalité et du langage. Cette perspective le rapproche du relativisme linguistique.

Bien que Platon n'ait pas systématiquement compilé ses observations sur la grammaire, on trouve une certaine discussion sur les problèmes linguistiques dans le *Cratyle*, en particulier en ce qui concerne la question des noms propres. Dans ce dialogue, modéré par Socrate, les deux positions sont reflétées, celle de Cratyle qui défend une position naturaliste et celle d'Hermogène qui répond à un point de vue conventionnaliste, mais on ne parvient pas à déterminer laquelle des deux perspectives l'auteur identifie et rend prioritaire. Socrate se charge de réfuter progressivement d'abord la proposition conventionnaliste, puis la naturaliste, de sorte qu'à la fin du Cratyle, on ne sait pas très bien où se situe Socrate, ni quel point de vue est soutenu par Platon, même s'il semble que le langage est posé comme un moyen incertain et trompeur pour accéder à la connaissance de la réalité.

1.2. Aristote et la logique

Aristote introduit la logique comme outil d'analyse du langage. Le concept de syllogisme et sa théorie de la vérité, correspondance entre le discours et la réalité, soulignent une conception de l'objectivité basée sur la cohérence et la correspondance avec la réalité. La langue est formulée alors en tant que miroir fidèle du monde, permettant une connaissance objective.

Cela dit, la réflexion d'Aristote sur le langage s'exprime essentiellement dans ses ouvrages de rhétorique et de logique. La double approche esquissée par Platon autour de l'origine du langage prend une nouvelle direction, puisque la polémique naturalisme/conventionnalisme est réduite dès lors qu'Aristote défend une position plutôt conventionnaliste. Il expose la première théorie connue de la signification qui présente et défend une interprétation conventionnelle du langage, il soutient l'idée qu'il n'existe aucun nom qui se présente de manière naturelle. De ce point de vue, l'idée qu'Aristote propose sur le langage est reprise dans *De interpretatione*, quand il affirme que tant le son, en référence au son articulé, que l'écriture, sont des symboles, symboles des affections qui existent dans l'âme et symboles de ce qui existe dans le son respectivement. Aristote dit alors : « Ainsi, ce qui se trouve dans le son sont des symboles des affections qui se trouvent dans l'âme, et l'écriture est le symbole de ce qui se trouve dans le son. »

Dans le cadre de ces propositions aristotéliciennes, il convient de souligner la théorie du sens où il établit une relation entre les symboles linguistiques, les contenus de l'âme et les réalités représentées, en précisant lequel de ces facteurs est susceptible d'être altéré, modifié, changé. Il dira : « Et tout comme les lettres ne sont pas les mêmes pour tous, les sons ne sont pas non plus les mêmes. Or ce dont les choses sont principalement les signes, les affections de l'âme, <sont> les mêmes pour tous, et ce dont elles sont les similitudes, les choses, <sont> également les mêmes. »

Dans les propos d'Aristote, qui constituent d'ailleurs la base théorique de sa proposition sur l'essence du langage et sa description ultérieure, deux principes fondamentaux ressortent. D'une part, Aristote attribue un caractère conventionnel au signe linguistique, le séparant ainsi de l'idée de mimésis. En ce sens, il dira : « Par nom, j'entends un son qui signifie par convention … La clause <par convention> est introduite parce que rien n'est par nature un nom ou un désignateur ; il ne l'est que lorsqu'il devient un symbole » (*Peri Hermeneis*, chap. I, 16a : 3-7). Il convient de signaler qu'il s'est beaucoup intéressé à la synonymie et à d'autres processus d'expression ambigus. Il a distingué dans la phrase deux parties fondamentales, significatives en elles-mêmes, le nom (*onoma*) et le verbe (*rema*). D'autre part, il prévoit l'existence de sentiments, et de leurs réalités corrélatives, qu'il explique comme identiques pour tous les peuples, indépendamment de la variation dans l'expression.

1.3. Le sophisme et la subjectivité

De son côté, la rhétorique antique, notamment chez Isocrate ou Cicéron, valorise la persuasion et la subjectivité dans le discours public. La subjectivité et l'émotion jouent un rôle essentiel dans la communication, montrant que la tension entre objectivité et subjectivité existe aussi à cette période.

Isocrate et Cicéron, deux figures majeures de la rhétorique et de la philosophie de la Rome antique, ont des approches distinctes en ce qui concerne l'objectivité et la subjectivité, même si toutes les deux restent liées, en proportion différente. Isocrate reconnaît l'influence de la subjectivité dans l'éloquence mais insiste sur un engagement moral pour atteindre la vérité. Cicéron valorise l'objectivité, la rationalité et la recherche de la vérité, en privilégiant l'argumentation basée sur des faits.

1.3.1. Isocrate (436-338 av. J.-C.)

Isocrate met l'accent sur la persuasion et la moralité dans l'éloquence. Il considère que l'orateur devait s'efforcer d'atteindre la vérité et la justice, tout en restant conscient de ses propres opinions et de ses valeurs. Bien qu'il valorise la recherche de la vérité, il reconnaît que l'orateur, étant un être humain, est inévitablement subjectif dans sa présentation, car ses convictions personnelles influencent son discours. Cependant, il prône une certaine modération et l'importance de s'efforcer de ne pas laisser la subjectivité « déformer » la vérité, en restant fidèle à des principes éthiques.

1.3.2. Cicéron (106-43 av. J.-C.)

Cicéron, quant à lui, insiste sur la nécessité de la raison et de l'objectivité dans la prise de parole. En tant que philosophe et orateur, il valorise la recherche de la vérité par la dialectique et la logique. Cicéron cherche à distinguer ce qui est vrai de ce qui est subjectif ou partisan, en encourageant l'orateur à s'appuyer sur des preuves, des faits et une argumentation rationnelle. Pour lui, l'objectivité est un idéal à atteindre pour persuader de manière éthique et efficace.

Ces perspectives illustrent différentes visions de la manière dont l'orateur doit concilier ses convictions personnelles avec la quête de vérité et d'objectivité dans l'art oratoire et la philosophie.

2. Le Moyen Âge : théologie, scolastique et relativité du langage

Au Moyen Âge, la réflexion sur le langage est profondément influencée par la théologie chrétienne et la scolastique. La Bible et les textes sacrés sont considérés comme porteurs d'une vérité divine, mais leur interprétation varie selon les commentateurs, introduisant une certaine relativité. Le Dieu et le Roi vont devenir les instances de référence, qui, dans une certaine façon, possèdent et imposent leurs vérités, sans options à introduire d'autres critères, susceptibles d'être, d'après eux, pervers et trompeurs.

C'est ainsi que, dans le cadre de la théologie et de la vérité divine, la langue sacrée est perçue comme objective, révélant la vérité divine, bien que l'interprétation humaine de ces textes puisse introduire une subjectivité. La théologie médiévale cherche à concilier la foi et la raison, mais ce dernier reste limité par la subjectivité de l'interprète.

Par ailleurs, les débats scolastiques, comme ceux représentés par Thomas d'Aquin, tentent de formaliser la connaissance et de définir la relation entre la foi, la raison et le langage. La logique et la dialectique deviennent des outils pour approcher une vérité objective, même si la subjectivité de l'interprétation n'est jamais totalement éliminée. Il développe la *lex humana*, qui, d'après Thomas d'Aquin, doit être nécessairement obéie, même si elle constitue un dommage, dans le but de la conservation de l'ordre, mais elle peut ne pas être obéie si elle implique la violation de la loi divine.

À cette période, il est à signaler spécialement le poids et la fonction de l'Église dans le monde. Le discours théologique définit et décrit les hommes et le monde en référence à leur vérité, dès lors qu'il présuppose un Dieu qui connaît parfaitement la totalité et la vérité du monde ainsi que, par là même, la langue des êtres humains. Il semble que ce processus entraîne une légitimation nécessaire des présupposés véhiculés par l'Église, dont au moins deux : d'une part, la notion de Royaume de Dieu, entendue comme la récapitulation de l'histoire du monde en un Plérôme éternel (une unitotalité) ; d'autre part, la conception de Dieu comme connaissance absolue et parfaitement vraie de la totalité du monde. La vérité est alors promise et tenue pour attestée dans la foi : il ne s'agirait plus que de croire – croire au discours, à un discours de vérité émanant d'une divinité qui n'est pas démontrée dans la réalité empirique, mais instaurée dans le discours. C'est en ce point que l'objectivité de la langue acquiert une force particulière, car, même si son référent peut ne pas être établi dans l'ordre du réel, elle se présente comme se fondant et se garantissant elle-même. La langue, le discours, la parole de Dieu et celle de l'Église devient alors la seule tenue pour vraie. À partir du XIIIe siècle, l'Inquisition vient d'ailleurs consacrer cette prétention à l'exclusivité, en déterminant quels discours, quels textes et quelles langues pouvaient être lus et étudiés.

Cette perspective va dorénavant marquer une façon de poser la langue, le monde et l'être humain, à travers la parole divine, qui devient incontestable.

C'est ainsi que la langue est posée comme le reflet de la réalité divine. En effet, la langue médiévale est perçue comme un miroir partiel de la vérité divine, alors que sa subjectivité est reconnue comme une limite à la connaissance. La théologie insiste sur la nécessité d'une révélation divine pour atteindre l'objectivité ultime. Dieu et le Roi deviennent alors des instances de référence qui n'ont pas à démontrer ce qu'elles énoncent, puisque leur parole se justifie par la raison et par la loi, divine comme royale. La subjectivité n'entre en jeu que pour être déplacée et critiquée.

3. La Renaissance : humanisme, redécouverte de l'individu et empirisme du langage

La Renaissance, période emblématique s'étendant du XIVe au XVIe siècle, marque une rupture profonde avec le Moyen Âge en renouvelant les perspectives sur la connaissance, l'homme et le langage. Elle s'inscrit dans un mouvement de redécouverte et de valorisation de l'Antiquité classique, tout en favorisant une réflexion centrée sur l'individu et l'expérience empirique.

La Renaissance marque alors un tournant avec la redécouverte de l'individu, de l'expérience et la remise en question des dogmes. La langue devient un outil pour explorer la subjectivité humaine.

3.1. L'humanisme et la valorisation de l'individu et de la connaissance

L'humanisme, mouvement intellectuel majeur de la Renaissance, privilégie l'étude des textes antiques grecs et latins, mais aussi la valorisation de la raison humaine. Il se manifeste par un intérêt renouvelé pour la littérature, la philosophie, l'histoire et la poésie, dans une optique de développement personnel et de compréhension du monde. Les humanistes, tels qu'Érasme ou Thomas More, mettent l'accent sur la dignité de l'individu, la liberté de pensée, et la capacité de l'homme à s'améliorer par l'éducation. Dans ses *Essais*, Montaigne, à son tour, insiste sur la diversité des opinions et la relativité des interprétations. La langue reflète désormais la subjectivité de l'individu, mais aussi la richesse de la pensée humaine. La langue est un vecteur de cette subjectivité humaine.

L'un des aspects fondamentaux de la Renaissance est donc la mise en avant de l'individu et de sa subjectivité. La représentation de soi dans l'art, la littérature et la pensée évoluent : on voit apparaître des portraits personnels, des autobiographies et une réflexion sur l'identité propre. Des figures telles que Léonard de Vinci ou Michel-Ange illustrent cette nouvelle valorisation de la personne, de ses talents et de sa créativité.

Cette focalisation sur l'individu s'accompagne aussi d'un renouvellement de la notion de conscience personnelle et de liberté intérieure. La philosophie renaissante, influencée par le néoplatonisme et l'étude des textes antiques, valorise la capacité de l'homme à s'élever spirituellement et à découvrir sa propre vérité.

Ce changement de paradigme conduit à une vision anthropocentrique, où l'être humain n'est plus considéré comme soumis à des forces divines ou surnaturelles uniquement, mais comme acteur responsable, aussi, de son destin. La philosophie humaniste insiste ainsi sur la valeur de l'individu, sa raison, ses expériences et sa capacité à connaître le vrai par ses propres moyens.

3.2. L'empirisme du langage : une approche expérimentale et observationnelle

Un autre aspect clé de la Renaissance est l'émergence d'un empirisme dans l'étude du langage, qui s'oppose à une conception purement dogmatique ou scolastique. Les humanistes cherchent à analyser la langue à partir de son usage réel, en observant et en expérimentant la manière dont elle fonctionne dans la communication quotidienne.

Cela se traduit notamment par le développement de grammaires, de dictionnaires et d'études linguistiques fondées sur l'observation des textes, des discours et des usages. La redécouverte des auteurs antiques, tels que Cicéron ou Quintilien, contribue à une meilleure compréhension des règles stylistiques et rhétoriques, tout en insistant sur la fonction pragmatique du langage.

Par ailleurs, cette approche empirique favorise une plus grande liberté dans l'usage de la langue, la valorisation de la capacité d'expression individuelle, et la reconnaissance de la diversité linguistique. Elle prépare ainsi le terrain à une conception plus moderne du langage comme outil d'expression personnelle et de connaissance du réel.

La Renaissance constitue donc une étape fondamentale dans l'évolution de la pensée occidentale, en mettant en avant l'humanisme, la redécouverte de l'individu, et un empirisme du langage. Ces transformations ouvrent la voie à une conception plus centrée sur l'homme, sur sa subjectivité et sur une approche expérimentale de la connaissance, qui influencent durablement la philosophie, la littérature, l'art et les sciences humaines.

3.3. Avec l'humanisme, l'émergence de la linguistique descriptive

Les premiers travaux sur la grammaire et la phonétique cherchent à décrire objectivement les langues naturelles. La langue devient une science empirique ; mais, elle doit encore s'interroger sur la subjectivité de L'usage et des interprétations. L'émergence de la linguistique descriptive durant la Renaissance est étroitement liée à l'esprit humaniste qui a marqué cette période. Pour comprendre cette évolution, il convient d'abord de définir brièvement ces deux concepts.

L'humanisme, mouvement intellectuel du XVe et du XVIe siècle, met en valeur, tel que l'on vient de l'exprimer, la redécouverte des textes antiques, l'étude des langues classiques (latin et grec), ainsi que la centralité de l'homme dans la réflexion philosophique et culturelle. Il encourage une approche critique et empirique, favorisant la compréhension directe des textes et des langues, plutôt que l'acceptation aveugle des dogmes.

Dans ce contexte, la Renaissance voit naître une nouvelle approche de l'étude des langues : la linguistique descriptive. Contrairement à la linguistique normative ou dogmatique, qui cherchait à prescrire comment une langue devait être parlée ou écrite, la linguistique descriptive cherche à décrire et à analyser la langue telle qu'elle est réellement utilisée par ses locuteurs.

L'humanisme est devenu ainsi un catalyseur de cette évolution pour plusieurs raisons :

1. Redécouverte des textes anciens : les humanistes ont attentivement étudié les œuvres antiques, notamment en latin et en grec. Cette étude minutieuse a nécessité une compréhension précise des langues, ce qui a encouragé une approche empirique et descriptive plutôt que dogmatique.
2. Valorisation de l'observation : l'humanisme insiste sur l'observation directe et la critique des textes, ce qui a favorisé une attitude expérimentale dans l'étude linguistique. Les humanistes ont analysé la langue en contexte, en étudiant la façon dont elle était réellement utilisée dans la littérature ; de même ils se sont intéressés à la parole quotidienne.

3. Critique des règles établies : la Renaissance voit naître une remise en question des règles grammaticales rigides héritées du Moyen Âge ou de l'Antiquité. Les humanistes ont souvent privilégié la description des usages réels plutôt que la conformité à des règles présumées idéales.
4. Développement de la philologie : la philologie, en tant qu'étude critique des textes, a permis de mieux comprendre la langue dans ses variations diachroniques et dialectales. Cela a conduit à une conception plus souple et réaliste de la langue, en opposition aux visions normatives.

En somme, l'humanisme a favorisé une approche sensible, empirique et critique de la langue, qui a ouvert la voie à la linguistique descriptive. Cette dernière cherche à documenter la diversité et la dynamique des langues ayant comme point référence de base l'observation et l'analyse concrète, plutôt que des règles fixes ou idéalisées. Ainsi, la Renaissance marque une étape fondamentale dans l'histoire de la linguistique, en posant les bases d'une étude scientifique et empirique de la langue, qui continue, de nos jours, à influencer la linguistique moderne.

4. L'époque moderne : rationalisme, empirisme et la science du langage

Les XVIIe et XVIIIe siècles marquent une période de profondes transformations philosophiques où se développent le rationalisme, l'empirisme, ainsi qu'une réflexion renouvelée sur la nature du langage et son rapport à la réalité. Ces courants, tout en étant parfois opposés, contribuent ensemble à l'émergence d'une science du langage qui cherche à comprendre comment la pensée, la connaissance et la communication s'articulent dans une vision rationalisée du monde.

4.1. Descartes et la certitude subjective

René Descartes, figure emblématique du rationalisme, insiste sur la primauté de la conscience individuelle comme fondement de la connaissance. Sa célèbre formule « Je pense, donc je suis » souligne que la certitude absolue repose sur la conscience immédiate de soi. La subjectivité devient ainsi un point d'ancrage, garantissant la validité de la connaissance. Cependant, cette insistance sur la conscience intérieure soulève la question de la représentation linguistique de la réalité : si la pensée est accessible par le seul sujet, dans quelle mesure le langage, la langue, peut-il refléter fidèlement le monde extérieur ? Descartes pose ainsi un défi à la philosophie du langage, en montrant que la relation entre les idées, la pensée et leur expression linguistique n'est pas toujours évidente.

4.2. Locke et la *tabula rasa*

John Locke, représentant de l'empirisme, voit la langue comme un miroir de l'expérience sensible. Selon lui, la connaissance provient de l'accumulation d'impressions sensorielles et la langue sert à exprimer ces impressions et à en partager la signification. La réalité, dans cette perspective, est perçue à travers les sens, et la compréhension du monde dépend de la capacité à associer des mots à des expériences concrètes. Cependant, Locke souligne aussi que la subjectivité de l'interprétation influence la compréhension de la langue et du discours et, par conséquent, de la réalité. La signification des mots n'est pas considérée innée mais construite à partir de l'expérience, soulignant ainsi l'aspect contingent et interprétatif du langage et de la langue même.

4.3. Kant et la synthèse

Immanuel Kant propose une synthèse entre rationalisme et empirisme. Il affirme que la connaissance résulte d'une interaction entre l'objet, qui possède une réalité indépendante, et la subjectivité de l'esprit, qui organise cette expérience. La langue, en tant que moyen d'expression, participe à cette construction de la connaissance en permettant la mise en relation de concepts et d'objets. Kant insiste sur le fait que nos catégories mentales structurent notre perception du monde, et que le langage et la langue jouent un rôle essentiel dans cette structuration, en permettant de conceptualiser et de communiquer nos expériences.

4.4. Le développement de la logique formelle

Parallèlement à ces réflexions, la logique formelle connaît un développement majeur avec des penseurs comme Leibniz et Frege et met en lumière une étape fondamentale dans l'histoire de la philosophie et de la science du langage. Ce développement s'inscrit dans une volonté d'établir une représentation objective et rigoureuse de la pensée, en utilisant des outils formels et symboliques.

4.4.1. Le projet de Leibniz : la *characteristica universalis*

Gottfried Wilhelm Leibniz, philosophe et mathématicien du XVIIe siècle, aspire à créer une *characteristica universalis*, un langage symbolique universel destiné à représenter la pensée de manière objective. Son objectif est de concevoir un système de signes et de règles permettant de formaliser toute connaissance humaine, facilitant ainsi le raisonnement, la déduction et la résolution de problèmes. Cette vision cherche à éliminer l'ambiguïté et l'imprécision du langage naturel, de la langue, en proposant une sorte de langage mathématique de la pensée, capable de traduire toute assertion ou concept.

Ce projet ambitieux vise à rendre la pensée plus claire, plus précise, et surtout, susceptible d'être manipulée selon des règles logiques strictes. Il participe ainsi à la naissance d'une science du langage et de la logique, où la formalisation devient un outil essentiel pour l'analyse de la pensée et du raisonnement.

4.4.2. Les avancées de Frege : une logique mathématique rigoureuse

Gottlob Frege, au début du XXe siècle, marque une étape décisive dans cette évolution avec la mise en place d'une logique formelle rigoureuse. Contrairement à Leibniz, qui envisageait une langue universelle en tant que système de signes, Frege se concentre sur la structure logique sous-jacente aux expressions linguistiques. Il introduit une distinction claire entre le contenu subjectif (le sens) et la référence (l'objet désigné), distinction clef pour les sciences du langage et pour la linguistique.

Frege développe une notation symbolique précise, permettant de formaliser les propositions, les prédicats et les relations logiques. Son but est d'établir une « logique mathématique » qui puisse servir de fondement à toute la science, y compris la philosophie et la linguistique. Cette logique permet d'analyser la structure profonde des énoncés, en séparant leur signification subjective (ce qu'un terme évoque) de leur aspect logique objectif (comment ils se relient entre eux).

4.5. L'objectif commun : objectiver la pensée et le langage

Ces deux penseurs, Leibniz et Frege, poursuivent un objectif commun : rendre la pensée et la langue, par extension le langage, aussi objectifs que possible. En distinguant la signification subjective des expressions linguistiques de leur structure logique, ils cherchent à établir une science du langage capable de décrire précisément le rapport entre la pensée, la langue et la réalité.

Ce développement de la logique formelle pose ainsi les bases d'une discipline qui ne se limite pas à la philosophie, mais qui influence également la mathématique, l'informatique et la linguistique. Il permet de formaliser des raisonnements complexes, d'établir des vérités logiques et d'assurer une clarté dans l'analyse des énoncés, contribuant ainsi à une meilleure compréhension de la relation entre le langage et la réalité.

En résumé, le développement de la logique formelle avec Leibniz et Frege marque une étape essentielle vers une science du langage et de la pensée, en cherchant à rendre ces dernières aussi objectives, précises et manipulables que possible.

5. Le XIXe siècle : linguistique structurale et psychologie du langage

Le XIXe siècle marque une étape fondamentale dans l'évolution de la linguistique et de la psychologie du langage, en posant les fondements de la linguistique moderne et en approfondissant la compréhension des processus langagiers, discursifs et psychologiques liés à la langue.

5.1. Saussure et la distinction entre langue et parole

Ferdinand de Saussure, considéré comme le père de la linguistique moderne, introduit une distinction fondamentale entre deux concepts : la *langue* et la *parole*. La langue est définie comme le système de conventions et de signes partagés par une communauté linguistique et combinés par des règles. C'est un système structuré, stable, passif et objectif, qui permet l'information, la communication, dans un processus de codification. La parole, en revanche, correspond à l'usage individuel, actif et concret de la langue : les *utterances*, les *occurrences*, les choix personnels, les variations contextuelles. Saussure insiste sur le fait que la linguistique doit étudier la langue en tant qu'objet scientifique d'étude de la linguistique, en tant que système, plutôt que l'ensemble des paroles éparses, car c'est la langue qui constitue la structure sous-jacente et qui représente le langage. À côté de cette formulation, il établit le concept de *signe* (*signifié* et *signifiant*) comme unité minimale qui compose le système de la langue. C'est à partir de la définition de langue saussurienne et du signe que la linguistique, en tant que science, va se développer et marquer les fondements et, à la fois, l'évolution de la linguistique contemporaine.

5.2. Le structuralisme et la recherche d'une objectivité

Influencé par sa conception de la langue en tant que système de signes et de différences, Saussure et ses successeurs développent le courant structuraliste, qui cherche à analyser la langue en identifiant ses unités et ses relations internes. L'objectif est de dégager une structure universelle, permettant de comprendre comment les éléments linguistiques (phonèmes, morphèmes, syntagmes) s'articulent selon des règles. La démarche est objectivante, car elle veut isoler la structure indépendante des usages subjectifs, en évacuant ce qu'ils considèrent comme l'aspect individuel ou historique. Cette approche marque une rupture avec les méthodes philologiques du passé, en privilégiant une analyse synchronique, c'est-à-dire à un moment donné, plutôt que diachronique, qui étudie l'évolution historique de la langue. Dans ce même sens, nous pouvons identifier comment le signe est constitué du signifiant, forme du son, et du signifié, image/forme d'objets et de concept du monde. Ce principe va déterminer non seulement la linguistique, mais aussi les disciplines proches, au long du XXᵉ siècle.

5.3. La psychologie du langage au XIXᵉ siècle

Parallèlement, la psychologie du langage se développe avec des chercheurs comme Wilhelm Wundt ou Karl Bühler, qui tentent de modéliser le processus de production et de compréhension du langage. Wundt, considéré comme le père de la psychologie expérimentale, s'intéresse à la perception et à la cognition linguistique, cherchant à comprendre comment les idées et les sons se relient dans la conscience. Bühler insiste sur le rôle de la volonté et de l'intention dans l'acte de parole. Bien que ces chercheurs reconnaissent que la subjectivité joue un rôle essentiel, ils tentent de formaliser ces processus en utilisant des méthodes scientifiques, dites rigoureuses, afin d'obtenir une compréhension objective du fonctionnement du langage dans l'esprit.

La fin du XIXᵉ siècle et le début du XXᵉ siècle voient, aussi la naissance d'une linguistique structurale centrée sur la recherche d'une structure objective et universelle, grâce à la distinction fondamentale entre langue et parole. La psychologie du langage, quant à elle, s'efforce de modéliser les processus subjectifs impliqués, tout en adoptant une démarche scientifique visant à objectiver ces mécanismes. Ces avancées posent les bases de la linguistique moderne et de la psychologie cognitive, en soulignant l'interaction entre structure, usage et processus psychologiques dans la compréhension et la production du langage.

6. La linguistique contemporaine : sémantique, pragmatique, cognition et digitalisation

La linguistique contemporaine, une fois que l'on a dépassé l'étude principale et prioritaire de la forme (phonologie, morphologie et syntaxe) qui s'est étendue jusqu'aux années 1980, devient une discipline en constante évolution, intégrant plusieurs approches pour mieux comprendre le fonctionnement du langage dans ses dimensions sémantique, pragmatique, cognitive et numérique. Ce qui suit vise à explorer ces axes, en mettant en lumière leur lien, leur activité, leur poids avec les notions d'objectivité et de subjectivité.

6.1. La sémantique : étude du sens

La sémantique s'intéresse au sens de et dans la langue ; des mots, des expressions, des discours. Elle cherche à modéliser la signification de façon objective, en s'appuyant sur des structures formelles ou des théories du sens. Cependant, la sémantique moderne reconnaît que le sens n'est pas toujours entièrement objectif : il peut varier selon le contexte, la culture ou l'interprétation individuelle, introduisant une dimension subjective dans l'analyse. Par exemple, le sens d'un mot peut évoluer dans le temps ou selon les usages sociaux, ce qui complexifie la recherche d'une objectivité absolue. Ceci dit, l'étude du sens va, progressivement, encore plus loin de cette recherche, car non seulement elle cherche à tenir compte du contexte, de la situation spatio-temporelle, des locuteurs, ou des usages sociaux, mais elle va situer, au centre du sens, au cœur de la signification, la subjectivité, la dynamicité, l'argumentation, l'énonciation, la gradualité, les points de vue, les actes ou les lieux communs, entre autres principes sémantiques. Il s'agit de la grande révolution, qui agit sur la signification et le sens, et sur son traitement.

6.2. La pragmatique : étude de l'usage et du contexte

La pragmatique se concentre sur la façon dont le contexte influence la compréhension ou l'interprétation du discours, de la langue, du langage. Elle cherche à montrer que la signification n'est pas seulement donnée par le contenu linguistique, mais aussi par les intentions des locuteurs, la situation et, entre autres facteurs, par la réception de l'interlocuteur. La pragmatique introduit une subjectivité inhérente à la communication humaine, car elle est susceptible de poser que chaque interlocuteur peut percevoir et interpréter un message différemment selon ses expériences et ses connaissances. Elle souligne alors la dimension subjective du sens qui surgirait dans l'interaction langagière.

6.3. La cognition : le langage comme reflet de la pensée

L'approche cognitive considère le langage comme un reflet de processus mentaux. Elle étudie comment les représentations mentales, la perception, la mémoire et la résolution de problèmes influencent le langage, la langue, le discours. La linguistique cognitive met en évidence que la compréhension et la production du langage sont profondément liées à la subjectivité individuelle, car elle formule, principalement, que chaque cerveau a des représentations et construit ses propres représentations du monde. Cette perspective insiste sur la dimension objective de la cognition linguistique, moyennant la codification, et, subjective, notamment dans le processus d'ostension ou d'inférence, tout en cherchant à identifier des structures communes, d'inférences selon les cas, qui peuvent souvent, d'après les perspectives, tendre vers une objectivité certaine, sous forme de concepts mentaux, voire logiques.

6.4. La digitalisation et son impact sur la linguistique

L'avènement du numérique a profondément transformé la recherche et l'analyse linguistique. Bien que les débuts reprennent un traitement logique et formel de la langue, vu aussi le type de langages artificiels développés, depuis un certain temps, probablement début du siècle, la digitalisation va permettre de collecter, traiter et analyser d'énormes volumes de données textuelles ou discursives en temps réel, facilitant une approche empirique et quantitative. Cela tend à renforcer une certaine objectivité dans l'étude de la langue et du discours, en permettant des observations à grande échelle et des analyses statistiques, validant des régularités, des dynamiques semblables en quantité, qui deviennent prioritaires en qualité. Cependant, cette digitalisation soulève également des questions quant à la subjectivité des données collectées, car elles sont susceptibles, d'après certains auteurs, de dépendre des choix des hypothèses, des sources, des algorithmes et des outils utilisés. Par ailleurs, le langage numérique – médias sociaux, forums, messageries instantanées – reflète aussi des formes de subjectivité, d'émotion et d'interprétation, qui peuvent influencer la façon dont la langue évolue et se manifeste dans la société, mais ce n'est pas nécessairement le cas si ce qui semble individuel devient des processus réguliers dans la dynamique propre de la langue, tel que formulé dans la sémantique argumentative et énonciative.

La linguistique contemporaine, en intégrant la sémantique, la pragmatique, la cognition et la digitalisation, offre une vision riche et nuancée du langage, de la langue et du discours. Elle met en évidence la tension entre objectivité et subjectivité, que ce soit dans l'étude des sens, l'interprétation contextuelle, la représentation mentale ou l'analyse numérique. Cette approche multidimensionnelle permet de mieux comprendre la complexité du langage tel qu'il est vécu, utilisé et analysé dans notre société moderne et de mieux cerner le fonctionnement de la langue et du discours.

7. Les enjeux actuels sur la relation objectivité et subjectivité

Les questions relatives à l'objectivité et à la subjectivité occupent une place centrale au long de l'histoire philosophique et scientifique, ainsi que dans les débats contemporains liés à l'analyse du langage et de la langue, à la modélisation des sentiments, à l'intelligence artificielle et à la manipulation informationnelle. Ces enjeux reflètent la difficulté de concilier une approche scientifique et neutre avec la nature intrinsèquement subjective de l'expérience humaine, de la communication, des sciences du langage et pourquoi pas de la langue.

7.1. L'objectivité dans l'analyse du langage

L'objectif est de développer des méthodes permettant de comprendre, modéliser et interpréter le langage et la langue de manière neutre, en minimisant les biais individuels et en favorisant les régularités, notamment subjectives. Cependant, la langue elle-même est imprégnée de subjectivité, de contextes socioculturels et personnels susceptibles d'influencer la signification. La quête d'objectivité a entraîné parfois une simplification ou une décontextualisation, risquant de perdre la richesse et la nuance de la communication langagière humaine, la complexité émotionnelle et la régularité sémantique de la langue.

7.2. La modélisation des sentiments

Les systèmes d'analyse sentimentale, émotionnelle, tentent d'évaluer les émotions exprimées dans un discours ou un texte. La problématique réside dans la subjectivité des sentiments eux-mêmes, qui peuvent varier selon les individus, les cultures ou les contextes. Les modèles cherchent à atteindre des régularités dans leur traitement, mais ils doivent souvent faire face à des ambiguïtés, à des subtilités linguistiques ou à des ironies qui compliquent leur exactitude, soulevant ainsi la question de la fiabilité et de la limite de leur objectivité et/ou subjectivité.

7.3. L'intelligence artificielle

Les IA, notamment celles utilisées dans le traitement du langage naturel, sont conçues pour reproduire ou dépasser la capacité humaine d'analyse. Pourtant, leur développement soulève des enjeux éthiques liés à la subjectivité incorporée dans leurs algorithmes, leurs biais ou leur capacité à interpréter des données ambiguës. La tension entre une approche objective basée sur des données massives et l'interprétation subjective des sens et des contextes pose des défis majeurs pour leur déploiement responsable.

7.4. La manipulation informationnelle

La montée des *fake news*, de la désinformation ou de la manipulation algorithmique met en évidence la difficulté à préserver l'objectivité, la neutralité plutôt, dans la diffusion de l'information. La subjectivité des acteurs, la sélection des données et les biais algorithmiques peuvent altérer la perception du public. La lutte pour une information objective devient alors un enjeu crucial pour la démocratie et la société, tout en reconnaissant l'influence inévitable de la subjectivité dans la production et la diffusion de l'information.

Il est donc à signaler que la tension entre objectivité et subjectivité dans ces domaines contemporains soulève des questions fondamentales sur la nature du savoir, la fiabilité des méthodes et la responsabilité éthique. La complexité réside dans le fait que toute tentative d'objectivité doit faire face à la réalité de la subjectivité humaine, et inversement. La réflexion actuelle doit donc intégrer cette dualité pour développer des outils et des pratiques plus justes, transparents et respectueux de la diversité des perspectives humaines.

8. Le signe : objet scientifique, objectivité et subjectivité

Cette relation objectivité et subjectivité, développée au long de l'histoire, marque la formulation philosophique et scientifique de l'objet scientifique conçu dans toutes les sciences, qui, dans le cadre des sciences du langage et de la linguistique, se concentre, entre autres, dans *le signe*.

En effet, on peut observer différentes classifications du signe qui ont évolué à travers l'histoire de la pensée sur le langage. Deux grandes perspectives dominent : la sémiotique et la linguistique. La première regroupe neuf classifications principales, notamment, selon la source du signe (inorganique ou organique), son statut naturel ou artificiel (signes volontaires ou involontaires), son degré de spécificité (objets culturels ou sociaux), l'intention de l'émetteur (signes intentionnels ou spontanés), le canal de communication (physique ou sensoriel), la relation avec le signifié (signes univoques ou polysémiques), la reproductibilité du signifiant (intrinsèque ou reproduit), la nature du lien avec le référent (iconique ou symbolique), et le comportement induit chez le destinataire (réponse comportementale). La classification la plus aboutie et reconnue est celle proposée par Peirce, qui distingue le signe selon trois axes : en soi (*qualisigne, sinsigne, légisigne*), dans sa relation à l'objet (index, icône, symbole) et dans sa relation à l'interprétant (*rhème, dicisigne, argument*). Bien que ces classifications soient présentes, il est à signaler que l'impact de la conception structuraliste de Saussure, qui a fondé une approche linguistique prenant sens sur le signe linguistique comme élément de base, va influencer profondément les sciences du langage.

8.1. Signe et structure

L'évolution de la sémiotique et de la linguistique insiste sur l'importance du concept de signe et de structure. Ces notions deviennent scientifiques au début du XXe siècle avec Saussure, qui introduit une conception structuraliste de la langue, la considérant comme un système homogène et conventionnel, dont les éléments, les signes, sont liés par des relations synchroniques. La réflexion sur la structure n'est pas nouvelle, mais Saussure en fixe les principes fondamentaux, notamment l'idée que la langue est un tout cohérent et que ses changements se produisent au niveau des éléments, non du système dans son ensemble. Il établit une distinction entre synchronie et diachronie dans l'étude des mots et de leur évolution et insiste donc sur la nécessité d'analyser à la fois le changement dans le temps (diachronie) et l'état présent (synchronie), notamment pour la constitution et l'explication des mots.

Le principe d'objectivité est constamment présent dans le principe de codification, décodification et de communication de l'information. La subjectivité et le sens ne trouvent pas de place dans cette proposition, ce qui explique que la sémantique n'ait trouvé une place dans les faits du langage et de la langue qu'à partir de la moitié du XXe siècle.

La réflexion s'enrichit avec la contribution de divers théoriciens comme Hjelmslev, qui insiste sur la différence et la fonction du signe, et Lévi-Strauss, qui définit la structure comme une configuration cohésive et invisible. La réflexion sur le signe s'étend à la sémantique, avec des concepts tels que la dénotation, la connotation, le sémème et les oppositions sémantiques. Il en surgit alors de nouvelles approches comme la sémantique et la pragmatique, qui contribuent à l'évolution de la discipline en insistant sur le sens et le contexte, tout en soulignant que la science du langage reste en progression, sans aboutissement définitif tant que la signification du signe n'est pas conceptualisée en toute sa splendeur et son sens. Si la description du sens prend son essor dans les années 1960, il est vrai que ses débuts s'expliquent d'un point de vue structuraliste, informatif et objectif, où la trace de Saussure est encore très présente. Mais, voici qu'un tournant du côté de la subjectivité va marquer la révolution des études sur le sens, dès le moment où non seulement de nouveaux concepts en sont formulés (énonciation, points de vue, argumentation, actes, topoï, inférence, etc.) mais, aussi parce que, de nos jours, on essaie de rendre compte davantage de ce que la langue dit d'elle-même à partir de son développement discursif.

8.2. Signe et sens

La recherche explore la complexité de la définition et de la représentation du sens des signes et/ou des mots en linguistique, en philosophie et en logique. Malgré de nombreux travaux (Carnap, Quine, Hintikka, Robert, Eco, etc.), la difficulté principale réside dans la description précise de la signification, notamment dans sa composition et ses relations avec le monde, la culture et la connaissance. Deux modèles principaux émergent : un modèle véritatif, de type dictionnaire, axé sur une liste de propriétés, et un modèle encyclopédique, susceptible d'intégrer des scénarios et des contextes. Ces approches n'éliminent pas la problématique, mais la relancent, notamment avec l'étude des mots déictiques et l'intervention de chercheurs comme Benveniste et Austin, qui soulignent l'importance de l'énonciation, du contexte, des actes et de la subjectivité.

On peut signaler que, dans une certaine mesure, les principes traditionnels de la linguistique (distinction langue/parole, signe, arbitrariété, paradigme/syntagme, diachronie/synchronie, référentialité, etc.) ont semé des principes clés pour la linguistique, tout en restreignant la réflexion sur le sens et en excluant souvent ses aspects sémantique, pragmatique, discursifs, énonciatifs, argumentatifs, contextuels et subjectifs. La recherche continue donc à questionner la nature du sens et la représentation de la signification dans la langue, tandis qu'à la fin du XXe siècle et au début du XXIe siècle s'impose une formulation, axée sur la subjectivité, reconnue comme scientifiquement fondée.

8.3. Signe et énonciation

Les sciences du langage s'intéressent à l'évolution de la linguistique en se concentrant sur les notions de signe et d'énonciation, s'appuyant notamment sur les travaux de Benveniste, Prieto et Bally. La rupture avec la conception saussurienne du langage comme simple code arbitraire est mise en évidence. Benveniste, en particulier, insiste sur la dimension discursive et intersubjective du langage, soulignant que le sens ne se limite pas au signe mais se construit dans l'acte d'énonciation, qui établit un rapport entre les individus. Il remet en question l'idée de l'arbitraire du signe en montrant que signifiant et signifié sont liés de manière nécessaire, en lien avec la réalité et la situation d'énonciation, notamment par la notion de déixis.

Par ailleurs, Bally propose une vision où la phrase constitue la forme minimale de communication d'une pensée, en insistant sur la distinction entre pensée personnelle et pensée communiquée, tout en soulignant la pluralité des sujets impliqués dans un acte de discours. Il introduit la notion de polyphonie et d'implicite, élargissant la compréhension du signe au-delà de sa simple dimension linguistique, pour inclure les aspects contextuels et sociaux de l'énonciation.

Dans l'ensemble, ces perspectives remettent en cause la vision saussurienne d'une langue comme système fermé et, en insistant sur la dimension dynamique, intersubjective et contextuelle du langage, ouvrent ainsi la voie à une nouvelle approche de la linguistique fondée sur l'étude du discours, de l'énonciation et de la relation entre langage et réalité.

8.4. Signe et stéréotype

Les théories linguistiques centrées sur le sens évoluent à partir des années 1980, période où la sémantique, la pragmatique et la rhétorique deviennent essentielles pour comprendre la signification. Face aux limites des approches logiques et référentielles traditionnelles, de nouvelles perspectives mettent en avant la dimension intersubjective, argumentative et énonciative du langage.

Les travaux de Ducrot, Anscombre et d'autres chercheurs proposent une conception du sens qui s'éloigne de l'idée que la langue sert uniquement à représenter la réalité ou à transmettre des informations. Au contraire, ils considèrent que le sens réside dans les relations argumentatives, la polyphonie énonciative et la dynamique discursive. La théorie de la polyphonie décrit le sens comme un dialogue intérieur entre voix virtuelles, superposées dans un énoncé, reflétant différentes positions ou énonciateurs. La théorie de l'argumentation insiste sur le fait que chaque énoncé contient intrinsèquement des éléments argumentatifs, liés à des topoï (lieux communs) et des énonciateurs (points de vue), qui structurent la relation entre propositions et conclusions.

Par ailleurs, ces théories développent aussi la notion de stéréotypes linguistiques, où le sens d'un mot ou d'une phrase est lié à des phrases stéréotypiques ou à des enchaînements discursifs, permettant une compréhension plus contextualisée et dynamique du langage. Ces approches représentent un changement de paradigme, passant d'une vision du sens centrée sur la pensée ou la réalité à une conception ancrée dans le discours, la pragmatique et la dimension intersubjective. Bien que la question du signe linguistique ne soit pas explicitement abordée, ces théories impliquent une conception du signe liée à une conception énonciative, argumentative, discursive, dans l'interaction humaine. C'est la perspective subjective qui, sous ces aperçus, va devenir protagoniste et va permettre une analyse du sens et de la signification.

Conclusion

L'histoire du langage révèle donc une tension permanente entre la quête d'objectivité et la reconnaissance de la subjectivité. Depuis les mythes antiques jusqu'aux avancées contemporaines en linguistique et intelligence artificielle, cette dialectique a façonné notre rapport à la vérité, à la connaissance et à l'expression humaine. La compréhension de cette évolution permet non seulement d'éclairer la nature du langage et de la langue, mais aussi d'interroger notre manière de percevoir et de construire la réalité.

L'évolution de la conception du signe en est un exemple et montre la complexité du débat, depuis ses classifications variées (sources, nature, intention, canal, relation au signifié, reproductibilité, rapport à l'objet, comportement induit) jusqu'à la perspective structuraliste de Saussure et la systématisation peircienne. Il est mis en évidence l'importance de la structure, de la relation signe-objet, et des relations internes du système pour comprendre la signification. La réflexion sur le sens se complexifie, tout en devenant plus fiable, avec l'introduction de la subjectivité, de l'énonciation, de la polyphonie et de l'argumentation, aboutissant à une conception du signe comme une dynamique discursive, topique, énonciative, argumentative, graduelle, rhétorique, contextuelle et intersubjective, en constante évolution.

Les enjeux liés à la relation d'objectivité et de subjectivité occupent une place centrale dans les débats contemporains sur le langage, l'intelligence artificielle, la modélisation des sentiments et la manipulation de l'information. Si l'objectif est d'établir des méthodes neutres et fiables, la réalité montre que la communication humaine, le sens et les émotions sont intrinsèquement entrelacés et marqués de subjectivité, de contextes discursifs, socioculturels et personnels. Les efforts pour objectiver ces domaines, notamment par la modélisation et l'automatisation, rencontrent ainsi des limites liées à la complexité, à la nuance et à l'ambiguïté des expériences humaines. La montée des enjeux éthiques et la propagation de désinformation soulignent l'importance de reconnaître cette dualité et d'intégrer une réflexion critique sur la fiabilité, la responsabilité et la diversité des perspectives. À terme, le défi consiste à développer des outils et des pratiques qui, tout en cherchant une certaine neutralité, respectent la richesse subjective de l'humain, mais surtout la richesse subjective de la langue, afin d'assurer une information plus juste, transparente et éthique dans un monde où l'interaction entre objectivité et subjectivité demeure au cœur des enjeux sociétaux, scientifiques et technologiques.

Références bibliographiques

Aquin, Th. (1981). *Somme théologique*. Trad. D. Legge. Christian Classics.

Aristote (1997). *De l'interprétation* (*Peri Hermeneias*). Trad. J. Trépanier. Dans *Œuvres complètes d'Aristote* (vol. 4). Les Belles Lettres.

Aristote (1953). *De memoria et reminiscentia*. Trad. R. Mugnier. Petits traités d'histoire naturelle.

Aristote (2007). *Topiques*. Trad. J. Brunschwig. Les Belles Lettres.

Bakhtine, M. (1924). « Le problème du contenu, du matériau et de la forme dans l'œuvre littéraire ». Dans *Esthétique et théorie du roman*. Trad. D. Olivier. Gallimard.
Balibar-Mrabti, A. (1995). « Une étude de la combinatoire des noms de sentiment dans une grammaire locale ». *Langue française*, *105*, 88-97. https://doi.org/10.3406/lfr.1995.5295
Baroin, C. (2007). « Techniques, arts et pratiques de la mémoire en Grèce et à Rome ». Dans *Teknai/artes*. Éditions de l'École des hautes études en sciences sociales. https://doi.org/10.4000/books.editionsehess.2227
Barthes, R. (1957). *Mythologies*. Le Seuil.
Barthes, R. (1975). *Roland Barthes par Roland Barthes*. Le Seuil, coll. « Écrivains de toujours ».
Brunschwig, R. (2003). *Aristote. Topiques*. T. I (livres I-IV). Les Belles Lettres.
Bühler, K. (1934/2009). Théorie du langage. La fonction représentationnelle. Marseille : Agone. (Trad. Didier Samain)
Chomsky, N. (1965). *Aspects of the Theory of Syntax*. The MIT Press. https://doi.org/10.21236/AD0616323
Dennett, D. (1991). *La conscience expliquée*. Le Seuil.
Ducrot, O. (1988). « Topoi et formes topiques ». *Bulletin d'études de linguistique française de Tokyo*, *22*, 1-14.
Ducrot, O. (1984). *Le dire et le dit*. Éditions de Minuit.
Érasme (1984). *Éloge de la folie*. Trad. J. Rousset. Gallimard.
Frege, G. (1879). *Begriffsschrift*. Original en allemand : *Begriffsschrift*, in *Zeitschrift für Philosophie und philosophische Kritik*, *100*, 1-7.
Grice, H. P. (1975). « Logic and Conversation », dans *Syntax and Semantics* (vol. 3). Academic Press. https://doi.org/10.1163/9789004368811_003
Habermas, J. (1981). *Théorie de l'agir communicationnel*. Fayard.
Jacob, P. (2012). *Introduction à la linguistique cognitive*. Armand Colin.
Lakoff, G. et Johnson, M. (2012). *La pensée incarnée*. Le Seuil.
Leclère, Ch. (2004). *Le langage en mutation : enjeux et perspectives*. PUF.
Leibniz, G. W. (1967). *De la characteristica universalis*. Dans *Opuscules philosophiques*. Trad. J. Daurignac. Vrin.
Lévi-Strauss, Cl. (1962). *La pensée sauvage*. Plon.
Lévy, P. (1964). *L'intelligence collective*. La Découverte.
Montaigne, M. (2018). *Essais*. Gallimard, édition classique, coll. « Pléiade ».
Perelman, Ch., et Olbrechts-Tyteca, L. (1970). *Traité de l'argumentation. La nouvelle rhétorique*. Bruxelles. Éditions de l'Université libre de Bruxelles.
Perkins, T. E. (1979). *Rethinking stereotypes. Ideology and Culture Production*. Croom Helm.

Plantin, Ch. (2011). *Les bonnes raisons des émotions. Principes et méthodes pour l'étude du discours émotionné.* Peter Lang. https://doi.org/10.3726/978-3-0352-0070-6

Platon (2004). *Le Cratyle*. Trad. et éd. commentée par J.-N. Prieur. Les Belles Lettres.

Saussure, F. de (1972). *Cours de linguistique générale*. Publié par Ch. Bally et A. Sechehaye, édité par A. Riedlinger. Payot.

Steels, L. (1998). *L'intelligence artificielle et le langage*. Hermès-Lavoisier.

Tordesillas, M. (2004). « Semántica y Gramática argumentativas », dans M. M. Garcia Negroni (dir.), *Homenaje a Oswald Ducrot*. Eudeba.

Tordesillas, M. (2008). « À propos du signe linguistique : énonciation, argumentation et stéréotype ». Dans *El valor de la diversidad*. Ediciones UAM.

Tordesillas, M. (2021). « Regards croisés sur la conception émotionnelle du langage. Les émotions linguistiques ». *Bulletin hispanique de Bordeaux*, *123*(2), 77-94. https://doi.org/10.4000/bulletinhispanique.13510

Tordesillas, M. et García Negroni, M. M. (2022). *La enunciación en la lengua. Subjetividad, Polifonía y dialogismo*. Waldhuter-Trea.

Vaugelas, C. F. de (1659). *Remarques sur la langue françoise utiles à ceux qui veulent bien parler et bien escrire*. Pierre Le Petit.

Wierzbicka, A. (1988). *The Semantics of Grammar.* John Benjamins. https://doi.org/10.1075/slcs.18

Wilson, D. et Sperber, D. (1988). « Representation and Relevance ». Dans R. M. Kempson (dir.), *Mental Representations. The interface between Language and Reality*. Cambridge University Press.

Wundt, W. (1985). *L'étude expérimentale de la conscience*. Trad. J. M. García. Ed. Morata.

Approches pour le repérage et la conception de l'expression discursive des émotions linguistiques dérivées de la violence[1]

Marta Tordesillas et Aránzazu Gil Casadomet***

RÉSUMÉ

La prise de conscience du domaine de la violence dans le panorama contemporain devient, de nos jours, essentielle, de même que son analyse et l'étude de sa conceptualisation, de sa pratique et de son développement au sein de la société – que ce soit individuellement ou collectivement, dans des espaces plus ou moins privés ou publics, au sein de cultures plus ou moins particulières ou globales, et notamment dans le langage, qu'il soit implicite ou explicite. C'est dans ce sens que notre analyse est menée. La recherche vise à mettre en lumière le comportement linguistique et discursif de la « violence », ainsi que des émotions connexes, et à montrer comment elle est gérée par le langage et, par extension, quel rôle elle joue dans la construction du ou des mondes.

Notre étude, portant sur environ 1 200 adjectifs, fournit des données précieuses sur la sémantique de l'angoisse, de la colère, du dégoût, de la peur et de la tristesse, grâce à l'utilisation de marqueurs discursifs conclusifs (*donc/alors*) et concessifs (*mais/pourtant*). L'analyse quantitative de ces marqueurs révèle des schémas dans la dynamique discursive. L'objectif est d'identifier le fonctionnement des mots du lexique relatif aux émotions linguistiques dérivées de la violence, afin de cerner et de comprendre les ressources linguistiques à notre disposition, leur utilisation et leur application, et de montrer comment la prise de conscience nous permet de créer non seulement un discours non violent, mais aussi un discours de paix.

Mots clés : émotions linguistiques, discours de violence, dynamiques discursives conclusives et concessives, profils sémantiques

ABSTRACT

Awareness of the domain of violence in the contemporary landscape is becoming increasingly essential, along with its analysis and the study of its conceptualisation, practice, and development within society – whether individually or collectively, in spaces that are more or less private or public, within cultures that are more or less specific or global, and, among other things, in language, whether implied or explicit. It is from this perspective that our analysis is undertaken. The research aims to highlight the linguistic and discursive behaviour of 'violence', as well as related emotions, and to show how it is managed within language and, by extension, what role it plays in the construction of the world(s).

---

* Universidad Autónoma de Madrid, marta.tordesillas@uam.es

** Universidad Autónoma de Madrid, aranzazu.gil@uam.es

1 Ce chapitre fait partie de la recherche menée dans le cadre de l'équipe de recherche HUM F1-301 LAEC-UAM et le Laboratoire des Sciences du Langage et de la Communication (TiLc&Com ; UAM, Espagne).

Our study of approximately 1 200 adjectives provides valuable data on the semantics of anxiety, anger, disgust, fear, and sadness, guided by the use of conclusive (*donc/alors*) and concessive (*mais/pourtant*) discourse markers. Through quantitative analysis, these markers reveal patterns in discursive dynamics. The objective is to identify how words related to linguistic emotions derived from violence function, in order to pinpoint and understand the linguistic resources available to us, their use and application, and to show how awareness allows and enables us not only to create non-violent discourse but also discourses of peace.

Keywords: linguistic emotions, discourse of violence, conclusive and concessive discursive dynamics, semantic profiles

Sommaire

1. But et hypothèses de la recherche 54
2. L'expression discursive des émotions linguistiques 56
3. Analyse sémantique de l'expression discursive des émotions linguistiques dérivées de la violence : « angoisse », « colère », « dégoût », « peur » et « tristesse » 58
4. Analyse comparative des profils sémantiques de l'angoisse, la colère, le dégoût, la peur et la tristesse dans des discours de violence 68
5. Discussion des résultats et réflexions à prendre en compte 71

1. But et hypothèses de la recherche

Les émotions sont une composante inséparable de la vie humaine. Elles influencent les décisions humaines et nous aident à mieux communiquer avec le monde. La détection des émotions, également connue sous le nom de reconnaissance des émotions, est le processus d'identification des différents sentiments ou émotions d'une personne (par exemple, la joie, la tristesse ou la colère). Plus particulièrement, dans ce qui nous occupe, la reconnaissance des émotions dans le discours et dans la langue devient un processus clef. Depuis quelques décennies, les chercheurs travaillent d'arrache-pied à l'automatisation de la reconnaissance électronique des émotions dans les discours, domaine critique du traitement du langage naturel (NLP). Moyennant l'analyse des émotions linguistiques, pourrons-nous évaluer si les données sont positives, négatives ou neutres ? Depuis l'amélioration des services Internet, les gens utilisent les sites web, les blogs, les forums, les réseaux sociaux, etc., pour communiquer leurs émotions. Dans ces espaces virtuels, les gens expriment librement leurs sentiments, leurs arguments et leurs opinions sur un large éventail de sujets, dont la violence. En outre, de nombreux utilisateurs donnent leur avis et évaluent diverses situations de leurs vies personnelles, leurs opinions sur la société, la politique, des produits et services, etc. (Chartbeat, 2021).

La problématique majeure est de transformer les données automatisées et non structurées en informations utiles pour dégager des conclusions, selon notre intérêt, celui de l'expression discursive des émotions linguistiques. Dans l'optique d'un langage multidimensionnel (dimensions cognitive, psychosociale et sémiotique ; Charaudeau, 1995), les émotions linguistiques constituent une caractéristique de la signification du signe linguistique (Tordesillas, 2008) : « L'émotionnel constitue un pilier fondamental du langage, conformant la signification même de la langue, moyennant les émotions linguistiques » (Tordesillas, 2021 : 90). Dans cette étude, nous visons à montrer comment les émotions linguistiques, concept clef pour les sociétés et tout aussi fondamental pour la langue, sont intrinsèquement liées à celle-ci. Nous poursuivons la recherche sur l'éventail de mots concernant la violence, tout en essayant de mettre en relief et de développer une conscience, que nous posons comme essentielle, pour aborder la violence et viser la paix. D'ailleurs, le concept va au-delà de la violence et de la non-violence, du moment où la violence est susceptible de se développer en un éventail discursif qui touche d'autres concepts-mots tels que : la peur, l'angoisse, la colère, le dégoût ou la tristesse, entre autres. Tout en étant conscients de la multidisciplinarité du sujet, notre recherche s'inscrit principalement dans une perspective linguistique, articulée autour de plusieurs axes d'analyse :

1. La violence ainsi que la non-violence engendrent systématiquement des *a priori*, des incompréhensions, des conflits et des guerres ou permettent la compréhension, le contact et la paix.
2. Rendre compte du poids des violences dans la transmission des réalités individuelles et collectives au sein de la société est essentiel pour comprendre le phénomène et agir efficacement.
3. Les formes discursives, socio-langagières et textuelles sont significatives, elles proposent, développent, contraignent, parlent, racontent, décrivent, écrivent, pensent, représentent et rendent compte du vécu comme du mensonge, du réel comme de l'irréel dans les contextes de violence, de contact et de conflits.

2. L'expression discursive des émotions linguistiques

Les sciences du langage, la linguistique générale et la pragmatique ont connu un développement méthodologique important, tant sur le plan quantitatif que qualitatif. Elles sont désormais reconnues comme des outils scientifiques essentiels pour l'étude du langage, de la langue et du discours, ainsi que pour les nombreux domaines connexes qui mobilisent, traitent et développent ces concepts. Elles ont d'ailleurs contribué à l'enrichissement d'une composante essentielle de la langue, la morphologie. Cette dynamique s'est renforcée non seulement grâce à la reconnaissance et à l'élargissement de ses champs d'application, mais aussi, et surtout, grâce au développement du traitement automatique des langues, de la linguistique de corpus et de l'ingénierie linguistique. Ces avancées ont permis l'analyse de grandes quantités de mots, d'expressions, d'énoncés, de discours, ainsi qu'une approche approfondie du sens – qu'il soit intrinsèque ou extrinsèque –, du comportement et de la gestion du sens, et des aspects morphologiques du discours.

Dans ce cadre, l'un des aspects les plus saillants qui a été abordé à partir de nouvelles perspectives sémantiques, pragmatiques et discursives concerne la subjectivité dans le discours et la langue, ainsi que l'analyse de son impact. Dans ce contexte, indépendamment de l'importance de repérer la subjectivité à travers les déictiques, les implicites, les marqueurs discursifs ou les actes de langage, l'intérêt pour la conception, l'expression, le développement, l'identification et le traitement des émotions dans le lexique et pour leur expression dans le discours a émergé plus fortement que jamais ces dernières années.

Pour aborder cette question, nous centrerons notre recherche sur l'expression morphologique des émotions dans le lexique et le traitement automatique du discours en linguistique de corpus. Notre démarche s'inscrit dans une perspective théorique à la fois pragmatique et sémantique, notamment une perspective argumentative et énonciative. Nous partons de plusieurs postulats fondamentaux : la langue se caractérise par sa dimension discursive ; le sens, intrinsèquement subjectif, se déploie selon des modalités polyphoniques et argumentatives et s'inscrit dans la morphologie lexicale ; enfin, les mots actualisent leur signification dans le discours à travers leur portée discursive, leurs réseaux sémantiques et leurs dynamiques énonciatives et argumentatives. Nous faisons également l'hypothèse que le lieu de l'expression discursive des mots d'émotion dans le discours rend compte du sens linguistique et morphologique, et que l'analyse des mots d'émotion et de leurs discours nous permet une approche et une connaissance plus directe de la subjectivité dans la langue. En tant qu'expression particulièrement dense de la subjectivité du langage, les mots d'émotion constituent en effet des réseaux discursifs subjectifs, organisés autour de points de vue et d'orientations qui synthétisent et projettent les émotions linguistiques.

L'évolution de la réflexion philosophique et scientifique sur le langage, en mettant en lumière les contraintes et les potentialités qui lui sont inhérentes, souligne la nécessité de prendre en compte la subjectivité et les émotions linguistiques, ainsi que les nouveaux cadres théoriques indispensables à une compréhension approfondie de la langue. Dans cette perspective, les émotions sont un sujet d'étude qui concerne différents domaines tels que les sciences de la santé, les sciences sociales et les sciences du langage. Ces domaines développent de nombreuses théories qui s'appuient sur la philosophie et la technologie. Les études sur les émotions existent depuis l'Antiquité, mais elles n'ont été reconnues scientifiquement que récemment. Les émotions sont liées à l'être humain, à ses sentiments, ses croyances, ses attitudes, ses idéologies, sa politique, sa religion, son pouvoir, son cerveau et sa langue. Dans cet article, nous nous intéressons spécifiquement aux émotions dans le cadre des sciences du langage et de la linguistique, ce qui soulève des questions sur la conception des émotions et leur traitement.

Au XXe siècle, il a été démontré que la description logique, conditionnelle et vériconditionnelle de la langue, privilégiée pendant des siècles, n'était pas suffisante pour décrire le sens de la langue. Les écoles linguistiques développées à partir de ces principes ont permis de mieux comprendre la langue, mais n'ont pas réussi à rendre compte suffisamment de la description du sens et des formes de l'expression. Cela a conduit à de nouvelles hypothèses sur la conception de la langue et de la communication, notamment dans les domaines de la philosophie, de la sémiotique, de la sémantique et de la pragmatique. Ces nouvelles approches théoriques ont en commun l'étude renouvelée du sens et du contexte, ainsi que de nouvelles questions d'analyse, telles que l'explicite et l'implicite, le dit et le dire, le posé et le présupposé. Dans le domaine des émotions, la question a suscité un intérêt croissant dans les branches de la psychologie, de la psychiatrie, de la neurologie, de la philosophie, de la rhétorique, de la politique, de la linguistique et de la robotique.

L'identification, l'analyse, le traitement et la conceptualisation automatique des émotions constituent une révolution scientifique, technologique et socioculturelle majeure du XXIe siècle. Il apparaît dès lors nécessaire d'adopter une approche interdisciplinaire et un traitement sémantique rigoureux, afin de comprendre et analyser les émotions dans la langue. Nous proposons une hypothèse selon laquelle les valeurs émotionnelles des énoncés linguistiques proviennent de leurs caractéristiques internes plutôt que des facteurs externes tels que le contexte ou les gestes. Les émotions font partie intégrante de la langue et contribuent à la signification des signes linguistiques. Les émotions linguistiques sont inscrites et véhiculées par les mots, et les dynamiques énonciatives et argumentatives sont toujours présentes dans le discours, de manière explicite ou implicite.

3. Analyse sémantique de l'expression discursive des émotions linguistiques dérivées de la violence : « angoisse », « colère », « dégoût », « peur » et « tristesse »

Pour rendre compte de ces caractéristiques et de ces fonctionnements, nous nous sommes concentrés sur l'analyse du discours inscrit et projeté dans et par les mots d'émotion *angoisse, colère, dégoût, peur* et *tristesse*, ainsi que par les adjectifs qui les accompagnent en tant que collocatifs. Le profil sémantique d'une émotion linguistique se définit par les caractéristiques de son emploi dans les dynamiques discursives, les points de vue et orientations qu'il active, ainsi que par les collocatifs prédominants qui en forment le topos ou champ sémantique :

> Podemos plantear que, de alguna manera, el discurso se construye a partir de los que el locutor "quiere" que el decir, del discurso que profiere, diga, explícita o implícitamente, y de los elementos que la lengua le ofrece para ello. Veamos, en este sentido, desde el locutor, el recorrido que efectúa dicho locutor para alcanzar lingüísticamente el objetivo discursivo que se ha propuesto en su decir mediante du mirada discursiva. El locutor, a partir de una aprehensión argumentativa del *ego, hic* et *nunc*, realiza una selección que inicia desde el juicio que a dicha situación le atribuye. Parte pues del punto de vista bajo el cual decide, decide orientar u orienta su discurso: positivo (+), negativo (-) o neutro (+/-), así como del topos que va a convocar y de la dinámica argumentativa que va a aplicar. (Tordesillas, 1998 : 369)
>
> Notre traduction : On peut affirmer que, d'une certaine manière, le discours est construit sur la base de ce que le locuteur « veut » que l'énoncé, le discours qu'il

prononce, dise, explicitement ou implicitement, et des éléments que la langue offre à cette fin. Voyons, en ce sens, du point de vue du locuteur, le chemin qu'il emprunte pour atteindre linguistiquement l'objectif discursif qu'il s'est fixé pour son énoncé au moyen de son regard discursif. Le locuteur, sur la base d'une appréhension argumentative de l'*ego*, *hic* et *nunc*, opère une sélection qui part du jugement qu'il attribue à cette situation. Il part donc du point de vue sous lequel il décide, décide d'orienter ou oriente son discours : positif (+), négatif (-) ou neutre (+/-), ainsi que du topos qu'il va convoquer et de la dynamique argumentative qu'il va appliquer.)

Afin de recueillir les émotions linguistiques en contexte, nous les avons récupérées du corpus French Web 2020 (frtenten2020) hébergé dans la plateforme de gestion de corpus Sketch Engine, composé de textes collectés sur Internet (des textes de toutes sortes : page de diffusion, publicité, blogs, vente, etc.), avec une taille cible de plus de 20,9 milliards de mots de la langue française. Notre étude porte sur environ 1 200 adjectifs dont le sémantisme, qu'il soit positif, neutre ou négatif, donne une première conception intéressante et significative du sens morphologique des émotions telles que l'angoisse, la colère, le dégoût, la peur et la tristesse, toutes liées aux champs sémantiques de la violence. Cette approche est complétée par une analyse discursive du sens qui se déclenche lorsque les points de vue et les orientations sont transcendés et émergent, de façon plus directe, par l'utilisation de marqueurs discursifs conclusifs (*donc/alors*) et concessifs (*mais/pourtant*) qui montrent et exposent leur dynamique argumentative. Il convient de noter que nous avons étudié l'emploi de « mais_{PA} » sous l'entité sémantique PA (sens de « pourtant ») notoire par Ducrot (1978), face à l'entité « mais_{SN} ». Le premier conduit à la concession paraphrasée par des adverbes concessifs du type de *pourtant*, *cependant*, etc., alors que le second « permet de parler d'un acte de rectification, de correction, qui devrait entrer dans la liste des actes illocutionnaires » (Ducrot, 1978 : 116).

La recherche dans le corpus des lemmes *angoisse*, *colère*, *dégoût*, *peur* et *tristesse* a suivi un processus de calcul en positionnant le marqueur de discours à une distance allant jusqu'à 4 positions derrière le lemme dans ces syntagmes distributionnels « [tag="A."] [lemma="peur"] []{1, 4} [lemma="donc"] » and « [lemma="peur"] [tag="A."] []{1, 4} [lemma="donc"] », ce qui a donné des résultats statistiques de l'emploi de ces émotions linguistiques conditionnées par les dimensions conclusives et concessives de la langue moyennant ces marqueurs. Il faut noter qu'après l'obtention des résultats, un bon nettoyage des énoncés a été nécessaire, nous avons notamment supprimé les énoncés qui n'apportaient pas de conclusions remarquables lors de l'emploi du marqueur.

Notre analyse de l'expression discursive des émotions linguistiques dérivées de la violence « angoisse », « colère », « dégoût », « peur » et « tristesse » a pour but de repérer un profil sémantique desdites émotions. Il est important de noter que les pourcentages et quantités des occurrences observés dans l'analyse sont donnés après le nettoyage cité. De leur côté, les adjectifs proposés sont indiqués en fonction de la haute fréquence de l'emploi du mot d'émotion avec l'adjectif dans le répertoire du corpus. Les exemples des occurrences des émotions étudiées ont été choisis afin d'illustrer au mieux le fonctionnement interne de la langue par rapport à cet objet d'étude.

ANGOISSE

Le rapport de fréquence relative par million de *tokens* de l'émotion linguistique *angoisse* avec l'utilisation d'un marqueur de discours conclusif tel que *donc* est de 12 %, contre 22 % de *alors* ; l'emploi de *mais* implique 61 % du total de nos recherches face à 5 % de *pourtant* :

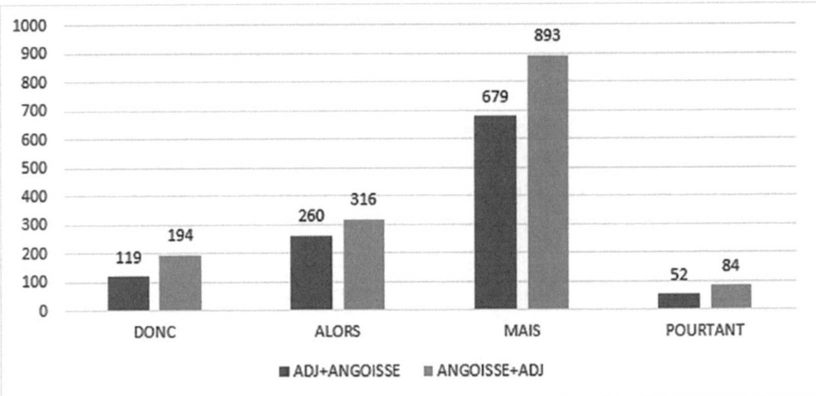

Figure 1: Déploiement des dynamiques conclusives et concessives de l'émotion linguistique de l'angoisse par million de *tokens*.

L'analyse quantitative des occurrences qui composent notre corpus a permis d'éclairer l'intérêt de démontrer le sémantisme positif, neutre ou négatif de l'angoisse, moyennant un profil sémantique, selon le sens ultime du discours et la convergence des points de vue et des orientations discursives motivés par l'emploi de *donc/alors* et de *mais/pourtant*. Nous observons que la concession la plus remarquable concerne la dynamique discursive de l'angoisse. Voyons plusieurs exemples :

- ANGOISSE + ADJ + MAIS : (1) La révélation de l'horreur des camps de concentration par radio, presse et cinéma les avait mis dans une *angoisse épouvantable*, *mais* ils avaient reçu un télégramme fleuri de mes amis de Bruxelles, ainsi libellé : « Sommes plus qu'heureux retour Raymond, félicitations. » (free.fr)
- ADJ + ANGOISSE + POURTANT : (2) Trop souvent dépassé par la violence des événements. Le voilà en pleine tentative de résolution de ses *grandes angoisses*, et plongé dans un univers de nouvelles qui, *pourtant*, sont une tentative de définitive reconstruction. (bdparadisio.com)
- ANGOISSE + ADJ + DONC : (3) Je veux pouvoir dormir tranquille, rire sincèrement, aimer sans crainte, savourer le moindre instant sans *angoisse inutile*. *Donc*, je donne ma confiance entière et nue. (adulte-surdoue.fr)

Dans le premier cas, l'orientation discursive amène à la compréhension négative de l'émotion linguistique éprouvée. La force de la concession ne limite pas l'angoisse présente dans le discours de violence. Ce n'est pas le même événement que nous observons avec (2) qui déchiffre un point de vue positif déclenché de l'orientation discursive moyennant l'emploi de « pourtant ». Enfin, dans (3), « donc » neutralise la négativité de l'angoisse en l'acceptant. Nous constatons, suivant la terminologie de Plantin (1997), que ces énoncés de sentiment peuvent être définis comme des énoncés prédiquant un terme d'émotion tel qu'« angoisse » d'un lieu psychologique, ici la violence.

Ajoutons les adjectifs collocatifs de l'émotion linguistique de l'angoisse dans des discours de violence dans un ordre alphabétique : *affreux, archaïque, cruel, dépressif, diffus, épouvantable, eschatologique, existentiel, grandissant, horrible, identitaire, incontrôlable, indescriptible, indicible, inexplicable, inexprimable, insoutenable, insupportable, insurmontable, intolérable, irraisonné, irrationnel, irrépressible, lancinant, latent, métaphysique, mortel, névrotique, nocturne, palpable, panique, paralysant, permanent, perpétuel, pire, poignant, profond, psychotique, soudain, sourd, terrible* et *terrifiant*.

COLÈRE

Du côté de la *colère*, les pourcentages de l'adjectivisation devant l'émotion s'approchent d'un même nombre d'occurrences, tandis que l'émotion de la colère est plus employée avec un adjectif postposé que préposé, de même qu'avec l'émotion de l'angoisse, et d'un taux majeur avec le marqueur conclusif *alors*, qu'en impliquant le marqueur *donc*, 23 % face à 10 %. Selon les indices de ladite fréquence relative de Sketch Engine, une différence notable d'utilisation peut être observée entre les marqueurs de discours concessifs *mais* et *pourtant* où intervient l'émotion linguistique de la colère. Les résultats sont également présentés dans le graphique de la figure 2. Il est important de faire attention à la disparité remarquable de l'emploi de *mais* face à *pourtant*, dont 62 % d'occurrences de *mais* gèrent l'usage de la colère face à un faible *pourtant* qui s'avère de 5 % au total.

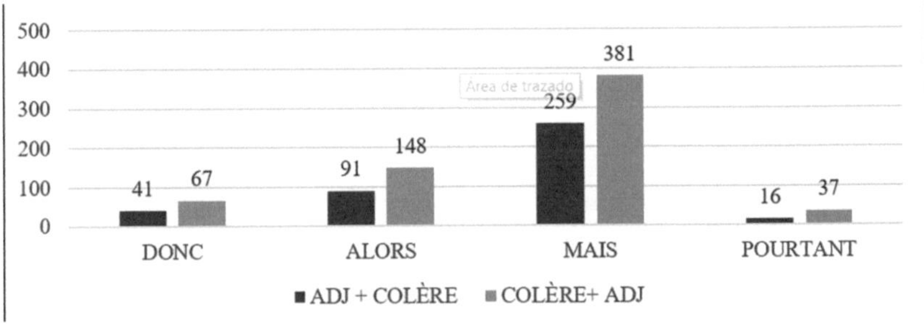

Figure 2: Déploiement des dynamiques conclusives et concessives de l'émotion linguistique de la colère par million de *tokens*.

Voyons les points de vue décernés par différents locuteurs en éprouvant l'émotion linguistique de la colère dans des régressions violentes :

- COLÈRE + ADJ + DONC : (4) Des révoltes des quartiers populaires aux manifestations actuelles en passant par la chemise du directeur des ressources humaines d'Air France, la violence est systématiquement l'objet de réductionnismes médiatiques dont le point commun est de nier les bases matérielles légitimes à la *colère sociale*. L'effet des réductionnismes médiatiques est *donc* le masquage des causes de cette violence. (lmsi.net)

- COLÈRE + ADJ + POURTANT : (5) Elle sait très bien ce qu'ont été concrètement les émeutes : « en quelques jours, la rage des jeunes sans travail, sans salaire, sans avenir s'est étendue à tout le pays », « ils déversent aujourd'hui une partie de cette violence en détruisant tout ce qui leur tombe sous la main », ou encore « c'est une *colère aveugle*, une manifestation de ras-le-bol désespérée ». Et *pourtant*, elle défend cette rage, cette destruction, cet aveuglement et ce désespoir qui tournent le dos aux intérêts de la classe ouvrière. (internationalism.org)

Dans l'exemple (4), le locuteur ne met pas en question la négativité de l'acte de violence encore que (5) rend positives les émeutes sur la violence sociale et existentielles par la défense de l'opinion contre la classe ouvrière. Par la suite, nous citons un dernier cas de point de vue neutre dans un discours qui représente la violence où le sentiment de responsabilité du locuteur détermine une appréciation qui bloque la négativité du discours :

- COLÈRE + ADJ + MAIS : (6) La violence fait partie de sa nature et dans la *colère aveugle*, dans la fureur, il peut devenir dangereux. *Mais* il a le cœur sur la main et, pour ses amis, il est capable de tout risquer. (astrologie-flash.com)

Ce sont les adjectifs les plus utilisés comme collocatifs avec l'émotion de la colère dans le repérage des discours de la violence de notre corpus : *ardent*, *aveugle*, *brusque*, *brutal*, *céleste*, *destructeur*, *dévastateur*, *divin*, *épouvantable*, *explosif*, *fou*, *froid*, *furieux*, *grand*, *grandissant*, *homérique*, *immense*, *implacable*, *impuissant*, *incontrôlable*, *incontrôlé*, *irrépressible*, *ivre*, *jaloux*, *juste*, *latent*, *légitime*, *mémorable*, *montant*, *noir*, *populaire*, *sain*, *soudain*, *sourd*, *subit*, *terrible*, *vain* et *violent*.

DÉGOÛT

L'émotion du *dégoût* face à un adjectif préposé ou postposé est desservie deux fois plus souvent avec *alors* qu'avec *donc*, 21 % face à 10 %. Nous faisons attention de nouveau à la différence d'emploi de *mais* face à *pourtant*, dont 58 % d'occurrences de *mais* se positionnent comme marqueur concessif prédominant contre un rare *pourtant* qui regroupe 11 % d'occurrences totales. Les adjectifs postposés sont plus mentionnés avec les mots « angoisse » et « colère », alors que « dégoût » est plus employé avec un adjectif préposé.

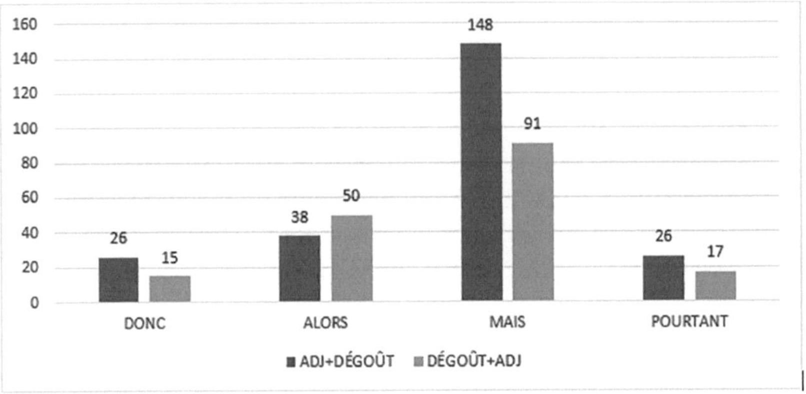

Figure 3: Déploiement des dynamiques conclusives et concessives de l'émotion linguistique du dégoût par million de *tokens*.

Ce recueil quantitatif positionne la concession parmi l'emploi de « mais » comme le plus employé dans les dynamiques discursives du dégoût. Voyons des exemples qui mettent en place les différents points de vue constituant le profil sémantique de cette émotion :

- ADJ + DÉGOÛT + ALORS : (7) Aujourd'hui il prend grand soin de s'entourer, au moins un peu, de Juifs, anciens déportés de préférence, mais aussi d'Arabes, de Noirs et de handicapés : autant d'entorses à l'éthique nazie que Hitler, si démagogue, opportuniste et manipulateur qu'il fût, ne se serait jamais autorisées, pas plus qu'il ne se serait dit « socialement de gauche » – un mot qu'il ne savait prononcer qu'avec le plus *profond dégoût*. *Alors*, acceptons que l'histoire ait avancé, que nos valeurs aient gagné en audience, et critiquons les gens de maintenant dans des termes de maintenant, sous peine de leur donner des auréoles de martyrs et des milliers de bulletins de vote. (delpla.org)
- DÉGOÛT + ADJ + MAIS : (8) Bien sûr, je me doute que certains sujets peuvent entraîner une réaction de *dégoût violente* et chez d'autres juste un vague ennui, alors que d'autres ne pourront aller qu'au niveau du vague ennui. *Mais* j'estime que ce n'est pas à moi de décider ce que doivent opiner les autres. (dreamwidth.org)

L'exemple (7) exploite un sens ultime du discours véhiculé par un point négatif émis par le locuteur par le biais du lexique généralisant (anciens déportés, manipulateur, etc.). Cependant, (8) neutralise ce point de vue étant donné la non-implication du locuteur sur l'opinion d'autres êtres humains. La dynamique argumentative du dégoût est aussi possible lorsque le point de vue est positif comme dans l'exemple (9) où les caractéristiques personnifiées du personnage sont à la fois conclusives et dominantes face à la violence inouïe de l'histoire racontée :

- ADJ + DÉGOÛT + POURTANT : (9) [...] des noires pages d'une violence inouïe qui peuvent amener le lecteur au bord de la nausée (j'ai relu le livre pour pouvoir rédiger cette note et j'ai éprouvé les *mêmes dégoûts*). *Pourtant*, ce n'est pas la violence que l'on retient en fermant le livre, c'est le beau personnage de Turtle, sa pureté, son innocence, sa puissance physique et mentale, sa bravoure. (librairieforumdulivre.fr)

Selon le corpus consulté, les adjectifs les plus employés avec l'émotion du dégoût dans des contextes de violence sont *absolu*, *affreux*, *alimentaire*, *amer*, *continuel*, *épouvantable*, *évident*, *existentiel*, *extrême*, *grandissant*, *horrible*, *immense*, *indicible*, *inexprimable*, *infini*, *inné*, *inséparable*, *instinctif*, *insupportable*, *insurmontable*, *intense*, *invincible*, *involontaire*, *irrépressible*, *léger*, *légitime*, *maladif*, *moral*, *mortel*, *pileux*, *profond*, *sincère*, *soudain*, *subit*, *suprême*, *vague*, *violent* et *viscéral*.

PEUR

L'émotion linguistique *peur* avec l'utilisation du marqueur conclusif *donc* est proche du 17 %, contre 16 % d'*alors*. L'emploi de *mais* implique 61 % du total de nos recherches face à 6 % de *pourtant* :

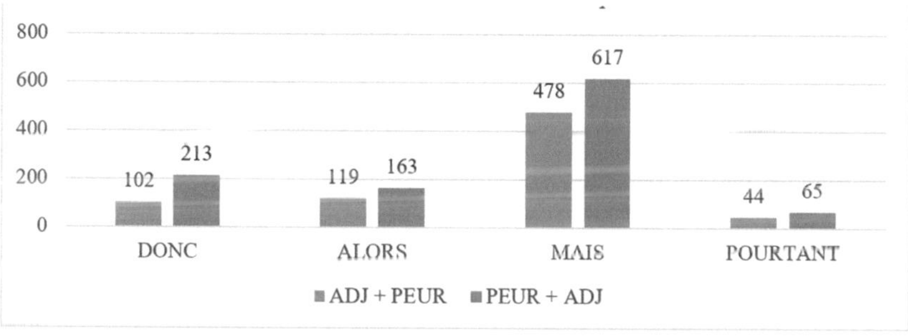

Figure 4: Déploiement des dynamiques conclusives et concessives de l'émotion linguistique de la peur par million de *tokens*.

Analysons quelques exemples représentatifs des points de vue évoqués par les orientations discursives qui ont lieu dans les discours de violence et autour de l'émotion de la peur. Le point négatif de la peur se trouve dans (10) dans le but de libérer l'irrationalité dans toute sa violence. En revanche, (11) rend positive l'émotion de la peur dans un contexte de violence où la domination de celle-ci est le terme d'honneur masculin. Comme montré dans Eurrutia et Gil Casadomet (2022), la peur influence les choix d'un usage particulier des marqueurs de subjectivité à polarité négative, rendant le discours à sens ultime positif.

- PEUR + ADJ + DONC : (10) Aller s'attaquer à ça, c'est faire ressurgir toutes les *peurs fondamentales*, et *donc* déchaîner leur irrationnel dans toute sa violence. (psychologies.com)
- PEUR + ADJ + ALORS : (11) Le jeu impuissant de l'héroïsme, le trou qui grandit entre la réalité et l'imagination, le ressentiment insurmontable, les *peurs inavouables* sont réelles pour beaucoup d'hommes. *Alors*, le terme honneur masculin devient un terme qui signifie la domination violente. (turquieeuropeenne.eu)

Enfin, (12) met en évidence une maîtrise du climat de violence qui rend négatif le point de vue du locuteur, cette fois-ci au moyen d'une dynamique concessive introduite par « mais » :

- PEUR + ADJ + MAIS : (12) Bien sûr, ici comme dans le secondaire, il y a cette omerta face aux faits de violence dont les journaux se font largement l'écho ces jours-ci, avec les mêmes origines : pression de la hiérarchie, peur du jugement des collègues, autocensure, adhésion de certains à l'idéologie de l'excuse et même *peur physique* des représailles. *Mais* il y a bien plus : en raison de l'organisation des écoles, les occasions de maltraitance envers les enseignants sont démultipliées et ne viennent pas uniquement de la part d'élèves turbulents ou agressifs, mais aussi de leur hiérarchie. (causeur.fr)

Par la suite, voyons une liste des adjectifs les plus utilisés avec les émotions de la peur et en utilisant les marqueurs discursifs *alors*, *donc*, *mais* et *pourtant* dans des contextes où la violence fait l'objet du discours : *ancestral*, *archaïque*, *atavique, atroce, bleu, constant, diffuse, enfantin, excessif, existentiel, grandissant, inconscient, incontrôlable, incontrôlé, indicible, inexpliqué, infondé, injustifié, instinctif, intense, irraisonné, irrationnel, irrépressible, latent, légitime, maladif, millénariste, morbide, obsessionnel, omniprésent, panique, paralysant, primale, soudain, sourd, superstitieux, spirituel, terrible* et *viscéral.*

TRISTESSE

La fréquence d'usage par million de *tokens* de l'émotion linguistique tristesse apparaît 9 % de fois avec *donc* et 17 % avec *alors* ; l'emploi de *mais* est proche de 68 % face à 6 % de *pourtant*. Nous observons que le mot tristesse fonctionne plus souvent avec un adjectif préposé, contrairement au mot « peur ».

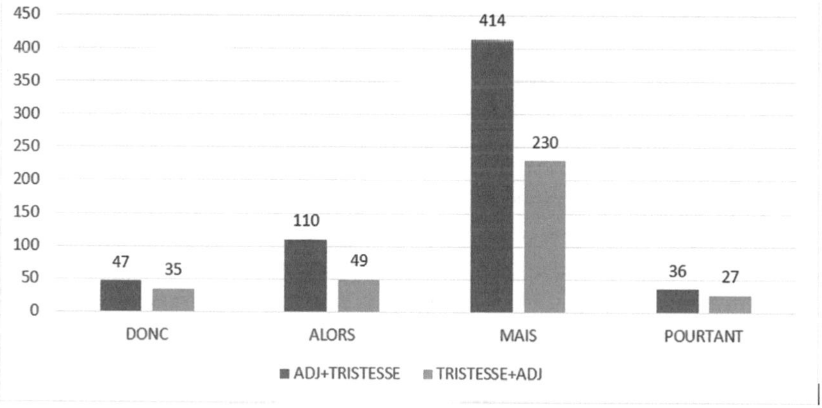

Figure 5: Déploiement des dynamiques conclusives et concessives de l'émotion linguistique de la tristesse par million de *tokens*.

Voyons quelques exemples concernant les points de vue positif, neutre et négatif de l'emploi de l'émotion de la tristesse dans des discours de violence :

- ADJ + TRISTESSE + ALORS : (13) Un petit garçon qui ne montrait aucune émotion : ni joie, ni tristesse, ni peur, ni haine … Sa mère me montra du doigt avec un rictus de dégoût ; le petit garçon prit un air étonné, mais au fond de ses yeux, je ne vis qu'une *immense tristesse. Alors*, j'ai compris que j'avais fait la chose la plus horrible de ma vie : j'ai mis de la mort dans la vie de ce garçon. (free.fr)

- TRISTESSE + ADJ + MAIS : (14) Mon cœur a saigné devant tant de maltraitance (le terrible épisode du typhus en particulier est d'une *tristesse infinie*). *Mais* elle y découvre l'amitié. (babelio.com)
- ADJ + TRISTESSE + MAIS : (15) C'est violent, épuré, empreint d'une *grande tristesse*, avec cet humour toujours naïf, *mais* c'est terriblement beau, une histoire d'amour magnifique. (free.fr)

Le locuteur dans (13) dévoile un point de vue propre du discours de la violence, négatif et indicateur avec appui du lexique utilisé (aucune émotion, mort). L'occurrence de « mais » évoque dans l'exemple (14) une démystification de la tristesse, projetant un point de vue neutre sachant que dans ce discours la maltraitance n'est pas finalement dévoilée en tant qu'action caractéristique de la violence lorsque l'amitié resurgit. Enfin, (15) se retrouve dans la positivation du point de vue, marquée par l'introduction du « mais » et des qualificateurs du discours (beau, magnifique).

Nous mentionnons les adjectifs les plus employés avec l'émotion de la tristesse en position préposée et postposée, et inclus dans des dynamiques conclusives et concessives moyennant les marqueurs *donc, alors, mais* et *pourtant*, et récupérés du corpus étudié : *absolu, abyssal, accablant, affligeant, affreux, ambiant, amer, chagrin, déchirant, diffus, épouvantable, immense, incommensurable, inconsolable, incurable, indéfinissable, indescriptible, indicible, ineffable, inexplicable, inexprimable, infini, inouï, insondable, insurmontable, intense, invincible, lancinant, latent, majestueux, mélancolique, mortel, navrant, nostalgique, palpable, passagère, poignant, profond, sincère, soudain, sourd, tristesse* et *vague.*

4. Analyse comparative des profils sémantiques de l'*angoisse*, la *colère*, le *dégoût*, la *peur* et la *tristesse* dans des discours de violence

Les résultats comparatifs des expressions traitées sont dans un premier moment concluants au niveau de l'usage du marqueur discursif. Les orientations discursives concessives prédominantes appellent l'usage des émotions étudiées, notamment avec le marqueur concessif *mais* :

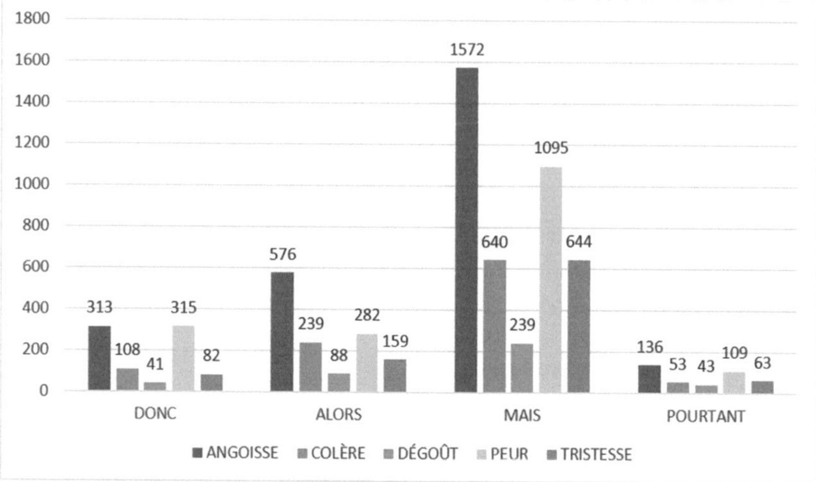

Figure 6: Tableau récapitulatif des fréquences d'usage des émotions de l'*angoisse*, la *colère*, le *dégoût*, la *peur* et la *tristesse* dans des dynamiques conclusives et concessives par million de *tokens*.

Ce bagage de données nous permet d'avoir une visée concrète de notre objet de recherche concernant les émotions de l'*angoisse*, la *colère*, le *dégoût*, la *peur* et la *tristesse*, ainsi que l'adjectivation dominante dans leurs expressions discursives. Nous présentons par la suite les résultats de ladite analyse en vertu de l'expression subjective de la langue marquée par les différences remarquables entre, d'une part, le sens du mot émotion en lui-même, son développement avec un adjectif pré- ou postposé, et d'autre part, son application en contexte et le sens ultime susceptible d'être projeté, de progresser et de s'étendre dans le discours, sens hétérogène de la subjectivation des objets de connaissance comme le discursif (Parret 1991). L'analyse quantitative des expressions discursives des émotions de l'angoisse, la colère, le dégoût, la peur et la tristesse dans des discours de violence présents dans notre corpus nous a permis, dans ce premier temps de la recherche, d'éclairer un modèle de profils sémantiques sur lequel opérer pour la compréhension des émotions linguistiques dans la langue, et donc, dans le discours. Dans le contexte des expressions conclusives de ces émotions, nous pouvons remarquer une constante de l'emploi d'*alors*, sauf pour l'expression de la peur de la violence, qui montre un usage plus marqué de la configuration avec *donc*. Ce n'est pas le cas des expressions concessives, le marqueur *mais* étant le plus présent dans la configuration de l'expression linguistique desdites émotions. Les occurrences repérées des émotions linguistiques de l'angoisse, la peur et la colère ont un adjectif postposé, alors que le dégoût et la tristesse antéposent l'adjectif.

Le graphique de la figure 7 présente, parmi les émotions analysées, celles qui sont les plus présentes dans les discours numériques analysés :

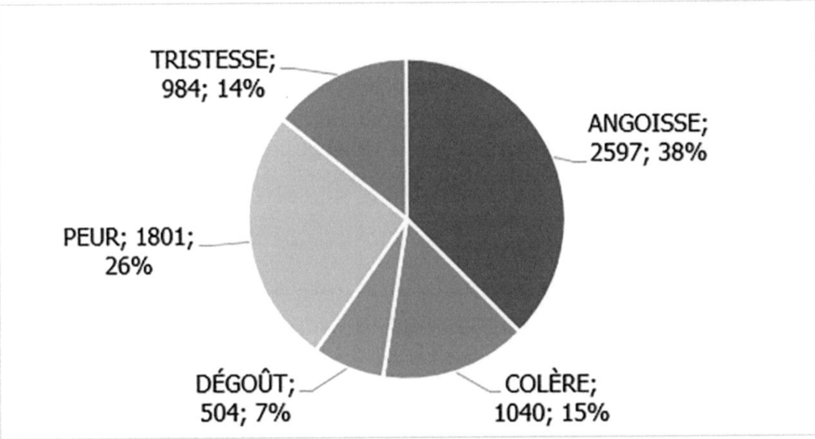

Figure 7: Rapport total des fréquences d'usage des émotions de l'*angoisse*, la *colère*, le *dégoût*, la *peur* et la *tristesse* dans des dynamiques conclusives et concessives par million de *tokens*.

L'analyse des mots d'émotion émerge de la langue elle-même, caractérisant et influençant le fonctionnement du lexique et sa structure morphologique. Des analyses comparatives, historiques, diachroniques et synchroniques, réalisées dans le cadre de la sémantique, de la pragmatique et de l'analyse du discours, moyennant le traitement automatique, constituent un lieu d'enrichissement et d'approfondissement de la connaissance contemporaine de la langue, nécessaire aussi pour l'évolution technologique.

Concernant les adjectifs en tant que collocatifs des différents mots d'émotions analysés, nous observons que certains d'entre eux apparaissent de manière récurrente dans plusieurs émotions. Nous parlons des adjectifs tels qu'*absolu, affreux, archaïque, atroce, diffus, épouvantable, existentiel, grand, grandissant, horrible, immense, implacable, impuissant, incontrôlable, indescriptible, indicible, inexplicable, inexprimable, insupportable, insurmontable, intense, involontaire, irraisonné, irrationnel, irrépressible, lancinant, latent, légitime, mortel, palpable, panique, paralysant, poignant, populaire, profond, sincère, soudain, sourd, subit, terrible, violent, viscéral.*

5. Discussion des résultats et réflexions à prendre en compte

Depuis quelque temps, l'étude des émotions linguistiques occupe une place importante en linguistique, rendant leur traitement tout à fait actuel et même indispensable dans de nombreux domaines scientifiques.

Nous avons remarqué une disposition majeure de la configuration « angoisse+adj+mais », « colère+adj+mais », « adj+dégoût+mais », « peur+adj+mais » et « adj+tristesse+mais ». Nous pouvons entrevoir les premières impressions d'une tendance à utiliser la concession plutôt que la conclusion, selon les données obtenues dans notre corpus lors de la mise en place dans des discours de violence des émotions linguistiques telles que l'angoisse, la colère, le dégoût, la peur et la tristesse. La concession, comme élément linguistique du don, de l'accord, de faire grâce et pitié de quelque chose, est, dans le corpus, un phénomène très puissant dans des exemples où le repérage linguistique de la violence représente dans cette étude préliminaire un échantillon de la transmission des réalités individuelles et collectives. Ces aboutissements nous permettent, déjà, de remarquer certains résultats en ce qui concerne la connaissance de sa configuration sémantique et de son déploiement discursif et, de même, de penser à certains usages de ces résultats, par exemple pour la didactique de la langue.

Dans le déploiement discursif de l'*angoisse*, de la *colère*, du *dégoût*, de la *peur* et de la *tristesse*, nous avons identifié une liste pertinente d'adjectifs susceptibles de se combiner avec les cinq émotions linguistiques étudiées dans des discours de violence. En ce sens, il est possible d'indiquer s'il s'agit d'adjectifs caractérisés par un degré fortement marqué. Par ailleurs, ces résultats nous permettent, dans le cadre d'une didactique de la langue, d'envisager une appropriation consciente de ces mécanismes lexicaux et nous offrent des pistes pour travailler sur leur usage effectif.

Références bibliographiques

Charaudeau, P. (1995). « Une analyse sémiolinguistique du discours ». *Langages*, *117*, 96-111. https://doi.org/10.3406/lgge.1995.1708

Chartbeat (2021). « Most Read Topics in 2020: Analysis & Findings ». https://blog.chartbeat.com/2021/03/10/most-read-topics-2020/

Ducrot, O. (1978). « Deux mais ». *Cahiers de linguistique*, *8*, 109-120. https://doi.org/10.7202/800062ar

Eurrutia, M. et Gil Casadomet, A. (2022). « La polarité négative dans le discours touristique français. Marqueurs adjectivaux et nominaux ». *Çédille, revista de estudios franceses*, *22*, 277-310. https://www.ull.es/revistas/index.php/cedille/article/view/4297

Parret, H. (1991). « Sens homogène et sens hétérogène : les domaines de la sémantique et de la pragmatique ». *Histoire Épistémologie Langage*, *13*(1), 133-150. https://doi.org/10.3406/hel.1991.2327

Plantin, Ch. (1997). « L'argumentation dans l'émotion ». *Pratiques*, *96*, 81-100. https://doi.org/10.3406/prati.1997.2475

Tordesillas, M. (1998). « Esbozo de una teoría dinámica de la lengua en el marco de una semántica argumentativa ». *Signo y Seña*, *9*, 40-59.

Tordesillas, M. (2008). « À propos du signe linguistique. Énonciation, argumentation et stéréotype ». Dans A. Moreno Sandoval (dir.). *El valor de la diversidad (meta)lingüística : Actas del VIII congreso de Lingüística* (pp. 114-134). Ediciones de la Universidad Autónoma de Madrid.

Tordesillas, M. (2021). « Regards croisés sur la conception émotionnelle du langage. Les émotions linguistiques ». *Bulletin hispanique*, *123*(2), 77-94. https://doi.org/10.4000/bulletinhispanique.13510

CHAPITRE 3

Le nom propre – un corpus encyclopédique au service des traducteurs

*Sonia Berbinski**

RÉSUMÉ

Ce chapitre examine la traduction des noms propres (NPr), en particulier anthroponymiques, en soulignant leur richesse linguistique, discursive et culturelle. Souvent considérés comme « désignateurs rigides », les NPr posent problème en traduction, oscillant entre intraduisibilité et recréation. Le traducteur est confronté à des choix complexes, tiraillé entre fidélité à l'auteur et lisibilité pour le lecteur. L'étude met en évidence la diversité des stratégies traductologiques : le *Report* (transfert direct), l'incrémentalisation (ajout d'informations contextuelles) et d'autres techniques adaptées à la nature référentielle et culturelle du nom. L'analyse repose sur un double corpus : des textes pamphlétaires roumains et des noms propres dans la BD *Astérix et Obélix*, riches en jeux de mots et références culturelles. L'auteur discute trois types d'« infidélités » : cibliste (orientation excessive vers le lecteur), idéologique (déformation volontaire du sens), et « nécessaire » (création d'équivalents fonctionnels dans le discours humoristique). À travers ces exemples, il est démontré que certaines infidélités apparentes servent en fait la fidélité au message profond du texte source. La conclusion appelle à une éthique traductive équilibrée, dans laquelle le traducteur devient un médiateur interlinguistique et interculturel, soucieux de transmettre l'intentionnalité de l'auteur sans trahir l'univers d'attente du lecteur cible.

Mots clés : nom propre, traduction, fidélité, infidélité, incrémentalisation, corpus

ABSTRACT

This chapter explores the translation of proper names, especially anthroponyms, focusing on their linguistic, discursive, and cultural complexities. Often deemed 'rigid designators', proper names pose challenges between untranslatability and creative reformulation. The translator must navigate between faithfulness to the source author and accessibility for the target reader. The study highlights strategies such as Report (direct transfer) and Incrementalisation (contextual clarification), based on a dual corpus: Romanian satirical journalism and culturally embedded names from *Asterix and Obelix*. It identifies three types of translation 'infidelities': target-oriented, ideological, and necessary ones serving stylistic or humorous purposes. Ultimately, even apparent infidelities may enhance fidelity to the author's intent. The translator is called upon to be an intercultural mediator who preserves the author's meaning while adapting to the reader's expectations.

Keywords: proper name, translation, fidelity, infidelity, incrementalisation, corpus

* Universitatea din București, sonia.berbinski@lls.unibuc.ro

Sommaire

Introduction 74
1. Le nom propre – une éternelle « pomme d'or de la discorde » des traducteurs 76
2. Un encyclopédème à la recherche d'un corpus 78
3. La traduction des NPr encyclopédèmes. De quelques stratégies 80
4. L'infidélité de la traduction des anthroponymes – entre nécessité et crime de lèse-traduction 83
4.1. L'infidélité par excès de ciblisme 83
4.2. Les infidélités nécessaires 88
4.3. Les infidélités idéologiques 91
Conclusion 92
Références bibliographiques 93

Introduction

La problématique du nom propre (NPr désormais) dans la traduction se construit autour de deux noyaux, l'un de nature linguistique et l'autre de nature traductologique. D'une part, nous avons affaire à une partie de discours complexe que la majorité des chercheurs s'occupant de ce phénomène (Kripke, 1972 ; Kleiber, 1981 ; Grevisse et Gosse, 1991 ; Jonasson, 1994 ; etc.) distinguent du nom commun. « Désignateur rigide » (Kripke, 1972 ; Dévitt, 1981), stable référentiellement, dépourvu du sens lexical (Kripke, 1972 ; Lyons, 1978), le NPr manifeste une certaine dépendance contextuelle, en pouvant changer de sens en fonction de son environnement discursif et extra-discursif. En fait, la référence n'est pas donnée dès le début pour le nom propre (ce qui a déterminé les structuralistes à le considérer comme une unité linguistique démotivée, arbitraire), mais elle est construite sémantiquement et discursivement. Le processus d'interprétation du NPr est en quelque sorte cyclique puisque, le sens du NPr étant construit, c'est toujours lui qui « déclenche le processus référentiel » (Kleiber, 1981 : 382).

Le NPr est porteur d'un imaginaire linguistique et culturel. On nomme quelqu'un ou quelque chose pour le charger d'une signification, d'un symbole, variables selon le fonctionnement de ce nom dans un certain contexte. Le nom *Mercedes*, par exemple, va référer immédiatement à une personne, une femme, dans la majorité des espaces linguistiques et surtout hispanophones, adapté phonétiquement dans d'autres espaces – *Mercedesa*, usage fréquent dans l'ethnie rrome. Pourtant, le changement du domaine et du contexte construit un référent non humain représenté par la voiture allemande *Mercedes*.

Or, dans la sélection du corpus pour l'étude des noms propres, il faut tenir compte de plusieurs critères[1], parmi lesquels le type de texte, le domaine de référence, la fonctionnalité dans le discours, la (non-)compositionnalité, les références spatio-temporelles, etc.

La traduction des noms propres doit imposer au traducteur de faire une bonne lecture du texte de départ dans le sens de la décortication de son sens profond (que veut dire l'auteur ? quel est le message transmis par le texte ? quelle a été l'intentionnalité/la volonté de l'auteur en écrivant ce texte ?), d'avoir une bonne connaissance du contexte ou plutôt des contextes, d'une part celui de la création (contexte externe) et d'autre part celui qui est inhérent au texte (contexte interne). Le traducteur va être ainsi un médiateur entre la création-source, avec son univers spatio-temporel, référentiel, culturel, encyclopédique et la recréation-cible qui est la traduction.

---

[1] Nous rappelons quelques critères fonctionnels que nous avons identifiés (Berbinski, 2024) et qui peuvent nous aider à établir des stratégies de traduction (ou refus de traduction) que nous adoptons dans le cas des NPr :

- « La définition des NPr et leur classification ; c'est une attitude de traduction à adopter avec les noms de personnes et d'êtres (anthroponymes, mythonymes, éthnonymes, personnages fictifs, prénoms, surnoms, etc.), une autre avec les toponymes (pays, villes, régions, hydronymes, géonymes, astronymes, etc.) ou bien une tout autre par rapport aux ergonymes et pragnonymes (noms d'institutions, titres d'œuvres/d'ouvrages, de phénomènes météorologiques, événements socio-politico-culturels, etc.).
- Le genre du texte à traduire (cf. Reiss, 2002 ; Vaxelaire, 2005), car, selon la théorie du skopos reiss-éenne, il faut adapter la traduction aux objectifs textuels, en opérant *a priori* « une analyse de texte pour déterminer le genre de texte auquel on a affaire (Reiss, 2002 : 32).
- Historicité – on a tendance à traduire plus fréquemment les NPr anciens que contemporains.
- La « langue-source » (Vaxelaire, 2005 : 101 ; Engels, 2015 : 31) opérant la traduction des NPr plus exotiques (écrits en général dans des caractères non latins – chinois, japonais, slaves, mais aussi suédois, norvégiens, etc.) plus souvent que les noms dont la langue connaît une certaine internationalisation (anglais, français, espagnols, italiens...).
- La langue et la culture traductrice cible, afin d'adapter les stratégies aux pratiques des espaces linguistiques vers lesquels on traduit » (Berbinski, 2024 : 273).

Notre étude se propose de développer deux aspects pertinents pour la traduction des noms propres de personne : quelques stratégies de traductions, et l'analyse de quelques infidélités nécessaires ou non (voir *infra*), illustrée sur un corpus formé de noms propres extraits de certains journaux pamphlétaires roumains et un corpus (abrégé) de noms propres (résultant d'un imaginaire linguistique (re)créé par un (re)figement sémantico-discursif et culturel) de la série de BD *Astérix et Obélix.*

1. Le nom propre – une éternelle « pomme d'or de la discorde » des traducteurs

Déclencheur d'univers linguistique et encyclopédique, le nom propre a constitué depuis toujours un point de dispute entre les traductologues, linguistes, littéraires, ayant des conséquences sur les traducteurs. Entre l'*interdit de la traduction* et la *traduction à tout prix*, les traducteurs flottent sur les vagues agitées des théories, en faisant parfois des choix qui ne coïncident pas avec leurs convictions. La décision n'est pas toujours facile car, tout en devant « servir deux maîtres à la fois » (Rosenzweig, 1997/1998, *apud* Askani, 2000 : 31), et l'auteur et le lecteur, le traducteur est tenu à restituer le sens du texte source de façon à être compréhensible par le lecteur cible. Est-ce qu'il a le droit de se substituer à l'auteur jusqu'au point de faire disparaître toute trace référentielle du texte source, comme le font souvent certains ciblistes enivrés de la sonorité de l'étrangéité, du désir d'attirer l'Autre dans sa traduction et des beaux exercices de style offerts par la langue cible ou bien conserver à la lettre les particularités linguistiques et culturelles de la langue source ?

La traduction du NPr suscite encore plus de polémiques, en fonction des intérêts de la traduction, de la « couleur » théorique du traducteur, de sa formation initiale. Cette pomme d'or[2] de la discorde entre les traducteurs et les traductologues a fait et fera couler beaucoup d'encre car, selon que l'on est plutôt de formation littéraire, donc plus ouvert aux évasions du sens, ou

---

2 Le NPr se présente souvent comme une unité discursive assez versatile par son fonctionnement sémantico-pragmatique, pouvant changer de sens en fonction du référent auquel il est attribué. Un nom comme Général Berthelot, par exemple, désigne la personne qui est appelée par ce nom et qui a le grade militaire respectif, mais il peut également désigner le nom d'une rue qui a emprunté par métonymie le nom de la personne.

que l'on est de formation linguistique, donc plus soucieux de la justesse des sens et des signes, la traduction peut emprunter des voies assez différentes.

Le dilemme qui prend forme est de trouver la réponse à la question de la fidélité ou de l'infidélité dans la traduction. Concept préoccupant presque chaque traductologue, parmi lesquels nous retenons Hurtado (1990), Mounin (1994), Ladmiral (1979, 2014), sa définition rejoint deux autres notions, à savoir « littéralité » et « liberté ». Comme nous le soulignons dans Berbinski (2024) en nous rapportant aux travaux de Hurtado (1990), la fidélité doit être en fait une voie du juste milieu « qui ne trahit ni par servilité ni par excès de liberté et qui permet d'accomplir son rôle d'acte de communication » (Hurtado, 1990 : 41). Si « littéralité » peut être compris comme « servilisme à la langue de départ » (ibid.), ou bien comme une reconnaissance de l'auteur du texte source, du sens initial du texte « en tant qu'il est lettre » (Breman, 1999 : 25), « la notion de "liberté" doit être comprise comme une infidélité, un "trop dire" ou "pas assez dire" » (Berbinski, 2024 : 270), car ce que l'on traduit ne doit pas être l'écrit proprement dit, mais « ce qu'on pense qu'a pensé celui qui a écrit ce qu'il a écrit quand il l'a écrit » (Ladmiral et Lipiansky, 1989 : 53). Si la traduction est en général une infidélité, et le traducteur un « traditore », la question qui apparaît est de savoir jusqu'à quel point le traducteur se permet des libertés dans sa traduction. Nous avons identifié quelques situations d'infidélité de la traduction (reprises en bref à l'étude que nous avons entreprise en Berbinski, 2024 : 271) :

- « Envers le texte-source et son auteur » (ibid.), en désancrant le document de départ par l'effacement des indices identitaires du créateur, les indices situationnels et culturels spécifiques au texte à traduire ;
- « Envers le récepteur du texte-source » (ibid.), le premier étant le traducteur qui doit faire la médiation entre le message du texte de départ et le lecteur-cible – récepteur secondaire du texte-source ;
- « Envers le lecteur-cible, destinataire de la traduction » (ibid.), à la recherche d'un Ailleurs situationnel et d'un Autre référentiel.

Le traducteur ne peut et ne doit être qu'un « ré-écrivain » (Ladmiral, 2010), sans pour autant s'arroger la paternité d'un nouveau texte.

La *discorde* entre les traductologues, traducteurs, linguistes et littéraires préoccupés de la traduction peut être effacée par une attitude objective des chercheurs qui doivent se comporter en médiateurs interculturels et interlinguistiques, équilibrant la balance entre les fidélités ou les infidélités du traducteur par rapport aux éléments qui définissent une œuvre comme produit intellectuel, individuel, linguistique, culturel et encyclopédique.

2. Un encyclopédème à la recherche d'un corpus

Notre étude se construit autour d'un corpus constitué d'unités discursives – le nom propre anthroponyme – que nous appelons « encyclopédèmes » en vertu de leur richesse linguistique et encyclopédique, extra-discursive[3] et extralinguistique.

Défini comme une « collection de données langagières sélectionnées et organisées selon des critères linguistiques explicites pour servir d'échantillon du langage » (Sinclair, 1996 : 4, *apud* Habert, 2000 : 11) ou bien comme « ensemble de séquences discursives orales ou écrites, à même de fournir des données observables, d'ordre linguistique, en vue d'une description/analyse d'une certaine particularité langagière » (Berbinski, 2015 : 141), le corpus se construit en fonction des besoins de la recherche. Sa constitution ne doit pas être « un simple répertoire indéfini de textes réunis comme dans un « musée » de citations ou d'exemples, mais [il doit devenir] une première prémisse dans la recherche ultérieure » (ibid.).

Les dernières avancées en linguistique ont ouvert la voie vers plusieurs usages du corpus, selon que celui-ci est l'objet absolu d'analyse ou qu'il sert à illustrer des hypothèses, théories *a priori* formulées. On parle ainsi d'une linguistique du corpus et d'une linguistique sur le corpus[4].

Une linguistique du corpus considérée comme une sous-discipline en soi (Sinclair, 1991 ; Francis, 1993 ; Tognini-Bonelli, 2001 ; Kraif et Tutin 2020 ; etc.)

---

3 Nous définissons le concept d'encyclopédème comme un phénomène langagier qui active des inférences multiniveaux, faisant surgir les « culturèmes, mais aussi une série d'implicites, de non-dits qui suscitent tant la langue en tant que porteuse de signes doués de sens qui se sont figés dans l'activité énonciative, que le discours et le post-discours (l'encyclopédique) qui tisse des réseaux d'inférences pour recréer un monde possible » (Berbinski, 2024 : 277) autour de l'aspect linguistique traité, en l'occurrence, le nom propre.

4 Remarques suggérées par Laurent Gautier dans sa conférence « La constitution du corpus dans le projet du master/thèse en sciences du langage ou traductologie » (Projet DACIA, Bucarest, 8 octobre 2024) dans sa présentation « Twitter comme 'corpus' en sciences du langage : questions méthodologiques et pistes de recherche », consultée sur https://www.mcours.net/cours/pdf/yass2/yass2cllic245.pdf.

part en général d'un corpus (déjà) constitué, attesté sur des plateformes créées à ces fins, entreprend une recherche quantitative et qualitative afin d'en tirer des résultats prévisibles au moment de la définition des hypothèses de travail de la recherche ou bien spontanés qui s'offrent à l'analyse après l'expérimentation. Ce « corpus driven » (Tognini Bonalli, 2001 : 84)[5] oblige le chercheur à entreprendre une analyse complète du corpus, en identifiant les aspects pertinents pour un certain sujet mais également en tenant compte des éléments implicites.

La linguistique sur le corpus ou en corpus (« corpus based », ibid. : 65), par contre, part des théories, modèles, hypothèses que les linguistes formulent *a priori* et se servent du corpus pour les étayages argumentatifs, pour les illustrations confortant l'étape de documentation antérieure. C'est un corpus considéré « useful because […] it indicates where minor corrections and adjustments can be made to the model and adopted and, of course, it can also be valuable as a source of quantitative evidence » (Tognini-Bonelli, 2001 : 66).

Or, pour la traduction, la première catégorie est moins pertinente puisque l'objectif n'est pas à déduire des résultats mais plutôt à les construire, dans une activité dynamique de traduction ou bien dans une activité de comparaison de textes bi- ou multi-sources (dont l'une est celle de la langue source et l'autre celle(s) des langues cibles).

Ayant pour but de voir les possibilités de traduction des noms propres anthroponymes dans des textes pamphlétaires ou humoristiques (surtout la BD), notre corpus est constitué empiriquement, en sélectionnant les constituants qui nous serviront aux résultats de notre analyse. Nous aurons deux types d'approches sur le corpus : d'une part, nous travaillons sur des fragments de quelques textes extraits des journaux pamphlétaires (*Catzavencu*) ou « cultes » (*Dilema veche* fr. L'ancien dilemme) et, d'autre part, nous entreprendrons une brève analyse contrastive/comparative entre diverses traductions des noms propres de la série BD *Astérix et Obélix*.

Nous nous appuyons ainsi sur un corpus homogène, extrait des sources sélectionnées sur deux critères principaux : le genre du texte (pamphlétaire, humoristique) et la typologie du nom propre (les anthroponymes).

---

5 Mis en contraste avec « corpus based » (Tognini-Bonelli, 2002 : 65) qui utilise le corpus pour l'illustration des hypothèses, théories, etc., le « corpus driven » concerne « to the integrity of the data […] and descriptions aim to be comprehensive with respect to corpus evidence » (Tognini-Bonelli, 2001 : 84).

3. La traduction des NPr encyclopédèmes. De quelques stratégies

Parmi les stratégies potentielles pour la traduction des NPr, nous en retenons quelques-unes qui s'avèrent être des plus fréquentes :

- le *Report*, par lequel le traducteur pratique un « transfert intégral » (Ballard, 2001) du NPr entre les deux textes – source et cible. Ce transfert peut s'opérer à l'identique, sans modification aucune comme dans le cas des noms de célébrités, des personnes connues au niveau international (ou, au moins, local), reconnues comme symbole pour un certain espace culturel [1] *Alain Delon, Florin Piersic, Jacques Chirac, Klaus Iohannis…* ou des personnalités importantes pour un domaine [2] *Einstein, Robert Martin, Michel Ballard, Jean-René Ladmiral, Marie Curie….* Le Report peut subir des modifications mineures, en procédant à des assimilations phonétiques ou orthographiques, surtout dans le cas où il y a des différences entre les systèmes des langues mises en contact. Ainsi, l'une des stratégies permettant de rester fidèle à la prononciation de la langue source serait d'opérer une légère déformation orthographique : fr. *Milou* >ro. *Milu*, fr. *Georges* >ro. *George*, ro. *Ionescu* >fr. *Ionesco*, ro. *Crudu* >fr. *Croudou.*
- l'*Incrémentalisation* dont parlent bien des traductologues (Demannuelli, 1995 ; Ballard, 2001 ; Ladmiral, 2014 ; et beaucoup d'autres) accompagne le Report dans le cas où le traducteur a choisi de ne pas traduire le NPr, afin d'offrir au lecteur-cible une explication capable de situer le NPr du point de vue référentiel, culturel et sociolinguistique. Ce procédé est fréquemment utilisé dans la traduction du discours incitatif, qu'il s'agisse des noms correspondant à des personnes réelles, porteuses de mémoire discursive et encyclopédique par leur exposition sociale, ou bien dans le cas des personnages (ou personnes devenues personnages) peuplant des textes humoristiques (ou non). Ainsi, dans l'énoncé :

(3) Anca Boiagiu este reprezentanta gândirii la nimic în domeniul asfaltului (Academia Caţavencu, 15 noiemnrie 2005).
(3') Anca Boiagiu, ancienne ministre des Transports de Roumanie, est la représentante du vide de pensée dans le domaine de l'asphalte (n.trad.).

(4) In zodia Mitocanului s-a născut un număr impresionant de Ei şi Ele. Nenea Iancu este cel care a depistat fenomenul (Maria Baciu, Zodiac cu … otrăvuri, 2011 : 55).
(4') Sous le signe du Goujat, a vu le jour un nombre impressionnant de Eux et d'Elles. L'oncle Iancou Caragiale, le pamphlétaire, est celui qui a identifié le phénomène (n.trad.).

L'incrémentalisation accompagnant le report du nom propre avec (en 4') ou sans modification orthographique (en 3'), anté- ou post-posé, apporte des éclaircissements sur la référence nominale par une adjonction simple (en 3'), ou par des mentions successives incluses dans le texte (en 4' – Nom de famille, genre de son écriture – pamphlétaire).

– la *Note du traducteur* (NdT) peut substituer le procédé d'incrémentalisation si le traducteur trouve plus appropriée une non-intervention directe dans le texte, par souci, peut-être, de ne pas alourdir la traduction et de favoriser le plus de cohérence textuelle et de transparence dans la langue cible. Sous forme de note de bas de page, la NdT a des visées d'expliciter les référents trop ancrés linguistiquement ou encyclopédiquement dans le monde possible engendré par le texte source. Dans l'exemple (2) *supra*, les deux référents de l'exemple, rendus par des NPr, peuvent recevoir un éclaircissement pour le lecteur-cible en NdT. Ainsi, le substantif *Mitocanului*, forme flexionnaire au génitif, marqué en roumain par l'article – *lui*, sur une base au N/Acc *mitocan* suivie par un « u » euphonique, est devenu un nom propre par regrammaticalisation, ayant une fonction plutôt prédicative (Kleiber 1981, Jonasson 1994) que référentielle. Il renvoie à une classe, une typologie d'individus (*X este mitocan* > fr. *X est un goujat*) qui peuvent être caractérisés comme des personnes « sans usage, manquant de savoir-vivre et d'honnêteté et dont les indélicatesses sont offensantes » (Robert, *goujat*). Pragmaticalisé, il devient un encyclopédème en même temps, récupérant un référent collectif subsistant dans la mémoire sémantique, dans le « prédiscours » (Paveau, 2006) pour l'essentialiser et le transformer en prototype d'une catégorie sociale par la nominalisation selon la formule « *X s'appelle Mitocanul* » (fr. *X s'appelle le Goujat*).

Pour le traducteur, la difficulté consiste uniquement en une bonne sélection parmi les synonymes possibles : *homme grossier, rustre, goujat, malotru, rustaud, malappris, soudard*, etc., effectuée après une bonne analyse sémantico-discursive, tout en prenant en considération le niveau dénotatif et connotatif selon lequel peuvent fonctionner ces mots. Il ne serait pas nécessaire de faire appel à une NdT pour rendre le sens de l'encyclopédème, mais on pourrait, par contre, en faire une pour souligner que *Mitocanul* est le surnom donné par le pamphlétaire à l'un des personnages du théâtre de Ion Luca Caragiale, ayant le diminutif *Iancu* (prononcé *Iancou* en français). De cette façon, on peut faire le passage vers l'explication du nom *Iancu* retenu dans le texte, qui ferait le contenu de la NdT :

(NdT) Dramaturge, narrateur, journaliste, pamphlétaire roumain, qui a surpris avec finesse les divers comportements des individus et de la société de son époque, mais qui se retrouvent aussi dans la société contemporaine, en la caractérisant d'un ton d'une ironie mordante.

En fonction de ce que le traducteur veut transmettre à propos de l'élément référencé dans la note, il peut choisir des informations d'ordre variable (biographique, institutionnel, culturel, social…). La NdT devrait pourtant être en consonance avec le contenu du texte traduit.

Note du traducteur et incrémentalisation se chargent de cette manière d'une fonction *méta-* (métalinguistique et métadiscursive) grâce au mécanisme d'explicitation du référent, de reformulation par implicite prédiscursif. En appliquant ces procédés, le traducteur reste fidèle tant à l'espace socio-culturel de la création-source, en respectant le vouloir dire de l'auteur de départ, qu'à la langue du lecteur-cible, transmettant autant que possible le message véhiculé dans le document de départ, par l'intermédiaire des instruments linguistiques pertinents pour la langue d'arrivée.

– l'*Adaptation* permet une traduction des plus libres pour trouver le meilleur moyen de transmettre « une forte empreinte socio-culturelle [de] la langue de départ » (Cristea, 1998 : 104) vers le public cible, sans lui laisser l'impression d'étrangéité, au détriment, sans doute, du texte-source. Il s'agit d'une sorte d'« acclimatation » (dirait Ballard, 2001) par substitution totale d'un item discursif par un autre item discursif. C'est une sorte de « naturalisation culturelle forcée » par souci de favoriser la langue, la culture du lecteur-cible. Dans le cas des NPr, on arrive à effacer totalement le rapport à la langue source. Un énoncé comme :

(5) « … posibilitatea fondării unei fabrici de postavuri ca s-o concureze pe cea din Buhuşi… »
(5') « … la possibilité de fonder une fabrique de drap qui fasse concurrence à celle de Buhusi ou d'Elboeuf » (exemple emprunté à Cristea, 1998 : 180)

Marqué encyclopédiquement, le NPr *Buhuşi*, ville roumaine où il y avait une entreprise industrielle de textiles, reste opaque pour le lecteur cible s'il n'y a pas d'autre explication (NdT, incrémentalisation…). C'est pourquoi le traducteur se fait un devoir d'éclairer ce fait civilisationnel, en ajoutant un NPr inexistant dans le texte de départ, mais ayant un air de familiarité, une équivalence culturelle dans la culture et la langue cibles. Dans d'autres cas, la substitution est totale et les traces du texte source s'effacent entièrement.

Les stratégies que le traducteur va choisir doivent respecter des principes d'homogénéité, de clarté de la traduction, de la pertinence de l'interprétation du texte source et de fidélité dans la transmission du sens vers l'espace-cible. Il arrive pourtant qu'il commette quelques infidélités soit par rapport à la forme/

contenu de départ, soit envers le sens d'arrivée, ou bien envers les principes de la traduction : fidélité, sens, homogénéité. Pour des raisons stylistiques, la traduction peut faire place, parfois, à des infidélités nécessaires.

4. L'infidélité de la traduction des anthroponymes – entre nécessité et crime de lèse-traduction

Le concept d'infidélité dans la traduction est l'antonyme implicite de la fidélité. D'une façon ou d'une autre, le traducteur se rend coupable d'infidélité, qui, comme le mensonge innocent, est parfois nécessaire. En revisitant le concept de fidélité défini par Hurtado Albir (1990), on pourrait dire qu'une traduction et son traducteur doivent valoriser la fonction méta- du langage, en (se) présentant un produit aussi proche que possible de l'esprit (message) du texte de départ et aussi performant linguistiquement et stylistiquement que la langue d'arrivée. La traduction doit être un re-dit (qui peut être un autrement-dit de la même chose), une re-création d'un sens (issu de la situation de communication dans toute sa complexité factorielle : discours, post-discours, extradiscours), d'une « lettre » (la littéralité nécessaire mais pas excessive) et d'un style (laissant au traducteur une « liberté », mais qui ne soit pas un « peu-dire » ou un « trop-dit »).

Selon la « finalité du texte » (Reiss, 2002), une traduction peut connaître une scalarité sur l'axe des infidélités : exclue dans les textes officiels, fleurissante dans les textes de créativité. Nous analysons, dans ce qui suit, trois cas d'infidélités dans la traduction : par excès de ciblisme, par idéologie, par nécessité de traductibilité.

4.1. L'infidélité par excès de ciblisme

Le ciblisme à tout prix, mal compris selon nous, amène certains théoriciens de la traductologie à instaurer, par excès, le principe de l'effacement radical de toute trace identitaire (auteur, langue, culture) du texte source. Choix doxastique personnel, l'excès de ciblisme se justifie par l'orientation presque exclusive vers le lecteur-cible. Les adeptes de ces théories font du traducteur un nouvel écrivain qui crée, par la traduction, son propre monde possible traductif, ancré dans un réseau thématique dont ferait part, éventuellement, le texte de départ. Prenons le fragment suivant, qui a été traduit dans le contexte d'un concours universitaire :

(6) În fiecare an, e obligatoriu să dăm, de sărbători, o probă de talent şi sensibilitate. Măcar de Paşte şi de Crăciun. [...] Am mai spus-o: prefer, în asemenea situaţii, textul simplu, cinstit, consolidat prin tradiţie: „Hristos a Înviat!", „Crăciun fericit", „Un An Nou bun!" etc. Sau, atunci, o compoziţie strict personală, valorificând emoţional dimensiunea privată, unică, a relaţiei cu „beneficiarul". Cum se încalcă, de obicei, această regulă? [...] Se poartă umorul echivoc (să primiţi cadouri frumoase, decorate cu fundiţe şi Daniela Crudu să-ţi fie una dintre Crăciuniţe" sau „Căţeluş cu părul creţ, să ai jeepu' în coteţ şi o vilă cu piscină, Andreea Marin ca vecină, o lopată pentru bani, La Anu' şi La Mulţi Ani!") (Andrei Pleşu, Retorica sărbătorilor, Dilema veche, 23 decembrie-21 ianuarie 2022)

(6') Chaque année, on doit absolument passer, à l'occasion des fêtes, une épreuve de talent et de sensibilité. Pour Pâques et pour Noël, tout au moins. [...] Je l'ai déjà dit : je préfère dans ces situations, le texte simple, honnête, consolidé par la tradition : « Joyeuses Pâques ! », « Joyeux Noël ! », « Bonne Année ! », etc. Ou bien, sinon, une « composition » strictement personnelle ; qui mette en valeur, au niveau émotionnel, le caractère privé, unique, de la relation avec le « bénéficiaire ». Comment transgresse-t-on d'habitude cette règle ? [...] L'humour équivoque est aussi à la mode : « Que de beaux cadeaux, bien emballés dans des rubans par la belle Kim Kardashian » ou encore « Petit chien aux cheveux bouclés, que ton jeep ne soit pas volé, de même que ta villa près de la piscine et que tu aies Angelina Joli pour voisine. De l'argent par pelletées, Bonne Année ! » (traduction universitaire)

Traduction orientée cibliste, la variante proposée transpose le lecteur dans un tableau qui se veut universel, malgré les quelques indices « échappés » du texte d'origine qui restreignent « la rhétorique des fêtes » ironisée par l'auteur de l'article, Andrei Pleşu[6], à un espace-temps chrétien (*Pâques, Noël*).

Visant à ne pas « dépayser » le lecteur cible francophone et à l'aider à reconnaître un comportement social devenu par endroits phénomène spectaculaire, la traduction fait place à quelques infidélités : une déspatialisation et déculturalisation du texte-source et une respatialisation dans une culture qui n'est pas nécessairement francophone. Le meilleur indice de ces infidélités est représenté par les anthroponymes véhiculés dans le texte-cible qui dés-orientent l'interprétation du texte source. Cette idée de la traductrice de « globalisation » du phénomène traditionnel ironisé par Pleşu, en se servant de l'adaptation par acclimatisation culturelle des noms propres, amène à l'effacement d'autres indices, identifiants de l'espace culturel, qui définiraient

[6] Philosophe, publiciste, chercheur, ancien politicien roumain.

mieux l'intention de l'auteur source. Il s'agit des culturèmes se rapportant à la tradition religieuse orthodoxe, implicitement roumaine. Il s'agit des formules performatives « Hristos a Înviat ! » et « Crăciun Fericit ! ». Si cette dernière formule de vœux a des correspondances sémantiques et encyclopédiques parfaites entre les deux langues/cultures mises en contact partageant une même réalité culturelle et religieuse – le christianisme orthodoxe et catholique – pour la première, ces réalités se disjoignent. Ainsi, « Crăciun Fericit ! » traduit parfaitement le fr. « Joyeux Noël ! », it. « Buon Natale ! », es. « ¡Feliz Navidad! » partageant le même champ étymologique de la nativité : *Crăciun* < lat. *creatione(m)* (*cf.* Densuşianu, 1902 ; Pascu, 1910 ; Vinereanu, 2009) ou bien le lat. *natalis* retrouvé dans les correspondants dans les autres langues romanes. Cela apparaît par conséquent comme un indice du christianisme partagé par tous les fidèles de cette religion. Par contre, la première expression citée restreint la zone de l'interprétation à un espace toujours chrétien, mais orthodoxe.

Traduit par modulation – « Joyeuses Pâques » –, le choix opéré transpose plutôt la formule de vœux dits en roumain « Paşte Fericit ! », désacralisée et utilisable dans des circonstances identiques à l'expression française ou correspondant à d'autres espaces chrétiens : es. « Felices Pascuas ! », it. « Buona Pasqua ! », angl. « Happy Easter ! », gr. « Kalo Pasxa ! », etc. Or, « Hristos A Înviat ! » (sl. « Hristos Vaskrese ! », gr. « Hristos Anésti ! », lat. « Christus resurrexit ! », etc.) est un encyclopédème qui connote beaucoup plus que les vœux laïcisés. Cet indice d'acte performatif offre des informations sur un moment essentiel du christianisme – la résurrection du Christ –, sur la situation d'énonciation dans laquelle il est proféré – le temps pascal ou la cinquantaine pascale, l'espace religieux orthodoxe, les fidèles orthodoxes. On n'a plus affaire à un simple souhait, mais à un véritable *modus vivendi* qui fait que pour cinquante jours (du jour de Pâques jusqu'au dimanche de la Pentecôte) cette formule représente une modalité de salutation entre les personnes en situation religieuse ou laïque. À ce salut, on n'attend jamais une formule de remerciements du type « Merci », mais une autre réponse, sacralisée, partagée par la communauté orthodoxe : « Adevărat A Înviat ! » (sl. « Voistim voskrese ! », gr. « Alithós Anésti ! », lat. « Resurrexit vere ! »). Sa traduction en français devient « Le Christ est ressuscité ! / En vérité Il est ressuscité ou Il est vraiment ressuscité ! », it. « Cristo è risorto ! / È veramente risorto ! », es. « Cristo ha resuscidado ! / Verdaderamente ha resucidado ! ».

En excluant cette formule et en la substituant par le simple souhait, la traduction proposée s'avère infidèle à l'intentionnalité de l'auteur de l'article, au vouloir dire du texte source. Pleşu, publiciste et philosophe profondément tourné vers l'Occident, respectueux du comportement plus sobre occidental, satirise par son essai l'exubérance des Roumains quant à la « rhétorique » à l'occasion de toutes les fêtes traditionnelles, ainsi que leur tendance à « emprunter » des vœux humoristiques aux créateurs internautes, afin de produire un effet agréable et, parfois, hilarant, sur le destinataire. Il critique de cette façon une mentalité qui peut, des fois, conduire à un kitch créateur. Ce savoir encyclopédique, dont la traductrice aurait dû faire usage pour le résultat final, avertit sur les limites de l'infidélité envers le message-source. Tous les choix traductologiques sont en étroite dépendance de tous les éléments présents dans la situation de communication, y compris dans la traduction des noms propres.

Dans la variante analysée, on remarque une substitution totale des anthroponymes roumains par un potentiel équivalent culturel qui peut déconcerter un peu le lecteur-cible francophone. Les noms de substitution sont empruntés à un espace anglophone (mieux, américain), ce qui ferait que certains lecteurs se posent la question : qui est Angelina Jolie ? qui est Kim Kardashian ? Si, pour l'espace francophone canadien, ce choix poserait moins de problèmes d'identification référentielle, pour la francophonie européenne, plus attachée aux valeurs de la France, cette traduction n'est pas nécessairement incompréhensible (au moins à l'égard de l'actrice américaine Angelina Jolie), mais, en privilégiant des symboles non français, elle pourrait, par ailleurs, susciter des reproches. Le Français non intéressé ou moins non familiarisé à la société mondaine américaine externalisée par les réseaux sociaux, par les médias ou par le cinéma serait justifié à sentir le besoin d'éclaircissements de la part du traducteur. Sinon, il n'a que deux choix : soit ignorer le NPr, ce qui limiterait l'effet de sens du texte menant à la perte de l'humour ou de l'ironie plus ou moins mordante, soit il va chercher lui-même sur l'Internet des informations sur ces personnages, ce qui aurait des effets sur la continuité et la cohérence de la lecture de la traduction.

D'autre part, l'infidélité par rapport à l'intentionnalité du texte d'origine pourrait (et devrait) être limitée par une révision des instruments de transmission du message source capable de conserver les anthroponymes (roumains en l'occurrence), ce qui nous permettrait d'être plus fidèles au principe de l'hétérogénéité et à celui de non-traductibilité des NPr de personnes ou même de personnages, surtout lorsqu'ils renvoient à des identités réelles.

Il est bien évident que la traduction proposée peut être un bouclier contre d'autres questions qui auraient pu être formulées concernant l'identité des porteuses des NPr véhiculés dans le texte, *Andreea Marin* et *Daniela Crudu.*

Que ce soit la conservation des NPr source ou l'adaptation par substitution totale par des Npr jugés plus connus, le traducteur doit opérer des choix stratégiques capables d'expliciter le sens de ces encyclopédèmes se posant en symboles de quelques traits caractériels ou comportementaux dont les porteuses des noms sont la représentation (vedettes des émissions de divertissement pour des publics plus ou moins cultivés).

Étant donné les contraintes de traduction imposées par la présence des culturèmes spécifiques à l'espace orthodoxe roumain, le traducteur peut se servir du report des anthroponymes accompagnés soit de l'incrémentalisation, soit d'une NdT, ce qui donnerait une nouvelle variante transposée en langue cible mais respectueuse aussi du message source :

> (6'') (…) Je l'ai déjà dit : je préfère dans ces situations, le texte simple, honnête, consacré par la tradition : « Le Christ est ressuscité !/Il est vraiment ressuscité ! », « Joyeuses Pâques ! », « Joyeux Noël ! », « Bonne Année ! », etc. Ou, sinon, une « composition » strictement personnelle… […] L'humour équivoque est de mise : « Recevez de beaux cadeaux, enrubannés "art déco" et en Fée d'Noël par-dessus, la nana Daniela Crudu » ou encore « Petit chien aux cheveux frisés, Trouve ton jeep chez toi niché, une belle villa à piscine, Andreea Marin, Fée des surprises, pour voisine, De l'argent par pelletées, Heureuse vie et Bonne Année ! » (variante de traduction, (n.trad.))

L'incrémentalisation anté- ou post-anthroponyme de cette nouvelle variante de traduction a un rôle métadiscursif de reconstruction, de reformulation par explicitation, au moins partielle, des encyclopédèmes. On comprend vite que *Daniela Crudu* (nom prononcé en ro. [kʁudu]) est une belle jeune fille qui fait l'office de « dame de compagnie » et qui s'offre en cadeau, très bien récompensée par ses souteneurs (maquereaux de luxe). Il est aussi à inférer que *Andreea Marin* est une belle femme, riche, une célébrité locale. De l'incrémentalisation utilisée par le traducteur, *Fée des surprises*, on peut inférer qu'elle est une vedette de télévision. Or cette dernière information pourrait être doublée par une NdT éclaircissante tant pour l'anthroponyme, que pour le culturème :

> (NdT) A.M. a gagné sa célébrité à la suite de l'émission de la télévision nationale roumaine, appelée « Surprize, surprize ! » (fr. Surprises, surprises !), d'où son surnom de Fée des surprises (ro Zâna surprizelor).

Bien qu'on projette le résultat de la traduction en faveur du lecteur cible, celui-ci a le droit de découvrir aussi d'autres mondes qui puissent enrichir son « univers » (dans le sens de Martin, 1984) créateur, culturel et de croyances. La traduction peut en être l'un des moyens. Il reste pourtant au choix et aux convictions théoriques du traducteur de privilégier une perspective ou une autre et d'appliquer ses propres stratégies afin de garder la fidélité envers le sens et de diminuer les éventuelles infidélités (nécessaires ou non).

4.2. Les infidélités nécessaires

Ce que nous considérons comme « infidélité nécessaire » se rapporte au principe de l'intraduisibilité des NPr de toute catégorie (anthroponymes, ergonymes, toponymes…) recommandé, non sans raison, par toutes les approches traductologiques. Or, si la stratégie du Report (accompagné ou non d'autres stratégies confortant l'intraduisibilité du NPr) est de mise pour les traductions des textes fonctionnels, officiels, littéraires (narratifs ou descriptifs) ou argumentatifs, pour le discours incitatif, humoristique, pamphlétaire, stylisé intentionnellement par des jeux de mots, des figements/défigements, calembours, bref, toutes sortes de déformations de sens, les infidélités au principe (donc la traduction du NPr) s'avèrent nécessaires.

Malgré les théories référentielles conformément auxquelles les NPr sont dépourvus de signification et de connotation, dans le texte pamphlétaire l'enjeu de la production de l'humour qui critique, de l'ironie mordante, de l'allusion caricaturale est représenté justement par la connotation engendrée par un ensemble de déformations : soit de la signification d'un mot (à valeur dénotative, classifiante dans son sens immanent, lexical) détournée par divers mécanismes (des métasémies : métaphore, métonymie, antiphrase…), recontextualisée, soit au niveau de la forme, du signifiant, d'habitude recomposé de façon à produire un nouveau signifiant, item discursif chargé stylistiquement, soit par dilatation, contraction ou « flousification » (Berbinski, 2019) du sens initial d'un item fonctionnant dans le discours.

L'un des exemples pertinents pour cette infidélité par traduction nécessaire nous est offert par les NPr encyclopédèmes de la série de BD *Astérix et Obélix* de Goscinny-Uderzo. NPr à valeur intentionnelle, créés, inventés pour synthétiser des typologies humaines, dénotant (c'est-à-dire décrivant, classifiant) et connotant à la fois (devenus symboles d'un groupe, d'une société, d'une civilisation), ces encyclopédèmes sont déclencheurs de mondes possibles. Presque chaque personnage, y compris animalier, est porteur d'univers prototypiques : *Astérix* est « le héros malin » qui trouve des solutions à tout problème ; *Obélix* est le prototype de l'amitié (naïve parfois mais en essence grande amitié, suggérée par le nom faisant allusion à l'obélisque égyptien, et par sa taille – il n'est pas gros mais « un peu enveloppé »), symbole de la force naturelle et de l'esprit gaulois bagarreur ; il est accompagné par *Idéfix*, le chien écologiste et très respectueux devant *Panoramix*, le druide prototype de la sagesse, et devant *Abraracourcix*, représentation du chef vaillant, courageux, responsable, tandis qu'*Assurancetourix* incarne l'insouciance et le romantisme de l'artiste. Gaulois, Romains, Corses, Helvètes, Hispaniques, Égyptiens, Belges, Germaniques, etc., tous mettent en commun leurs qualités prototypiques pour un seul but : la liberté.

Difficile tâche pour un traducteur d'être fidèle et à la forme, et au contenu pour obtenir un sens équivalent, similaire d'une langue-culture d'un Autre. Si pour les noms qui donnent le titre de la série BD les différences d'une langue à l'autre ne sont pas importantes, surtout si on partage des systèmes linguistiques semblables, pour les autres noms, issus d'une composition simple le plus souvent, on retrouve plus de modifications dans les traductions.

Le Report, avec des assimilations orthographiques insignifiantes, est le procédé presque invariable utilisé pour la traduction du NPr : *Astérix*, ro. *Asterix* (manque d'accent), all. *Asterisk* (adaptation orthographique), etc. Certains noms restent assez transparents du point de vue de la forme recomposée et du sens, surtout au niveau des langues de la même famille, ce qui fait que la traduction sera faite par Report.

Si les systèmes linguistiques sont différents, alors il y a des adaptations, des équivalences, des modalisations. *Panoramix*, par exemple (pour ne retenir que quelques NPr de la BD), devient dans la traduction allemande *Getafix* ; *Idéfix* s'appellera en anglais *Dogmatix*, tandis qu'*Ordralphabétix* a été traduit par *Unhygienix*. Ce sont des traductions qui ont favorisé le sens le plus proche de la compréhension du lecteur-cible, au détriment de la forme de départ, même si ces bases de dérivation peuvent se retrouver dans ces langues de traduction, comme c'est le cas de l'anglais *idea, panoramic, alphabet, order*. Ce qu'on traduit, par conséquent, des noms des personnages de la BD, c'est tout cet imaginaire linguistique et encyclopédique.

Les quelques traductions en roumain des livres de la BD font preuve d'une assez grande fidélité envers la forme chargée de sens de ces créations. Ainsi, *Cetautomatix* (issu de la contraction dans un même item discursif de la séquence morphosyntaxique *c'est automatique* + le suffixe *–ix*, marque de l'onomastique gauloise) n'est pas devenu en ro. *Eautomatix* (traduction virtuelle, gardant forme et sens), mais par la formule allusive lexicalement *Metalurgix* (issu du nom commun *metal* (fr.> métal) + - *ix*). La traductrice a appliqué un mécanisme d'inclusion sémantique où l'automatisation (renvoyant à une modalité de travail, en se servant de la machine) fait place à la substance, le métal, travaillé manuellement. Le visuel change sur la personne et non pas sur l'action. Le NPr *Assurancetoutrix* déclenche un imaginaire dérivé en roumain puisqu'il a été traduit, sous l'influence peut-être des traductions anglaises ou latines, par le NPr *Cacofonix*, faisant une allusion transparente aux (non-)qualités musicales du barde gaulois, qui fait des canards en jouant de sa lyre et chante en produisant des cacophonies musicales. Malgré que la traduction roumaine annule la cohérence entre le nom français (signifiant assurance contre tout risque) et les effets de son action de jouer/chanter (la causalité) visibles à travers plusieurs livres de la BD (il déclenche par son chant le déluge et toutes sortes de catastrophes là où il passe, justifiant l'assurance contre les risques), le correspondant roumain actualise un autre type de non-dit, centré sur l'effet musical, produisant des désagréments auditifs. La traductrice a privilégié les sens, le dés-implicitant. Pourtant, la fidélité au message et à la forme source aurait pu être respectée en roumain, grâce aux similarités lexicales et matricielles avec le français, permettant une création d'un NPr plus proche de l'original – *Asiguratotrix* (asigur/asigurare [contra/a] tot risc(ul)).

Dans la traduction des NPr extra-gaulois, non européens, la prise en compte du rapport forme-contenu est plus importante. Les noms du volume *Astérix chez Rhazade* imposent un premier décodage syntaxique, sémantique et encyclopédique. Déformant des structures phonétiques empruntées à l'écrit (produisant ainsi une infidélité par rapport à l'écriture étymologique française), les NPr encodant un espace-temps exotique – *Kiçah, Mercikhi, Cékouahça, Pourkoipah* – se posent comme indice de l'étrangéité, de l'inconnu, y compris par leur structure profonde, renfermant des interrogations dans la plupart des cas : *Qui ça ? Merci, qui ? C'est quoi ça ? Pourquoi pas ?* Le traducteur doit trouver les moyens de transposer forme et contenu, dans ce cas. Loin de considérer qu'il abandonne le sens à restituer à la langue cible, il doit nécessairement passer par la forme, puisqu'elle est le déclencheur initial de l'humour. Cet effet sur le lecteur (source ou cible) ressort justement de cet encodage dans une structure polylexicale, figée orthographiquement, d'un imaginaire qui provoque le rire.

Le traducteur roumain sera peut-être amené à des compositions comme : *Cineiăsta ? Mersicecine ? Ceiasta ? Decenuda ?*, formules qui conservent une sonorité rapprochée des structures source, lesquelles, par la finale majoritaire en « a », suggèrent un Ailleurs, un Autre.

On remarque, par conséquent, une incontestable nécessité de traduire les NPr dans les textes pamphlétaires, faisant ainsi croire à une apparente infidélité aux principes contemporains de la traduction de ces unités, mais laissant voir en fait une fidélité au sens, au vouloir dire de l'auteur source, tout en exploitant la littéralité, au besoin, et la liberté équilibrée.

4.3. Les infidélités idéologiques

Nous appelons par cette notion les trahisons presque complètes au message scriptural ou visuel du texte d'origine, au vouloir dire de l'auteur source et même au lecteur cible, à la faveur d'une idéologie. Ce sont, à notre avis, les infidélités non acceptables qui conduisent à la rupture avec le produit source et cible. Sans insister dans cet article sur la question, nous allons nous arrêter sur les premières traductions en allemand de la BD *Astérix et Obélix*, où le premier s'appelle *Siggi* et le second *Babarras*. Nous suivons en ce cas l'analyse faite par Klaus Kaindl dans son article « Astérix le Germanique… » (2018 : 207-218).

Imprégnée de l'idéologie dominante en Allemagne dans les années 1960, Kauka se révèle être l'une des maisons d'édition les plus manipulatrices. Les infidélités par rapport à l'œuvre source, la BD en l'occurrence, allaient de déformation en déformation (non créative), affectant tant le texte que l'image. Ainsi, précise l'auteur de l'article, on voit disparaître « la présentation des personnages […], le personnage d'Abraracourcix […] remplacé par le chef Goth […], le menhir, [car] le fait de porter un menhir devient en allemand une métaphore pour le complexe de culpabilité (*Schuldkomplex*) des Allemands » (Kaindl, 2001 : 211).

La maison d'édition prend même la liberté de donner des consignes aux traducteurs afin de situer leur traduction dans un ciblisme absurde. Aucune trace sémantico-lexicale, syntaxique, culturelle ou encyclopédique qui renvoie à l'espace-source, à la culture gallo-romaine ne subsiste dans les traductions de Kauka. Même les Goths du volume *Astérix chez les Goths* ne résistent à la substitution, devenant des *Allemands de l'Est* et non pas des *Goths*, ce qui fait que leurs noms rappellent en partie des hommes politiques (comme *Stooferick*, *Benjaminick*, *Hullberick*), mais aussi des idéologies (comme *Kapitalistrick* et *Liberalerick*) (ibid.).

En fait, au nom d'une idéologie que l'on veut transmettre et instaurer par tous les moyens, ce genre de mutilation d'un fait créateur peut être considéré comme un crime de lèse-traduction. Les effets sur l'imaginaire peuvent être irréparables puisque, en tout cas, le rapport texte source – produit de la traduction qui devrait partager un noyau de sens est définitivement annulé.

Conclusion

Les quelques aspects discutés dans notre étude concernant la traduction des noms propres anthroponymes nous permettent de remarquer que les polémiques sur la traductibilité ou la non-traductibilité de ces unités linguistiques sont parfois stériles. En fait, le traducteur doit avoir la liberté de décider de son choix de traduire ou non le NPr, sans pour autant conduire son texte à une anarchie traductologique. Il nous serait difficile de comprendre et de lire même les noms propres écrits dans un autre type d'alphabet que celui que l'on connaît. Même pour des noms partageant le même alphabet, il arrive souvent de ne pouvoir comprendre ni la forme ni le sens. Dans ce cas, le traducteur doit choisir la meilleure stratégie de traduction pour rendre suffisamment transparent le NPr de la langue d'origine. La condition essentielle pour la traduction de ces éléments est que le traducteur doit rester fidèle au et respecter le « vouloir dire de l'auteur-source » (Hurtado Albir, 1990), « le message transmis à partir du texte source, interprété par le traducteur et retransmis vers le lecteur cible, dans une langue qui soit adaptée à l'univers d'attente de ce dernier, sans pour autant effacer toute trace mémorielle du texte d'origine » (Berbinski, 2024 : 280).

Même dans ces infidélités envers le texte/auteur-source, le traducteur ne doit pas oublier qu'il n'est qu'un médiateur d'univers qui recompose le monde possible de l'auteur-source et l'adapte au mieux au monde possible du lecteur-cible.

Références bibliographiques

Askani, H.-C. (2000). « Entre-deux langues ». *Autres Temps. Cahiers d'éthique sociale et politique*, *65*, 31-38, https://doi.org/10.3406/chris.2000.2180

Ballard, M. (2001). *Le Nom propre en traduction*. Ophrys.

Ballard, M. (2011). *Numele proprii în traducere.* Trad. coord. G. Lungu-Badea, Editura Universităţii de Vest.

Berbinski, S. (2015). « La fidélité infidèle : le défigement dans l'écriture pamphlétaire ». Dans M. Jadir et J.-R. Ladmiral (dir.), *L'expérience de traduire* (pp. 235-251). Honoré Champion.

Berbinski, S. (2016). « La destruction du Dit dans le défigement. Ce que le défigement ne veut pas dire ». Dans S. Berbinski (dir.), *Le Dit et le Non-Dit* (pp. 133-155). Peter Lang. https://doi.org/10.3726/978-3-653-05819-2

Berbinski, S. (2019). *De l'approximation. De « à peu près » à « cam aşa ceva »*. Peter Lang. https://doi.org/10.3726/b15091

Berbinski, S. (2024). « La traduction des anthroponymes – un métadiscours des infidélités (non) nécessaires ». Dans M. Jadir (dir.), *Traduction et langue-culture* (pp. 269-284). Peter Lang, coll. « Studien zur Translation und Interkulturellen Kommunikation in der Romania », vol. 12.

Berman, A. (1995). *Pour une critique des traductions : John Donne*. Gallimard.

Berman, A. (1999). *La traduction et la lettre ou l'auberge du lointain*. Le Seuil, coll. « L'Ordre philosophique ».

Cristea, T. (1998). *Stratégies de la traduction*. Fundatiei Romania de Maine.

Densuşianu, O. (1902). *Histoire de la langue roumaine. Les origines*. Leroux.

Dévitt, M. (1981). *Designation*. Columbia University Press. https://doi.org/10.7312/devi90836

Engel, H. (2015). « Interprétation des noms de célébrités dans les traductions : la prise en charge du lecteur ». *Moderna språk* – Romanska och klassiska institutionen – Stockholms Universitet, *109*(2). https://doi.org/10.58221/mosp.v109i2.7924

Francis, G. (1993). « A Corpus-Driven Approach to Grammar – Principles, Methods and Examples ». Dans M. Baker, G. Francis

et E. Tognini-Bonelli (dir.), *Text and Technology* (pp. 137-156). John Benjamins. https://doi.org/10.1075/z.64.10fra
Hurtado Albir, A. (1990). *La notion de fidélité en traduction*. Didier Érudition.
Jadir, M. (2016). « La traduction du non-dit : incrémentalisation ou entropie ? ». Dans S. Berbinski (dir.), *Le Dit et le Non-Dit* (pp. 195-225). Peter Lang.
Jonasson, K. (1994). *Le Nom propre : constructions et interprétations*. Duculot, coll. « Champs linguistiques ». https://doi.org/10.3917/dbu.jonas.1994.01
Kaindl, K. (2018). « Astérix le Germanique : les premières traductions d'*Astérix* en Allemagne ». Dans B. Richet (dir.), *Le tour du monde d'Astérix* (pp. 207-218), Presses Sorbonne Nouvelle. https://doi.org/10.4000/books.psn.7018
Kleiber, G. (1981). *Problèmes de référence : descriptions définies et noms propres*. Klincksieck.
Kraif, O. et Tutin, A. (2020). « Collocations et linguistique de corpus : l'intuition des linguistes et les critères quantitatifs convergent-ils ? ». *Le Français moderne – Revue de linguistique française, linguistique et traitements quantitatifs*, *1*, 84-101.
Kripke, S. (1972). « Naming and Necessity ». Dans D. Davidson et G. Harman (dir.). *Semantics of Natural Language* (pp. 253-355). Reidel. https://doi.org/10.1007/978-94-010-2557-7_9
Kripke, S. (1982). *La logique des noms propres (Naming and Necessity).* Trad. de P. Jacob et F. Recanati. Les Éditions de Minuit.
Ladmiral, J.-R. (1979). *Traduire : théorèmes pour la traduction.* Petite Bibliothèque Payot.
Ladmiral, J.-R. (2022). *Traduire : théorèmes pour la traduction*. Gallimard. https://doi.org/10.4000/books.apu.26789
Ladmiral, J.-R. (2014). *Sourcier ou cibliste*. Belles Lettres.
Ladmiral, J.-R. et Lipiansky, E. M. (1989). *La Communication interculturelle*. Armand Colin.
Léon, J. (2008). « Aux sources de la "Corpus Linguistics" : Firth et la London School ». *Langages*, *171*, 12-33. https://doi.org/10.3917/lang.171.0012
Lungu-Badea, G. (2004). *Teoria culturemelor, teoria traducerii*. Editura Universității de Vest.
Lungu-Badea, G. (2009). « Remarques sur le concept de culturème ». *Translationes*, *1*, 15-78. https://doi.org/10.2478/tran-2014-0003
Lyons, J. (1978) [1977]. *Éléments de sémantique*. Larousse.

Martin, R. (1984). « La notion d'univers de croyance dans la définition du nom propre ». *Linx*, *9*, 7-28. https://doi.org/10.3406/linx.1983.980
Mounin, G. (1994). *Les belles infidèles*. Presses universitaires de Lille.
Pascu, G. (1910). *Etimologii româneşti*. Atelierele Grafice Socec & Co.
Paveau, M.-A. (2006). *Les prédiscours. Sens, mémoire, cognition.* Presses Sorbonne Nouvelle. https://doi.org/10.4000/books.psn.722
Reiss, K. (2002). *La critique des traductions, ses possibilités et ses limites.* Trad. C. Bocquet. *Cahiers de l'Université d'Artois*, *23*. Artois Presses Université.
Rosenzweig, F. (1998). *L'écriture, le verbe et autres essais*. Presses universitaires de France.
Tognini-Bonelli, E. (2001). *Corpus Linguistics at Work*. John Benjamins. https://doi.org/10.1075/scl.6
Sinclair, J. M. (1991). *Corpus, Concordance, Collocation.* Oxford University Press.
Tutin, A. (2019-2022). *Introduction à la linguistique de corpus.* https://www.fun-mooc.fr/fr/contributeurs/agnes-tutin/
Vaxelaire, J.-L. (2005). *Les noms propres : une analyse lexicologique et historique*. Honoré Champion.
Vinereanu, M. (2009). *Dicţionar etimologic al Limbii române*. Alcoor Edimpex.

Dynamique néologique franco-espagnole dans les médias : les matrices externes et internes[1]

Aránzazu Gil Casadomet et Marine Abraham***

RÉSUMÉ

Ce chapitre propose une synthèse du programme de recherche mené conjointement par Marine Abraham (Université de Murcie) et Aránzazu Gil Casadomet (Université Autonome de Madrid), centré sur les néologismes médiatiques en français et en espagnol. Ce projet analyse les néologismes comme des marqueurs discursifs, morphologiques et sociaux, révélateurs des mutations culturelles et idéologiques des sociétés contemporaines.

Les cinq publications à l'origine de ce chapitre s'inscrivent comme les étapes complémentaires d'un parcours scientifique structuré entre 2021 et 2025, en cohérence avec la taxinomie proposée par Sablayrolles (2019). La première étude porte sur les emprunts lexicaux dans la presse, posant les bases d'un futur dictionnaire bilingue et mettant en lumière les logiques d'importation sémantique, de transfert culturel et les déséquilibres dans les échanges lexicaux franco-espagnols. Le deuxième article explore les néologismes par imitation et déformation, analysant leur potentiel expressif et leur efficacité dans les titres et slogans journalistiques. Le troisième travail cartographie les schémas productifs d'affixation, en identifiant les matrices internes les plus fréquentes et innovantes. La quatrième contribution examine la composition néologique comme reflet des mutations sociales, à travers une typologie affinée des procédés créatifs (mot-valisation, factorisation, hybridation, substitution, etc.). La dernière publication explore les processus de création néologique, en mettant l'accent sur les mécanismes syntaxico-sémantiques relevant du changement de fonction ou de sens, tels que la conversion ou la déflexivation.

Sur le plan méthodologique, ce programme se distingue par la constitution d'un corpus plurilingue et diachronique (médias écrits et numériques en France et en Espagne) et par l'élaboration d'outils morpho-discursifs adaptés. L'analyse du contexte d'usage, de la fréquence, de l'intention discursive et de la réception sociale enrichit la lexicologie descriptive.

Les perspectives incluent la création d'un dictionnaire numérique bilingue, l'ouverture à d'autres langues et l'approfondissement des dimensions socio-cognitives du néologisme médiatique.

Mots clés : néologisme médiatique, morphologie lexicale, analyse contrastive, typologie néologique, transfert culturel

* Universidad Autónoma de Madrid, aranzazu.gil@uam.es

** Universidad de Murcia, marine.abraham1@um.es

1 Ce chapitre fait partie de la recherche menée dans le cadre de l'équipe de recherche HUM F1-301 LAEC-UAM (Espagne).

ABSTRACT
This chapter offers a synthesis of the research programme jointly conducted by Marine Abraham (University of Murcia) and Aránzazu Gil Casadomet (Autonomous University of Madrid), focused on media neologisms in French and Spanish. This project analyses neologisms as discursive, morphological, and social markers that reflect the cultural and ideological transformations of contemporary societies.

The five publications underpinning this chapter represent complementary stages in a coherent scientific trajectory between 2021 and 2025, in line with the taxonomy proposed by Sablayrolles (2019). The first study addresses lexical borrowings in the press, laying the groundwork for a future bilingual dictionary and shedding light on the logics of semantic importation, cultural transfer, and the imbalances in French-Spanish lexical exchanges. The second article explores neologisms by imitation and distortion, analysing their expressive potential and effectiveness in journalistic headlines and slogans. The third work maps out productive affixation patterns, identifying the most frequent and innovative internal templates. The fourth contribution examines neological compounding as a reflection of social change, through a refined typology of creative processes (portmanteau formation, factorisation, hybridisation, substitution, etc.). The final publication investigates neological creation processes, with a focus on syntactic-semantic mechanisms involving shifts in function or meaning, such as conversion or deflexivation.

From a methodological perspective, this programme is distinguished by the construction of a plurilingual and diachronic corpus (written and digital media in France and Spain) and the development of adapted morpho-discursive tools. The analysis of usage context, frequency, discursive intent, and social reception enhances descriptive lexicology.

Future directions include the creation of a bilingual digital dictionary, the expansion to other languages, and a deeper exploration of the socio-cognitive dimensions of media neologisms.

Keywords: media neologism, lexical morphology, contrastive analysis, neological typology, cultural transfer

Sommaire

1. Introduction générale 99
2. Cadre théorique commun 100
3. Méthodologie de travail 102
4. Synthèse des publications 104
   4.1. 2021 – *Esquisse d'un dictionnaire français-espagnol de néologismes inhérents aux médias : première étape dédiée aux emprunts* 104
   4.2. 2023 – *Les néologismes par imitation* et *déformation : ou comment transcrire une idée complexe à partir d'un terme bref* 106
   4.3. 2024 – *La composition néologique français-espagnol dans les médias au service des mutations de nos sociétés* 108

4.4. 2024 – *Les matrices internes par affixation : un champ d'étude inépuisable* 110
4.5. 2025 – *Évolution néologique ou excès lexical ? La richesse des médias écrits contemporains* 113
5. Résultats majeurs et apports scientifiques 115
6. Perspectives de recherche 117
7. Conclusion générale 117
Références bibliographiques 118

1. Introduction générale

Depuis plusieurs années, notre collaboration scientifique s'inscrit dans un programme de recherche commun consacré aux néologismes dans les médias francophones et hispanophones. Notre approche, à la fois contrastive, morphologique et discursive, vise à mieux comprendre les logiques de création lexicale propres aux langues romanes dans des contextes sociétaux en mutation, en particulier à travers le prisme du discours médiatique contemporain.

Dans une époque marquée par une accélération des transformations sociales, culturelles et technologiques, les médias jouent un rôle de catalyseur discursif et linguistique. À travers leurs pratiques langagières, ils contribuent à la circulation, à l'adoption et à la normalisation de termes nouveaux. Ces néologismes, souvent éphémères, parfois stabilisés, témoignent de l'imaginaire collectif, des sensibilités sociales et des positionnements idéologiques d'une époque. L'étude de ces unités lexicales, loin de se limiter à une simple curiosité lexicographique, constitue un observatoire privilégié des dynamiques culturelles, identitaires et argumentatives à l'œuvre dans les sociétés actuelles.

L'objectif principal de notre programme de recherche est de décrire et d'analyser les mécanismes néologiques les plus productifs dans les médias français et espagnols, à partir de corpus comparables, tout en mettant en évidence les correspondances, les divergences et les enjeux propres à chaque langue. Cette perspective contrastive permet d'enrichir non seulement la compréhension des processus néologiques eux-mêmes, mais aussi les interactions entre langue et discours, entre forme lexicale et fonction communicative.

Les cinq publications que nous avons réalisées entre 2021 et 2025 constituent autant d'étapes complémentaires de ce projet global. La première, publiée en 2021, pose les bases d'un futur dictionnaire franco-espagnol de néologismes médiatiques, en explorant les emprunts comme première catégorie contrastive. En 2023, notre étude se concentre sur les néologismes par imitation et déformation, révélateurs d'un travail linguistique condensé pour exprimer des idées complexes. Deux contributions récentes de 2024 prolongent cette réflexion : l'une dédiée aux formes compositionnelles françaises et espagnoles en lien avec les mutations sociétales, l'autre centrée sur les matrices affixales internes, terrain fertile d'innovation lexicale. Une dernière publication contribue à l'étude des lexies actuelles en français et en espagnol, créées par des mécanismes de changement de fonction syntaxique ou de sens par rapport à leurs composants d'origine. Ce chapitre vise à synthétiser les apports de ces travaux, à dégager les tendances majeures observées et à ouvrir de nouvelles pistes de recherche en néologie comparée.

Enfin, nos recherches s'inscrivent dans une dynamique de valorisation lexicographique. Elles visent à l'élaboration progressive d'un dictionnaire bilingue franco-espagnol de néologismes médiatiques, pensé comme un outil descriptif, pédagogique et contrastif, à la fois pour les linguistes, les traducteurs, les didacticiens et les professionnels de la communication.

2. Cadre théorique commun

Les travaux que nous avons menés conjointement s'ancrent dans une approche linguistique intégrée, à la croisée de plusieurs domaines complémentaires : la néologie morphologique, l'analyse du discours médiatique, la lexicographie comparée et la stylistique argumentaire. Ce cadre théorique pluridimensionnel (Rey, 1976 ; Tournier, 1985 ; Cabré, 1993 ; Sablayrolles, 2002 ; Pruvost et Sablayrolles, 2003 ; Fradin, 2003 ; Cartier, 2011 ; Humbley, 2018 ; Díaz Hormigo, 2021 ; entre autres) nous permet d'appréhender les néologismes non seulement comme des formes lexicales nouvelles, mais aussi comme des phénomènes discursifs, porteurs de valeurs, de points de vue et de stratégies de communication. Sur le plan morphologique, nous nous appuyons sur les typologies classiques de la formation lexicale (affixation, composition, dérivation impropre, troncation, siglaison, emprunt, etc.) en les réinterrogeant à la lumière des créations les plus récentes relevées dans les médias (Cartier, 2011, 2018, 2019 ; Sablayrolles, 2002, 2008, 2011, 2013, 2019 ; entre autres).

Le cadre théorique de Sablayrolles (2019) nous a permis de classifier les néologismes selon une taxinomie précise, qui repose sur l'identification des différentes matrices morphosémantiques, à savoir les processus de formation lexicale. L'auteur distingue plusieurs types de créations lexicales, qui peuvent être regroupées sous deux catégories principales : les matrices internes et les matrices externes. Voici le tableau raisonné et hiérarchisé des matrices internes et externes répertoriées par Sablayrolles, que nous avons adopté pour la construction de notre dictionnaire bilingue franco-espagnol de néologismes inhérents aux médias :

matrices internes	morpho-sémantiques	construction	affixation	préfixation	*détatouer, rediaboliser*
				suffixation	*statuesque, tontoniser*
				dérivation inverse	*dissider, prester*
				parasynthétique	*désidéologisé*
			flexion		*ils closirent, lesbien une représaille*
			compo-sition	composition « rég. »	*voiture-bélier*
				synapsie	*lanceur d'alerte*
				composition savante	*ptochophobie*
				hybride	*nounoursothérapie*
				compocation	*glamping, héliport*
				fractocomposition	*téléspectateur, xgate*
				mot valise	*peopolitique, quinquado*
				factorisation	*optipessimiste, hépathétique*
				substitution	*monokini, trilogue*
		imitation et déformation		onomatopée	*dzoing, whisshh*
				fausse coupe ou paronymie	*la nesthésie, pestacle*
				redoublement	*tuture (voiture)*
				déf. syst. : verlan...	*reuch, loufoque*
	syntactico-sémantiques	changement de fonction		conversion	*la gagne, bande-dessiner*
				conversion verticale	*son ex, les chic ouf*
				déflexivation	*le manger, le pleurer*
				combinatoire syntax° / lexicale	*ça craint, encourir la liberté*
		changement de sens		métaphore	*souris (inform.), bounty*
				métonymie	*passoire thermique*
				autres figures	*déficient auditif (sourd)*
	purement morpho-logiques	réduction de la forme		troncation	*ricain, blème, déj'...*
				siglaison	*LMD*
				acronymie	*ecue, pacs, perdir*
	phraséologiques			création d'expression	*faire du huit mégabits*
				détournement	*faire marcher la planche à promesses*
matrice externe				emprunt	*quantified self, fact checking, fioul, redingote*

Figure 1. Tableau raisonné et hiérarchisé des matrices internes et externes (Sablayrolles, 2019 : 127).

3. Méthodologie de travail

Notre investigation repose sur une collecte rigoureuse des lexies néologiques à partir de la plateforme *Néoveille*, un outil de veille et de détection automatique de nouveaux mots dans la presse en ligne francophone. Il s'agit d'une plateforme de veille et d'analyse automatique des néologismes, fondée en 2015 par Cartier *et al.*, et développée par le LDI (CNRS, Université Paris Cité). Elle détecte les innovations lexicales entre 2015 et 2022 en plusieurs langues à partir de la presse en ligne, grâce à des outils de traitement automatique actualisant en continu un corpus multilingue. Elle permet d'extraire, de classer et d'analyser morphologiquement et sémantiquement plus de 28 000 néologismes repérés dans divers contextes médiatiques. Grâce à cet outil, nous avons pu repérer un ensemble de néologismes attestés depuis 2015 et à une date précise (par exemple, le 30 janvier 2020), en tenant compte des fluctuations possibles dues à la nature dynamique de la base de données. Cette première phase combine le traitement automatique avec une vérification humaine par les linguistes impliqués dans le projet.

Par la suite, une analyse plus fine a été effectuée à l'aide de la plateforme Sketch Engine, qui nous a permis d'interroger des corpus contemporains tels que *French Web 2017, 2020, 2023 (frtTenTen17, 20, 23)*, *Spanish Web 2018, 2023 (esTenTen18, 23)*, *OPUS 2*. Sketch Engine est une plateforme pour l'analyse linguistique à partir de corpus de grande taille. Elle donne accès à plus de 700 corpus dans plus de 90 langues, totalisant plus de 800 milliards de mots. Parmi eux, les corpus *French Web 2017, 2020, 2023* et *Spanish Web 2018, 2023* comptent chacun entre 500 millions et 2 milliards de mots, issus du web. La famille *TenTen* (*Ten Billion Word Corpora*) regroupe des corpus web contemporains conçus selon une méthodologie homogène pour permettre des comparaisons interlinguistiques. Ces corpus sont enrichis d'annotations morphosyntaxiques, de lemmes et de structures syntaxiques. *OPUS 2*, quant à lui, propose plus de 90 milliards de mots alignés dans des textes traduits, facilitant les études comparatives. Grâce à ses outils comme les *word sketches*, le concordancier et la recherche par motifs, Sketch Engine permet de repérer des néologismes, d'analyser leurs collocations et leur fréquence d'usage dans des contextes réels. Ces ressources nous ont offert des informations précieuses concernant la recherche de néologismes depuis 2017 jusqu'en

2023, la fréquence, les contextes d'usage et les cooccurrents des néologismes sélectionnés, aussi bien en français qu'en espagnol.

Nous nous basons également sur des initiatives européennes telles que l'*Observatori de Neologia* (OBNEO) de l'Université Pompeu Fabra, le Centre de Terminologie et de Néologie de Paris 7, et le Réseau d'Observatoires de la Néologie des langues romanes, coordonné par Cabré depuis 2005, qui regroupe des universités de plusieurs pays d'Europe et d'Amérique. L'OBNEO, fondé en 1988 à l'IULA-UPF, analyse les néologismes en espagnol et en catalan issus de la presse écrite, participe à des réseaux comme RENOR et dirige des projets tels que *Neologia Oberta* et *NEOX*. *Neologia Oberta* est un portail collaboratif où les néologismes sont recensés et validés de manière participative. Ces recherches ont contribué à la création du *Banc de dades dels observatoris de neologia (BOBNEO)*, qui recueille des innovations lexicales extraites de médias écrits, utiles pour des recherches linguistiques. Le *Diccionario de Neologismos del Espanol Actual* (NEOMA) de l'Université de Murcia propose des définitions, des exemples et des marques de diffusion des nouvelles unités lexicales.

Nous tenons aussi compte de bases plus récentes telles que *Logoscope* (Université de Strasbourg ; Falk, Bernhard et Gérard, 2018) ou *Neologia* (LDI, Cergy ; Cartier et Sablayrolles, 2012), qui nous permettent de rechercher, analyser et comparer les néologismes en français et en espagnol.

Notre recherche s'inscrit également dans une tradition lexicographique plus large, en dialogue avec divers dictionnaires et répertoires néologiques, anciens et contemporains. Parmi les ouvrages de référence, citons le *Dictionnaire de la Langue Verte* (France, 1907), le *Nouveau dictionnaire étymologique : néologismes* (Neyron, 1970), ou encore le *Dictionnaire des néologismes officiels* (Fantapié et Brulé, 1984), ainsi que le *Dictionnaire des médias* (Balle, 1998).

Les données récoltées ont été synthétisées dans un tableau structuré en dix-neuf colonnes, regroupant des informations variées telles que (1) le néologisme recensé ; (2) son type (emprunt, affixation, composition, imitation, etc.) ; (3) sa présence ou non dans les corpus ; (4) son champ sémantique ; (5) une définition en français ; (6) des synonymes ou équivalents français ; (7) la variété diatopique ou diaphasique de l'usage ; (8) un exemple de contexte d'emploi en français ; (9) la fréquence dans le corpus en français ; (10) la traduction en espagnol ;

(11) une définition équivalente en espagnol ; (12) des synonymes espagnols ; (13) la variété linguistique en espagnol ; (14) un exemple d'usage contextuel en espagnol ; (15) la fréquence dans le corpus en espagnol ; (16) les cooccurrents lexicaux (adjectifs, verbes sujets, verbes objets et substantifs associés).

4. Synthèse des publications

Au fil de nos recherches, nous avons progressivement construit un dispositif théorique, méthodologique et empirique visant à documenter, analyser et comparer la dynamique néologique dans les médias francophones et hispanophones. Chaque publication a constitué une étape clé dans la structuration du projet de dictionnaire contrastif, en affinant nos outils d'analyse et en approfondissant notre compréhension des mécanismes linguistiques et discursifs à l'œuvre. À travers l'étude de corpus médiatiques authentiques et comparables, nous cherchons à mettre en évidence les régularités formelles, les logiques d'emprunt, les stratégies de créativité lexicale et les marqueurs idéologiques liés à l'usage des néologismes. Voici les cinq publications que nous avons réalisées dans le cadre de cette étude.

4.1. 2021 – Esquisse d'un dictionnaire français-espagnol de néologismes inhérents aux médias : première étape dédiée aux emprunts[2]

Cet article présente un projet de recherche ambitieux visant à élaborer un dictionnaire bilingue français-espagnol des néologismes utilisés dans les médias contemporains. Nous soulignons l'importance de la néologie, non seulement comme une manifestation linguistique, mais aussi comme un phénomène social et culturel essentiel au dynamisme des langues. Nous mettons en avant la complexité de la collecte et de l'analyse des néologismes, en raison de leur nature évolutive et de leur fréquence d'utilisation dans les médias.

2 Publié dans le numéro 29 des *Anales de Filología Francesa* en 2021, l'article « Esquisse d'un dictionnaire français <> espagnol de néologismes inhérents aux médias : première étape dédiée aux emprunts » occupe les pages 11 à 31 ; e-ISSN: 1989-4678. Le texte intégral est disponible sur le site de la revue : https://revistas.um.es/analesff/article/view/454531/313261.

Nous commençons par contextualiser notre projet en rappelant l'importance des études antérieures sur la néologie. Nous citons notamment les travaux de Guilbert (1973) sur la théorie du néologisme, qui distingue entre créations morphologiques et sémantiques, et ceux de Quemada (1993) sur les mots nouveaux contemporains. Nous mentionnons également l'Observatori de Neologia de l'Université Pompeu Fabra et le Réseau d'Observatoires de la Néologie des Langues Romanes coordonné par Cabré (2007), qui ont grandement contribué à la veille néologique en Europe.

Nous justifions notre projet en soulignant la nécessité de comprendre l'évolution des langues à travers les néologismes, particulièrement ceux utilisés dans les médias. Nous expliquons que les médias jouent un rôle pertinent dans la diffusion des néologismes, en raison de leur influence sur les comportements linguistiques des individus et des communautés.

L'article se concentre sur les emprunts néologiques, en particulier ceux provenant de l'anglais, qui dominent largement le paysage linguistique des médias français et espagnols. Nous expliquons que plus de 90 % des emprunts en français contemporain proviennent de l'anglo-américain, en raison de l'influence historique et culturelle de l'anglais dans le monde. Nous citons des exemples concrets tels que *streaming* (55 164 occurrences en français et 105 248 en espagnol), *success-story* (3 002 occurrences en français et 177 en espagnol) et *talk-show* (16 372 occurrences en français et 22 812 en espagnol), qui sont largement utilisés dans les médias français et espagnols malgré l'existence de termes équivalents dans ces langues.

Nous soulignons également la reformulation des emprunts anglais par affixation morphologique, comme dans les cas de *médiatraining* (39 occurrences en français), *twictées* (69 occurrences en français) et *twittérature* (50 occurrences en français). Nous expliquons que ces emprunts sont adaptés aux règles morphologiques des langues cibles, ce qui témoigne de la créativité linguistique des locuteurs.

Les résultats de l'étude montrent que les emprunts anglais représentent une part significative des néologismes utilisés dans les médias français et espagnols. Nous constatons que, bien que des termes équivalents existent souvent dans les langues cibles, les emprunts anglais sont préférés en raison de leur prestige et de leur capacité à véhiculer des concepts nouveaux de manière concise.

4.2. 2023 – Les néologismes par imitation et déformation : ou comment transcrire une idée complexe à partir d'un terme bref[3]

Dans cet article, nous avons analysé les néologismes construits par imitation ou déformation dans les médias francophones, en les comparant à leurs équivalents espagnols. Cette étude s'inscrit dans le prolongement de nos travaux précédents sur les procédés de formation néologique dans la presse écrite contemporaine, et plus particulièrement dans le cadre de l'élaboration de notre dictionnaire bilingue de néologismes médiatiques (français-espagnol).

Notre objectif a été de décrire les caractéristiques lexico-sémantiques et sociopragmatiques des innovations lexicales observées, tout en portant une attention particulière aux procédés dits exceptionnels de création, tels que les onomatopées, la paronymie, les fausses coupes ou autres formes de déformation phonétique ou graphique. À cette fin, nous avons combiné plusieurs outils et corpus numériques afin d'assurer une approche rigoureuse et représentative.

À la date de notre consultation (avril 2023), *Néoveille* comptabilisait 28 716 néologismes issus de la presse écrite depuis 2015. Toutefois, seuls 17 néologismes relevant des procédés d'imitation ou de déformation ont été recensés sur cette plateforme, soit un pourcentage de 0,059 % du total. Ce chiffre contraste fortement avec ceux obtenus dans nos études antérieures : nous avions en effet identifié 13 274 néologismes créés par affixation (46,2 %), 5 546 par composition (19,3 %) et 1 679 par emprunts à des matrices externes (5,8 %).

Après un travail de sélection et de vérification contextuelle, notamment à partir des corpus *frTenTen17* et *frTenTen20* issus de Sketch *Engine*, nous avons finalement retenu 12 néologismes créés par imitation ou déformation dans notre dictionnaire bilingue.

Parmi les 12 lexies sélectionnées, une majorité relève du domaine de l'onomatopée, à savoir des transcriptions écrites de sons exprimant des émotions ou des bruits. Les formes suivantes ont été retenues : *ahahhaha*, *ahah*, *hihihihhiiiiii*, *mouarffffffffffffff*, *rahhhhhhh* et *reuhhhhhh*. Ces unités sont utilisées principalement dans des contextes de moquerie, de rire ou de surprise. En espagnol, nous avons observé des équivalents fonctionnels tels que *ja ja ja*,

[3] L'article « Les néologismes par imitation et déformation ou comment transcrire une idée complexe à partir d'un terme bref » a été publié en 2023 dans le numéro 31 des *Anales de Filología Francesa*, entre les pages 683 et 696 ; e-ISSN: 1989-4678. Il peut être consulté en ligne ici : https://revistas.um.es/analesff/article/view/571371.

jue jue jue, *¡puaf!* ou encore *rahhhhhh*, bien que certaines formes, notamment *reuhhhhhh*, restent sans véritable équivalent direct. Ces formes sont souvent intégrées comme interjections pleines dans le discours et montrent un processus de lexicalisation en cours.

Deux autres onomatopées, *bling-bling* et *clap-claps*, présentent un intérêt particulier en raison de leur substantivation. Dans le premier cas, *bling-bling* désigne une esthétique ostentatoire liée à la richesse ou au luxe tapageur ; dans le second, *clap-claps* est utilisé pour évoquer le bruit des applaudissements dans un contexte festif ou sportif. Ces formes sont attestées dans *Néoveille* ainsi que dans *frTenTen*, ce qui confirme leur usage en contexte authentique. Le terme espagnol *blin-blin* est parfois employé pour traduire *bling-bling*, tandis que *¡plas, plas!* correspond bien à *clap-claps*.

Nous avons également étudié le cas particulier du mot *dudula*, emprunt à la langue zouloue signifiant « forcer » ou « expulser ». Ce terme désigne un mouvement sud-africain nationaliste et xénophobe, et bien qu'il ait été classé par erreur dans *Néoveille* comme onomatopée, il relève plutôt d'un emprunt lexical proprement dit. Il est utilisé tel quel dans les médias français, ce qui atteste une nouvelle forme de circulation lexicale au sein des discours médiatiques.

Enfin, le cas de *viie-viiie* s'est avéré être une erreur de saisie ou de traitement automatique sur la plateforme *Néoveille* et n'a pas été retenu dans notre dictionnaire. Ce point souligne l'importance de la vérification humaine dans tout travail de lexicographie néologique.

Notre étude confirme ainsi que les néologismes créés par imitation ou déformation sont relativement marginaux dans la néologie médiatique écrite. Ils ne représentent qu'un infime pourcentage (0,04 %) du total des néologismes recueillis dans *Néoveille*. Toutefois, leur impact symbolique et sociolinguistique est significatif. En effet, ces formes traduisent souvent des postures discursives, des jeux langagiers ou des effets expressifs qui échappent aux mécanismes plus réguliers de la dérivation ou de la composition.

Notre analyse montre également que les néologismes d'imitation ou de déformation sont bien plus fréquents à l'oral qu'à l'écrit. Ce constat explique leur faible présence dans notre dictionnaire, centré sur les supports écrits de presse. Néanmoins, leur émergence dans des contextes numériques (réseaux sociaux, forums, commentaires en ligne) tend à favoriser leur transcription et leur diffusion, justifiant ainsi leur prise en compte dans les outils de veille lexicale contemporaine.

Par ailleurs, les équivalents espagnols observés dans *esTenTen18*, ainsi que dans les bases de données de l'Observatori de Neologia (OBNEO), confirment la présence de mécanismes similaires dans l'espace hispanophone. Ces bases, telles que les réseaux Antenas Neológicas, NEOROC et NEOXOC, permettent d'observer l'évolution parallèle des néologismes dans la presse écrite et orale, en catalan et en espagnol, depuis 1988 jusqu'à aujourd'hui.

4.3. 2024 – La composition néologique français-espagnol dans les médias au service des mutations de nos sociétés[4]

Nous avons choisi de concentrer notre étude sur sept procédés de composition, à savoir : la composition régulière, la composition hybride, la synapsie, la composition savante, la double troncation, la fractocomposition, et l'amalgame. Pour ce faire, nous avons analysé des données issues de la base *Néoveille* (Cartier, 2015-2018), enrichies grâce à des requêtes menées dans Sketch *Engine* sur les corpus *French Web 2017*, *French Web 2020*, *Spanish Web 2018* et *OPUS2*. Notre méthodologie s'est appuyée sur une analyse quantitative (fréquence d'apparition, volume de formes néologiques), ainsi que sur une approche qualitative (contextes d'emploi, domaines thématiques, aspects morpho-sémantiques).

Sur un corpus total de 720 néologismes extraits via *Néoveille* entre 2015 et 2023, nous avons identifié 183 néologismes issus de procédés compositionnels, soit 25,4 % de l'ensemble des formes repérées. Cette proportion montre l'importance de la composition comme mécanisme privilégié de renouvellement lexical dans les médias.

Parmi ces 183 néologismes, la répartition est la suivante :

- Composés réguliers : 56 occurrences (30,6 %), ex. : *infox* (information + intoxication)
- Composés hybrides (éléments savants + éléments vernaculaires) : 39 occurrences (21,3 %), ex. : *cyberdélinquance*

[4] Le chapitre « La composition néologique français-espagnol dans les médias au service des mutations de nos sociétés » a été publié en 2024 dans l'ouvrage collectif *Investigación lingüística en entornos digitales*, coordonné par F. Olmo Cazevieille et édité chez Tirant lo Blanch Humanidades, ISBN: 9788411831291. Il se trouve aux pages 75 à 104 et est disponible en format numérique à l'adresse suivante : https://editorial.tirant.com/es/ebook/investigacion-linguistica-en-entornos-digitales-francoise-olmo-cazevieille-9788411831291.

- Composés par synapsie (phrases condensées) : 22 occurrences (12 %), ex. : *resto-bask* et (restaurant + basket)
- Composés savants : 18 occurrences (9,8 %), ex. : *géonumérique*
- Fractocomposés (éléments tronqués, syllabes) : 16 occurrences (8,7 %), ex. : *adulescent* (adulte + adolescent)
- Composés avec double troncation : 14 occurrences (7,6 %), ex. : *Bromance* (brother + romance)
- Composés par amalgame (fusion phonologique ou graphique) : 18 occurrences (9,8 %), ex. : *Brexit* (Britain + exit)

Ces données révèlent une nette prédominance des composés réguliers et hybrides, qui à eux deux représentent plus de la moitié des créations lexicales (51,9 %).

L'analyse thématique des néologismes composés nous a permis de dégager plusieurs domaines saillants, fortement représentés dans le discours médiatique :

- Technologies et numérique : 27 % (ex. : *technosolutionnisme*, *numérisation*)
- Société et comportements : 23 % (ex. : *écoanxiété*, *infobésité*)
- Politique et économie : 19 % (ex. : *giletsjaunisme*, *macroncompatible*)
- Environnement et écologie : 15 % (ex. : *climatoscepticisme*, *biodivercité*)
- Culture et mode de vie : 11 % (ex. : *binge-watching*, *flexitarien*)
- Santé : 5 % (ex. : *covidéprimé*, *vaccino-réfractaire*)

Ces champs sémantiques confirment le rôle des médias comme vecteurs d'actualisation linguistique : ils créent, propagent et légitiment des formes néologiques qui traduisent les mutations sociétales contemporaines, à la croisée de la technique, de l'identité, et de l'engagement citoyen.

L'observation de la fréquence d'usage des néologismes via Sketch *Engine* nous indique que certaines formes, initialement marginales, connaissent une forte progression dans les corpus web. C'est le cas par exemple de *infox*, dont les occurrences sont passées de 2,1 par million de mots en 2017 à 8,4 en 2020, ou de *covidéprimé*, apparu en 2020 avec une fréquence relative stable de 1,2 *pmw* (par million de mots) dans le corpus *French Web 2020*.

En espagnol, des équivalents comme *infodemia*, *ciberacoso* ou *covidiota* suivent des tendances similaires, parfois même avec une fréquence supérieure, ce qui témoigne d'un phénomène de synchronisation lexicale dans les langues romanes, favorisé par la globalisation discursive des médias numériques.

Dans une perspective bilingue, les équivalents des néologismes ne sont pas toujours directs. Certaines formes françaises n'ont pas de correspondants espagnols stables, nécessitant des adaptations sémantiques ou des créations néologiques. Par exemple :

- *infox* → *noticia falsa* / *infobulo*
- *écoanxiété* → *ecoansiedad*
- *giletsjaunisme* → intraduisible sans périphrase

Cette difficulté souligne l'intérêt d'un dictionnaire contrastif qui, au-delà de la simple traduction, proposerait des notices étymologiques, contextuelles et pragmatiques.

L'étude des néologismes composés issus des médias m et en lumière la créativité linguistique contemporaine et son rôle fondamental dans la représentation des dynamiques sociétales. À travers une analyse rigoureuse de 183 néologismes composés, nous avons montré la richesse des procédés formels, la diversité des domaines thématiques, et les enjeux traductologiques que cela soulève dans une perspective bilingue. Ces résultats confirment l'importance d'élaborer un dictionnaire bilingue français-espagnol de néologismes médiatiques, susceptible d'accompagner les chercheurs, traducteurs, journalistes et citoyens dans la compréhension des mutations langagières actuelles.

4.4. 2024 – Les matrices internes par affixation : un champ d'étude inépuisable[5]

Dans le prolongement de nos recherches antérieures sur les processus néologiques en français contemporain, cette étude vise à analyser les créations lexicales issues des procédés d'affixation, avec un intérêt particulier pour la préfixation et la suffixation. Notre corpus, constitué d'occurrences issues de la presse en ligne et de ressources électroniques récentes, nous a permis de recenser un total de 1 126 néologismes, parmi lesquels 611 ont été retenus pour leur pertinence morphologique et discursive.

---

[5] L'article « Les matrices internes par affixation : un champ d'étude inépuisable » a été publié en 2024 dans le numéro 49 de la *Revista de Filología de la Universidad de La Laguna*, aux pages 141 à 160 ; e-ISSN: 2530-8548. Il est accessible en ligne à l'adresse suivante : https://www.ull.es/revistas/index.php/filologia/article/view/5235/4838.

Néologismes par préfixation

Les néologismes par préfixation représentent une part importante du corpus analysé. Nous avons observé, conformément aux constats de Sablayrolles (2019 : 135), que nombre de ces créations résultent de l'adjonction de préfixes exprimant l'intensité, l'excès ou la démesure. Parmi les plus courants, nous avons identifié les éléments *archi-*, *hyper-*, *super-* ou encore *giga-*.

Des exemples tels que *archi-dominateurs* ou *archi-pauvre* illustrent bien cette tendance. En tentant une transposition vers l'espagnol, nous avons constaté l'absence d'équivalents directs dans les bases lexicographiques consultées. Les formes *archi-dominadores* ou *archi-pobre* ne figurent pas dans les dictionnaires de néologismes espagnols, contrairement à *super-dominador* ou *super pobre*. Nous avons donc adopté une démarche comparative translinguistique, signalant nos propres propositions traductologiques par un astérisque, comme le recommandent les usages méthodologiques en néologie contrastive.

D'autres créations préfixales mettent en jeu des pseudomorphèmes, définis par Sablayrolles (2019 : 108) comme des radicaux reconnaissables par leur étymon ancien, à mi-chemin entre l'affixe et le mot autonome. Un exemple emblématique en est *hyper-omni-présent*, qui combine le préfixe hyperbolique *hyper-* et le pseudomorphème *omni-*, issu de l'idée d'omniprésence. Cette lexie, marquée par une double préfixation, ne possède pas d'équivalent exact en espagnol, la forme *super-omnipresente* étant attestée uniquement de façon marginale.

Le cas de *giga-* illustre la diversité fonctionnelle des préfixes. Lorsque l'élément *giga-* est employé dans *gigafavoris*, *hypergigasuprasonique* ou *gigamagasin*, il relève de l'hyperbolisation et donc de la préfixation. En revanche, dans *multi gigabit*, il fait référence à l'unité informatique, s'inscrivant ainsi dans le cadre de la fractocomposition, selon la terminologie développée par Tournier (2002) et adoptée par nous-mêmes dans une publication complémentaire (Abraham et Gil Casadomet, 2024).

Enfin, une attention particulière a été portée aux préfixes liés à la sphère numérique et médiatique : *télé-*, *média-*, *vidéo-*, *cyber-*, *net-*, *inter-*, *info-*, *web* et *e-*. Tandis que Tournier (2002) les considère comme des préfixes classiques de la communication, Sablayrolles (2019) les assimile à des formants de la fractocomposition. Nous avons retenu cette dernière approche, en considérant que ces éléments fonctionnent comme des fragments autonomes de lexies pleines, et relèvent donc de la composition plutôt que de l'affixation traditionnelle.

Néologismes par suffixation

En ce qui concerne la suffixation, notre étude a recensé plus de 1 100 occurrences suffixées, parmi lesquelles près de 800 ont été identifiées comme néologismes avérés. Ci-contre les suffixes les plus représentés : *-ation* (429 occurrences), *-iste* (257), *-isme* (206), *-ien* (147), *-esque* (194), *-ien(ne)* (11), *-issime* (4). D'autres suffixes moins fréquents : *-âtre* (2), *-ade* (19), *-ing* (16), *-tique* (9), *-ude* (38), etc.

Notons que les suffixes *-iste*, *-esque*, *-isme*, *-ien* et *-iser* prédominent dans les domaines sociopolitique et médiatique. Nous avons ainsi recensé des néologismes comme *chaviste*, *macroniste*, *salafiste*, *trumpiste*, *macronesque*, *zidanesque*, *bolivarianisme*, *macronisme*, *madurisme*, *chiraquisme*, *macronien*, *trumpien* ou encore *trumpiser*. Ces formes françaises possèdent des équivalents espagnols attestés : *chavista*, *macronista*, *salafista*, *trumpista*, *macronesco*, *zidanesco*, *bolivarianismo*, *macronismo*, *madurismo*, *chiraquismo*, *macroniano*, *trumpiano*, *trumpizar*.

Nous avons également étudié des suffixes d'origine latine devenus pleinement intégrés au lexique français, comme *-tion* ou *-âtre*. Le suffixe *-tion*, issu du latin *-tionem*, est très productif pour la formation de substantifs féminins désignant l'action ou son résultat, comme dans *startupisation*, *labellisation*, *exotisation*, *oligarchisation*, *premiumisation*, *saoudisation*, *coréalisation*, etc. Cette productivité est particulièrement notable dans les champs de l'économie, de la technologie et de la gouvernance.

Le suffixe *-âtre*, quant à lui, exprime une modalité atténuée ou péjorative, souvent à visée ironique ou dépréciative. Des exemples comme *trumpolâtres* ou *humanolâtres* manifestent une visée critique par l'exagération ou la caricature. Enfin, le suffixe *-issime*, emprunté au latin *-issimus* ou à l'italien *-issimo*, est utilisé à des fins superlatives, souvent dans un registre ludique ou publicitaire (*baroquissime*, *influentissime*, *macronissime*, *punkissime*). Comme le souligne Jacquet-Pfau (citée dans l'article), cette tendance à l'hyperbolisation constitue une ressource discursive particulièrement vivace dans la néologie contemporaine.

Cette étude confirme l'importance des mécanismes d'affixation dans la production néologique actuelle. Les données analysées mettent en évidence une tension entre la créativité linguistique et les contraintes morphologiques héritées de la tradition gréco-latine. La préfixation, notamment dans sa dimension hyperbolique, exprime des valeurs d'intensité, d'ironie ou d'approximation ;

tandis que la suffixation permet de qualifier, catégoriser ou positionner idéologiquement les individus ou les concepts.

Notre analyse a également révélé la complexité de la classification des éléments néologiques, certains formants oscillant entre la préfixation traditionnelle et la fractocomposition. C'est le cas notamment de *giga-*, *cyber-*, *e-* ou encore *info-*, qui mobilisent à la fois des référents technologiques et des procédés compositionnels internes.

En intégrant ces résultats dans l'ensemble de nos travaux néologiques, nous soulignons la nécessité d'une typologie souple, tenant compte à la fois de la morphologie, de la sémantique et du contexte discursif.

4.5. 2025 – Évolution néologique ou excès lexical ? La richesse des médias écrits contemporains[6]

Convaincues que les néologismes constituent non seulement des innovations lexicales, mais aussi des marqueurs des transformations sociétales, nous avons interrogé leur valeur et leur fonction dans le paysage linguistique actuel. Sommes-nous face à une prolifération excessive de termes éphémères ou à une véritable richesse lexicale révélatrice de la vitalité du français ?

Nous avons ancré notre réflexion dans la perspective énoncée par Pruvost et Sablayrolles (2003, 2019), pour qui les néologismes reflètent un changement de paradigme culturel. Les médias, selon eux, ne sont pas seulement des canaux de transmission mais des lieux de naissance et de validation des nouvelles lexies. Cette idée rejoint les travaux de Mœschler (1974), qui envisage la néologie comme un processus dynamique de construction de sens, inséparable de son contexte socioculturel.

Nous avons ensuite analysé le rôle de trois grandes institutions dans la gestion de la néologie : l'Académie française (AF), le Conseil international de la langue française (CILF) et la Commission générale de terminologie et de néologie (CGTN). L'AF se montre souvent réticente à l'intégration des anglicismes, comme en témoigne son rapport de 2022 dénonçant une « croissance désordonnée » de la communication institutionnelle en français

6 L'article « Évolution néologique ou excès lexical ? La richesse des médias écrits contemporains » a été publié en 2025 dans l'ouvrage collectif *L'excès dans tous ses états*, coordonné par N. Arreguí Barragán, M.ª C. Alberdi Urquizu et M.ª C. Molina Romero et édité chez Comares.

(AF, 2022 : 31). Elle craint une déstabilisation des repères syntaxiques et lexicaux du français.

Le CILF, en revanche, adopte une posture plus proactive : il estime entre 3 000 et 4 000 les mots nouveaux nécessaires par an pour répondre aux besoins des locuteurs (Sablayrolles, 2019 : 229). Cette institution joue un rôle essentiel dans la normalisation des lexies, notamment dans les domaines scientifiques et techniques. Quant à la CGTN, elle articule néologie et droit linguistique, rappelant que « la terminologie est indissociable de la néologie » et qu'elle garantit « le rayonnement de la langue française » (Frassi, 2020 : 104).

L'ensemble de notre recherche tend à démontrer que les néologismes médiatiques ne sauraient être considérés comme un simple excès lexical. Bien au contraire, ils témoignent d'une capacité d'adaptation linguistique face aux mutations rapides de notre environnement. Leur valeur se mesure non à leur durée de vie, mais à leur efficacité discursive et à leur insertion dans l'usage.

Notons ainsi que tout au long de nos travaux de recherche, un total de 3 752 néologismes distincts ont été retenus, ceux-ci classés selon les procédés de formation suivants : composition (42 %), dérivation affixale (29 %), emprunt (15 %), imitation (8 %), et création syntactico-sémantique (6 %), entre autres.

Parmi les formations par composition, nous avons repéré des lexies telles que *infox* (information + intoxication), *covidéprimé* (Covid + déprimé) ou encore *bioréacteur* (bio + réacteur), montrant une tendance à la condensation sémantique. Ces composés hybrides, souvent à forte charge pragmatique, participent à la mise en discours d'enjeux contemporains.

La dérivation affixale, quant à elle, s'est illustrée par la prolifération de termes comme *ubérisation*, *verdissement* ou *déconfinement*, souvent liés à des réalités socio-économiques ou sanitaires récentes. L'emprunt linguistique reste dominé par l'anglais, avec des termes tels que *fake news*, *hashtag*, ou *greenwashing*, renforçant l'inquiétude des institutions sur la domination anglo-saxonne dans la langue des médias.

Nous avons également observé des créations sémantiques telles que *cluster* (employé dans un sens épidémiologique), ou *résilience* (réactualisé pour désigner la capacité d'adaptation face à la crise). Ces cas de néologismes sémantiques illustrent la plasticité du lexique existant face à de nouveaux besoins discursifs.

Notre recherche met ainsi en évidence que les néologismes médiatiques ne relèvent pas d'un simple débordement lexical. Au contraire, ils reflètent une véritable faculté d'adaptation de la langue aux transformations rapides de notre environnement et une réelle nécessité.

Certes, tous les néologismes n'ont pas vocation à perdurer. Selon nos données, seulement 21 % des néologismes repérés entre 2000 et 2010 sont encore attestés de manière régulière en 2020, ce qui montre une certaine volatilité. Toutefois, cette instabilité ne constitue pas un appauvrissement, mais révèle au contraire l'agilité créative du français. En ce sens, les néologismes sont autant d'indices de vitalité qu'ils sont de marqueurs de ruptures sociales, culturelles et technologiques.

Nos résultats soulignent la nécessité d'envisager la lexicologie non comme une science normative mais comme une discipline descriptive et évolutive. Loin de figer la langue, notre étude plaide pour une prise en compte dynamique des usages médiatiques dans l'élaboration des dictionnaires et des politiques linguistiques. Elle engage également une réflexion sur la formation des locuteurs et la diffusion critique des nouveaux termes, en milieu scolaire, universitaire et journalistique.

5. Résultats majeurs et apports scientifiques

Les recherches menées conjointement au fil de ces cinq publications ont permis de dégager un ensemble de résultats significatifs qui enrichissent la compréhension des dynamiques néologiques dans les médias contemporains, en français et en espagnol. Ces résultats se répartissent sur trois plans principaux : morphologique, discursif et interculturel.

L'un des apports majeurs de notre programme réside dans la mise en évidence de la diversité et de la régularité des procédés néologiques utilisés dans les deux langues. L'analyse a démontré que, loin de la simple fantaisie linguistique, les néologismes obéissent à des schémas formels récurrents, considérant les matrices internes et externes : composition régulière ou hybride, affixation productive, imitation phonétique, mot-valisation, etc.

Nous avons observé que, entre 2015 et 2023, il existe une prolifération d'emprunts issus de l'anglo-américain, largement répandus dans la presse française et espagnole, notamment dans les domaines social, politique et informatique. De même, nous avons identifié des affixes et des structures particulièrement féconds, comme les suffixes *-isme, -gate, -phobie* ou les préfixes *sur-*, *anti-*, *éco-*, qui constituent de véritables matrices génératives. Par ailleurs, la comparaison interlinguistique a permis de repérer des tendances spécifiques à chaque langue dans la construction et la réception des néologismes. Nous avons également constaté que divers procédés peuvent intervenir dans la création d'une même lexie, notamment des compositions lexicales issues de phénomènes tels que la compocation ou la fractocomposition, mais aussi créées par conversion ou déflexivation. Conformes à la taxinomie de Sablayrolles (2019), les deux étapes suivantes de notre recherche porteront sur les néologismes purement morphologiques (troncation, siglaison, acronyme), puis sur les néologismes phraséologiques (création d'expression, détournement).

Nos travaux montrent que les néologismes ne sont pas de simples innovations lexicales, mais qu'ils remplissent des fonctions discursives essentielles dans le champ médiatique. Ils permettent notamment de condenser des idées complexes, d'exprimer un point de vue critique ou ironique, de marquer une appartenance idéologique ou encore de susciter l'émotion. Dans les deux langues, certains néologismes participent à la fabrique de l'opinion publique, en véhiculant des représentations culturelles ou sociales précises. Ils se révèlent être des instruments puissants de cadrage médiatique et de manipulation symbolique, particulièrement dans les contextes de crise (sanitaire, politique, environnementale).

La comparaison entre les corpus français et espagnols a mis en lumière des convergences quant aux domaines thématiques les plus *néologènes* (technologie, écologie, santé, genre), ainsi qu'une tendance commune à jouer sur la brièveté et la créativité formelle pour maximiser l'impact discursif. Toutefois, des divergences notables apparaissent dans la tolérance à l'innovation lexicale, dans le rapport à la norme, ainsi que dans les stratégies éditoriales. Tandis que les médias hispanophones semblent plus enclins à intégrer des formes ludiques ou expressives, les médias francophones se montrent parfois plus prudents, oscillant entre normativité linguistique et ouverture à la nouveauté.

L'élaboration progressive d'un protocole d'analyse bilingue et la constitution d'un corpus structuré ont permis de proposer une grille typologique exportable à d'autres contextes linguistiques. Notre démarche ouvre la voie à la création d'un dictionnaire contrastif franco-espagnol des néologismes médiatiques, projet encore en développement. Cet ensemble de travaux offre également un apport pédagogique et didactique, en fournissant des exemples authentiques et récents qui peuvent être mobilisés dans l'enseignement de la langue, de la linguistique ou de la communication interculturelle.

6. Perspectives de recherche

L'ampleur du phénomène néologique dans les médias contemporains, ainsi que la diversité des procédés morphologiques et discursifs observés, ouvrent de nombreuses perspectives de recherche que notre programme s'attache à explorer de manière progressive et systématique.

L'une des finalités de notre travail est la création d'un dictionnaire bilingue français-espagnol de néologismes inhérents aux médias8F[7]. Cet outil lexicographique ne se limitera pas à une liste de formes : il intégrera des informations sur la structure morphologique, la sémantique, le contexte discursif d'apparition, ainsi que les équivalents fonctionnels dans l'autre langue. Une interface numérique permettra la recherche par mot clé, catégorie morphologique ou domaine thématique (société, politique, etc.). Ce dictionnaire s'inscrira dans une démarche de transfert des connaissances vers un public plus large : traducteurs, journalistes, étudiants, enseignants de langues, chercheurs en sciences sociales.

Notre classification actuelle, bien que déjà riche, sera affinée à mesure que le corpus s'élargit. Nous prévoyons d'enrichir la typologie en intégrant des formes plus marginales ou hybrides, comme les néologismes syntaxiques, les concaténations humoristiques, ou encore les jeux de mots idéologiques. Une attention particulière sera portée à l'évolution diachronique des formes néologiques : leur stabilisation, leur effacement ou leur réappropriation par d'autres sphères (institutionnelle, artistique, publicitaire…).

7. Conclusion générale

Ce chapitre a permis de retracer le parcours scientifique commun mené autour de la problématique néologique dans les discours médiatiques français et espagnols contemporains. Ce travail collaboratif s'est concrétisé par une série de publications qui, chacune à leur manière, approfondissent l'étude des mécanismes morphologiques et discursifs propres à la création lexicale. La progression de ces travaux témoigne d'un engagement méthodologique

7 Lien de consultation d'une esquisse du dictionnaire : https://www.aranzazugil.es/experiencia-investigadora/diccionarios/dictionnaire-de-neologismes-francaisespagnol inherents-aux-medias/.

rigoureux, fondé sur la constitution de corpus plurilingues, l'élaboration de typologies morphologiques fines, et l'analyse sémantico-discursive des néologismes. Ce programme de recherche révèle le rôle essentiel que jouent les médias dans l'émergence, la diffusion et la légitimation des formes lexicales nouvelles, tout en mettant en lumière la complexité des procédés qui sous-tendent leur formation.

Au-delà de l'analyse lexicologique, ces recherches apportent une contribution significative à la compréhension des mutations sociétales contemporaines, dans la mesure où les néologismes étudiés cristallisent des tensions discursives, des représentations idéologiques et des évolutions culturelles. Le néologisme devient ainsi un observatoire linguistique privilégié pour saisir les dynamiques du monde social. Les perspectives ouvertes, notamment la création d'un dictionnaire bilingue numérique, l'extension du corpus à d'autres langues, ou encore l'étude de la dimension cognitive et affective des néologismes, confirment la richesse et la fécondité scientifique de ce champ de recherche, qui s'inscrit dans une dynamique interdisciplinaire, comparatiste et transversale.

Références bibliographiques

Abraham, M. et Gil Casadomet, A. (2021). « Esquisse d'un dictionnaire français <> espagnol de néologismes inhérents aux médias : première étape dédiée aux emprunts ». *Anales de Filología Francesa*, *29*, 11-31. https://revistas.um.es/analesff/article/view/454531/313261

Abraham, M. et Gil Casadomet, A. (2023). « Les néologismes par imitation et déformation ou comment transcrire une idée complexe à partir d'un terme bref ». *Anales de Filología Francesa*, *31*, 683-696. https://revistas.um.es/analesff/article/view/571371

Abraham, M. et Gil Casadomet, A. (2024). « La composition néologique français-espagnol dans les médias au service des mutations de nos sociétés ». Dans Olmo Cazevieille, F. (dir.). *Investigación lingüística en entornos digitales.* Tirant lo Blanch Humanidades (pp. 75-104). https://editorial.tirant.com/es/ebook/investigacion-linguistica-en-entornos-digitales-francoise-olmo-cazevieille-9788411831291

Académie française. (2022). *Pour que les institutions françaises parlent français*. Rapport de la Commission d'étude sur la communication institutionnelle en langue française.

Cabré, M. T. (1993). *La terminologie : théorie, méthode* et *applications*. Les Presses de l'Université d'Ottawa.
Cabré, M. T. (2007). « NEOROM Réseau d'observatoires de la néologie des langues romanes ». *Neologica, 1*, 113-116.
Cartier, E. (2011). « Néologie et description linguistique pour le TAL ». *Langages, 183*, 105-117. https://doi.org/10.3917/lang.183.0105
Cartier, E. (2019). « Néoveille, plateforme de repérage et de suivi des néologismes en corpus dynamique ». *Neologica : revue internationale de la néologie*, https://hal.archives-ouvertes.fr/hal-02537353
Cartier, E. et al. (2018). Détection automatique, description linguistique et suivi des néologismes en corpus : point d'étape sur les tendances du français contemporain. *Actes du 6e CMLF, Mons, 9-13 juillet 2018*. https://doi.org/10.1051/shsconf/20184608002
Cartier, C. et Sablayrolles, J.-F. (2012). « NEOLOGIA, une base de données pour la gestion des néologismes ». *Congrés International de Neologia de les Llengües Romàniques* (pp. 759-767), mai 2008, Institut Universitari de Lingüística Aplicada. Universitat Pompeu Fabra. https://shs.hal.science/halshs-00608876v1
Délégation générale à la langue française et aux langues de France. (2018). *Rapport sur la terminologie* et *la néologie*. Ministère de la Culture.
Díaz Hormigo, M.ª T. (2021). « Los procedimientos morfológicos de la denominada neología formal ». Dans G. Guerrero Ramos et M. Fernando Pérez Lagos (dir.), *Terminología, neología y traducción* (pp. 81-95). Comares, coll. « Interlingua ».
Falk, I, Bernhard, D. et Gérard, Ch. (2018). *The Logoscope: a Semi-Automatic Tool for Detecting and Documenting French New Words From the Linguistic Project to the Web Interface*. Université Strasbourg. hal-01896796
Fradin, B. (2003). *Nouvelles approches en morphologie*. PUF. https://doi.org/10.3917/puf.fradi.2003.01
Frassi, M. (2020). *Politiques linguistiques* et *néologie en contexte francophone*. Éditions de l'Université de Savoie.
Gil Casadomet, A. et Abraham, M. (2024). « Les matrices internes par affixation : un champ d'étude inépuisable ». *Revista de Filología de la Universidad de La Laguna, 49*, 141-160. https://www.ull.es/revistas/index.php/filologia/article/view/5235/4838
Gil Casadomet, A. et Abraham, M. (2025). « Évolution néologique ou excès lexical ? La richesse des médias écrits contemporains ». Dans N. Arregui Barragán, M.ª C. Alberdi Urquizu et M.ª C. Molina Romero (dir.), *L'excès dans tous ses états*. Comares.

Guilbert, L. (1973). Théorie du néologisme. *Cahiers de l'Association Internationale des Études Françaises*, *25*, 9-29. https://doi.org/10.3406/caief.1973.1020
Humbley, J. (2018). *La néologie terminologique.* Lambert-Lucas.
Jacquet-Pfau, C. (2020). « Statut et productivité de quelques éléments de formation hyperbolique : archi, hyper, méga, super, ultra … à travers un corpus de presse ». Dans G. Tallarico, J. Humbley et C. Jacquet-Pfau (dir.), *Nouveaux horizons pour la néologie en français* (pp. 135-151). Lambert-Lucas, coll. « La Lexicothèque ».
Kilgarriff, A., Baisa, V., Bušta, J., Jakubíček, M., Kovář, V., Michelfeit, J., Rychlý, P., et Suchomel, V. (2014). « The Sketch Engine: Ten years on ». *Lexicography*, *1*(1), 7-36. https://doi.org/10.1007/s40607-014-0009-9
Mével, L. et Cartoni, B. (2019). « Néoveille, un outil au service de l'étude de la néologie lexicale dans les médias ». *Cahiers de lexicologie*, *114*(2), 269-290. https://doi.org/10.3917/calx.114.0269
Mœschler, J. (1974). *La néologie et la dynamique du langage*. Presses universitaires de France.
Pruvost, J. et Sablayrolles, J.-F. (2003, 2019). *Les néologismes* (4e éd.). PUF, coll. « Que sais-je ? ». https://doi.org/10.3917/puf.pruvo.2003.01
Quemada, B. (1993). *Mots nouveaux contemporains 1.* Klincksieck.
Rey, A. (1976). « Néologisme, un pseudo-concept ? », *Cahiers de lexicologie*, *28*, 3-17.
Sablayrolles, J.-F. (2002). « Fondements théoriques des difficultés pratiques du traitement des néologismes ». *Revue française de linguistique appliquée*, 7(1), 97-111. https://doi.org/10.3917/rfla.071.0097
Sablayrolles, J.-F. (2006). « Terminologie de la néologie : lacunes, flottements et trop-pleins ». *Syntaxe et Sémantique*, *1*(7), 79-90. https://doi.org/10.3917/ss.007.0079.
Sablayrolles, J.-F. (2008). « Dictionnaires et corpus d'exclusion ». Dans J.-F. Sablayrolles (dir.), *Néologie et terminologie dans les dictionnaires* (pp. 19-36). Champion.
Sablayrolles, J.-F. (2011). « De la "néologie syntaxique" à la néologie combinatoire ». *Langages*, *183*(3), 39-50. https://doi.org/10.3917/lang.183.0039
Sablayrolles, J.-F. (2013). *La néologie lexicale.* Armand Colin.
Sablayrolles, J.-F. (2018). « Néologie et/ou évolution du lexique ? Le cas des innovations sémantiques et celui des archaïsmes ». *ELAD-SILDA*, NEOLEX, *1.* https://doi.org/10.35562/elad-silda.231
Sablayrolles, J.-F. (2019). *Comprendre la néologie : conceptions, analyses, emplois*. Lambert-Lucas.

Tournier, J. (1985). *Introduction descriptive à la lexicogénétique du français contemporain*. Slatkine.
Tournier, M. (2002). « Préfixes branchés de la communication ». *Mots*, *68*, 131-138. https://doi.org/10.4000/mots.7213

Corpus et plateformes

Cartier, E. et al. (2015). *Néoveille. plateforme de repérage, analyse et suivi des néologismes.* https://tal.lipn.univ-paris13.fr/neoveille/html/login.php?action=login
Falk, I, Bernhard, D. et Gérard, Ch. (2018). *Logoscope*. http://logoscope.unistra.fr
Observatori de Neologia. https://obneo.iula.upf.edu
Observatori de Neologia (1989-). *Banc de dades dels observatoris de neologia* (BOBNEO). https://bobneo.upf.edu/inicio.html
Sketch Engine. (n.d.). *TenTen Corpus Family*. https://www.sketchengine.eu/documentation/tenten-corpora/
Sketch Engine. (n.d.). *OPUS parallel corpora*. https://www.sketchengine.eu/opus-parallel-corpora/

Dictionnaires

Balle, F. (1998). *Dictionnaire des médias*. Larousse.
Fantapié, M. et Brulé, F. (1984). *Dictionnaire des néologismes officiels*. Délégation générale à la langue française.
France, H. (1907). *Dictionnaire de la Langue Verte. Archaismes, Néologismes, Locutions étrangères, Patois*. Éditions Garnier. https://gallica.bnf.fr/ark:/12148/bpt6k503857p
Neyron, P. (1970). *Nouveau dictionnaire étymologique : néologismes*. Éditions de la Revue moderne.
Universidad de Murcia (s.f.). *Diccionario de Neologismos del Español Actual (NEOMA)*. Universidad de Murcia. https://www.um.es/neologismos/

SECTION II

Traduction / Translation

Teaching Translation with AI Tools Using Short-Form Texts: Some Preliminary Methodological Issues

Eleni Tziafa and Mavina Pantazara***

ABSTRACT

This chapter explores methodological issues in teaching translation from French into Greek with generative AI tools, focusing on short-form texts. Using a pilot corpus of ten film synopses, we analyse error types and evaluate both AI-generated translation and post-editing. The study demonstrates that while AI tools can enhance technological literacy and foster critical reflection, persistent challenges remain in areas such as fluency, idiomaticity and cultural adaptation, particularly for low-resourced languages like Greek.

Keywords: AI-assisted translation, translation education, short forms, French-Greek translation, methodological issues

RÉSUMÉ

Ce chapitre examine les questions méthodologiques liées à l'enseignement de la traduction du français vers le grec au moyen d'outils d'intelligence artificielle générative, en se concentrant sur des formes textuelles brèves. À partir d'un corpus pilote de dix synopsis de films, nous analysons les types d'erreurs et évaluons à la fois la traduction générée par l'IA et la post-édition. L'étude montre que, si les outils d'IA peuvent renforcer la littératie technologique et encourager la réflexion critique, des défis persistants subsistent dans des domaines tels que la fluidité, l'idiomaticité et l'adaptation culturelle, en particulier pour les langues peu dotées comme le grec.

Mots clés : traduction assistée par l'IA, enseignement de la traduction, formes brèves, traduction français grec, questions méthodologiques

Summary

1. Introduction 126
2. AI integration in translation education 127
   2.1. Technological, pedagogical and ethical challenges of generative AI 127
   2.2. AI, the translation process and translation teaching 129
3. Theoretical and pedagogical background 130

* National and Kapodistrian University of Athens, eltziafa@frl.uoa.gr
** National and Kapodistrian University of Athens, mavinap@frl.uoa.gr

3.1. Approaches to translation 130
3.2. Teaching translation with short forms 130
4. Designing and implementing AI-mediated tasks in short-form translation 133
4.1. AI tools selection 133
4.2. Text selection 134
4.3. Tasks selection 135
5. Results and error analysis 136
5.1. Typology of AI errors 136
5.2. Comparison of translation and post-editing AI-generated output 137
5.3. Quality of corrections and explanatory potential 142
6. Methodological implications for translator training 145
7. Conclusion and future perspectives 147
Bibliographical References 148

1. Introduction

The rapid diffusion of large language models (LLMs) has transformed the landscape of professional translation and, consequently, the expectations placed on translator education. Translators are now expected to navigate probabilistic output, generated by statistical inference, while meeting communicative objectives, balancing post-editing efficiency with genre-specific and cultural constraints. While earlier machine translation (MT) systems could be integrated as supplementary tools within conventional courses, generative artificial intelligence (AI), with its great potential to promote personalised teaching, restructure teaching relationships, change teaching concepts and expand research in translation education, now compels educators to address new methodological challenges (Fan *et al.*, 2023). In this evolving context, AI literacy is emerging as a core component of translator competence rather than an optional technical skill (Alharbi, 2024; Hartono, 2024).

This chapter presents a didactic proposal for integrating generative AI into translator training through short-form texts and discusses some critical preliminary methodological issues. Based on a pilot corpus of ten French film synopses translated into Greek by LLMs, we examine the types of lexico-syntactic distortions, idiomatic flattening and cultural misrepresentations that such systems routinely produce. The deliberate focus on short forms reflects current scholarship on their pedagogical value in foreign language education (Meynard & Vernadakis, 2019; Anastassiadi & Vihou, 2022; Kurdi & Nizam, 2022, among others).

The sections that follow outline the chapter's structure and central arguments. Section 2 examines the technological, pedagogical and ethical shifts introduced by generative AI in translator education, addressing the associated risks and new responsibilities for both educators and students. Section 3 reviews the theoretical and didactic background underpinning our approach, with particular emphasis on functionalist translation theory and the specific pedagogical value of short forms. Section 4 presents the methodological design for integrating AI into translation tasks, providing a rationale for tool and text selection as well as the sequencing of instructional activities. Section 5 investigates the types of errors found in AI-generated translations, assesses whether and how these errors are corrected during post-editing, and explores the nature of the commentary justifying these revisions, based on a pilot corpus of short-form texts. Finally, Section 6 discusses the broader pedagogical and curricular implications of AI-assisted translation and offers practical recommendations for fostering reflective and responsible practice.

2. AI Integration in translation education

The integration of generative AI is rapidly transforming translation education. As these technologies create new opportunities and challenges for teaching and learning, the current section explores the key technological, pedagogical and ethical issues, as well as their impact on the translation process and translator training.

2.1. Technological, pedagogical and ethical challenges of generative AI

The integration of generative AI technologies, especially LLMs, into language and translation education has brought about significant advances while also introducing complex challenges (Hartono, 2024; Zhu & Wang, 2025). While earlier AI tools in translation, such as rule-based and statistical machine translation or basic grammar checkers, served mainly as supplementary aids, the advent of generative AI marks a profound shift in both opportunities and risks for educators and students.

Generative AI provides automated translation, paraphrasing and real-time feedback, producing human-like text and adapting to various educational contexts, which can enhance engagement and skill development (Adiguzel *et al.*, 2023; Hartono, 2024). However, these tools often struggle with context, idioms and cultural nuance, resulting in inconsistent quality and possible miscommunication, while their reliability depends on training data and algorithms, with persistent risks of undetected errors or bias. This is particularly true for low-resourced languages, such as Greek, where limited training data and lower representation in AI models can lead to a higher incidence of translation errors, Anglocentric bias and reduced contextual accuracy (for LLMs developed for Greek, cf. Voukoutis *et al.*, 2024).

From a pedagogical standpoint, generative AI transforms traditional instructional models, enabling new paradigms such as individualised learning pathways, adaptive feedback and collaborative human-AI partnerships. Intelligent tutoring systems and chatbots can provide differentiated instruction and support self-directed learning by tailoring feedback to the needs and pace of individual students. These technologies can help bridge gaps in access, offering resources to underserved or marginalised learner populations (Adiguzel *et al.*, 2023).

However, integrating generative AI into teaching also presents significant challenges. Teachers must acquire new digital literacies and instructional strategies to utilise these tools effectively. The move towards automated assessment and feedback risks reducing the role of human judgement, creativity and critical thinking in translation education. Excessive reliance on AI-generated content may discourage students from engaging in deep learning, critical analysis and independent problem-solving. Additionally, the acceptance and effectiveness of AI-supported pedagogy vary widely among both teachers and learners, depending on factors such as prior experience, institutional support and perceived value of the technology (Zhu & Wang, 2025). The rapid evolution of generative AI also challenges educational institutions' capacity to effectively evaluate and integrate these technologies.

The ethical considerations associated with generative AI in education are especially pressing. These include data privacy, potential algorithmic bias, the transparency and accountability of AI decision-making, and the preservation of academic integrity. AI-generated content may inadvertently perpetuate stereotypes, reflect biased training data, or provide information that is inaccurate or misleading. The use of AI tools in assessment raises issues of plagiarism, authorship and the boundaries of acceptable assistance. Ensuring the ethical and responsible use of generative AI requires robust guidelines, comprehensive teacher training and ongoing critical reflection by all stakeholders (Adiguzel *et al.*, 2023).

2.2. AI, the translation process and translation teaching

Modern translation pedagogy conceptualises translation as a cyclical process of comprehension, transfer and re-expression. LLMs can now automate many aspects of this process, generating target-language output with impressive fluency and accuracy (Yuxiu, 2024; Xu *et al.*, 2025). Despite these advances, AI-driven models are fundamentally probabilistic and do not engage in genre-sensitive reasoning or pragmatic inference, which are central to professional translation. As a result, AI translations often reveal limitations, such as literal renderings of idioms, ambiguous lexical choices and the flattening of culturally embedded metaphors (Sun & Xu, 2024; Xu *et al.*, 2025). Over-generation, where the model inserts plausible but unwarranted content, remains a recurring challenge, especially in genres involving intertextuality or specialised discourse (Yuxiu, 2024). While LLMs excel at syntactic and surface-level coherence, they frequently struggle with stylistic modulation and thematic progression, skills crucial for advanced translation competence (Sun & Xu, 2024).

For translation teaching, these developments present both opportunities and challenges. Therefore, effective translator education in the age of AI also demands a renewed focus on broader competence models. While linguistic proficiency remains foundational, employers increasingly expect graduates to possess technology skills, project management, adaptability and ethical awareness, competencies often grouped under language and culture, technology, personal and interpersonal, service provision and translation knowledge (Alharbi, 2024).

Thus, to bridge the gap between academic training and evolving professional expectations, translator education must combine the strengths of AI tools with explicit instruction in genre, context and the critical evaluation of machine output. Curricula should prioritise the development of both traditional and emerging skills, fostering a culture of adaptability and lifelong learning so that future translators can thrive in an increasingly AI-driven industry (Alharbi, 2024; Xu *et al.*, 2025).

3. Theoretical and pedagogical background

This section provides the theoretical and methodological foundations for contemporary translation pedagogy, with an emphasis on communicative, functionalist and discourse-oriented approaches, using short-form texts.

3.1. Approaches to translation

Translation is conceived as a communicative act rather than as a mere exercise in bilingual substitution. Reiss (1981) situates translation within a triadic model of bilingual communication in which the translator operates as a secondary sender, charged with producing a functionally equivalent target text. Ladmiral (2016) sharpens this view by defining 'real' translation as a performance-oriented activity directed at readers who lack access to the source text, thereby privileging pragmatic effect over formal mimicry. Lavault (1998) extends the argument, stressing that translators mediate texts, socially embedded utterances shaped by authorial intention, audience expectations and situational context, rather than abstract 'languages'. From a discourse-analytic perspective, Georgakopoulou and Goutsos (2011) remind us that it is the text, not the sentence, that constitutes the basic unit of meaning-making. Cohesion, coherence, genre conventions and pragmatic relevance interact to shape the rhetorical force of the original. Pedagogically, this means that translation trainees must learn to critically engage with source texts well beyond surface-level lexico-grammatical mappings. Finally, Snell-Hornby (1988) cautions that functional requirements may diverge sharply across cultures.

Taken together, these positions locate translation competence at the intersection of linguistic proficiency, pragmatic inference and stylistic judgement. By foregrounding functionalist theories (Nord, 2018) in the classroom, educators can help students move beyond token-level comparisons towards a decisional framework that integrates genre, audience and purpose – an approach increasingly indispensable in AI-mediated translation workflows.

3.2. Teaching translation with short forms

The communicative fabric of contemporary Western societies is increasingly woven from short-form discourse. Although concise genres were already valued in Antiquity and enjoyed renewed prestige in the seventeenth century, their prominence has expanded markedly since the nineteenth century, permeating the arts, education, mass media and everyday interaction. Drawing on Meynard and Vernadakis (2019), we treat brevity as a defining trait of modern expression, one whose cross-disciplinary relevance invites sustained investigation by literary studies, sociolinguistics and translation pedagogy alike.

Short forms comprise an eclectic constellation of text types, ranging from literary miniatures (haiku, aphorism, flash fiction) to digital micro-genres (tweets, SMS, pitch decks) and audiovisual snippets (film trailers, video clips, TV commercials). Headlines, graphic novels, advertising slogans and hybrid multimodal artefacts further broaden the spectrum. What unites these disparate forms is their high degree of semiotic compression: meaning is concentrated through ellipsis, implicature and intertextual invoking, demanding heightened reader participation. For translators, such density amplifies the cost of every lexical and pragmatic choice, rendering short forms ideal laboratories for developing micro-strategic judgement.

Our methodological starting point is the Erasmus+ project *Short Forms Beyond Borders* (SFBB, 2020-2023), which framed brevity as a vehicle for cultural, educational and social mediation across Europe. In this context, Pantazara (2022) adapted the five-step didactic model developed by the SFBB Project Team (2023) for teaching literature, language and culture through short stories, applying it to translation training. The cycle begins with individual reading accompanied by free-form discussion that foregrounds dictionary use and note-taking. A second phase of individual listening introduces audiovisual cues; students attempt an initial translation, charting multiple renderings for challenging segments. A third phase integrates machine translation (MT): learners juxtapose MT output (e.g. Google Translate) with the source text, annotating semantic, syntactic and idiomatic errors. Fourth comes targeted research: students consult corpora, parallel texts, and online resources to consolidate comprehension. The sequence culminates in translation and mediation, where students craft a final version and provide one culturally salient piece of contextual information for end-users, thus rehearsing the translator's dual role as linguistic mediator and intercultural guide.

This scaffold realises several pedagogical objectives. It fosters deep reading by obliging students to parse layers of implication in compact texts; it nurtures literary competence through interpretive exchange; it supports intercultural awareness by positioning the short text as a cultural artefact; and it enhances communicative confidence in both written and oral modalities of the target language. Crucially, the model embeds reflective engagement with MT and/or AI output rather than passive acceptance, honing students' critical and editorial skills (see Table 1).

Working with short texts confers further advantages. Because of their limited length, instructors can rely exclusively on authentic material, exposing learners to current socio-cultural content. Diverse text types can be handled within a single class session, enabling comparative genre analysis without overwhelming cognitive load. Time economy facilitates iterative peer review and collective decision-making, while the digital provenance of many short forms naturally invites exploration of intertextual and hypertextual linkages. In sum, brevity acts not as a pedagogical shortcut but as an intensifier of translational problem-solving, offering fertile ground for integrating functionalist theory, AI-mediated practice and collaborative reflection.

Table 1: Five-step didactic model for teaching translation with short forms and AI

Phase	Main activity	Skills / competences	Role of AI
1. Individual reading	Close reading of the source text; dictionary consultation; note-taking	Lexical exploration; critical comprehension	–
2. Individual listening & first draft	View audiovisual material; draft initial translation	Multimodal interpretation; creative rendering	–
3. Machine-translation comparison	Generate MT output; compare with source; annotate errors	Error detection; contrastive analysis	MT provides baseline draft
4. Targeted research	Consult lexicographic, corpus and web resources; refine interpretation	Documentation; terminological validation	AI-assisted search (optional)
5. Translation & mediation	Produce final translation; add contextual note for readers	Stylistic polishing; intercultural mediation	Post-editing AI output

4. Designing and implementing AI-mediated tasks in short-form translation

This section outlines a pedagogical blueprint for integrating generative AI tools into a French-Greek translation module, designed for 2nd- and 3rd-year Greek-speaking undergraduate students of French Studies at a beginner level in translation. Three methodological parameters guide the design. First, tool selection must balance accessibility with technological diversity. Second, text selection centres on linguistically contextualised and culturally dense short forms. Third, task design involves translation and post-editing activities.

4.1. AI tools selection

To familiarise learners with the diversity of contemporary LLM technologies, the case study recommends incorporating freely available or freemium platforms into classroom activities. Before introducing AI translation tools, it is essential to assess students' prior exposure to translation technology. Many may have experience with tools such as Google Translate, DeepL, or ChatGPT for personal or academic purposes, yet they are often unaware of the differences between various AI-based translation methods and their respective limitations.

This case study focuses on ChatGPT, Gemini and DeepSeek. These engines differ in terms of architecture, user interface and data governance; comparing them serves a dual purpose. Pedagogically, it allows for a systematic evaluation of linguistic output. At an institutional level, it facilitates discussion of licensing models, data protection, platform reliability and the rapidly evolving landscape of AI technologies.

Formal instruction in prompt engineering is deliberately delayed until after a phase of unguided exploration. Learners are initially invited to engage with the tools using self-generated prompts, allowing intuitive strategies and the misconceptions that often accompany them, to surface naturally. Students could progressively develop operational awareness and critical AI literacy through hands-on experimentation, reflective analysis and guided correction rather than abstract instruction.

Finally, the rationale behind tool selection is made explicit to students as part of the learning content. By situating each platform within its broader socio-technical context, licensing terms, sustainability concerns and data protection safeguards, the course underscores that technological decisions in translator education are never neutral. These decisions reflect underlying values related to access, accountability and professional responsibility that future translators must learn to critically assess and responsibly apply. Learners are encouraged to interrogate them as reflections of broader questions about transparency, equity and technological design.

4.2. Text selection

French film synopses are recommended as the primary training material, as they offer a dense blend of narrative compression, rhetorical flourish and culture-specific allusion within strict word limits. This combination makes synopses an ideal arena for testing both the probabilistic reach of LLMs and the inferential skills of student translators.

Texts were selected according to three criteria: (i) demonstrable idiomatic density and culture-bound references, (ii) heterogeneity of sub-genre and register, and (iii) text length between 50 and 150 words. Film synopses combine promotional intent with narrative condensation, as well as informative and expressive text functions. Linguistically, they contain key challenges such as named entities, referential cohesion, idioms, register shifts and culture-specific items. Their concision also facilitates multiple peer-review rounds.

Ten synopses drawn from online cinema databases (La maison du cinéma, FilmFrance, Allociné, Première, Les Grignoux, mediafilm) from all over the francophone world (France, Belgium, Canada) were selected to represent the broad spectrum of tones and genres students are likely to encounter. The pilot corpus includes classics such as *Les Parapluies de Cherbourg* (1964); Paris-based romantic comedies like *Le Fabuleux Destin d'Amélie Poulain* (2001) and *Les Olympiades* (2021); mainstream comedies such as *Intouchables* (2011) and *Le Prénom* (2012); socially charged films like *La Famille Bélier* (2015); adaptations from books and comics, including *J'accuse* (2019) and *Astérix et Obélix: L'Empire du Milieu* (2023); as well as historical dramas like *Le Pacte des Loups* (2022) and *Les Choristes* (2003). This curated selection exposes learners to a variety of lexical fields, from slang and poetic diction to historical idiom, while also requiring nuanced decisions about transliteration, cultural adaptation and pragmatic tone.

In pedagogical terms, the genre serves multiple objectives. First, it aligns with cognitive-functional models of translation pedagogy, which foreground genre awareness, audience design and contextual reasoning as core components of translator competence. Second, the multimodal nature of film discourse permits the integration of audiovisual paratexts, trailers, scene clips, promotional artwork, that deepen students' understanding of characterisation and mood, strengthening the connection between textual meaning and extralinguistic context. Finally, since synopses are culturally saturated yet concise, they provide fertile ground for identifying typical AI shortcomings: literal renderings of idioms, hallucinated plot details and genre misalignment. Treating such misfires as curricular resources rather than mere errors positions post-editing as a reflective act, fully consistent with the critical-translation ethos underpinning this proposal.

4.3. Tasks selection

To implement the didactic blueprint in an AI-mediated translation context, the module adopts a three-step task sequence, each designed to cultivate distinct aspects of translator competence while ensuring critical engagement with generative output.

Task 1: AI-generated Translation
French film synopses are first automatically translated into Greek using three different AI engines (ChatGPT, Gemini and DeepSeek). The resulting AI-generated drafts were then systematically analysed: a typology of errors is developed to categorise issues such as literal translations, misrendered idioms, register mismatches, loss of referential cohesion and cultural inaccuracies. Next, these outputs are compared, with divergences annotated and recurring error types classified, such as literal translations of idioms, flattened cultural references, or hallucinated details.

Task 2: Post-Editing AI Output
The process then narrows to focus on a single system (ChatGPT) for a detailed post-editing task, reflecting professional workflows in which a single draft is iteratively refined to meet genre-specific standards

Task 3: Explanation and Justification of Corrections
For each significant correction made during post-editing, a justification was provided by ChatGPT. The rationale for these interventions was articulated with reference to linguistic, pragmatic and cultural considerations,

demonstrating how specific changes addressed the limitations or errors found in the original AI output.

5. Results and error analysis

The following section presents the main findings from our evaluation of AI-generated translations. This analysis focuses on both the specific error types encountered and the broader implications for translation quality and post-editing. The results highlight not only the patterns of linguistic and contextual errors but also the evolving role of human oversight in AI-assisted translation workflows. Each subsection below details a different dimension of our error analysis, providing both quantitative and qualitative insights into the translation process and its pedagogical potential.

5.1. Typology of AI-generated translation errors

To systematically assess the quality of AI-generated translations (ChatGPT, Gemini, DeepSeek), a fine-grained analytic grid was developed and applied to each draft. This grid comprised fourteen error categories, each designed to capture a specific dimension of translation performance and linguistic appropriateness.

Vocabulary errors refer to instances where a word is used with the wrong sense, when a false friend is selected, or when a barbarism appears. Collocation errors focus on mismatched verb-noun, adjective-noun, or verb-adverb pairings that sound unnatural in Greek. Multi-word expressions are flagged when compounds, fixed phrases, or idioms are rendered literally rather than idiomatically. Grammar errors include verb tense and aspect errors, as well as issues with morphology or agreement. Syntactic errors arise from unacceptable word order or faulty clause construction.

Named entities are tagged when descriptive or culture-specific names for people, places, or organisations are not appropriately rendered. Transcription errors occur when non-Greek names or terms are incorrectly adapted into the Greek alphabet. Coherence errors capture problems with faulty reference, lack of agreement, or breakdowns in logical linkage and coordination. Register errors indicate when the style is too formal, too informal, or otherwise inappropriate for the genre. Fluency errors involve awkward phrasing, unnatural rhythm, or stilted flow that undermines the readability of the text.

Additional categories include punctuation and case, which denote incorrect use of punctuation marks, capitalisation, or diacritics. Additions refer to content fabricated by the model that does not appear in the source text, while omissions indicate cases where elements from the source are missing in the translation. Finally, errors involving cultural elements or realia are identified when culture-bound terms, measurements, or institutions are misrendered or inappropriately localised.

By applying this analytic grid, a detailed and systematic evaluation of each AI-generated translation draft was achieved, allowing for nuanced diagnostic feedback and a clear overview of the typical challenges present in machine-generated language output.

5.2. Comparison of translation and post-editing AI-generated output

This part of the analysis examines how translation drafts produced by different AI tools compare to their post-edited versions. The tables and charts below provide a detailed breakdown of error types found in translations generated by DeepSeek, Gemini and ChatGPT, as well as the changes observed after post-editing by ChatGPT. By tracking patterns in collocations, grammar, named entities, coherence and other categories, we gain insight into both the typical pitfalls of AI-generated translations and the effectiveness of post-editing. These comparisons help illustrate not only the relative performance of each tool, but also the continued need for critical human intervention in the translation process.

The first chart (Table 2) displays the distribution of translation errors by error type across the three AI tools: DeepSeek, Gemini and ChatGPT. Several clear trends emerge from the data.

Vocabulary errors are the most prevalent, especially in DeepSeek and Gemini, each showing a much higher number of mistakes than ChatGPT in this category. This indicates that both DeepSeek and Gemini struggle with word choice, selecting the wrong sense, or using false friends more frequently than ChatGPT.

Collocation errors are notably high in Gemini, outnumbering both DeepSeek and ChatGPT. This suggests that Gemini has difficulty with producing natural verb-noun or adjective-noun pairings in Greek, a sign of weaker contextual adaptation.

Table 2: Comparison 1: Translation by three AI tools

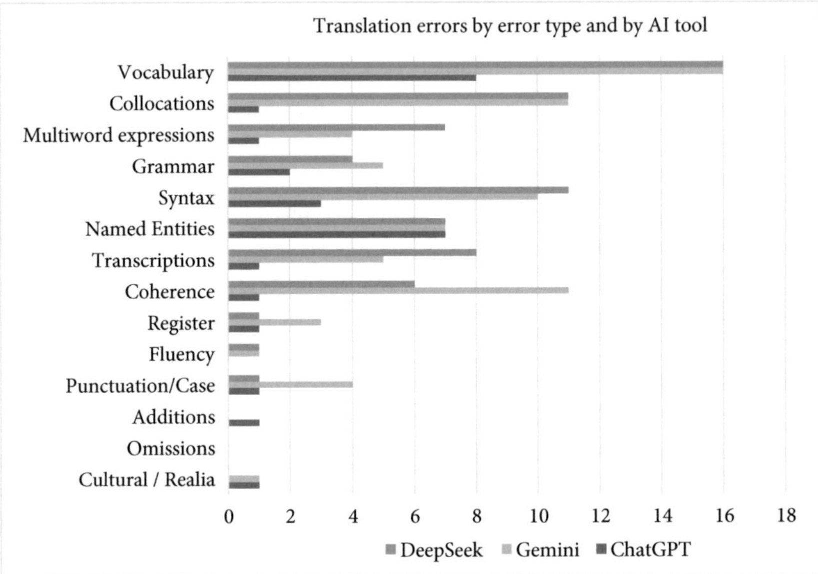

Multi-word expressions (such as idioms and fixed phrases) are problematic for DeepSeek, which leads in this error type, while Gemini and ChatGPT display moderate frequencies. This reflects DeepSeek's limitations in handling idiomatic or set expressions.

Grammar errors are distributed evenly between DeepSeek and Gemini, with ChatGPT showing fewer issues. This points to slightly better morpho-syntactic handling in ChatGPT compared to the other engines.

Syntax errors are most frequent in DeepSeek, with Gemini also showing several, and ChatGPT lagging behind. DeepSeek's output often suffers from unnatural word order or clumsy sentence construction.

Named entities are a common source of errors across all three engines, with DeepSeek and ChatGPT producing similar frequencies and Gemini slightly fewer. This highlights a persistent challenge for all tools in handling names, place names and culturally specific references.

Transcription errors (incorrect rendering of non-Greek names or terms into the Greek alphabet) are somewhat more frequent in Gemini, with DeepSeek and ChatGPT producing fewer.

Coherence errors, relating to logical reference or overall text cohesion, are by far most pronounced in Gemini, showing that this engine struggles with maintaining the logical flow and reference consistency in its translations.

Register errors (inappropriate formality or informality) are relatively rare and observed mainly in DeepSeek. Fluency errors (awkward phrasing or rhythm) are infrequent and mostly appear in Gemini. Punctuation/Case errors are seen only in Gemini, which also shows minor issues with capitalisation or diacritics.

Additions (hallucinations or content fabricated by the model) and omissions (missing source elements) are rare, with ChatGPT showing occasional additions. Cultural/Realia errors are almost non-existent, with only a single occurrence in Gemini.

Overall, DeepSeek stands out for its high rates of vocabulary, multi-word expression, syntax and named entity errors, indicating broad struggles with both basic and complex language features. Gemini is particularly prone to collocation, coherence, grammar and punctuation issues. ChatGPT generally produces fewer errors across most categories, but still has noticeable problems with vocabulary, collocations and named entities.

These findings reinforce the need for critical post-editing, as each tool displays specific weaknesses that can significantly impact the overall quality and appropriateness of the translation output.

The second chart (Table 3) compares the frequency of different error types found in the original DeepSeek translations to those remaining after post-editing with ChatGPT.

Vocabulary errors are the most frequent in DeepSeek's output, but many persist even after ChatGPT post-editing. This suggests that vocabulary selection is a persistent challenge, with only partial improvement during post-editing.

Collocation errors are notably high in DeepSeek, but are somewhat reduced after ChatGPT intervention. This reduction points to ChatGPT's moderate success in improving natural word pairings, but some issues remain.

Multi-word expressions, including idioms and fixed phrases, are more frequent in DeepSeek's output and are reduced but not eliminated after post-editing. This highlights both engines' difficulty in rendering idiomatic or set expressions idiomatically.

Table 3: Comparison 2: Translation vs. post-editing generated by two AI tools

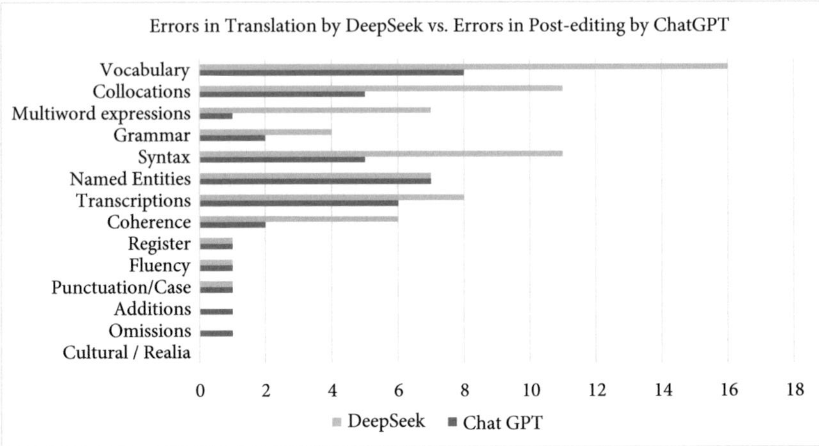

Grammar and syntax errors are prevalent in DeepSeek's translations. ChatGPT post-editing leads to a reduction in these errors, especially in grammar, but some syntactic issues persist.

Named entities (such as people, places and organisation names) are a consistent challenge for both systems. While the number of errors decreases slightly after post-editing, some mistakes are carried through, indicating the complexity of handling culturally specific or ambiguous references.

Transcription errors (incorrect rendering of non-Greek names or terms into Greek script) are moderately common in DeepSeek and persist to a similar degree after ChatGPT post-editing.

Coherence errors, including logical flow and reference, are present in DeepSeek's output but are substantially reduced after ChatGPT's intervention, demonstrating some improvement in maintaining logical linkage.

Register, fluency, punctuation/case, additions, omissions and cultural/realia errors are all relatively rare, with low frequencies for both systems. Small reductions are observed in some categories after post-editing.

Overall, the comparison reveals that while ChatGPT post-editing leads to improvements, especially in collocations, grammar, syntax and coherence, a significant number of vocabulary and named entity errors persist. This suggests that even advanced AI-assisted post-editing cannot fully resolve the more complex linguistic and cultural challenges of machine translation, highlighting the ongoing need for expert human review.

The last chart (Table 4) compares the frequency of error types in ChatGPT's original translations (ChatGPT-tr) with the errors remaining after post-editing (ChatGPT-pe).

Table 4: Comparison 3: Translation vs. post-editing generated by the same AI tool

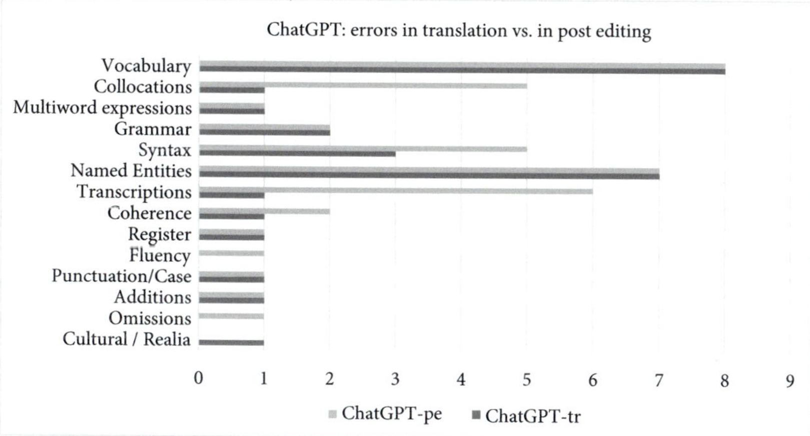

Vocabulary and collocation errors are the most persistent, showing no reduction between the translation and post-editing stages. This suggests that even after a post-editing pass, vocabulary choices and unnatural word pairings remain a major challenge, indicating that these aspects are difficult for ChatGPT to resolve without human intervention.

Multi-word expressions and grammar errors show a slight decrease after post-editing, demonstrating some limited effectiveness in correcting idiomatic or grammatical issues. However, the reduction is marginal, suggesting that these problems are only partially addressed.

Syntax and named entity errors remain unchanged through the post-editing stage, highlighting ongoing difficulties in both sentence structure and in the handling of names or culturally specific references.

Transcription, coherence, register, fluency, punctuation/case, additions, omissions and cultural/realia errors are generally low in both translation and post-editing outputs, with only minor differences between the two. This suggests that for these less frequent error types, post-editing by ChatGPT neither significantly improves nor worsens performance.

Overall, the data indicate that post-editing with ChatGPT leads to only modest improvements, and primarily in isolated areas such as grammar and multi-word expressions. Most error types, especially vocabulary, collocations, syntax and named entities, remain largely uncorrected, underlining the limitations of automated post-editing and the continued importance of expert human review for high-quality, context-sensitive translations.

5.3. Quality of post-editing corrections and explanatory potential

To assess the pedagogical potential of post-editing AI-generated output, we post-edited and annotated 27 translation segments drawn from three AI tools (ChatGPT, Gemini and DeepSeek). Each revision was accompanied by an explanatory comment simulating the kind of commentary expected in a classroom-based post-editing task. Corrections were categorised according to two criteria: (i) whether the revision enhanced the quality of the output, and (ii) whether the accompanying comment accurately explained the intervention.

This dual assessment yielded four performance profiles:

(a) In 13 out of 27 cases, the error type, the correction and the accompanying comment were all successful. In these instances, the revised translation demonstrably improved the original output, and the justification provided was genre-aware, linguistically precise, and contextually appropriate (see Table 5).

(b) In 8 out of 27 cases, the correction was successful, but the explanation was inaccurate or incomplete. Here, although the AI-generated translation was improved, the justification was either terminologically incorrect, incomplete, or failed to accurately explain the nature of the revision (see Table 6).

Table 5: Examples of successful combinations correction-explanation

Error Type	Correction	Explanation
Cultural Realia	*ένα νεαρό από τα προάστια → ένα νεαρό από τη λαϊκή συνοικία*	'Banlieue' in French implies socio-economically disadvantaged areas, which *προάστια* does not convey in Greek. [Our comment: This is true (*λαϊκή συνοικία* literally means a working-class district).]

Error Type	**Correction**	**Explanation**
Grammar (Verb Tense)	*διχάζει τη Γαλλία → δίχασε τη Γαλλία*	The historical event is in the past and should use the past tense. [Our comment: *δίχασε* (past tense) vs. *διχάζει* (present tense).]
Syntax (Sentence Structure)	*πιεσμένη από τη μητέρα της → υπό την πίεση της μητέρας της*	More idiomatic structure in Greek. [Our comment: The Greek structure is formal but more accurate.]
Collocation	*θα σκιαγραφήσει το πορτρέτο → θα φιλοτεχνήσει το πορτρέτο*	'Dresser le portrait' implies a crafted representation, better captured by *φιλοτεχνήσει* than *σκιαγραφήσει*. [Our comment: This Greek verb is more appropriate here.]
Multi-word expression	*βυθίζει την οικογένεια στο χάος → φέρνει τα πάνω κάτω στην οικογένεια*	A more natural equivalent for 'plonger la famille dans le chaos'. [Our comment: The French idiom is translated with a Greek one reflecting the same expressive impact.]

Table 6: Examples of successful corrections with problematic comments

Error Type	**Correction**	**Explanation**
Vocabulary (False Friends)	*την ομιλία και την πιο απλή χιούμορ → την εκλεπτυσμένη γλώσσα και το απλό χιούμορ*	*ομιλία* (speech) is not the correct equivalent for 'verbe' (eloquence). *χιούμορ* is neuter and should be preceded by 'το'. [Our comment: The error is not related to false friends, however the lexical shift and the grammatical comment on gender are correct.]
Syntax	*αναγνωρίσει τους ενόχους → αναζητά τους ενόχους*	'Identify' in this context means 'find', not 'recognise'. [Our comment: Correct lexical shift, but explanation failed to clarify the error type (lexical).]
Grammar	*μαγικό ποτόν → μαγικό φίλτρο*	'Potion magique' is best rendered as *μαγικό* φίλτρο, not *ποτόν*. [Our comment: Change was accurate, but justification focused on grammar instead of vocabulary.]
Grammar (Prepositions)	*λίγες ειδήσεις από τον Γκυ → ελάχιστα νέα από τον Γκυ*	Avoir peu de nouvelles' is best translated as *ελάχιστα νέα*, *asλίγεςειδήσεις* is unnatural. [Our comment: Better phrasing, but the error type was not recognised (lexical).]

(Continued)

Table 6: (Continued)

Error Type	Correction	Explanation
Syntax (Fluency)	*καφετζού → ιδιοκτήτρια του καφέ*	'Buraliste' in French refers to a café/tabac owner, not just a café worker. [Our comment: Appropriate correction, but the error type was misinterpreted (lexical / cultural / register).]
Register	*την κατηγορούν για εγωισμό → τη θεωρούν εγωίστρια*	'Accuser quelqu'un d'égoïsme' has a softer equivalent in Greek. [Our comment: Appropriate correction, but the error type was misinterpreted (syntax/ sentence structure).]

(c) In 3 out of 27 cases, while the correction was inadequate or even unnecessary, the error type was identified correctly, and the comment was surprisingly successful. In these examples, although the accompanying explanation demonstrated sufficient linguistic judgement and cultural awareness, the revision failed completely (see Table 7).

Table 7: Examples of successful comment on an unsuccessful correction

Error Type	Correction	Explanation
Collocation	*θα δημιουργήσει σπίθες → θα βάλει φωτιά στα πάντα*	'Fera des étincelles' is an idiomatic expression meaning something explosive or impactful, better captured by a more dynamic Greek equivalent.
Named Entities	*Ντενγκ Τσιν Κιν → Ντενγκ Τσιν Κουίν*	Phonetic rendering should be adjusted.
MWE (Idiom Correction)	*ένας παράξενος 'γοητευτικός πρίγκιπας'→ ένας αλλόκοτος πρίγκιπας της γοητείας*	Better captures the nuance of 'prince charmant' in this context.

(d) In 3 out of 27 cases, both the correction and the comment were weak or inadequate. In these examples, the revision made only minimal or misleading improvements, and the accompanying explanation did not demonstrate sound linguistic judgement or awareness of genre and function (see Table 8).

Table 8: Examples of both unsuccessful comment and correction

Error Type	Correction	Explanation
Vocabulary	*δικαστική πλάνη* → *δικαστικό σφάλμα*	'Erreur judiciaire' is more accurately translated as *δικαστικό σφάλμα* rather than *πλάνη*. [Our comment: The legal term is, however, *δικαστική πλάνη*.]
Vocabulary	*Μια αφελή και ανασφαλή κοπέλα* → *Μια νεαρή γυναίκα, αφελή και ανασφαλή*	Better structure and coherence when describing a person. [Our comment: Both structures are acceptable, the problem is not about the vocabulary.]
Register	*ταπεινωτική παρεξήγηση* → *ταπεινωτικό σκάνδαλο*	'Méprise humiliante' implies a more dramatic event, which *παρεξήγηση* does not fully capture. [Our comment: Problem of collocation rather than register. Misinterprets 'méprise humiliante'; the meaning is 'humiliating misunderstanding', not 'scandal'.]

These four profiles (Tables 5-8) demonstrate that post-editing competence is inseparable from the ability to explain revisions. Nearly half of the segments (48 %) showed full alignment: the error was diagnosed correctly, the fix was effective, and the comment was genre-aware and linguistically precise. Conversely, in almost one-third of the cases (30 %) the textual fix worked, but the explanation fell short, highlighting a blind spot in metalinguistic articulation even when surface quality improves. The two remaining groups (11 % each) expose the opposite risks: solid reasoning attached to a poor correction, and 'double failures' where neither the revision nor the justification met professional standards. Developing students' ability to connect each revision to genre conventions, idiomatic usage and pragmatic intent is a central component of AI-mediated translation literacy in both educational and professional contexts.

6. Methodological implications for translator training

The analysis presented in this study underscores both the potential and the limitations of integrating generative AI systems into translator education, especially through the lens of short-form genres such as film synopses. The results clearly indicate that while LLMs can produce fluent and superficially coherent translations, they remain prone to characteristic errors, particularly with collocations, genre-specific language, cultural references and named entities. These weaknesses are not distributed evenly across tools and across texts, nor are they reliably mitigated by automated post-editing alone.

Crucially, the findings suggest that the pedagogical value of AI-generated drafts is unlocked only when translation activities are embedded within a robust, process-oriented instructional framework. The sequence implemented in this study included initial unguided prompting, error analysis, iterative post-editing and justification, with the goal of cultivating students' diagnostic skills and critical reflection. This approach aligns with pedagogical models that encourage active engagement with translation problems and foster metacognitive awareness. By inviting students to use AI-generated output as a basis for analysis and revision, the process encourages them to interrogate, revise and justify their translational decisions. This method aims to enhance metacognitive engagement, as supported by functionalist translation theory, and to reduce the risk of cognitive disengagement that can occur when students passively accept statistically plausible but contextually flawed translations.

Process-oriented assessment emerges as a key methodological priority. The incorporation of rubrics that reward error detection, revision rationale and audience awareness encourages students to go beyond superficial corrections, promoting habits of mind that align with contemporary professional practice.

For these methodological insights to yield lasting curricular impact, translator education must undergo a strategic realignment. AI-mediated tasks should be integrated throughout the curriculum, not relegated to isolated technology modules, so that students develop analytic vocabulary and procedural fluency through repeated, authentic practice. Short forms, with their manageable length and rhetorical density, provide a particularly effective vehicle for such integration. Furthermore, assessment practices should shift from evaluating only the final translation product to documenting the entire process, for example through portfolios containing annotated drafts, prompt histories and reflective commentaries. Such documentation makes visible the cognitive and interpretive work that underpins expert translation.

Equally important is ongoing staff development and institutional support. Instructors require opportunities to experiment with evolving AI platforms, share resources and rubrics, and keep abreast of the latest data protection and ethical guidelines. Institutional policies must also clearly articulate acceptable practices regarding AI use, drawing firm boundaries between legitimate assistance and academic misconduct, and specifying how to safeguard client confidentiality and copyright.

Ultimately, these adjustments are essential to preparing graduates for a professional landscape increasingly shaped by AI. Instead of regarding generative tools as mere shortcuts or potential risks, translator education should use them as purposeful learning tools that promote more meaningful engagement with language, genre and context. By grounding AI integration in reflective practice and ethical responsibility, training programmes can prepare future translators to be active and discerning professionals. In this way, graduates will be equipped not simply to use technology, but to critically assess, adapt and enhance AI-generated content so they can meet the communicative and cultural demands of their field.

7. Conclusion and future perspectives

This study offers preliminary evidence that the integration of generative AI into translator training is both feasible and potentially beneficial, particularly when anchored in a process-oriented and reflective pedagogical framework. The use of short-form genres, combined with a structured five-phase didactic model and a detailed error typology, provides a productive context for developing students' post-editing competence and critical awareness. While LLMs can support translation pedagogy by generating draft texts, their output requires systematic scrutiny and justification, ensuring that human expertise remains central to the translation process.

The findings highlight the importance of a hybrid approach that combines technological literacy with genre awareness, ethical responsibility and metacognitive engagement. Meaningful post-editing, as shown in this study, goes beyond superficial correction and calls for interpretive intervention and context-sensitive revision. However, persistent challenges remain, including tool variability, limitations in handling low-resource languages and the inherent unpredictability of probabilistic text generation. Addressing these issues will require curriculum designs that prioritise diagnostic rigour, process documentation and ethical reflection.

Future research should expand on this foundation by developing post-editing typologies tailored to generative AI, investigating prompt-engineering strategies for diverse language pairs and conducting longitudinal studies on the cognitive and professional impacts of sustained AI use. Caution is warranted, given the study's reliance on a limited sample of French-Greek film synopses and a small set of publicly available LLMs. Broader, multi-genre corpora and comparative studies will be necessary to confirm and refine the insights presented here.

Ultimately, the rise of generative AI redefines the translator's professional profile and does not diminish it. Translation curricula must continue to evolve to cultivate graduates who are not only technologically adept but also critically reflective and ethically grounded, prepared to mediate between machine-generated possibilities and the communicative and cultural needs of multilingual societies.

Bibliographical References

Adiguzel, T., Kaya, M. H., & Cansu, F. K. (2023). 'Revolutionizing education with AI: Exploring the transformative potential of ChatGPT'. *Contemporary Educational Technology*, *15*(3), ep429. https://doi.org/10.30935/cedtech/13152

Alharbi, W. (2024). "Future translators' linguistic and non-linguistic competencies and skills in the age of neural machine translation and artificial intelligence: A content analysis. International Journal of Linguistics'. *Literature and Translation*, 7(4), 124-143. https://doi.org/10.32996/ijllt.2024.7.4.16

Anastassiadi, M.-C., & Vihou, M. (eds.) (2022). 'Nouvelles formes brèves et classe de langue' [Dossier]. *Les Langues Modernes*, *1*.

Fan, P., Gong, H., & Gong, X. (2023). 'The application of ChatGPT in translation teaching: Changes, challenges, and responses'. *International Journal of Education and Humanities*, *11*(2), 49-52. https://doi.org/10.54097/ijeh.v11i2.13530

Georgakopoulou, A., & Goutsos, D. (2011). *Keimeno kai epikoinonia* [Text and communication]. Patakis Editions.

Hartono, R. (2024). 'Artificial Intelligence in translation education: A combination of Google Translate and Grammarly for students' accurate translation products'. In N. A. S. Abdullah *et al.* (eds.), *Proceedings of the International Conference on Innovation & Entrepreneurship in Computing,*

Engineering & Science Education (InvENT 2024; 409-418). https://doi.org/10.2991/978-94-6463-589-8_37
Kurdi, S. M., & Nizam, L. (2024). 'The Advantages of Teaching Short Stories in ESL classrooms: A Critical Evaluation'. *International Journal of Social Sciences & Educational Studies*, *9*(3), 93-100. https://doi.org/10.23918/ijsses.v9i3p93
Ladmiral, J.-R. (2016). 'Didactique et traduction'. In H. Médhat-Lecocq, D. Negga, & T. Szende (eds.), *Traduction et apprentissage des langues : entre médiation et remédiation*. Éditions des Archives Contemporaines.
Lavault, É. (1998). *Fonctions de la traduction en didactique des langues* (2nd ed.). Didier Erudition.
Meynard, C., & Vernadakis, E. (eds.). (2019). *Formes brèves : au croisement des pratiques et des savoirs*. Presses universitaires de Rennes. https://doi.org/10.4000/books.pur.139791
Nord, C. (2018). *Translating as a Purposeful Activity: Functionalist Approaches Explained.* Routledge.
Pantazara, M. (2022). 'Teaching text typology and translation of short forms to higher education students' [Conference Presentation]. *Mapping Brevity across Borders: Short Forms as Tools for Educational, Social and Cultural Mediation*, 4-5 July, Universidade de Santiago de Compostela, Spain.
Reiss, K. (1981). 'Type, Kind and Individuality of Text: Decision Making in Translation'. *Poetics Today*, *2*(4), 121-131. https://doi.org/10.2307/1772491
SFBB Project Team (2023). *Five steps for implementing digital learning and blended learning in translation training* (Intellectual Output 3, Erasmus+ programme Short Forms Beyond Borders). https://sfbb-erasmusplus.eu/wp-content/uploads/sites/11/2023/07/io3_five-steps.pdf
Snell-Hornby, M. (1988). *Translation studies: An integrated approach.* John Benjamins.
Voukoutis, L., Roussis, D., Paraskevopoulos, G., Sofianopoulos, S., Prokopidis, P., Papavasileiou, V., Katsamanis, A., Piperidis, S., & Katsouros, V. (2024). 'Meltemi: The First Open Large Language Model for Greek'. *arxiv*. https://arxiv.org/html/2407.20743
Xu, S., Sun, Y., Su, Y., & Liu, K. (2025). 'Translation Pedagogy in the AI Era: Design and Application of a ChatGPT-Powered Platform for Training and Feedback'. In S. Sun, K. Liu, & R. Moratto (eds.), *Translation Studies in the Age of Artificial Intelligence*. Routledge.

Yuxiu, Y. (2024). 'Application of translation technology based on AI in translation teaching'. *Systems and Soft Computing*, 6, 200072. https://doi.org/10.1016/j.sasc.2024.200072

Zhu, M., & Wang, C. (2025). 'A systematic review of research on AI in language education: Current status and future implications'. *Language Learning & Technology*, *29*(1), 1-29. https://hdl.handle.net/10125/73606

Challenges of Big Data and Corpus Linguistics in the Analysis and Translation of Linguistic Emotions and Semantic Polarity in French and Spanish[1]

*Aránzazu Gil Casadomet**

ABSTRACT

This study explores the application of Big Data and Corpus Linguistics in the analysis of linguistic emotions in French and Spanish. It begins by defining Corpus Linguistics and its applications, before addressing the methodological convergence between this field and the use of Big Data. The analysis focuses on the study of linguistic emotions, particularly semantic polarity, and compares the results between the two languages. The study also examines the impact of Natural Language Processing (NLP) and automated tools for emotion analysis, highlighting the advantages and challenges associated with these approaches. A key section deals with cultural divergences in emotional expression and their impact on translation, particularly in digital environments. In conclusion, the study highlights the future implications of automation and emotion analysis for translation and applied linguistics.

Keywords: corpus linguistics, Big Data, linguistic emotions, NLP, translation

RÉSUMÉ

Cette étude explore l'application du *Big Data* et de la linguistique de corpus dans l'analyse des émotions linguistiques en français et en espagnol. Elle commence par définir la Linguistique de corpus et ses applications, avant d'aborder la convergence méthodologique entre cette discipline et l'utilisation du Big Data. L'analyse se concentre sur l'étude des émotions linguistiques, notamment la polarité sémantique, et compare les résultats entre les deux langues. L'étude examine également l'impact du traitement automatique des langues (TAL) et des outils automatisés pour l'analyse des émotions, en soulignant les avantages et défis associés à ces approches. Une section clé traite des divergences culturelles dans l'expression des émotions et de leur impact sur la traduction, notamment dans les environnements numériques. En conclusion, l'étude met en lumière les implications futures de l'automatisation et de l'analyse des émotions pour la traduction et la linguistique appliquée.

Mots clés : linguistique de corpus, Big Data, émotions linguistiques, TAL, traduction

---

* Universidad Autónoma de Madrid, aranzazu.gil@uam.es

1 This chapter is part of the research carried out within the HUM F1-301 LAEC-UAM research team and the Laboratory of Language Sciences and Communication (TiLc&Com; UAM, Spain).

Summary

1. Introduction 152
2. Big Data and corpus linguistics: A methodological convergence 153
   2.1. Corpus linguistics: Definition and applications 154
   2.2. Big Data and linguistics: Challenges and advantages 154
3. Semantic polarity analysis through linguistic emotions in French and Spanish 155
   3.1. What are linguistic emotions? 155
   3.2. Methodology of analysis in French and Spanish 156
   3.3. Comparative results between French and Spanish 163
4. Applications of Big Data and Natural Language Processing (NLP) to the analysis and translation of emotions on social media 165
   4.1. The role of Big Data in corpus linguistics 165
   4.2. Impact of automated analysis of linguistic emotions and their translation 166
   4.3. Advantages and challenges of automated analysis 166
   4.4. Future applications in linguistics and translation 166
5. Cultural divergences and the challenges of translating emotions 167
   5.1. Influence of cultural context on translation 167
   5.2. Idiomatic expressions and translation difficulties 167
   5.3. Detecting humour, irony, and sarcasm 167
6. Conclusion 168
Bibliographical References 169

1. Introduction

The rapid rise of digital technologies and data analysis has profoundly transformed the study of linguistic emotions and semantic polarity across languages. The use of Big Data and corpus analysis tools offers new perspectives for examining emotional dynamics in discourse, whether written or spoken. Every day, millions of messages are published on social media, in the press, and across various digital platforms, highlighting the fundamental role of emotions. The way we express our feelings in different languages influences not only our communicative interactions but also key areas such as translation, discourse analysis, and cultural interpretation.

Analysing emotions through the lens of Big Data is not limited to simply identifying emotional terms. It also enables us to explore contextual nuances and variations in emotional polarity depending on various factors such as gender, age, or the social background of speakers. This study highlights the theoretical and methodological contributions of integrating digital technologies into linguistics, particularly in the fields of semantics, pragmatics, and psycholinguistics.

In a comparative perspective between French and Spanish, we will examine the evolution of semantic polarity and emotional structure in digital discourse. We will address the challenges and opportunities associated with the use of Big Data in the analysis of emotions and semantic polarity, underlining the need for a flexible and evolving methodological framework for studying emotional phenomena in language and their translation across languages.

The aim of this study is to demonstrate how digital tools and corpus analysis methods contribute to a better understanding of emotional expression in language, particularly in French and Spanish. This chapter explores how digital tools make it possible to measure and compare emotional usage in both languages by identifying linguistic patterns and trends in digital environments. In particular, we will investigate how tools such as Octoparse and Brand24 facilitate the extraction and analysis of large-scale linguistic data from the web and social media, thereby offering a comprehensive view of the evolution of emotions and their semantic polarity across different socio-cultural and digital contexts.

2. Big Data and corpus linguistics: A methodological convergence

In recent years, corpus linguistics has undergone a significant transformation thanks to advances in Big Data. This concept, traditionally associated with sectors such as economics, technology or healthcare, has gained increasing relevance in the study of language.

What exactly is meant by Big Data in linguistics? According to Mayer-Schönberger and Cukier (2013), Big Data refers to the processing and analysis of vast volumes of data in order to identify patterns, trends, and correlations that were previously invisible. In the field of language, this concept applies to the study of large digital textual corpora, allowing us to analyse the frequency, distribution, and evolution of linguistic units in real-world communicative contexts.

2.1. Corpus linguistics: Definition and applications

Corpus linguistics, for its part, defined by Sinclair (1991) as the study of language based on the analysis of representative textual samples, has become an essential method in contemporary linguistics. Its aim is to describe linguistic phenomena in an empirical and quantifiable way, moving away from purely introspective approaches.

Digital corpora allow researchers to:

- Identify usage patterns across large datasets (Biber *et al.*, 1998).
- Analyse linguistic variation across different registers and discourse genres (McEnery & Hardie, 2012).
- Study aspects of pragmatics and semantics in real-life usage contexts (Mayaffre, 2005).

In the context of emotion analysis, corpora provide access to thousands of occurrences of affectively charged words, thus facilitating the study of semantic polarity and its evolution across languages.

2.2. Big Data and linguistics: Challenges and advantages

The integration of Big Data into linguistics presents methodological challenges but also offers unique opportunities. As noted by Pustejovsky and Stubbs (2012), the analysis of massive datasets enables the discovery of linguistic patterns that elude speakers' intuition.

The benefits of Big Data in linguistics include:

- Access to large-scale corpora: whereas linguists once worked with limited samples, today, the availability of millions of online texts allows for more robust analyses.
- Automatic language analysis: tools such as Octoparse and Brand24 facilitate efficient information extraction and analysis.
- Possibility of comparative studies: with vast amounts of data, linguistic phenomena can be compared across languages, registers or time periods.

However, there are also difficulties:

- Data noise: digital corpora may include errors, abbreviations, and spelling variants that can affect analysis (Kilgarriff, 2001).
- Data collection bias: not all digital texts accurately represent real-world language usage (Jones & Dye, 2017).
- Limitations in automatic semantic interpretation: although algorithms have improved, detecting semantic and pragmatic nuances remains a challenge (Cambria *et al.*, 2017).

In the following section, we shall explore how such challenges can be addressed through the use of data analysis tools like Octoparse and Brand24, which enable the extraction of information from digital corpora and the analysis of emotional expression in French and Spanish.

3. Semantic polarity analysis through linguistic emotions in French and Spanish

Having considered how Big Data and corpus linguistics can be applied to linguistic analysis, we now turn to a central theme of this talk: the expression of emotions in language and their analysis through digital corpora in French and Spanish.

3.1. What are linguistic emotions?

Language does not merely transmit information – it also conveys emotions. The way in which we express them varies according to culture, linguistic structure, and communicative context. A key concept here is that of *affective valence* (Russell, 1980), which assesses whether an emotion is perceived as positive or negative. For example:

- Positive emotions: joy (*joie* in French, *felicidad* in Spanish), love (*amour*, *amor*).
- Negative emotions: sadness (*tristesse*, *tristeza*), anger (*colère*, *ira*).

According to Tordesillas (1998, 2021, 2023), linguistic emotions are subjective manifestations rooted in language, conveyed through words via their discursive scope, semantic networks, and argumentative dynamics. They form morphological and discursive configurations that express the speaker's emotional stance – positive, negative or neutral – based on their viewpoint within the enunciative situation. Studying them enables a detailed understanding of subjectivity in discourse as the highest expression of linguistic subjectivity. They do not depend solely on external context but are embedded in the internal properties of utterances, making emotions an intrinsic component of linguistic meaning.

As Pavlenko (2005) suggests, emotional language not only reflects individual feelings but is also shaped by socio-cultural and cognitive factors. The study of emotions in language relies on two key dimensions:

1. Semantic polarity – whether a word or phrase carries a positive or negative emotional charge (Plutchik, 2001).
2. Pragmatic context – which modulates the intensity and interpretation of the emotion (Bednarek, 2008).

3.2. Methodology of analysis in French and Spanish

Following Wierzbicka (1999) and Hareli *et al.* (2015), we understand that languages do not encode emotions in the same way. For this reason, our study compares emotional terms across different communicative contexts such as the social network X (formerly Twitter), Facebook, Instagram, TikTok, discussion forums and the media. Using the tools described below, we analysed how certain emotions are expressed in digital corpora in both French and Spanish.

To study linguistic emotion expression in digital environments, we employed two advanced tools:

- Octoparse[2] is a web scraping software that automatically extracts large volumes of textual data from websites, social networks, blogs and forums. It uses structured extraction algorithms (XPath and regular expressions) and automated workflows to download and classify content based on predefined parameters (emotional keywords, language, date, etc.). In our study, Octoparse was configured to detect emotional terms such as *joie/alegría*, *amour/amor*, *tristesse/tristeza* and *colère/ira* in public posts.

---

2 Reference link: https://www.octoparse.com/

- Brand24[3], on the other hand, is a digital monitoring and semantic analysis platform that detects, measures and classifies online mentions based on their emotional polarity. Its algorithm is based on Natural Language Processing (NLP) and sentiment analysis, combining supervised machine learning techniques with linguistic rules to categorise each mention as positive, negative or neutral. Sentiment scores are determined based on the co-occurrence of affective words in context, sentence syntax, and the presence of modal markers.

The results obtained enable us to evaluate not only the frequency of occurrences of terms such as *joie/alegría*, *amour/amor*, *tristesse/tristeza* and *colère/ira*, but also the diversity of discourse contexts in which they appear, the communication channels used, and the affective nuances associated with them. This analysis also considers the geographical dimension of the posts, distinguishing between France and Spain, and focuses on a recent five-year period (2020-2025). This type of analysis provides a dynamic mapping of how a linguistic emotion can be represented and perceived in the Francophone digital space.

Joie / Alegría

The analyses of the emotion's *joie* and *alegría*, while semantically close, reveal distinct discursive and cultural dynamics depending on the linguistic space in question. From a quantitative point of view, *alegría* records 34,620 mentions, nearly three times more than *joie* (12,483 mentions), reflecting a significantly greater presence in Spanish-speaking digital interactions. This difference may be explained by more expansive discursive practices in the Hispanic world, or a more frequent use of emotional vocabulary in public and festive contexts.

Regarding emotional polarity, *alegría* shows 22,717 positive mentions (65 %), while *joie* records 5,387 (around 43 %). This suggests that the Spanish term has a more clearly positive and less ambivalent valence, reinforced by the low number of negative mentions (994 for *alegría* vs. 592 for *joie*, despite the former's much higher overall volume). The French term seems more prone to ironic or ambiguous usage, possibly linked to a more contrastive or critical discursive culture.

[3] Reference link: https://brand24.com/

In terms of dissemination channels, both emotions appear across shared platforms (Facebook, YouTube, Twitter/X), though with different weightings:

- Facebook is central for *alegría* (29.5 % of mentions), compared to only 13.4 % for *joie*, indicating a more community-oriented and emotional use of the platform in the Hispanic space.
- News is the main source for both emotions (50.9 % for *joie* and 44.2 % for *alegría*), showing that emotions are often mobilised in connection with collective media events (sport, politics, culture).
- YouTube and TikTok feature in both corpora, though with greater prominence for *alegría*, reflecting a more expressive, musical, and visual register in the Spanish-speaking world.

In summary, *alegría* is characterised by greater discursive intensity, a more clearly positive emotional valence, and a more balanced distribution between media and personal usage, particularly on Facebook. In contrast, *joie* appears in more moderate, sometimes ironic usage, concentrated in media contexts and with a smaller range of emotional channels. This comparison highlights the importance of socio-cultural contexts and linguistic practices in online emotion expression and calls for further qualitative analysis of the corpora to better understand the emotional charge of digital discourse.

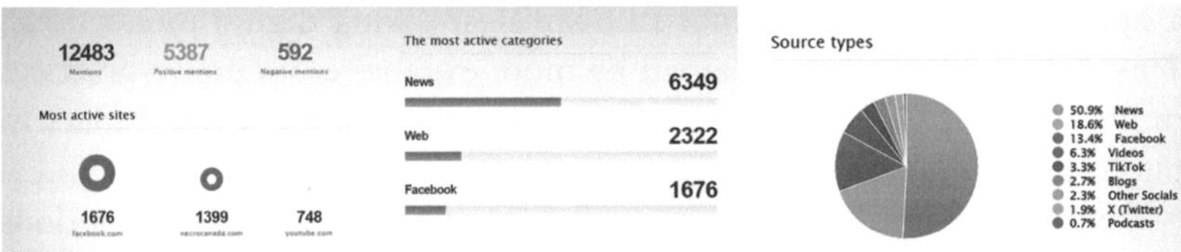

Figure 1: Analysis of the data collected via Brand24 concerning the emotion *joie*.

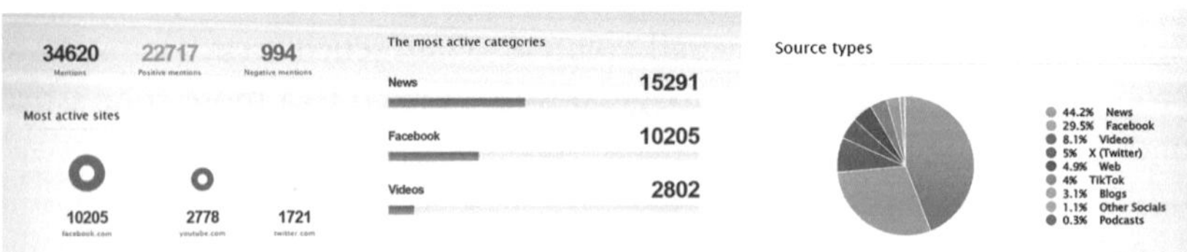

Figure 2: Analysis of the data collected via Brand24 concerning the emotion *alegría*.

Amour / Amor

The comparative analysis of the terms *amour* and *amor* highlights two very different discursive realities, despite their semantic proximity. Quantitatively, *amour* dominates with 13,455 mentions in the French-speaking sphere, compared to just 631 for *amor* in the Spanish-speaking context. This disparity may be due to several factors: the overrepresentation of French (compared to Spanish, where *amor* is more common) in Brand24's databases, greater reserve regarding the public expression of love in Hispanic cultures or differing cultural and media uses of emotional vocabulary.

In terms of emotional polarity, both terms exhibit a relatively comparable profile: *amour* has 3,793 positive mentions (around 28 %) and *amor* 191 (30.2 %), suggesting a moderately positive emotional valence, less pronounced than that observed for *joie* and *alegría*. Negative mentions are low for both (605 for *amour* and 28 for *amor*), but proportionally, they point to greater ambivalence in discourse, linked to the complex, sometimes painful or ironic dimensions of this emotion.

Dissemination channels also reveal distinct cultural trends:

- For *amour*, news dominates (36 %), followed by the Web (14.9 %), videos (13.8 %), and social platforms such as Facebook (11.8 %) and TikTok (9.5 %). This reflects a multimodal circulation of the term across media discourse, personal usage, and digital performances.
- Conversely, *amor* is highly concentrated on TikTok (30.7 %), followed by YouTube (16.2 %) and news (19 %), suggesting a more performative, aesthetic, and generational expression, particularly among young social media users.

There is greater diversity of media for *amour*, which enjoys editorial (blogs, articles), community-based (Facebook), and audiovisual usage. *Amor*, on the other hand, is more limited and focused on short, emotional, visual formats, such as TikTok and YouTube videos.

In conclusion, *amour* stands out for its discursive and media richness, emotional ambivalence, and strong presence in traditional media, reflecting a polyphony of uses (familial, philosophical, ironic, romantic). *Amor*, though similar in polarity, shows low discursive density and a thematic and generational concentration, requiring methodological caution when making semantic comparisons across linguistic spaces.

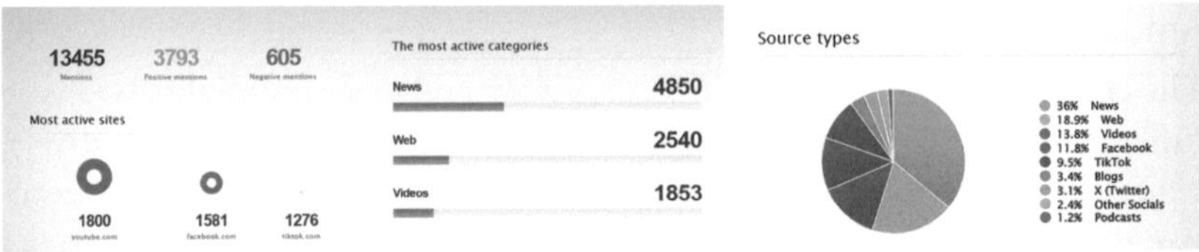

Figure 3: Analysis of the data collected via Brand24 concerning the emotion *amour*.

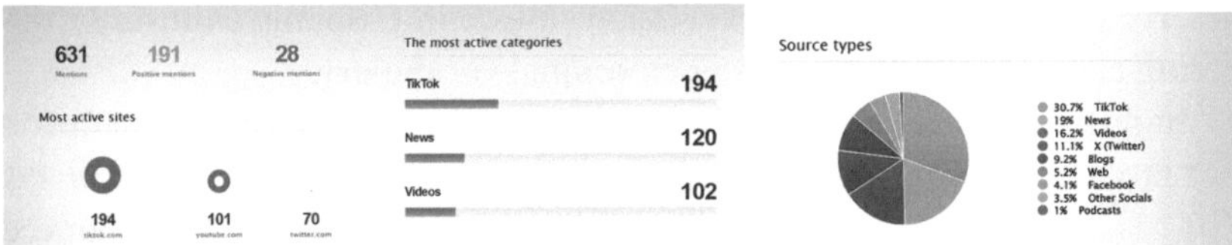

Figure 4: Analysis of the data collected via Brand24 concerning the emotion *amor*.

Tristesse / Tristeza

The study of the digital occurrences of *tristesse* (French) and *tristeza* (Spanish) reveals a marked quantitative and qualitative difference in their online circulation. *Tristeza* reaches a total of 33,591 mentions, more than five times the volume observed for *tristesse* (6,442). This notable disparity may be due to heightened discursive intensity in the Hispanic sphere, greater openness to public expressions of distress, or extensive media coverage of negative emotions in Hispanic societies.

In terms of polarity, *tristeza* shows 8,894 positive occurrences (around 26.5 %) and 4,672 negative (around 13.9 %). This contrast reflects an ambivalent perception of emotion, often used in empathetic, artistic, or philosophical contexts, but also associated with narratives of crisis or suffering. For *tristesse*, polarity is more balanced, with 769 positive mentions (around 11.9 %) and 728 negative (around 11.3 %), suggesting a less polarised but also less emotionally invested representation, which may point to cultural restraint in expressing emotional pain.

The platform distribution illustrates distinct patterns of use:

- For *tristesse*, Twitter predominates (469 mentions), followed by Facebook (252) and Instagram (187), indicating a diffusion mainly focused on expressive social networks.

- In contrast, *tristeza* is strongly represented in traditional media, with 1,975 mentions in the news, 1,558 on the Web, and 1,372 on Twitter, showing greater crossover between personal expression and media discourse.

The origin categories of the mentions confirm this trend:

- *Tristeza* is overwhelmingly present in news sources (21,114 mentions, over 62 % of the total), followed by the Web (4,481) and Twitter/X (1,975). This suggests a media-driven use of emotion in narratives of crisis, loss, or mourning.
- *Tristesse*, by contrast, is more confined to news (4,105), though this represents a much larger proportion of the total (almost 64 %), alongside the Web (801) and videos (484). This reflects more limited and segmented circulation, where the emotion is present but less central to public discourse.

In short, *tristeza* exhibits significantly greater numerical reach, more marked polarity, and omnipresence in Hispanic media, reflecting a discursive valorisation of negative emotion in these cultural spaces. *Tristesse*, though present, is more discreet and balanced, which may indicate cultural differences in expressing suffering, as well as divergent communicative uses of emotion online.

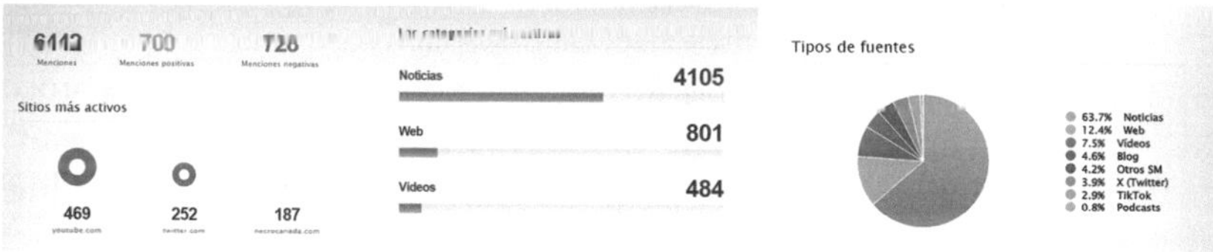

Figure 5: Analysis of the data collected via Brand24 concerning the emotion *tristesse*.

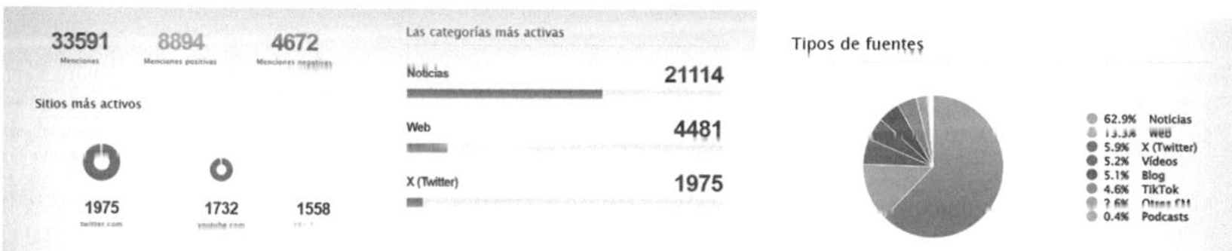

Figure 6: Analysis of the data collected via Brand24 concerning the emotion *tristeza*.

Colère / Ira

An analysis of the digital occurrences of the terms *colère* (French) and *ira* (Spanish) reveals a significant disparity, both quantitatively and discursively. The term *colère* appears 13,488 times in digital monitoring data, compared to just 1,878 mentions for *ira*. This difference – *colère* being around seven times more frequent – highlights a greater integration of this emotion in French-speaking discourse, particularly in the media and on social networks. In terms of emotional polarity, *colère* shows a strong concentration of negative mentions (2,131, approximately 15.8 % of the total), while positive mentions remain marginal (579, or just 4.3 %), which corresponds to the fundamentally conflictual nature of this emotion. By comparison, *ira* displays a more moderate polarity, with 278 positive mentions (around 14.8 %) and 188 negative ones (around 10 %). This more balanced distribution may suggest a less immediate or less explosive conceptualisation of anger in the Spanish-speaking context, or perhaps a more metaphorical or literary use of the term.

Regarding the channels of dissemination, the disparities are equally revealing:

- *Colère* is most frequently found on Twitter (1,033 mentions), followed by Facebook (302) and Instagram (291), reflecting high visibility on expressive and reactive platforms, often linked to political or social news.
- *Ira* has a more discreet presence: the most active sites are news outlets (345 mentions) and video platforms (100). Notably, there are no recorded mentions on general public websites (0 mentions in the "websites" section), indicating weak penetration of the term in everyday online discussions.

The distribution across media categories confirms these trends:

- *Colère* is dominated by news content (8,971 mentions), representing nearly 66 % of the total, followed by websites (1,681) and videos (1,115). This concentration highlights *colère*'s embedding within a highly polemical media lexicon, often used in contexts of social protest, political tensions or cultural conflict.

- *Ira*, although less frequent, also appears mainly in news content (1,295 mentions), accounting for about 69 % of its corpus, followed by videos (345), and to a much lesser extent, websites (117). This suggests a more institutional or event-related use of the term, with limited diffusion in interactive digital spheres.

In short, *colère* emerges as a highly mediatised, socially mobilised emotion, often instrumentalised in public debate, and strongly associated with negativity. *Ira*, on the other hand, remains more discreet, less virulent, and less exploited in digital spaces of civic engagement. This may reflect a cultural or linguistic difference in the verbal expression of the emotion, or a lexical mismatch between the term and contemporary digital usage.

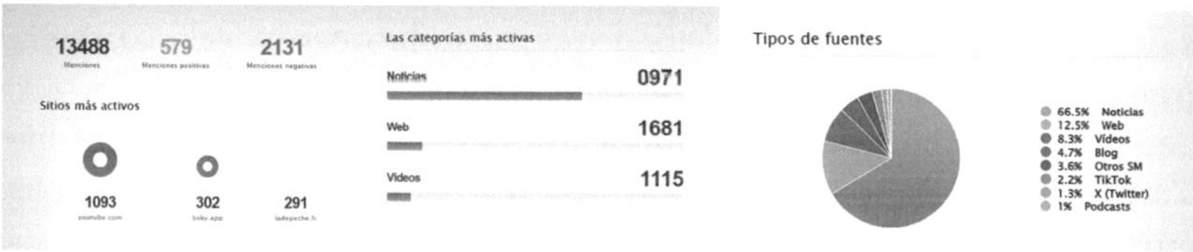

Figure 7: Analysis of the data collected via Brand24 concerning the emotion *colère*.

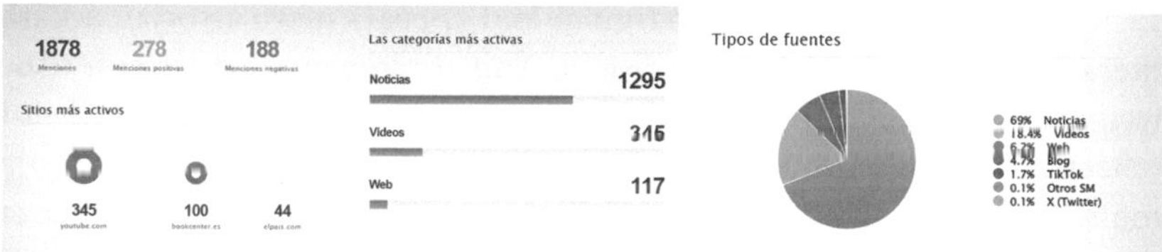

Figure 8: Analysis of the data collected via Brand24 concerning the emotion *ira*.

3.3. Comparative results between French and Spanish

The analysis of data concerning the emotions *amour/amor*, *joie/alegría*, *tristesse/tristeza* and *colère/ira* highlights contrasting dynamics in the discursive use of French and Spanish. These divergences are not solely quantitative but reflect cultural choices, communicative strategies, and semantic preferences specific to each linguistic sphere.

In general terms, French terms show a higher discursive density, with the notable exception of *tristesse*, which is mentioned far less frequently than *tristeza*. This observation invites us to qualify the notion of a systematic French supremacy in online emotional expression: certain emotions, such as sadness, appear to be more frequently activated in the Spanish-speaking context, possibly due to a greater tolerance for expressing discomfort or a deeper societal anchoring in lyrical or introspective registers.

Regarding emotional polarity, *joie/alegría* and *amor* display high rates of positive mentions, though *amour* stands out for its more ambivalent polarity, revealing greater semantic complexity due to its varied uses (relational, religious, ironic, commercial). In contrast, *colère* and *tristesse* are marked by a strong negative charge, particularly in the French context, reflecting a polemical or media-oriented use of emotional vocabulary.

In terms of channels of dissemination, French speakers tend to express emotions via more institutional or event-based platforms (news, websites, videos), whereas Spanish speakers demonstrate broader usage: *alegría* and *tristeza*, for instance, circulate more evenly across news media, social networks and personal productions. It is also worth noting the rise of platforms like TikTok and YouTube in the performative expression of positive emotions, especially love, in both contexts.

The study of negative emotions such as *colère* and *ira* reveals a striking lexical difference: while *colère* is widely mediated and reactive in French social discourse, *ira* remains marginal and appears more associated with literary, religious, or formal registers. This discrepancy underscores the weight of emotional vocabulary in shaping public discourse and calls for reflection on translation and interpretation choices in emotion-processing tools. These data show that the manifestation of emotions online is never neutral: it results from situated discursive practices, culturally distinct usages, and collective representations of emotion. Understanding these differences is essential for any translational, interpretive or technological approach seeking a nuanced modelling of affective language in multilingual contexts.

Other noteworthy lexical findings from this analysis include:

1. Differences in emotional intensity: In Spanish, negative emotions are generally expressed with greater intensity than in French, through superlatives (*tristísimo*, *enfadadísimo*) or repetition (*muy, muy feliz*).

2. Frequency of positive vs. negative emotions: In the corpora analysed, French displays a higher proportion of neutral or moderate emotions (*content*, *plaisir*), whereas Spanish tends to polarise emotional discourse more (*encantado*, *horrible*).
3. Trends by context: On social media, both languages show increased emotional charge, but with different strategies. French uses metaphors more frequently (*avoir le cœur lourd*), while Spanish often relies on exaggeration and colloquial expressions.

These results confirm the hypothesis that language's structure emotional expression differently, with implications for translation, intercultural understanding, and digital communication. The next section explores how these trends can be further studied through corpus automation and computational language analysis.

4. Applications of Big Data and Natural Language Processing (NLP) to emotion analysis and translation on social media

The automated analysis of linguistic emotions is a key area in translation and computational linguistics. Social media, as massive data sources, allow us to observe how emotions are expressed in French and Spanish, revealing specific challenges for translating these terms from one language to another. Big Data tools such as Octoparse and Brand24 facilitate the identification of lexical trends and shifts in semantic polarity. However, machine translation still struggles with the emotional nuances unique to each language and culture.

4.1. The role of Big Data in corpus linguistics

The use of Big Data in linguistics enables the extraction and analysis of vast corpora drawn from social media platforms (Twitter, Facebook, Instagram, etc.). The aim is to identify emotional structures, polarity changes and lexical variations that affect translation. For example, in French, expressions like *trop bien !* (meaning excitement) may be poorly translated literally into Spanish as *demasiado bien*, which sounds unnatural. A more accurate translation would be *¡genial!*.

4.2. The impact of automated linguistic emotion analysis and its translation

Data extraction and NLP are relevant for understanding emotional dynamics on social media. These tools show that emotional expressions vary significantly by language and often require translation adaptations. Examples of differences:

- French: *J'ai le cœur brisé*. Spanish: *Tengo el corazón roto* (faithful translation).
- French: *J'en ai marre !* Spanish: *¡Estoy harto/a!* (equivalent expression, not literal).
- French: *Trop cool !* Spanish: *¡Súper guay!* (adapted to informal context).

4.3. Advantages and challenges of automated analysis

Automated emotion translation offers several benefits:

- Rapid analysis of large quantities of textual data
- Identification of language patterns related to emotion
- Improved accuracy of machine translation systems by incorporating contextual nuances

However, several challenges remain:

- Lack of contextual awareness: Some terms change meaning depending on context. For instance, *c'est chaud* in French can mean *it's hard* or *it's great*, depending on the situation.
- Difficulty detecting irony and sarcasm: A tweet like *Génial, encore une réunion !* may be mistranslated into Spanish as *Genial, otra reunión*, missing the ironic tone. A more faithful version would be *Qué suerte, otra reunión ...*

4.4. Future applications in linguistics and translation

Integrating NLP techniques could enhance the quality of emotional translation. In the future, translation models could:

- Adapt translations to cultural and contextual specificities
- Account for the emotional intensity of terms
- Automatically detect irony and sarcasm

The application of Big Data to online emotion translation represents a major advance for computational linguistics and intercultural communication, enabling a more refined understanding of emotional nuances in each language.

5. Cultural divergences and challenges in translating emotions

Emotion translation is a major challenge due to cultural and linguistic differences between French and Spanish. Each language encodes the intensity, frequency, and context of emotions differently, which can result in errors or distortions during translation.

5.1. Influence of cultural context on translation

Emotions are perceived differently across cultures. For instance, the French word *nostalgie* evokes a gentle melancholy, whereas the Spanish *nostalgia* may carry a more painful connotation. Failing to adapt these nuances can affect how a message is received in the target language. Examples:

- French: *Il est mélancolique en pensant à son enfance.* Spanish: *Está nostálgico al recordar su infancia.* (faithful adaptation).
- French: *Cette époque me rend nostalgique.* Spanish: *Echo de menos aquella época.* (more natural translation).

5.2. Idiomatic expressions and translation difficulties

Certain emotional idioms cannot be translated literally and require reformulation. Examples:

- French: *Avoir le cafard* (sadness). Spanish: *Estar de bajón.*
- French: *Tomber amoureux.* Spanish: *Enamorarse* (different syntax).
- French: *Mon sang n'a fait qu'un tour !* (anger, shock). Spanish: *Me llevé un susto tremendo.*

5.3. Detecting humour, irony, and sarcasm

Humour and sarcasm add further difficulty to translation. An ironic phrase in French may be misinterpreted in Spanish if the tone is not explicitly conveyed. Example:

- French: *Super, encore une réunion !* (irony). Spanish: *Qué suerte, otra reunión…* (retains irony)
- French: *Tu parles d'une bonne nouvelle !* Spanish: *¡Vaya notición!*

Big Data and natural language processing tools need to incorporate more sophisticated algorithms to detect these nuances, especially when translating emotions on social media, where irony and humour are pervasive.

6. Conclusion

The study of linguistic emotions through the analysis of digital corpora in French and Spanish, supported by Big Data technologies, has revealed interesting and significant findings for understanding emotional dynamics in language. The use of advanced tools such as Octoparse and Brand24 enabled the examination not only of the frequency of emotional terms, but also of their semantic polarity and the contextual variations that influence their interpretation.

The results showed that emotions are expressed differently in the two languages, highlighting the cultural and linguistic diversity in the management of feelings. For instance, Spanish tends to exaggerate emotions more, particularly in the expression of negative feelings, whereas French appears to favour a more nuanced and moderate approach. This difference is also reflected in the intensity with which certain emotional terms are used, with a higher frequency of neutral or moderate emotions in French compared to Spanish, which tends to favour more polarised expressions.

The role of culture in how emotions are encoded and expressed proved to be significant. Differences in the intensity of emotions and the ways in which they are formulated shed light on the specific challenges that machine translation must face. While emotion analysis tools are effective in handling large volumes of data, they still encounter major obstacles, notably the difficulty of accounting for the social and cultural context in which emotions are expressed. Nuances in meaning, such as irony or sarcasm, present a major challenge in the analysis of emotions on digital platforms.

The conclusions of this study reinforce the notion that Big Data, while offering unprecedented analytical power, should not be used in isolation. Integrating these technologies with qualitative approaches allows for a more accurate and richer analysis of linguistic emotions. This opens new avenues for research in linguistics, particularly in the study of semantics, pragmatics, and psycholinguistics within digital discourse.

Moreover, the automation of emotion analysis could significantly improve the translation of emotions between different languages, by taking into account not only the words but also the cultural and social contexts. Machine translation systems could thus be adapted to better manage the diversity of emotional expressions, considering emotional intensity, linguistic variations, and discursive strategies specific to each language.

Ultimately, this study highlights the importance of a flexible and evolving methodological approach, capable of integrating Big Data technologies while respecting the richness and complexity of human emotions. The future research in the linguistics of emotions lies in the ability to combine quantitative and qualitative analyses, refine analytical tools, and develop translation models that fully incorporate the cultural and contextual nuances of emotions expressed online.

Bibliographical References

Bednarek, M. (2008). *Emotion Talk Across Corpora*. Palgrave Macmillan. https://doi.org/10.1057/9780230285712

Biber, D., Conrad, S., & Reppen, R. (1998). *Corpus Linguistics: Investigating Language Structure and Use*. Cambridge University Press. https://doi.org/10.1017/CBO9780511804489

Cambria, E., Schuller, B., Xia, Y., & Havasi, C. (2017). 'New Avenues in Opinion Mining and Sentiment Analysis'. *IEEE Intelligent Systems*, *28*(2), 15-21. https://doi.org/10.1109/MIS.2013.30

Hareli, S., Kafetsios, K., & Hess, U. (2015). 'A cross-cultural study on emotion expression and the learning of social norms'. *Frontiers in Psychology*. *6*. https://doi.org/10.3389/fpsyg.2015.01501

Jones, M. N., & Dye, M. W. (2017). 'Research Methods: Big Data Approaches to Study Discourse Processes'. In M. F. Schober, D. N. Rapp & M. A. Britt (eds.), The Routledge Handbook of Discourse Processes (pp. 117-124). Routledge. https://doi.org/10.4324/9781315687384-7

Kilgarriff, A. (2001). 'Comparing Corpora'. *International Journal of Corpus Linguistics*, *6*(1), 97-133. https://doi.org/10.1075/ijcl.6.1.05kil

Mayaffre, D. (2005). 'Rôle et place du corpus en linguistique. Réflexions introductives'. In P. Vergely (ed.), *Actes du colloque JETOU'2005* (pp. 5-17). Université de Toulouse-Le Mirail.

Mayer-Schönberger, V., & Cukier, K. (2013). *Big Data: A Revolution That Will Transform How We Live, Work, and Think*. Houghton Mifflin Harcourt.
McEnery, T., & Hardie, A. (2012). *Corpus Linguistics: Method, Theory and Practice*. Cambridge University Press. https://doi.org/10.1017/CBO9780511981395
Pavlenko, A. (2005). *Emotions and Multilingualism*. Cambridge University Press. https://doi.org/10.1017/CBO9780511584305
Plutchik, R. (2001). 'The Nature of Emotions'. *American Scientist*, *89*(4), 344-350. https://doi.org/10.1511/2001.28.344
Pustejovsky, J., & Stubbs, A. (2012). *Natural Language Annotation for Machine Learning*. O'Reilly Media.
Russell, J. A. (1980). 'A Circumplex Model of Affect'. *Journal of Personality and Social Psychology*, *39*(6), 1161-1178. https://doi.org/10.1037/h0077714
Sinclair, J. (1991). *Corpus, Concordance, Collocation*. Oxford University Press.
Tordesillas, M. (1998). 'La innovación en la didáctica de la lengua: las afecciones del alma'. *Aula Innovativa*, *77*, 31-36.
Tordesillas, M. (2021). 'Regards croisés sur la conception émotionnelle du langage. Les émotions linguistiques'. *Bulletin hispanique*, *123*(2), 77-94. https://doi.org/10.4000/bulletinhispanique.13510
Tordesillas, M. (2023). 'L'émotion dans la langue : action langagière et activité neuronale'. In A. Gil Casadomet, & M. Tordesillas (eds.), *Argumentation, communication, outils numériques et transfert de connaissances* (pp. 29-44). Comares. https://www.comares.com/libro/argumentation-communication-outils-numeriques-et-transfert-de-connaissances_150231/
Wierzbicka, A. (1999). *Emotions Across Languages and Cultures: Diversity and Universals*. Cambridge University Press. https://doi.org/10.1017/CBO9780511521256

SECTION III

Didactique des langues / Language Didactics

CHAPTER 7

Research Methodology in Languages and Technologies

*Imane El Imadi**

ABSTRACT
This paper investigates the shifting landscape of research techniques in language and technology studies. It focuses on how artificial intelligence (AI), natural language processing (NLP), and digital tools improve traditional qualitative and quantitative methods. Emerging technologies provide more accuracy, speed, and depth in everything from developing research questions to processing vast amounts of linguistic data. The incorporation of digital platforms also promotes mixed-methods research, allowing scholars to obtain a deeper understanding of linguistic phenomena. This article describes the structure of a scientific study and highlights the significance of ethical considerations, digital resources, and practical applications in contemporary language research.

Keywords: artificial intelligence, natural language processing, digital tools, language studies, and data analysis

RÉSUMÉ
Cet article examine l'évolution des méthodologies de recherche dans les études linguistiques et technologiques. Il met en évidence comment l'intelligence artificielle (IA), le traitement automatique du langage naturel (TALN) et les outils numériques renforcent les approches qualitatives et quantitatives traditionnelles. De la formulation des questions de recherche à l'analyse de grandes quantités de données linguistiques, ces technologies offrent plus de précision et d'efficacité. L'intégration de plateformes numériques facilite également les recherches mixtes, permettant des analyses plus riches. L'article détaille la structure d'un article scientifique et insiste sur l'importance des considérations éthiques et des ressources numériques.

Mots clés : méthodologie, intelligence artificielle, TALN, outils numériques, études linguistiques

Summary

1. Introduction 174
2. Integrating emerging technologies in language research 175
   2.1. Artificial intelligence and natural language processing (NLP) 175
   2.2. Automation and scalability 177
   2.3. Mixed-methods and digital platforms 179
3. Formulating research questions 180

* Université Hassan II de Casablanca, imaneel678@gmail.com

4. Data collection and analysis 182
4.1. Data collection techniques 182
4.2. Digital tools for data collection 184
4.3. Analysis methods 186
5. Ethical considerations in AI-based research 187
6. Future trends and opportunities 188
7. Conclusion 188
Bibliographical References 189

Structuring Scientific Research in Language Studies. Components of a Research Paper

A standard research paper typically includes:

- Title: Reflects the content and purpose
- Abstract: Summarises purpose, methods, results, and implications
- Introduction: Sets context, scope, and significance
- Literature Review: Synthesises existing studies
- Methodology: Describes data collection and analysis
- Results: Presents findings
- Discussion: Interprets the implications
- Conclusion: Summarises and suggests future directions
- Bibliographical References: Cites all sources

1. Introduction

Research methodology provides a systematic and structured foundation for scientific investigation, allowing researchers to conceive questions, design experiments, and evaluate findings with clarity and rigour. Methodological rigour is critical in language and communication studies to guarantee that findings are valid, reliable, and replicable. The use of well-defined research designs, whether qualitative, quantitative, or mixed-methods, allows for a more comprehensive knowledge of language phenomena, discourse patterns, and communicative practices in a variety of contexts.

The advent of digital tools and artificial intelligence (AI) has significantly altered the landscape of linguistic study in recent years. These technical breakthroughs have offered new methods for gathering, processing, and evaluating language data, considerably increasing the efficiency and scope of study. Natural Language Processing (NLP) and machine learning (ML) models have enabled scholars to extend traditional text analysis to include multimodal content such as spoken language, visual media, and real-time social media interactions. Automatic transcription software, sentiment analysis, topic modelling, and named entity recognition enable academics to handle and interpret large corpora more precisely and quickly.

Furthermore, AI-driven techniques make it easier to detect subtle patterns in language use, such as speaker intention, emotional tone, stylistic variance, and multicultural nuances, which would be difficult or time-consuming to identify manually. This automation not only speeds up data processing but also offers up new paths for empirical validation and hypothesis testing, making AI a cornerstone of modern linguistic investigation.

Furthermore, the digitisation of research environments has transformed the way scholars collaborate. Cloud-based platforms like GitHub, Google Colab, and shared linguistic databases (e.g. TalkBank, Sketch Engine) provide real-time collaboration, version control, and data sharing across institutional and national boundaries. This encourages not only interdisciplinary collaboration, but also increases the transparency, reproducibility, and accessibility of research methods. Researchers can now easily collaborate on tool development, replicate studies, and cross-validate findings, contributing to the field's general robustness and trustworthiness.

However, the integration of these technologies raises significant ethical and methodological concerns. Data privacy, algorithmic bias, and the interpretability of AI-driven conclusions are all critical concerns. Researchers must maintain critical and reflective attitudes toward the tools they use, ensuring that technological ease does not jeopardise academic integrity or inclusion.

To summarise, the combination of established methodological rigour and emergent digital tools is altering language and communication research. While technology provides new prospects for innovation and collaboration, it also needs a careful rethinking of research processes in order to maintain scientific ideals such as validity, ethics, and critical inquiry.

2. Integrating emerging technologies in language research

2.1. Artificial Intelligence and natural language processing (NLP)

Artificial Intelligence (AI), specifically Natural Language Processing (NLP), has transformed the approaches used in language and communication studies.

Traditionally, linguistic analysis was limited to the manual processing of tiny datasets. However, AI-powered NLP tools now allow academics to examine massive linguistic corpora at previously impossible speeds, accuracy, and depths.

Modern NLP techniques enable the automation of a wide range of language activities, which are essential for both theoretical and applied research. This includes:

- Sentiment Analysis: Identifies the emotional tone of words in customer reviews, social media posts, political conversation, and media content. Sentiment analysis enables scientists to investigate public opinion trends, emotional dynamics in discussions, and sociolinguistic patterns.
- Topic Modelling: Using techniques like Latent Dirichlet Allocation (LDA), researchers can identify thematic structures in big texts. This is especially effective for detecting dominant discourses in media, historical language shifts, and content patterns in multilingual corpora.
- Entity Recognition (NER) identifies and categorises entities like individuals, locations, dates, and organisations in text. This is critical for sociolinguistic profiling, discourse analysis, and digital humanities study because it enables the mapping of significant actors and locations in communication networks.
- Models for semantic similarity and text classification group comparable content based on their meanings. This technique helps with plagiarism detection, language learning applications, and machine translation evaluation.

Libraries like SpaCy, NLTK (Natural Language Toolkit), Gensim, and Transformers (by Hugging Face) have become essential tools for researchers. They provide pre-trained models and algorithms for tokenisation, part-of-speech tagging, syntactic parsing, and more. These libraries enable the creation of unique NLP pipelines that can be tailored to individual research objectives and linguistic requirements.

Beyond textual data, NLP methods are increasingly being utilised in conjunction with speech recognition technologies to allow for the transcription and analysis of audio recordings from interviews, classroom engagements, and multilingual discussions. Researchers can use tools like Google Speech-to-Text, CMU Sphinx, or OpenAI Whisper to translate spoken language into written form for NLP analysis.

Furthermore, the emergence of large-scale multilingual models like as mBERT and XLM-RoBERTa has made multilingual and cross-language NLP more accessible by allowing for comparison investigations across multiple linguistic and cultural contexts. These technologies promote minority and under-resourced languages, resulting in more inclusive and internationally representative research.

Another significant advancement is the use of interactive data visualisation in conjunction with NLP, which enables researchers to exhibit linguistic patterns, network relationships, and sentiment trajectories in understandable ways. Tools such as Voyant Tools, Tableau, and Gephi improve interpretability and stakeholder involvement.

Despite these advantages, it is critical to examine constraints and ethical concerns. NLP models can reproduce biases in training data, and their opaque decision-making processes (particularly in deep learning models) can make interpretation difficult. Furthermore, the use of data from social media or personal interactions must adhere to strong ethical criteria governing consent, anonymity, and data protection.

To summarise, AI and NLP technologies are revolutionary tools that reshape the scope, size, and nature of language study. Their combination provides unprecedented precision, scalability, and innovation, breaking new ground in our knowledge of human communication across platforms, populations, and languages.

2.2. Automation and scalability

One of the most disruptive contributions of artificial intelligence (AI) to language and communication studies is its capacity to automate repetitive and time-consuming processes, significantly increasing scalability. Automation enables academics to manage greater datasets, combine numerous languages, and streamline operations that were previously labour-intensive and inconsistent.

Traditionally, linguistic research required tedious techniques such as manual transcription of interviews or speech recordings, hand-coding of qualitative data, and manual categorisation of texts or utterances using thematic or syntactic criteria. These tasks, while necessary, restricted the amount of data that could be realistically handled and frequently introduced human mistakes or subjective inconsistency. AI technologies now provide efficient, consistent, and highly reproducible alternatives.

For example:
ASR tools, such as Google Speech-to-Text, IBM Watson, and OpenAI's Whisper, accurately transcribe spoken words from interviews, podcasts, and videos. These technologies support several languages and dialects, and some even enable speaker diarisation to discern between speakers throughout a discussion. Automated coding systems, which are utilised in qualitative data analysis tools such as NVivo, MAXQDA, and Atlas.ti, may now employ machine learning to suggest themes, code segments, and find developing patterns in open-ended responses. This enables more robust and scalable discourse and content analysis.

Text classification methods use machine learning models trained on labelled data to categorise documents by genre, topic, or sentiment. This allows academics to sort through thousands of texts, such as news stories, academic papers, and social media postings, in a fraction of the time it would take to manually classify them.

The scalability provided by these technologies enables researchers to move beyond small-scale case studies and conduct macro-level linguistic analyses. For example, academics can now study multilingual corpora containing millions of tokens, watch real-time trends in online discourse, and examine linguistic variation across demographic, geographic, and social characteristics on a worldwide scale.

Furthermore, automation enables longitudinal studies in which researchers can track language change over time, such as alterations in political rhetoric, shifting public opinion, or discussions about health and education. These projects, which were previously excessively labour- and resource-intensive, are becoming more possible as a result of AI's ability to process huge and complicated datasets swiftly and reliably.

Importantly, automated techniques promote reproducibility, a fundamental principle of scientific inquiry. Researchers can increase methodological rigour by utilising clearly specified methods and transparent pipelines that allow analyses to be repeated or checked by other scholars.

However, while automation increases efficiency, it also creates new methodological duties. Researchers must carefully assess the correctness of automated methods, particularly when dealing with under-resourced languages, non-standard dialects, or culturally sensitive content. Misclassification, transcribing errors, or algorithmic bias might jeopardise data integrity if not addressed properly through human monitoring and validation.

In conclusion, incorporating automation and scalable AI technology into linguistic study is more than just convenient; it profoundly changes what is methodologically viable. These tools contribute to more ambitious, inclusive, and influential research goals in the language and communication sciences by lowering manual burden and facilitating large-scale, multilingual analysis.

2.3. Mixed-methods and digital platforms

In the digital age, language and communication research is increasingly using a mixed-methods approach, combining the strengths of quantitative and qualitative methodologies to create a broader, more nuanced understanding of linguistic and social phenomena. This methodological pluralism allows researchers to handle difficult research topics that cannot be adequately investigated using a single data type or analytical lens. Digital platforms have played an important role in promoting mixed-methods research by providing a diverse set of tools for data gathering, analysis, and integration.

Quantitative data platforms such as Google Forms, SurveyMonkey, Microsoft Forms, and Qualtrics have become indispensable tools. They enable the rapid design and delivery of surveys and questionnaires, including skip logic, multimedia integration, and real-time analytics. These platforms may collect structured replies from geographically distributed users, enabling large-scale data collection in different languages. On the qualitative side, platforms like Zoom, Google Meet, Microsoft Teams, and Skype have allowed researchers to conduct virtual interviews and focus groups, particularly in situations when in-person engagement is not possible.

These systems enable audio and video recording, which can then be automatically transcribed using AI-powered transcription tools like Otter.ai, Descript, or Whisper. The digital nature of these exchanges also enables researchers to readily store and revisit data, improving transparency and accountability.

Once data has been collected, qualitative data analysis (QDA) applications such as NVivo, ATLAS.ti, and MAXQDA allow for systematic categorisation, annotation, and theme analysis of texts, audio, photos, and even video files. These tools make it easier to categorise qualitative data, link codes, and create visualisations like word clouds, coding trees, and matrices. Sentiment scoring, discourse mapping, and interaction with quantitative datasets for triangulation are some of the advanced features.

A significant advantage of digital platforms is their ability to allow data triangulation – the process of cross-checking results from numerous sources or methodologies. For example, researchers may utilise survey data (quantitative) to detect broad patterns, whereas interview transcripts (qualitative) provide more detailed insights into participants' opinions and language behaviour. Digital tools allow for the simultaneous synchronisation and analysis of these datasets, resulting in more robust and comprehensive results.

The ability to perform mixed-methods analysis in a single workspace is another feature that some platforms currently provide. Dedoose, for example, is specifically intended for mixed-methods research and seamlessly integrates qualitative coding with quantitative indicators like frequency, demographics, and rating scales. Digital platforms also improve collaboration by allowing research teams to collaborate on shared datasets concurrently, regardless of their geographic location. Cloud-based storage, version control, and commenting systems track changes and allow teams to engage in continuous methodological conversations, enhancing the dependability and interpretability of outcomes.

However, while these technologies have enormous potential, researchers must be cautious of ethical factors such as data security, participant privacy, and informed consent, especially when using third-party platforms for data collection and storage. To verify that data protection rules are met, contact with institutional review boards (IRBs) or ethics committees.

In conclusion, including digital platforms into mixed-methods research provides numerous chances for methodological innovation. Scholars can produce more comprehensive, transparent, and actionable insights in the field of language and communication studies by combining structured, statistical analysis with rich, contextualised interpretations, as well as using technology to streamline and enhance every stage of the research process.

3. Formulating research questions

The development of clear, targeted, and researchable questions is an essential first step in any scientific project, especially in language and communication studies. A well-crafted research topic not only drives the study's path, but it also helps to select relevant procedures, data sources, and analytical frameworks. It acts as the foundation for the entire research process, assuring coherence, relevance, and academic rigour. Traditionally, developing research questions entails thorough study of primary literature, critical thinking, and iterative refining based on emerging theoretical and empirical findings.

While these techniques are still necessary, emerging AI-based tools are increasingly helping scholars navigate the massive body of academic knowledge more quickly and strategically.

One significant tool in this area is Elicit.org, an AI-powered research assistant that helps with literature analysis and question formulation. Researchers can use Elicit to identify gaps in the literature by providing a broad topic or exploratory query and analysing published papers for patterns.

- Propose relevant questions based on research objectives, hypotheses, or methodological trends.
- Summarise relevant articles based on their techniques, populations investigated, and important conclusions.

These skills enable researchers to swiftly grasp the present state of research and where chances for innovation or contribution exist. For example, a scholar researching 'code-switching in bilingual education' could utilise Elicit to uncover previously unknown variables, such as the impact of digital media exposure or socioeconomic status on language alternation patterns.

In addition to Elicit, platforms such as Connected Papers, Research Rabbit, and Semantic Scholar can help with the visual mapping of research networks, demonstrating how studies connect through citations and common topics. This aids in the refinement of research topics by demonstrating which areas of a topic have been well studied and which have remained comparatively unexplored.

AI tools can also help in rephrasing and testing the clarity of study questions. When properly prompted, language models like ChatGPT can simulate how a query might be perceived, provide alternative phrasings, and highlight potential ambiguities. This guarantees that research questions are specific, realistic, and within the study's planned scope.

Furthermore, these tools support interdisciplinary exploration, allowing scholars to see how similar questions are approached across different fields (such as cognitive science, media studies, or sociolinguistics), thus enriching the theoretical framing and practical implications of the proposed study.

However, while AI tools provide essential assistance, the researcher's critical judgement remains paramount. Although tools can discover textual patterns or highlight frequency-based trends, they lack the sophisticated understanding required to assess contextual relevance, theoretical depth, and cultural sensitivity. As such, AI should be considered as an augmentative resource, augmenting rather than replacing the intellectual work needed in question formulation.

In conclusion, developing successful research questions is both an art and a science. AI technologies like Elicit.org now provide powerful techniques to speed, structure, and enhance this process, allowing researchers to base their queries on solid data while identifying novel paths for inquiry.

4. Data collection and analysis

4.1. Data collection techniques

Effective research in language and communication relies heavily on the selection and implementation of appropriate data collection techniques. These techniques must align with the research objectives, population characteristics, and the epistemological stance of the researcher. In contemporary research settings, especially those involving digital tools and AI, traditional methods are increasingly complemented by technology-enabled approaches that enhance reach, reliability, and data richness. Below are some of the most widely used techniques:

- Interviews (In-Person and Online): The selection and implementation of appropriate data gathering procedures are critical for conducting effective language and communication research. These procedures must be consistent with the research aims, population characteristics, and epistemological stance of the researcher. In modern research contexts, particularly those using digital tools and AI, classical methodologies are rapidly being supplemented with technology-enabled approaches that improve reach, reliability, and data richness. The following are some of the most commonly utilised techniques. These tools enable:
  - Increased geographic access to participants.
  - Enables recording for later transcription and analysis.
  - Real-time engagement in multilingual or multicultural settings.

Ethical considerations, such as informed permission and confidentiality, are critical while conducting interviews, especially when using third-party software for data storage or transfer.

– Focus groups are effective at capturing group dynamics, collective discourses, and the social production of meaning in language use. Participants discuss themes led by a moderator, resulting in data rich in interactional elements such as turn-taking, code-switching, agreement/disagreement indicators, and group alignment tactics.

  Online systems (e.g. Zoom's breakout rooms) have transformed focus groups into digital environments, allowing for:

  · Participants were divided into themes.
  · Diverse voices from different locations were included.
  · Chat logs, graphic data, and audio/video recordings were integrated.

  Focus group data analysis often focuses on conversation patterns, theme clustering, and sociolinguistic aspects of language in context.

– Questionnaires are essential for quantitative and mixed-methods research. They are used to collect structured data about participants' language practices, views, attitudes, and demographics. Tools like Google Forms, SurveyMonkey, Qualtrics, and Microsoft Forms make questionnaire design and delivery simple, customised, and scalable. Advantages include automatic data aggregation and display:
  · Real-time data collection for large-scale reactions.
  · Easy multilingual deployment.

  Well-designed surveys contain both closed-ended questions (e.g. Likert scales, multiple choice) for statistical analysis and open-ended items for qualitative feedback.

– Corpus Compilation from Online Sources. Corpus-based research is increasingly facilitated by digital technologies that enable the systematic collection of linguistic data from online environments. Researchers can compile corpora from:
  · Social media platforms (e.g. Twitter, Reddit, Facebook)
  · News websites and blogs
  · Online forums and comment sections
  · Academic or institutional archives

Automated web scraping techniques, such as BeautifulSoup (Python), Selenium, or corpus-specific platforms like Sketch Engine, enable researchers to easily collect massive datasets. These corpora can be studied for lexical, syntactic, semantic, and pragmatic aspects using NLP and text mining approaches.
When aggregating data from the web, it is critical to consider ethical and legal concerns, particularly with user-generated content. Consent, data anonymisation, and platform-specific terms of service all need to be considered.

To put it briefly, data collecting in modern language research is multimodal and increasingly digital. Whether through personal tales in interviews, collective perspectives in focus groups, large-scale survey data, or massive online text corpora, each technique provides unique insights. The study aims, participant access, and nature of the language phenomena under examination should all influence the approach (or combination of methodologies) used.

4.2. Digital tools for data collection

In the digital age, the gathering of language and communication data is increasingly aided by specialised technology tools that improve accuracy, efficiency, and scalability. These tools not only make standard data collection approaches easier, but they also open up new possibilities for working with massive, diversified, and frequently spontaneously occurring datasets. The following is a detailed summary of significant digital tools used in modern language study.

- Audio Recorders and Camcorders for Interviews: High-quality audio and video recording technologies are essential for capturing spoken data in interviews, focus groups, and observational studies. Zoom (e.g. H4n Pro) and Sony's digital voice recorders and HD camcorders offer capabilities including noise reduction and directional microphones for enhanced clarity in natural settings, as well as timestamped recordings for transcription and data referencing.
- Portability and high battery life make it perfect for fieldwork and in-person interviews. These recordings are critical for phonetic, discourse, and conversational analysis, allowing researchers to review the subtleties of tone, intonation, pauses, and gestures. When combined

with transcription software (such as ELAN, Express Scribe, or Otter.ai), they offer precise linguistic annotation.

– Digital Surveys via Platforms like Google Forms: Online survey tools have transformed how academics get quantitative and qualitative self-report data from participants. Google Forms, SurveyMonkey, Qualtrics, and Microsoft Forms offer intuitive interfaces for designing numerous question kinds, including Likert scales, multiple choice, and open text:
  · Multilingual support is crucial for cross-cultural and comparative investigations.
  · \tReal-time response monitoring and automated data organising in spreadsheets.
  · \tIntegration with statistical tools such as Excel, R, or SPSS for quick analysis.

These platforms also make surveys easy to publish and access via email, QR code, or social media, which increases response rates and participant diversity.

– Web Scraping Tools for Collecting Digital Text: With the growth of online textual information, web scraping techniques have become indispensable for academics attempting to build digital corpora from websites, social media, forums, or blogs. Web scraping is the process of obtaining structured data from websites using programs or tools. Common tools and technologies include BeautifulSoup (Python), a package that parses HTML and XML documents:
  · Selenium is a tool for harvesting dynamic content by automating browser interactions.
  · Octoparse is a user-friendly, no-code scraping tool for non-programmers.
  · API-based extraction (e.g. Twitter, Reddit) allows for regulated access to platform-specific content.

These methods enable academics to collect enormous amounts of naturally occurring language data for use in discourse analysis, sentiment analysis, topic modelling, and other applications. Researchers investigating online language ideology, for example, can scan comment sections on news stories, whereas those evaluating slang or neologisms can extract text from social media posts.

It is critical, however, to follow ethical and legal guidelines while employing online scraping tools. This involves following platform terms of service, protecting user anonymity, and adhering to data privacy standards such as the General Data Protection Regulation (GDPR).

Digital data collection techniques have altered language and communication research by increasing data accessibility, improving recording precision, and allowing for the examination of digitally native language behaviours. By incorporating these tools into well-designed methodological frameworks, researchers can obtain richer and more representative data sets, while maintaining ethical standards and methodological rigour.

4.3. Analysis methods

The choice of proper analytic methods is crucial for turning raw language data into relevant insights. In language and communication research, analysis methodologies include both quantitative and qualitative paradigms, which are frequently supplemented by digital tools and AI-enhanced models. Depending on the type of data (numerical, textual, auditory, or multimodal), researchers use a number of analytical tools to ensure methodological soundness and interpretive depth. This section describes major tools and methods in several categories:

Statistical software: SPSS, R, Python

Statistical software packages provide robust frameworks for performing descriptive and inferential tests on quantitative data. These methods are especially useful for survey data, experimental designs, and corpus-based frequency analysis:

- SPSS (Statistical Package for the Social Sciences) provides a user-friendly interface for performing parametric and non-parametric statistical tests (e.g. t-tests, ANOVA, regression, and correlation). It is popular in the social sciences because of its ease of use and integrated output visuals.
- R is a sophisticated open-source language for statistical computing and graphics. It allows complex modelling (e.g. multivariate and cluster analysis) and includes a large number of language data packages, such as quanteda and tidytext.

- Python is gaining popularity because of its versatility and interaction with statistics and AI. Researchers may handle and analyse complex datasets programmatically using libraries like pandas, numpy, and statsmodels.

These platforms facilitate data cleansing, transformation, statistical testing, and predictive modelling, allowing researchers to validate their findings with statistical confidence.

5. Ethical considerations in AI-based research

The incorporation of artificial intelligence (AI) and digital tools into language and communication study creates unparalleled opportunities, but it also imposes crucial ethical duties. As researchers use massive datasets, machine learning models, and cloud-based systems, they must navigate a complicated environment of ethical, legal, and academic requirements. Ethical research techniques are required not only to protect participants and ensure credibility, but also to maintain faith in scholarly research. The following are significant characteristics of ethical considerations while using AI and digital tools in research.

Academic integrity and plagiarism detection

Maintaining academic integrity is more crucial than ever in today's digital research arena, which contains massive amounts of information and automated creation techniques:

- Use plagiarism detection tools like Turnitin, Grammarly, or iThenticate to spot unintended overlaps, incorrect paraphrasing, and missing citations.
- Researchers utilising AI-powered writing assistants or language models (e.g. ChatGPT) should describe their role and guarantee that the outputs reflect original critical thinking and authorship.
- Maintaining these norms not only maintains the researcher's credibility, but it also strengthens the scientific community's overall integrity.

Ethical research in AI-enhanced language studies necessitates a proactive approach that combines innovation and accountability. Researchers must work with integrity, awareness, and rigour throughout the process, from safeguarding participant data to minimising algorithmic bias and assuring transparent AI implementation. These factors are more than just formalities; they are critical components of reliable, inclusive, and sustainable scientific practice.

6. Future trends and opportunities

The interface of language studies and digital technologies is developing at an unprecedented rate. As artificial intelligence (AI), machine learning (ML), and natural language processing (NLP) technologies improve, academics are presented with a plethora of new tools, approaches, and paradigms that are redefining how language is studied, understood, and used. This final section describes major emerging trends and possibilities that are expected to shape the future landscape of language and communication study.

Large Language Models (LLMs) like GPT-4

OpenAI's GPT-4, Google's Gemini, and Meta's LLaMA are examples of Large Language Models (LLMs) that can generate, understand, and manipulate natural language. These models are trained on large multilingual corpora and can perform complex tasks like summarising, paraphrasing, dialogue modelling, and question generation with high fluency. In research settings, LLMs can help automate literature reviews, generate hypotheses, code qualitative data, and even simulate language learners or interlocutors.

7. Conclusion

The incorporation of artificial intelligence (AI) and digital tools into research methodology signals a watershed moment in the field of language and communication studies. These technologies have profoundly altered old methodologies, increasing the efficiency, precision, and breadth of data collecting, processing, and analysis. They allow academics to work with large and diverse datasets, ranging from textual corpora to multimedia and social media content, resulting in richer and more complex insights than ever before.

Furthermore, digital developments enable scholars to take on hitherto impracticable large-scale and multilingual initiatives, encouraging collaboration across geographic and disciplinary borders.

The use of AI-driven analytics, natural language processing, and automated transcribing technologies shortens research cycles, allowing for more iterative and dynamic investigation of complicated linguistic phenomena.

However, along with these hopeful improvements, substantial ethical, methodological, and epistemological concerns arise. Data privacy, informed consent, AI model transparency, and algorithmic bias mitigation are all issues that require ongoing attention and proactive management. Researchers must follow stringent guidelines to guarantee that the use of AI and digital tools does not jeopardise the integrity, inclusivity, or validity of their findings. This entails critically examining technology limits and keeping detailed documentation to ensure repeatability and accountability.

It's important to remember that although AI can enhance many aspects of research, it cannot replace human judgement, interpretative understanding, and theoretical foundation. Language and communication are fundamentally rich in context, cultural subtlety, and subjectivity, characteristics that technology cannot fully grasp. As a result, researchers must use an integrative approach that combines technological capabilities with their knowledge and ethical consciousness.

Future prospects for expanding the field of linguistic research are bright thanks to AI's ongoing development, particularly in the areas of big language models, multimodal analysis, and real-time translation. By using these tools safely and deliberately, researchers can broaden their knowledge spans, stimulate global collaboration, and make valuable contributions to academic scholarship and society understanding.

To summarise, the future of language study lies in the harmonious blending of human intelligence and technological innovation, led by a dedication to ethical integrity, methodological soundness, and cultural sensitivity.

Bibliographical References

Eaves, S., Sheperis, C. J., Craft, S., Frasier, R., & Wells, D. (2008). *Reviewing the Literature*. In B. T. Erford (ed.), *Research and Evaluation in Counseling*. Lahaska Press.

Elicit AI Tool. https://elicit.org
Sheperis, C. J., Young, J. S., & Daniels, M. H. (2017). *Counseling Research: Quantitative, Qualitative, and Mixed Methods* (2nd ed.). Pearson.
SpaCy NLP Library. https://spacy.io
VanderMey, R., Meyers, V., Van Rys, J., Kemper, D., & Sebranek, P. (2011). *The College Writer: A Guide to Thinking, Writing, and Researching* (4th ed.). Houghton Mifflin.

The Synergy Between Pedagogical Engineering and Didactics at the Heart of Pedagogical Innovation in Language Teaching[1]

Mohamed Erradi, Jamal Eddine Barhone* and Omar Erradi**

ABSTRACT

This chapter explores pedagogical innovation in university language teaching by linking model-driven pedagogical engineering (MDPE), language didactics (LD) and immersive technologies (IT), virtual and augmented reality, using an integrative approach. It is based on a literature review of instructional design models (ADDIE, Dick & Carey, TPACK, Kolb cycle, etc.) and on the design of an immersive French literature course scenario. We show that a systematic framework inspired by IPDM makes it possible to structure the pedagogical scripting of the immersive learning situation in a way that is consistent with the linguistic and cultural content targeted. The IP-didactic-immersive synergy opens up new avenues for didactic innovation, provided that the training of designers and the deployment of VR/AR environments are optimised.

Keywords: pedagogical engineering, modelling, scripting, immersive learning situation, didactics of French literature

RÉSUMÉ

Ce chapitre explore l'innovation pédagogique dans l'enseignement des langues à l'université en associant l'ingénierie pédagogique pilotée par les modèles (PMPM), la didactique des langues (DL) et les technologies immersives (TI), la réalité virtuelle et augmentée, en utilisant une approche intégrative. Il est basé sur une revue de littérature des modèles de conception pédagogique (ADDIE, Dick & Carey, TPACK, cycle de Kolb, etc.) et sur la conception d'un scénario immersif de cours de littérature française. Nous montrons qu'un cadre systématique inspiré de l'IPDM permet de structurer la scénarisation pédagogique de la situation d'apprentissage immersif de manière cohérente avec les contenus linguistiques et culturels visés. La synergie IP-didactique-immersif ouvre de nouvelles pistes d'innovation didactique, à condition d'optimiser la formation des concepteurs et le déploiement des environnements VR/AR.

Mots clés : ingénierie pédagogique, modélisation, scénarisation, situation d'apprentissage immersif, didactique de la littérature française

* Abdelmalek Essaadi University, m.erradi@uae.ac.ma

[1] This chapter is part of the research carried out within the framework of the research team TIMS Laboratory (UAE, Morocco).

Summary

Introduction 192
1. The historical development of educational engineering: from behaviourist foundations to the post-pandemic era 194
2. Articulation between model-driven pedagogical engineering and pedagogical design in the design of e-learning systems 196
3. Crossover between pedagogical engineering and language didactics: towards an integrated approach to language training 199
4. Immersive learning: a pedagogical innovation at the crossroads of language engineering and didactics 201
5. Case study: Contribution of model-driven pedagogical engineering to the conception and design of an immersive learning situation in French literature 202
   5.1. Synergy between model-driven pedagogical engineering (MDPE), French didactics and emerging technologies 202
   5.2. Pedagogical process of the learning system 204
   5.3. Learning path 205
   5.4. IPDM/DL/IT synergy in the design of an immersive learning situation for French literature 206
Conclusions 208
Bibliographical References 209

Introduction

At the same time, the emergence of language teaching at university is forcing us to integrate technological and pedagogical developments in order to meet the communicative and cultural challenges facing learners. Pedagogical engineering (PE) is emerging as a structuring framework for the design of innovative training systems. A descendant of the Anglo-Saxon instructional design of the 1960s and 1970s, instructional engineering has been reinvented since the 2000s to highlight a more rigorous and systemic approach to the design of training systems (Paquette, 2002; Dick, Carey & Carey, 2005). It draws on the seminal work on systematic instructional planning (in particular the Gagné and Briggs models), while incorporating contributions from cognitive science, constructivism and software engineering. With this in mind, Cottier et al. (2008) point out that the aim of educational engineering is to develop methods, tools and modelling languages that enable learning systems to be designed, tested and reused with a view to reproducibility and rationalisation. In this context, the term *design* is tending to give way to *engineering*, in order to highlight the growing influence of the engineering sciences – particularly software engineering and cognitive engineering – on contemporary educational practices (Paquette, 2003; Kelly & Bugallo, 2023; Sengul *et al.*, 2023). This change in terminology reflects a desire to systematise, formalise and model educational design processes, bringing them closer to the standards of rigour and traceability specific to the disciplines.

Immersive technologies such as virtual reality (VR) and augmented reality (AR) are opening up promising new avenues for language teaching. Virtual environments support authentic and embodied learning experiences where learners step out of traditional classrooms and engage in rich cultural and linguistic simulations (Godwin-Jones, 2023; Hua & Wang, 2023). Recent studies confirm that virtual reality (VR) and augmented reality (AR) technologies significantly enhance contextualised language use, learner engagement and the development of pragmatic and intercultural skills, particularly in communicative and task-based contexts (Marrahi-Gomez & Belda-Medina, 2024; Figueroa & Jung, 2025). These environments offer interaction contexts that reproduce the real social and cultural conditions of language use, thus stimulating learners' communicative and intercultural competences. The integration of immersive learning requires the rigorous design of learning situations based on an explicit alignment between pedagogical, didactic and technological dimensions. This requirement is not simply a methodological choice, but an inescapable condition for guaranteeing the coherence, relevance and effectiveness of the experiences offered to the learner, in a logic centred on active engagement and the meaning of learning.

At the crossroads of these fields, our work aims to study the synergy between pedagogical engineering, language didactics and immersive technologies, from an IPDM perspective, and to highlight the importance of IPDM in the conception and design of such learning situations. IPDM, inspired by 'model-driven engineering' in software engineering, consists of using abstract models (conceptual diagrams, scenario patterns, libraries of pedagogical objects) to guide and automate the design of courses, learning situations and training …. In language didactics, this means formally formulating linguistic and cultural knowledge, pedagogical objectives and technical devices to generate appropriate learning sequences.

This chapter therefore presents a state of the art and an applied case of immersive scripting, in order to answer the question: how can the IPDM approach articulate and mutually reinforce language didactics and immersive technologies in university language teaching?

1. The historical development of educational engineering: from behaviourist foundations to the post-pandemic era

Model-Driven Instructional Design (MDID) represents a recent evolution of traditional instructional design, developed at the intersection of software engineering, complex systems modelling and the growing demand for automation, customisation and traceability in educational systems. In an era marked by the increasing complexity of hybrid and digital learning environments, IPDM offers a formal and structured approach to design that ensures interoperability, scalability and alignment between pedagogical goals and technological implementation (Hu *et al.*, 2020; Barhone *et al.*, 2024). This approach builds on the principles of instructional engineering by applying formal modelling techniques (e.g. metamodels, domain-specific languages) to educational scenarios.

IPDM enables adaptive learning paths to be generated and promotes design consistency by explicitly modelling elements such as learning objectives, user roles, activities, learning situations and assessment strategies (Bucchiarone *et al.*, 2023; Sutarman *et al.*, 2023; Erradi *et al.*, 2024). These features are essential in contexts where learning systems need to support personalised, data-driven and multimodal learning experiences.

The history of pedagogical engineering is rooted in the 1950s and 1960s, when programmed teaching emerged, directly inspired by the behaviourist work of B.F. Skinner. This approach saw learning as a series of linear associations between stimuli and responses, reinforced by immediate feedback. The first educational technologies – such as teaching machines – reflect this mechanistic and linear vision of the act of learning, in which gradual repetition is the main lever for progress.

A turning point came in the 1970s with the rise of the cognitive sciences. Educational engineering gradually adopted an approach centred on information processing, cognitive load management and the hierarchical organisation of knowledge. Gagné (1977), a major figure in this period, proposed a model of instruction based on the hierarchisation of learning objectives and the distinction between internal conditions (cognitive prerequisites) and external conditions (pedagogical stimulation) necessary for learning. This period saw the formalisation of the first systemic instructional design methodologies, based on stages such as needs analysis, formulation of objectives, choice of strategies and evaluation of results.

During the 1980s, the principles of constructivism became established in the field of education, particularly through the contributions of Piaget and Vygotski. Learners were seen as active players in the construction of their knowledge, in constant interaction with their social, cultural and material environment. This paradigm shift coincided with the emergence of educational IT: the first interactive courseware, simulators and hypermedia environments appeared, paving the way for more exploratory, individualised and contextual teaching practices (Constantinou *et al.*, 2024).

The 1990s saw an acceleration in the integration of multimedia technologies into education, followed by the first e-learning platforms. This period gave rise to the concept of e-learning, and led to a redefinition of the roles of the instructional designer, who was now faced with new requirements: multimedia scripting, interactivity, modular structuring of learning paths. Instructional design is adapting to these changes, based on models such as ADDIE or Dick and Carey, for example.

With the massive development of the Internet in the 2000s, distance learning environments became widespread. MOOCs (Massive Open Online Courses) are becoming an institutional response to the growing need for large-scale continuing education. They require pedagogical engineering capable of articulating various formats (videos, quizzes, forums, support systems) while ensuring the scalability of the systems. Traditional models are being revisited in order to meet the specific needs of massive, asynchronous and off-site training (Gaebel *et al.*, 2021; Kirk, 2021).

The 2010-2020 decade has been marked by the arrival of artificial intelligence (AI) in the field of education. The emergence of adaptive systems, intelligent teaching agents, personalised dashboards and learning analytics systems means that courses can be more finely tailored to individual needs. Educational engineering is then refocusing on adaptive design, exploiting data from learner-system interactions to adjust learning content and modalities (Gašević *et al.*, 2015).

Finally, since 2020, in a post-Covid-19 context, educational engineering is facing new challenges. Hybridisation of devices is becoming the norm, requiring greater consideration of digital inclusion, accessibility and data ethics, as well as the use of immersive environments (virtual reality, augmented reality). This reconfiguration is forcing teachers and designers to take on new roles: training engineers, flexible pathway orchestrators and techno-pedagogical mediators. More than just a teaching technician, the educational engineer becomes the guarantor of coherence between the pedagogical, didactic and technological dimensions of the devices (Tymkiv & kryvtsum, 2023; Zhubi & Ismajli, 2022; Abilova, 2024).

2. Articulation between model-driven pedagogical engineering and pedagogical design in the design of e-learning systems

Educational engineering ensures the overall design and systemic management of training courses. It defines the foundations: objectives, assessment methods, available resources, institutional or technical constraints. Instructional design fits into this framework by translating training intentions into operational scenarios. It is responsible for organising content, developing sequences and choosing strategies. Several instructional design models have been developed since the 1980s, structured according to different rationales. In this section, we cite the classification made by (Gustafson & Branch, 2002):

- Generic models: aimed at the universal structuring of training systems, whatever the context. Examples include the ADDIE model, SAT (Systems Approach to Training) and ISD (Instructional Systems Development).
- System-centred models: oriented towards the design of programmes or entire courses. These include the models of Diamond (1989), Dick and Carey (1996), Smith and Ragan (1993), and Paquette's MISA method (2002), adapted for e-learning.
- Learner-centred models: focusing on individualisation and motivation. They include Gerlach and Ely (1980), Kemp (1994), Heinich et al (1996), Keller's ARCS model (1980), and experiential approaches such as Kolb's (1984).

- Production-centred models: oriented towards the design of teaching resources or materials. These include Van Patten (1989), Leshin, Pollock & Reigeluth (1990) and Merrill (1990).
- Hybrid or other models: such as Gagné's nine instructional events model, Merriënboer's 4C/ID or Tripp and Bichelmeyer's Rapid Prototyping (RP).
- Cross-analysis of these models reveals a number of essential lessons for IPDM:
- Complementarity between approaches centred on the system (structuring, planning, evaluability) and those centred on the learner (commitment, self-regulation, lived experience). For example, the skills-based approach requires a detailed analysis of needs, rigorous formulation of objectives and consideration of the learner's actual activity (Tardif, 2006).
- The need to adapt models to specific contexts: although generic models such as ADDIE provide a structuring framework, their effectiveness depends on them being enriched by experiential (Kolb, 1984), socioconstructivist (Vygotski, 1978) or connectivist (Siemens, 2005) perspectives.
- The strategic value of pedagogical engineering, which enables design decisions to be aligned with institutional constraints, available technical resources and pedagogical aims, thus ensuring the overall coherence of the system.

In a model-driven pedagogical engineering (MDPE) approach, pedagogical design models such as ADDIE, SAM or Design Thinking are not used prescriptively. They are integrated as modular components in a modelled, automatable, reusable and interoperable design process. These models serve as a basis for the formal structuring of teaching elements and are used in the dynamic generation of adapted learning paths, in the automatic transformation of scenarios into digital teaching objects, and in the interactive and personalised monitoring of learner activity (Paulsen & Lindsay, 2024; Duan, Wang, & Rouamba, 2022). This approach is reinforced by advances in learning analytics and dashboard engineering, which make it possible to feed these metamodels with usable pedagogical data and promote real-time adaptation (Romero & Ventura, 2024). These models feed metamodels that organise the formal structuring of pedagogical elements, enabling the dynamic generation of personalised learning paths, real-time monitoring of learning, and the transformation of scenarios into digital formats that can be used in a variety of technological environments (Figure 1).

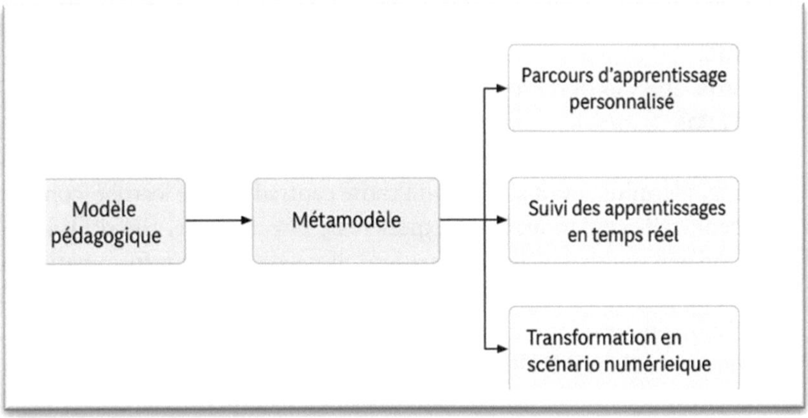

Figure 1: Cycle for transforming an educational model into a digital scenario.

The table below (table 1) compares the principles of each instructional design model used in a Model-Driven Instructional Design (MDI) approach. It presents their type, purpose and role in structuring training systems.

Table 1: Cross-referencing of different instructional design models

Modèle	Type de modèle	Finalité principale	Utilisation dans l'IPDM
ADDIE	Générique (systémique)	Structuration des étapes de conception	Modèle-cadre du cycle de vie des dispositifs
Dick & Carey	Systémique (cours/programme)	Alignement objectifs – évaluation	Modélisation des liens pédagogiques
MISA	Systémique (e-learning)	Scénarisation de dispositifs numériques	Formalisation d'objets pédagogiques
KOLB	Expérientiel (apprenant)	Ancrage par l'expérience vécue	Structuration d'activités immersives
ARCS	Motivationel (Apprenant)	Simulation de la motivation	Modélisation de la motivation

Modèle	Type de modèle	Finalité principale	Utilisation dans l'IPDM
4C / ID	Hybride (tâches complexes)	Maîtrise de tâches complexes en 4 composantes	Décomposition des compétences complexes
Connectivisme (Siemens)	Réseaux / émergents (Apprenant)	Apprentissage en réseaux et connectivité	Structure des réseaux d'apprentissage
Rapide prototyping	Hybride / iteratif	Prototypage et adaptation	Développement agile centré sur utilisateur

3. Crossover between pedagogical engineering and language didactics: towards an integrated approach to language training

The cross-fertilisation between model-driven pedagogical engineering and language didactics is now a strategic way of designing more coherent, contextualised and adaptive language training systems. Pedagogical engineering, particularly in its modelled version, offers a structured methodological framework based on phases of analysis, design, development, implementation and evaluation, as defined by models such as ADDIE, SAM or MISA. It enables learning paths to be rationalised, digital tools to be integrated (LMS, virtual reality, artificial intelligence) and systems to be aligned with institutional and technical constraints. Language teaching, for its part, relies on tried and tested teaching approaches – communicative, action-based, skills-based – which aim to place the learner at the heart of authentic communication situations, while taking into account the cultural, pragmatic and socio-affective variables specific to the acquisition of a foreign language.

The value of linking IPDM and language teaching lies in the functional complementarity of their respective rationales. Pedagogical engineering provides a systemic framework for organising the entire system, structuring learning paths, managing institutional constraints, integrating digital tools and planning assessment. Didactics, on the other hand, focuses more specifically on the nature of the content, the dynamics of interaction, linguistic progression and the quality of teaching situations. In other words, IPDM is involved in the macro-structuring of systems, while didactics works on the micro-scripting of sequences, in line with language objectives. This complementarity is particularly effective in online or hybrid training, where success depends as much on the robustness of the pedagogical architecture as on the relevance of the content and interaction methods (Gamage *et al.*, 2022; Rüütmann, 2023).

In concrete terms, this synergy makes it possible, for example, to design an FLE course on an LMS platform (such as Moodle) integrating a progression aligned with specific programmes, enriched with contextualised video capsules, virtual reality conversation simulators and adaptive assessment systems. Engineering structures the course and the environment, while didactics defines the types of activities, authentic media, teaching instructions and modes of interaction. The skills-based approach, which is frequently used in both fields, is a good illustration of this convergence: it requires a rigorous analysis of needs and tasks (engineering), as well as consideration of the language and socio-cognitive processes involved (didactics). In addition, models of experiential learning such as Kolb's (1984) help to anchor this concept in a cyclical logic of transformation of experience into knowledge, which can be mobilised by both designers and teachers.

However, if the two approaches are to be properly integrated, the people involved in the training need to be properly trained. Designers need to be able to mobilise pedagogical models (ADDIE, SAM, 4C/ID, Design Thinking), while mastering the reference frameworks and didactic methodologies specific to language teaching. The same applies to teachers, who need to understand the principles involved in designing teaching methods so that they can adapt them, contextualise them and run them effectively. The ultimate aim is to achieve professional hybridity: an integrated didactic engineering posture, capable of combining methodological rigour, pedagogical requirements and technological innovation.

Thus conceived, the link between IPDM and language teaching is not a matter of disciplinary juxtaposition, but of an integrative and operational approach, capable of meeting the challenges of language training in a digital, plurilingual and intercultural world.

The diagram below (Figure 2) illustrates the functional links between model-driven pedagogical engineering (MDE) and language didactics, highlighting the specific contributions of each field as well as their areas of intersection.

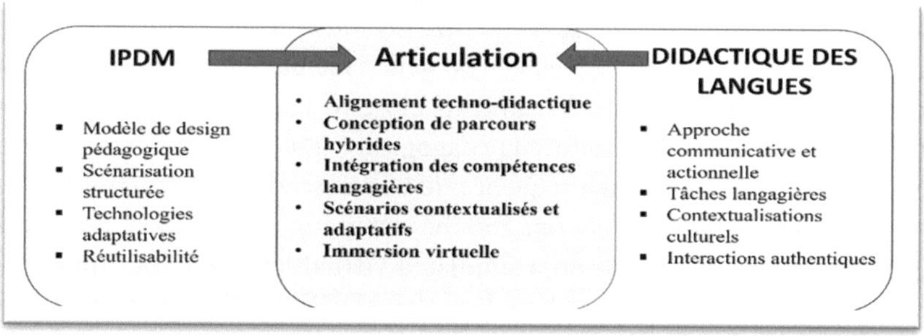

Figure 2: Synergy between IPDM and language didactics in the design of language training systems.

4. Immersive learning: a pedagogical innovation at the crossroads of language engineering and didactics

The integration of immersive technologies in language teaching and learning represents a major lever for pedagogical innovation, provided that it is guided by rigorous pedagogical engineering based on the fundamental principles of language didactics. Virtual reality (VR) and augmented reality (AR) offer contextualised, multi-sensory and interactive learning environments that simulate authentic language experiences. These environments allow intensive exposure to the target language in culturally and socially meaningful contexts, thus promoting memorisation, engagement and anchoring of learning (Radianti *et al.*, 2020). However, the mere presence of immersive devices is not enough to guarantee educational effectiveness. Their educational value lies in their design, which must respond to a structured logic that is coherent and aligned with the language objectives. With this in mind, pedagogical engineering models ensure alignment between pedagogical objectives, technological tools and learner engagement strategies, particularly in the context of immersive environments such as virtual and augmented reality.

These methodological frameworks make it possible to avoid a technocentric or gimmicky use of tools, by ensuring coherence between objectives, strategies, activities and assessment methods. At the same time, language teaching provides complementary theoretical and practical guidelines, particularly through the communicative approach, the action-oriented approach and the skills-based approach, which emphasise the active role of the learner as a social actor engaged in contextualised and finalised tasks. These approaches find a direct resonance in immersive devices, which facilitate the implementation of complex language tasks in contexts close to reality. The link between these two dimensions - structured pedagogical engineering and model-based didactics - enables immersive sequences to be designed in line with skill levels, target communication situations and the technological resources mobilised. A teaching scenario based on a simulated virtual language stay, for example, can combine a structure based on the ADDIE model, interaction-type activities in a simulated environment based on the action approach, and a progression aligned with the syllabus.

This cross-integration makes it possible to reinforce cognitive (comprehension, memory), affective (motivation, confidence) and social (interaction, cooperation) contributions, while providing teachers-designers with an operational framework for planning and assessing learning. Immersive language learning is therefore not simply a technological extension, but a reconfiguration of teaching practices, which requires a reasoned hybridisation of conceptual models from the educational sciences and language didactics.

5. Case study: Contribution of model-driven pedagogical engineering to the conception and design of an immersive learning situation in French literature

5.1. Synergy between model-driven pedagogical engineering (MDPE), French didactics and emerging technologies

The proposed diagram (figure 3) illustrates in a systemic way the possible synergy between three fundamental dimensions of the design of contemporary educational devices: emerging technologies, model-driven pedagogical engineering (MDPE), and language didactics, in particular that of French. Each of these dimensions contributes, according to its own logic, to enriching the learning experience. Emerging technologies such as gamification coupled with learning analytics, virtual and augmented reality, and artificial intelligence, make it possible to generate highly interactive and contextualised learning environments. They encourage real-time feedback, progression through literary narrative universes, and simulated dialogues with intelligent agents, all key elements in supporting learners' motivation, autonomy and commitment.

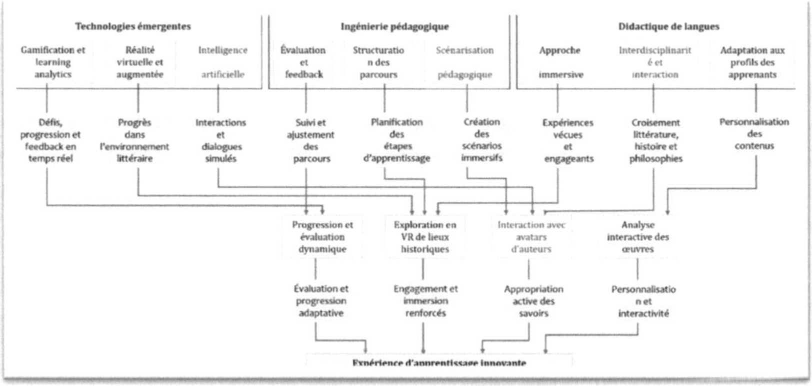

Figure 3: Synergy diagram: IPDM / DL / TI.

At the same time, pedagogical engineering provides a framework for structuring the systems, through three central components: formative assessment and feedback, pathway structuring, and pedagogical scripting. These areas ensure coherent planning of learning stages, dynamic adjustment of learning paths, and the design of immersive scenarios, particularly in relation to historical, cultural or literary content. IPDM thus makes it possible to link objectives, methods, resources and assessment, while ensuring adaptability to learner profiles and reusability of learning objects.

Language didactics, for its part, provides the pedagogical and epistemological foundations needed to anchor content in a disciplinary logic. The immersive approach, interdisciplinarity and adaptation to learner profiles enable content to be aligned with linguistic and literary learning objectives. It promotes features such as engaging real-life experiences, cross-fertilisation between literature, history and philosophy, and the personalisation of content. These elements are reflected in the diagram by activities such as VR exploration of historical sites, interactive analysis of works, or interaction with authors' avatars, which reinforce engagement and encourage active appropriation of knowledge.

5.2. Pedagogical process of the learning system

The diagram in figure 4 illustrates an immersive pedagogical scenario designed for students of French literature, based on the virtual exploration of emblematic Parisian locations associated with literary figures and currents. It is part of a model-driven pedagogical engineering (MDPE) approach, integrating immersive technologies and contextualised didactic approaches. The course is based on virtual reality immersion through a 3D reconstruction of Paris, accessible via an interactive platform and a VR headset. This technology immerses learners in a rich cultural and historical environment, stimulating active participation and cognitive engagement.

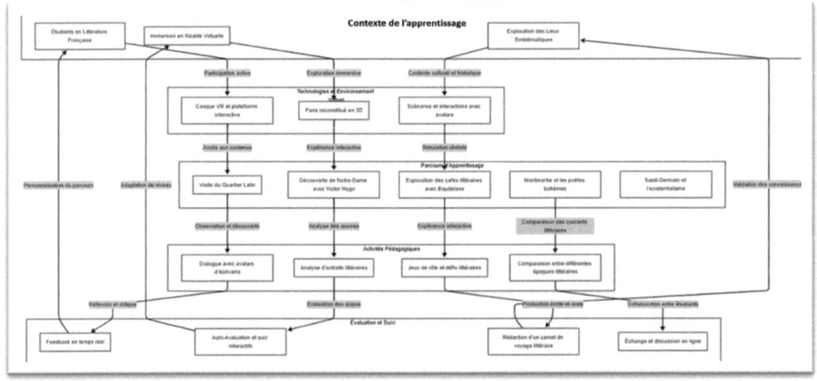

Figure 4: Pedagogical process diagram for the immersive learning system.

The scenario is structured around several experience areas. The first is a visit to the Latin Quarter, followed by a tour of Notre-Dame with Victor Hugo. This narrative approach contextualises learning and enables analysis of literary works directly related to the places explored. Learners interact with writers' avatars, simulating dialogues, and take part in pedagogical activities such as excerpt analysis, role-playing and literary challenges. The tour also includes an exploration of literary cafés with Baudelaire, Montmartre and the Bohemian poets, and Saint-Germain-des-Prés in connection with existentialism, enabling a comparison of literary currents and eras.

The whole system is punctuated by real-time feedback mechanisms, to personalise the course and adapt it to the students' level. Learning is monitored through self-assessment, interactive quizzes and final productions such as a literary travel diary. Peer-to-peer collaboration is fostered through online exchanges and discussion of experiences, reinforcing the co-construction of knowledge and reflexivity.

This model combines immersive technology, structured teaching scenarios and a contextualised didactic approach to create a rich learning experience, mobilising linguistic, cultural, analytical and expressive skills. It is a concrete example of integrated immersive pedagogy, supported by the principles of IPDM, and experiential learning theories.

5.3. Learning path

The sequence diagram presented (figure 5) models an immersive interaction scenario in a virtual reality environment, applied to the teaching of French literature. It highlights the exchanges between the various components of a techno-pedagogical device: the student, the virtual reality (VR) system, the simulated historical locations, the avatars of literary authors and the assessment module. This scenario is part of a model-driven pedagogical engineering (MDPE) approach, articulating phases of access, interaction, active learning and feedback.

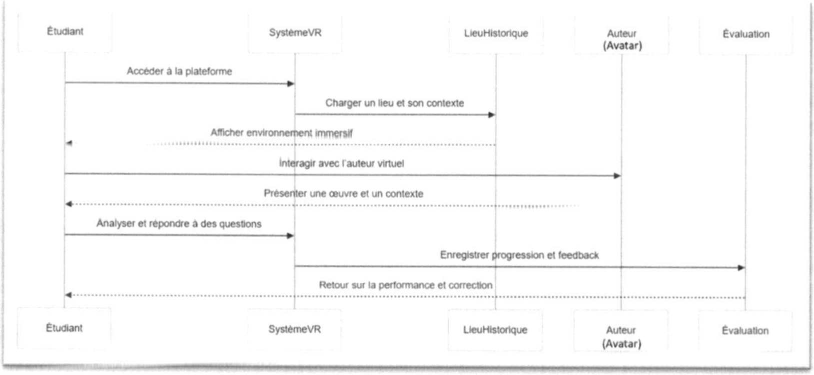

Figure 5: Learning path sequence diagram.

The interaction begins with the student accessing the immersive platform. The VR system, in response, loads a literary and historical location reconstituted in 3D, such as the Latin Quarter, Notre-Dame or the Parisian cafés associated with the writers studied. Once the environment is displayed, the student interacts with a simulated virtual author (e.g. an avatar of Victor Hugo or Baudelaire), who introduces a literary work and the context in which it was written. This immersive mediation provides a rich, multi-sensory cultural introduction to literary content.

The learner is then asked to analyse the proposed extract and answer a series of questions designed to mobilise skills of interpretation, literary criticism and contextualisation. These answers are recorded by the system, which transmits the data to the evaluation module. At the same time, the device tracks the student's progress, collects engagement indicators and activates automatic feedback in real or delayed time, depending on observed performance.

The cycle concludes with structured feedback, which may include correction indications, suggestions for further reading or guided self-assessment. This interaction model offers a concrete example of a device aligned with the principles of adaptive instructional design, where immersive technology serves active, scripted and contextualised learning, integrating formative assessment and reflective engagement.

5.4. IPDM/DL/IT synergy in the design of an immersive learning situation for French literature

The diagram in figure 6 summarises the synergy between three fundamental dimensions of immersive language instructional design: model-driven pedagogical engineering (MDPE), language didactics (LD) and immersive technologies (IT). It highlights their respective contributions to pedagogical innovation in language teaching, particularly in the context of an immersive approach applied to French literature.

For IPDM, the structuring of the learning path is based on proven methodological models such as ADDIE, Merrill or Kolb. These frameworks enable rigorous planning, from needs analysis to learning assessment, including the formulation of precise objectives and the choice of appropriate teaching strategies. In the case of teaching French literature, for example, a scenario involving virtual exploration of the Quartier Latin with contextualisation of the works of Baudelaire or Hugo can be planned following these steps. IPDM also offers personalised learning paths, notably via artificial intelligence, which adapts activities according to the learner's level and responses, and provides continuous, adaptive assessment, with real-time feedback on literary analysis or oral participation.

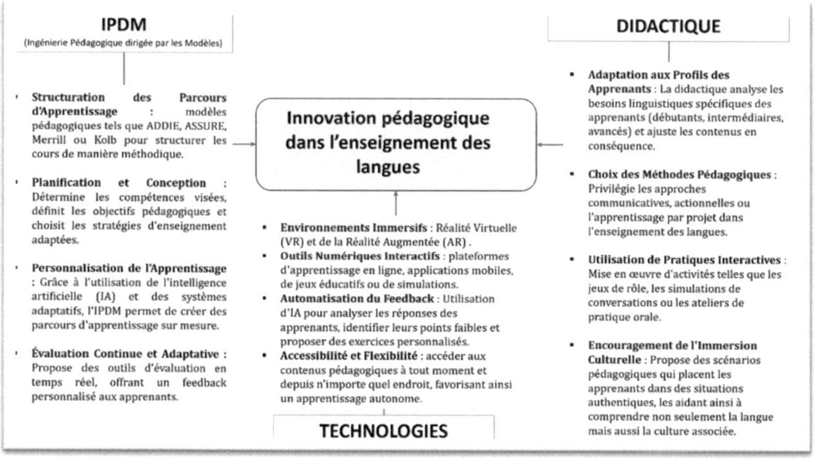

Figure 6: IPDM/DL/TI synergy for pedagogical innovation

In addition, language didactics ensures that linguistic, cultural and communicative content is relevant, accessible and adapted to learners' profiles. It recommends the use of communicative and action-based methods, which find concrete expression in activities such as role-playing with author avatars, creating literary travel diaries, or simulating conversations in Parisian literary cafés. Didactics also adds an essential cultural dimension, designing scenarios that anchor language learning in authentic, meaningful contexts, such as immersive interaction with an avatar of Jean-Paul Sartre in existentialist Saint-Germain.

Immersive technologies such as virtual reality (VR) and augmented reality (AR) play a catalytic role in this architecture. They enable the faithful recreation of iconic locations, simulated interaction with virtual authors, access to integrated multimedia content and the automation of certain evaluation tasks via AI. These tools make the experience more sensory, interactive and autonomous, offering learners the chance to navigate literary historical environments, listen to recitations of poems in their original context, or take part in simulated debates in places symbolic of French culture.

Pedagogical innovation thus emerges from the dynamic articulation between these three dimensions. IPDM provides the structural and methodological backbone; didactics guarantees linguistic, cultural and pedagogical coherence; technologies enrich the learning environment and facilitate engagement. Together, they enable the design of powerful immersive devices, such as scripted pathways exploring French literature through interactive immersion, where learners can, for example, visit a reconstructed Notre-Dame, interact with Victor Hugo, analyse an extract from Les Misérables and receive instant feedback on their written productions.

Conclusions

The immersive experiment described in this chapter provides a concrete illustration of the joint contributions of model-driven pedagogical engineering (MDPE), language didactics and immersive technologies to the design of innovative teaching-learning devices. By mobilising a culturally rich, scripted virtual environment, the experiment overcame the limits of a transmissive approach and anchored the learning of French literature in active, contextualised and engaging pedagogical practices. Interaction with reconstructed historical sites and author avatars encouraged cognitive immersion, critical reflection and the appropriation of literary heritage, while supporting the development of linguistic, intercultural and digital skills.

This integrated approach confirms the relevance of a model based on the methodical articulation between pedagogical planning (via IPDM models), didactic anchoring (via communicative and action-based approaches) and the potential offered by virtual reality and artificial intelligence. It also demonstrates that technology, far from being an end in itself, becomes a powerful lever when used in the service of clear pedagogical objectives and carefully designed scenarios. In this sense, the proposed immersive experience is a transferable example of techno-pedagogical convergence, capable of renewing language and literature training practices in academic and professional contexts.

Finally, this approach calls for a rethinking of the roles of teacher, instructional designer and learner, emphasising the need for ongoing training in immersive scripting, adaptive assessment and technological mediation. It thus paves the way for a progressive rethinking of French language teaching, based on innovation, personalisation and critical engagement.

Bibliographical References

Abilova, Z. Z. (2024). 'Digital engineering – A new didactic method in education'. *European Journal of Research and Reflection in Educational Sciences*, *12*(6).

Barhone, J. E., Erradi, M., & Khaldi, M. (2024). 'An innovative collaborative approach to university training for learner-teachers'. *International Journal of Adult Education and Technology*, *15*(1), 1-14. https://doi.org/10.4018/IJAET.343313

Bucchiarone, A., Vazquez-Ingelmo, A., Schiavo, G., Barandoni, S., Garcia-Holgado, A., Garcia-Penalvo, F. J., Mosser, S., Pierantonio, A., Zschaler, S., & Barnett, W. (2023). 'Towards Personalized Learning Paths to Empower Competence Development in Model Driven Engineering Through the ENCORE Platform'. In *Proceedings – 2023 ACM/IEEE International Conference on Model Driven Engineering Languages and Systems Companion, MODELS-C 2023* (pp. 122-129). (Proceedings – 2023 ACM/IEEE International Conference on Model Driven Engineering Languages and Systems Companion, MODELS-C 2023). Institute of Electrical and Electronics Engineers Inc. https://doi.org/10.1109/MODELS-C59198.2023.00036

Constantinou, C., Nicolaou, C., & Papaevripidou, M. (2019). 'A framework for modelling-based learning, teaching, and assessment'. In *Models and Modelling in Science Education* (pp. 39-62). Springer. https://doi.org/10.1007/978-3-030-30255-9_3

Cottier, P., Choquet, C., & Tchounikine, P. (2008). 'Repenser l'ingénierie des EIAH pour des enseignants concepteurs'. In J. Dinet (ed.), *Usages, usagers et compétences informationnelles au XXIe siècle* (pp. 159-193). Hermès-Lavoisier.

Dick, W., Carey, L., & Carey, J. O. (2005). *The systematic design of instruction* (6th ed.). Allyn & Bacon.

Duan, X., Wang, C., & Rouamba, G. (2022). 'Designing a learning analytics dashboard to provide students with actionable feedback and evaluating its impacts'. In *Proceedings of the 14th International Conference on Computer Supported Education (CSEDU 2022)* (Vol. 2, pp. 117-127). SCITEPRESS. https://doi.org/10.5220/0011116400003182

Erradi, O., Barhone, J. E., & Khaldi, M. (2024). 'Main models of design and pedagogical scenarisation for online adult training courses'. In M. Khaldi (ed.), *Fostering pedagogical innovation through effective instructional design* (pp. 228-244). IGI Global. https://doi.org/10.4018/979-8-3693-1206-3.ch010

Figueroa, R. B., Jr., & Jung, I. (2025). 'Integrating VR tours in online language learning: A design-based research study'. *arXiv Preprint*. https://arxiv.org/abs/2505.00264

Gaebel, M., Zhang, T., Stoeber, H. & Morrisroe, A. (2021). 'Digitally enhanced learning and teaching in European higher education institutions'. *European University Association absl.*

Gagné, R. M. (1977). *The conditions of learning* (3rd ed.). Holt, Rinehart & Winston.

Gamage, K., Gamage, A., & Dehideniya, S. (2022). 'Online and hybrid teaching and learning: Enhance effective student engagement and experience'. *Education Sciences*, *12*(10), 651. https://doi.org/10.3390/educsci12100651

Gašević, D., Dawson, S., & Siemens, G. (2015). 'Let's not forget: Learning analytics are about learning'. *TechTrends*, *59*(1), 64-71. https://doi.org/10.1007/s11528-014-0822-x

Godwin-Jones, R. (2023). 'Presence and agency in real and virtual spaces: The promise of extended reality for language learning'. *Language Learning & Technology*, *27*(3), 6-26. https://hdl.handle.net/10125/73529

Gustafson, K. L., & Branch, R. M. (2002). *Survey of instructional development models* (4th ed.). Syracuse University.

Hu, Y., Wong, R. M., Adesope, O., & Taylor, M. E. (2020). 'Effects of a computer-based learning environment that teaches older adults how to install a smart home system'. *Computers & Education*, *149*, 103816. https://doi.org/10.1016/j.compedu.2020.103816

Hua, C., & Wang, J. (2023). 'Virtual reality-assisted language learning: A follow-up review (2018-2022)'. *Frontiers in Psychology*, *14*, 1153642. https://doi.org/10.3389/fpsyg.2023.1153642

Kelly, A., & Bugallo, M. (2023). 'Cognitive Load, Transfer, and Instructional Decision-Making in an Informal Middle School STEM Integration Program'. https://doi.org/10.18260/1-2--43221

Kolb, D. A. (1984). *Experiential learning: Experience as the source of learning and development*. Prentice-Hall.

Marrahi-Gomez, V., & Belda-Medina, J. (2024). 'Assessing the effect of augmented reality on English language learning and student motivation in secondary education'. *Frontiers in Education*, *9*, 1359692. https://doi.org/10.3389/feduc.2024.1359692

Paquette, G. (2002). *L'ingénierie pédagogique : pour construire l'apprentissage en réseau*. Presses de l'Université du Québec. https://doi.org/10.14375/NP.9782760511620

Paquette, G. (2003). *Instructional engineering for network-based learning.* Pfeiffer/Wiley.

Paulsen, L., & Lindsay, E. (2024). 'Learning analytics dashboards are increasingly becoming about learning and not just analytics: A systematic review'. *Education and Information Technologies, 29*(11), 14279-14308. https://doi.org/10.1007/s10639-023-12401-4

Perris, Kirk. (2021). 'Book Review: MOOCs and Open Education in the Global South: Challenges, Successes and Opportunities'. *The International Review of Research in Open and Distributed Learning, 22*, 216-220. https://doi.org/10.19173/irrodl.v22i1.5273

Radianti, J., Majchrzak, T. A., Fromm, J., & Wohlgenannt, I. (2020). 'A systematic review of immersive virtual reality applications for higher education: Design elements, lessons learned, and research agenda'. *Computers & Education, 147*, 103778. https://doi.org/10.1016/j.compedu.2019.103778

Romero, C., & Ventura, S. (2024). 'Educational data mining and learning analytics: An updated survey'. *arXiv Preprint.* https://arxiv.org/abs/2402.07956

Rüütmann, T. (2023). 'Engineering pedagogy and engineering educators' competency model for effective teaching and learning STEAM'. *Problems of Education in the 21st Century, 81*(4), 531-548.

Sengul, C., Neykova, R. & Destefanis, G. (2024). 'Software engineering education in the era of conversational AI: current trends and future directions'. *Front. Artif. Intell.* 7, 1436350. https://doi.org/10.3389/frai.2024.1436350

Siemens, G. (2005). 'Connectivism: A learning theory for the digital age'. *International Journal of Instructional Technology and Distance Learning,* 2(1). http://www.itdl.org/Journal/Jan_05/article01.htm

Siemens, G., & Long, P. (2011). 'Penetrating the fog: Analytics in learning and education'. *Educause Review, 46*(5), 30-40.

Sutarman, A., Williams, J., Wilson, D., & Ismail, F. B. (2023). 'A Model-Driven Approach to Developing Scalable Educational Software for Adaptive Learning Environments'. *International Transactions on Education Technology (ITEE).*

Tardif, J. (2006). *L'évaluation des compétences : documenter le parcours de développement.* Chenelière Éducation.

Tymkiv, N., & Kryvtsun, N. (2023). 'Engineering pedagogy as the theoretical basis of training engineers'. *Annales Universitatis Mariae*

Curie-Skłodowska, sectio J – Paedagogia-Psychologia, *36*(3), 79-91. https://doi.org/10.17951/j.2023.36.3.79-91

Vygotsky, L. S. (1978). *Mind in society: The development of higher psychological processes* (M. Cole, V. John-Steiner, S. Scribner, & E. Souberman, eds.). Harvard University Press.

Zhubi, A., & Ismajli, H. (2022). 'The interconnection between technological, pedagogical and content knowledge in primary school lesson planning'. *Journal of Social Studies Education Research*, *13*(2), 125-146.

SECTION IV

Projets de doctorat basés sur des corpus : applications et études de cas / Doctoral Projects Based on Corpora: Applications and Case Studies

La Didactique Argumentative et Énonciative (DAE) : un outil pour améliorer la production écrite en FLE au niveau B1

*Laure Bracq**

RÉSUMÉ
Ce chapitre analyse l'impact de la Didactique Argumentative et Énonciative (DAE), élaborée par M. Tordesillas, sur l'amélioration de l'expression écrite en FLE, niveau B1. L'étude repose sur l'analyse de 153 productions écrites d'apprenants hispanophones réparties sur trois années universitaires. Après avoir identifié les principales difficultés linguistiques et discursives rencontrées par les étudiants, l'auteure propose une méthodologie basée sur la DAE. L'étude comparative met en évidence une progression notable des compétences pragmatiques, en particulier la structuration du discours, la mobilisation des marqueurs discursifs et l'usage d'exemples concrets.

Mots clés : didactique de l'écrit, FLE, argumentation, énonciation, niveau B1, DAE, production écrite

ABSTRACT
This chapter examines the impact of the Didactique Argumentative et Énonciative (DAE), developed by M. Tordesillas, on the improvement of written production in French as a foreign language (FLE) at the B1 level. The study analyzes 153 written assignments from Spanish-speaking students over three academic years. After identifying the main linguistic and discursive difficulties, the author proposes a methodology grounded in the DAE. The comparative results show a clear improvement in pragmatic skills, especially in discourse structuring, the use of discourse markers, and the integration of concrete examples.

Keywords: writing pedagogy, FLE, argumentation, enunciation, B1 level, DAE, written production

Sommaire

1. Introduction 216
2. Cadre théorique : production écrite et DAE 217
   2.1. Les exigences de la production écrite en FLE B1 217
   2.2. Les fondements de la Didactique Argumentative et Énonciative (DAE) 218
3. Méthodologie de recherche 220
   3.1. Constitution du corpus 220
   3.2. Critères d'évaluation des productions écrites 221

* Universidad Autónoma de Madrid, laure.bracq@uam.es

4. Résultats de l'analyse comparative 222
4.1. Productions sans DAE vs avec DAE 222
4.2. Devoirs préparés à domicile vs examens en présentiel 224
4.3. Évolution des compétences de 2022 à 2024 225
5. Discussion : apports de la DAE à l'apprentissage de l'écrit 226
5.1. Structuration du discours et planification textuelle 226
5.2. Développement des compétences pragmatiques et discursives 227
5.3. Sensibilisation à la subjectivité et à l'énonciation 227
6. Conclusions 228
Références bibliographiques 229

1. Introduction

Dans le contexte de l'enseignement du français langue étrangère (FLE), la production écrite représente, pour de nombreux apprenants, l'une des compétences les plus complexes à acquérir. Cet exercice exige en effet la mobilisation simultanée de connaissances linguistiques, discursives et culturelles, ainsi qu'une certaine capacité à structurer un propos de manière cohérente et convaincante. Si la maîtrise de la morphosyntaxe et du lexique est indispensable, elle ne suffit cependant pas à garantir une production efficace : encore faut-il que l'apprenant soit en mesure d'organiser ses idées, de défendre une opinion et d'articuler ses arguments dans un cadre textuel approprié.

Cette exigence devient particulièrement manifeste au niveau B1 du Cadre européen commun de référence pour les langues (CECR), niveau dit « seuil », où l'on attend des apprenants qu'ils puissent produire un texte clair et relativement structuré sur des sujets d'intérêt personnel ou général. Or force est de constater que, dans de nombreux cas, les productions des étudiants restent en deçà de ces attentes : manque de structuration, absence d'exemples concrets, confusion entre argument et illustration, usage restreint des marqueurs discursifs, ou encore recours excessif à une syntaxe élémentaire.

Face à ces difficultés, la question de la méthodologie d'enseignement se pose avec acuité. Comment aider les étudiants à développer leurs compétences rédactionnelles ? Quelles approches pédagogiques permettent non seulement d'améliorer leur performance linguistique, mais aussi de renforcer leur capacité à structurer une pensée critique et nuancée à l'écrit ?

C'est dans cette perspective que s'inscrit notre étude, qui interroge la pertinence et l'efficacité de la Didactique Argumentative et Énonciative (DAE), telle qu'elle a été conçue et développée par Marta Tordesillas. Fondée sur la théorie de l'argumentation dans la langue et sur la théorie de l'énonciation, la DAE propose une approche discursive de l'enseignement des langues, visant à sensibiliser les apprenants à la structure linguistique du discours et aux procédés qui en organisent la cohérence argumentative.

Notre hypothèse est que l'intégration de la DAE dans l'enseignement de la production écrite en FLE permet une amélioration sensible des compétences pragmatiques des apprenants, en particulier en matière de structuration textuelle, d'usage des marqueurs discursifs et de formulation d'opinions étayées par des exemples. Afin de vérifier cette hypothèse, nous avons mené une analyse comparative sur un corpus de 153 productions écrites d'étudiants hispanophones de niveau B1, recueillies sur trois années universitaires consécutives (2021-2024). Ces productions, réparties entre devoirs faits à la maison, devoirs rédigés en classe et examens finaux, ont été évaluées selon les critères du CECR et du DELF B1.

Dans ce chapitre, nous nous attacherons tout d'abord à poser le cadre théorique qui sous-tend notre démarche, en présentant les caractéristiques de la production écrite en B1 ainsi que les fondements de la DAE (section 2). Nous exposerons ensuite la méthodologie suivie pour la constitution du corpus et l'analyse des données (section 3). Une attention particulière sera accordée aux résultats de l'analyse comparative entre productions avec et sans recours à la DAE, notamment en termes d'organisation du discours et d'expression de l'opinion (section 4). Enfin, nous discuterons les apports de la DAE à l'apprentissage de l'écrit en FLE et proposerons quelques pistes pédagogiques (section 5), avant de conclure sur les perspectives ouvertes par cette approche (section 6).

2. Cadre théorique : production écrite et DAE

2.1. Les exigences de la production écrite en FLE B1

Au niveau B1 du CECR, la production écrite suppose la capacité de rédiger un texte relativement structuré, cohérent et adapté à la situation de communication. L'apprenant est amené à « produire des textes suivis non complexes sur une gamme de sujets variés dans son domaine » (CECR, 2021 : 70). Deux types d'exercices de production écrite sont proposés : l'écriture créative ou bien les essais et rapports. Pour cela, il doit utiliser plusieurs compétences langagières communicatives. Le CECR a regroupé les principales en trois catégories : la compétence linguistique, la compétence sociolinguistique et la compétence pragmatique. Ces trois compétences « ne peuvent pas être isolées les unes des autres » (ibid. : 135), elles « sont toujours imbriqué[es] dans l'utilisation d'une langue » (ibid.). En d'autres termes, il ne s'agit plus seulement de maîtriser la grammaire ou le lexique, mais de savoir structurer un discours, organiser des idées et développer un raisonnement, autant de compétences que l'on peut regrouper sous la notion de compétence discursive.

Pourtant, l'observation de productions réelles d'apprenants révèle de nombreuses difficultés : enchaînements logiques peu clairs, juxtaposition d'énoncés sans cohésion, absence de paragraphes, usage limité des connecteurs ou confusion entre argument et exemple. Ces lacunes rendent souvent les textes difficilement lisibles et empêchent le développement d'une pensée construite. En outre, beaucoup d'apprenants ne sont pas familiers avec les attentes du genre argumentatif, notamment lorsqu'ils proviennent de systèmes éducatifs où l'expression d'une opinion personnelle ou la défense d'un point de vue à l'écrit ne sont pas enseignées de façon explicite.

Dans ce contexte, la production écrite constitue pour eux une double difficulté : il leur faut, d'une part, maîtriser les outils linguistiques nécessaires à la rédaction d'un texte cohérent et, d'autre part, s'approprier les règles culturelles et discursives du genre argumentatif en français. La complexité du genre réside dans sa structure : une introduction qui annonce la problématique et la position du locuteur, un développement organisé en arguments soutenus par des exemples, et une conclusion qui récapitule et reformule la position adoptée. Ce schéma, bien connu dans la tradition rhétorique occidentale, n'est pas toujours intuitif pour les apprenants non natifs.

Face à ce constat, il devient impératif de proposer une approche didactique qui accompagne les étudiants dans cette transition vers une production plus structurée, plus nuancée et plus consciente des mécanismes de la langue. C'est précisément l'objectif poursuivi par la Didactique Argumentative et Énonciative (DAE), qui vise à outiller les apprenants pour qu'ils comprennent la logique interne du discours et puissent la reproduire dans leurs propres productions.

2.2. Les fondements de la Didactique Argumentative et Énonciative (DAE)

La DAE, développée par Marta Tordesillas, repose sur l'articulation de deux champs théoriques : la théorie de l'argumentation dans la langue (Anscombre et Ducrot, 1983) et la théorie de l'énonciation (Benveniste, 1970 ; Maingueneau, 1996). Ces deux approches, loin d'être concurrentes, sont mobilisées de manière complémentaire pour envisager la langue comme un système intrinsèquement subjectif, orienté vers le destinataire, et porteur de visées argumentatives.

Selon cette conception, tout énoncé est potentiellement argumentatif, c'est-à-dire porteur d'une orientation qui cherche à influencer l'interprétation du destinataire. L'enjeu n'est donc plus uniquement linguistique, mais également discursif : il s'agit d'apprendre à dire, à structurer et à faire valoir une position. L'énonciation, en tant qu'acte de prise de parole dans un cadre situationnel donné, permet à l'apprenant de se positionner dans et par son discours, en articulant ses marques subjectives (opinions, évaluations, prises de distance ou d'adhésion).

La DAE s'inspire également de la tradition rhétorique, notamment aristotélicienne, en réhabilitant les étapes de l'*inventio* (la recherche des idées) et de la *dispositio* (l'organisation du discours). Elle propose aux enseignants et aux apprenants une architecture linguistique générale du texte argumentatif, composée d'expressions introductives, de marqueurs d'opinion, de connecteurs logiques, d'expressions concessives, d'exemples illustratifs, etc. Ce matériel linguistique, collecté et classifié dans les ouvrages de Tordesillas (2014, 2021), constitue une base méthodologique précieuse pour accompagner l'apprentissage progressif de l'argumentation.

> Nuestro objetivo no es otro que el de favorecer la creación de un discurso que ofrezca un planteamiento claro y coherente a través de una arquitectura organizada por la cohesión de ideas hiladas, mediante los instrumentos discursivos que la propia lengua ofrece […][1]. (Tordesillas, 2014 : 69)

L'approche didactique qu'elle propose se caractérise par sa clarté, sa progressivité et son ancrage dans des corpus authentiques. L'objectif est de faire prendre conscience aux apprenants que la langue est porteuse de sens subjectifs, que chaque choix linguistique implique une position, et que le discours n'est pas une simple juxtaposition de phrases mais une construction stratégique. En d'autres termes, enseigner à écrire revient aussi à enseigner à penser, à structurer une argumentation, à anticiper les objections et à formuler des concessions.

---

[1] Notre objectif n'est autre que de favoriser la création d'un discours clair et cohérent à travers une architecture organisée par la cohésion d'idées reliées entre elles grâce aux instruments discursifs que la propre langue offre […]. (notre traduction)

3. Méthodologie de recherche

3.1. Constitution du corpus

Afin d'évaluer l'impact réel de la Didactique Argumentative et Énonciative (DAE) sur la production écrite des apprenants de FLE au niveau B1, nous avons constitué un corpus composé de 153 productions écrites rédigées par des étudiants hispanophones inscrits à des cours annuels de français, dispensés en présentiel ou en distanciel selon les groupes, au sein d'une même université espagnole. Les données ont été collectées sur une période de trois années universitaires consécutives : 2021-2022, 2022-2023 et 2023-2024.

Les étudiants concernés appartenaient à deux formations universitaires : la Licence en Relations Internationales (quatrième année) et la Licence en Traduction et Interprétation (première année). Leur profil linguistique présente des caractéristiques homogènes : tous hispanophones natifs, ces étudiants avaient déjà étudié l'anglais en tant que langue B, avec un niveau avancé attesté. Le français représentait dans tous les cas une troisième langue étrangère, ce qui a permis de travailler sur un niveau B1 sans lacunes majeures dans les compétences réceptives, même si certaines compétences A2, notamment l'expression des sentiments dans des récits personnels, restaient à consolider.

Le corpus comprend trois types de productions écrites :

- des devoirs faits à la maison, avec possibilité d'accès à Internet et à des outils de traduction ;
- des devoirs préparés à la maison mais rédigés en classe, sans aucun document ;
- des examens de fin d'année, réalisés en classe dans des conditions strictes, sans aide extérieure.

Les sujets proposés suivaient les recommandations du CECR de l'interaction écrite. Dans le cadre de l'écriture créative, l'apprenant peut, par exemple, « faire une critique simple d'un film, un livre » (CECR, 2021 : 71). Et dans la catégorie Essais et rapports, il est amené à « produire un texte sur un sujet en rapport avec son centre d'intérêt, en utilisant un langage simple pour lister les avantages et les inconvénients, donner et justifier son opinion » (ibid. : 73).

Pour éviter les biais liés à l'usage des traducteurs automatiques et à l'intelligence artificielle, les consignes des devoirs préparés ont été adaptées à partir de 2022. Ainsi, les étudiants étaient informés à l'avance du thème général (par exemple : la consommation de viande) afin de leur permettre d'anticiper le lexique, mais la formulation exacte du sujet n'était révélée qu'au moment de la rédaction en classe. Cette précaution visait à garantir l'authenticité des productions tout en réduisant l'anxiété liée à la tâche.

Tous les textes ont été anonymisés et codifiés (par exemple : *C1_PE_001*), en respectant le règlement général sur la protection des données. Ils ont été classés par corpus, selon l'année universitaire, le type de devoir et le thème traité (critique de film ou de roman, essai d'opinion, etc.). L'objectif était de comparer des productions équivalentes en termes de conditions de réalisation, de niveaux linguistiques et de consignes, afin d'évaluer de façon fiable l'effet de la DAE sur les compétences rédactionnelles.

3.2. Critères d'évaluation des productions écrites

L'évaluation des productions s'est appuyée sur les descripteurs officiels du CECR pour le niveau B1 ainsi que sur la grille de notation du DELF B1, diplôme internationalement reconnu pour la certification du FLE. Cette grille comporte cinq critères regroupés en trois grandes compétences :

- Compétences pragmatiques :
  - Réalisation de la tâche (respect de la consigne, structuration du propos, présence d'exemples)
  - Cohérence et cohésion (enchaînement logique, connecteurs, mise en page)
- Compétence sociolinguistique :
  - Adéquation du registre et respect des normes d'interaction écrite
- Compétences linguistiques :
  - Richesse et correction du lexique
  - Maîtrise morphosyntaxique (conjugaison, accords, syntaxe de la phrase simple, structures complexes courantes)

Les copies ont été évaluées selon trois niveaux :

- Non acquis (NA) : compétences inférieures à B1, nombreuses lacunes, incompréhensions
- En cours d'acquisition (ECA) : maîtrise partielle, mais insuffisante pour atteindre pleinement les critères du niveau
- Acquis (A) : production conforme aux attentes du niveau B1

En parallèle de cette évaluation sommative, une grille qualitative a permis de relever de manière détaillée les types d'erreurs récurrents (lexique, syntaxe, conjugaison, ponctuation, etc.) ainsi que les marqueurs de progrès (utilisation variée de connecteurs, emploi du subjonctif, présence d'hypothèses irréelles, etc.).

Une typologie simplifiée des erreurs a été mise en place à des fins pédagogiques, afin de favoriser l'autocorrection des étudiants : chaque erreur relevée était marquée par une abréviation (ex. : *A* pour accord, *L* pour lexique, *Ponc* pour ponctuation), tandis que les réussites (utilisation de synonymes, emploi d'expressions d'opinion variées, phrases complexes) étaient soulignées positivement pour valoriser les acquis.

Cette double approche, à la fois normative et formative, s'inscrit dans l'esprit de la DAE qui valorise l'apprentissage réflexif et considère l'erreur comme une étape essentielle dans le processus d'acquisition.

4. Résultats de l'analyse comparative

4.1. Productions sans DAE vs avec DAE

L'une des premières observations issues de l'analyse comparative porte sur les différences significatives entre les productions réalisées avant l'introduction de la Didactique Argumentative et Énonciative (DAE) et celles rédigées après son intégration dans les cours. Pour garantir la comparabilité des données, nous avons examiné un sous-corpus homogène : trois groupes d'étudiants ayant rédigé une fiche de lecture sur le roman *No et moi* de Delphine de Vigan, dans des conditions similaires, avec la même consigne et sous la supervision du même enseignant.

Les résultats sont sans équivoque (voir le tableau 1) :

- seuls 22 % des étudiants sans DAE structuraient leur texte en paragraphes distincts, contre 90 % pour les étudiants ayant suivi l'approche DAE ;
- aucun étudiant du groupe sans DAE ne fournissait d'exemple concret pour justifier son opinion, tandis que 90 % des productions du groupe DAE incluaient des illustrations précises.

Tableau 1: Résultats des devoirs faits à la maison sans utiliser la DAE et après avoir utilisé la DAE

Architecture linguistique de Tordesillas	Exemple sans DAE	Exemple avec DAE
mise en page	0	4 paragraphes + 1 interligne
Introduction		
expression qui introduit le thème	0	0
thème	*No et moi*	*L'œuvre « No et moi » de Delphine de Vigan*
expression d'appréciation	*Je pense qu'il valait la peine de lire*	*Certains aspects m'ont plu, d'autres ne m'ont pas convaincue*
Développement		
marqueur du discours	0	Tout d'abord,
expression qui introduit une opinion	0	*ce que j'ai aimé*
contre-argument / argument	0	*la relation entre Lou et No*
marqueur du discours	0	*Cependant, il y a aussi des aspects du roman que je n'ai pas appréciés autant.*
expression qui introduit une opinion	0	*Je ne crois pas que*
Argument / contre-argument	A aimé les personnages réalistes	*l'épilogue soit très développé pour conclure l'histoire.*
expression qui introduit une justification de l'argument	0	0
justification argument	Mentionne les personnages, Lou et No, mais les exemples sont très vagues, *elles apprennent des « leçons de vie »* et *No change sa vie pour le mieux*	0

(Suite)

Tableau 1: (Suite)

Architecture linguistique de Tordesillas	Exemple sans DAE	Exemple avec DAE
Conclusion		
expression qui introduit une conclusion, une conséquence		*En conclusion,*
expression qui introduit une opinion	*Je crois que*	*j'ai véritablement apprécié « No et moi »*
opinion	*un bon livre /bonne lecture*	*L'expérience a été belle, donc j'ai aimé bien le roman.*

Les productions sans DAE souffrent souvent d'un manque d'organisation : absence d'introduction claire, absence de conclusion, enchaînement linéaire ou répétitif des idées. Le plan argumentatif y est quasi inexistant, et l'opinion exprimée reste souvent implicite ou peu étayée. En revanche, les productions encadrées par la DAE font apparaître un schéma discursif plus structuré, une meilleure gestion des connecteurs logiques et une conscience accrue du rôle communicatif de chaque partie du texte.

L'analyse fine des productions révèle également une plus grande diversité lexicale et une utilisation plus systématique des marqueurs discursifs dans les copies rédigées avec l'aide de la DAE. Cela semble indiquer non seulement une amélioration de la compétence linguistique, mais aussi un progrès dans la prise de conscience du fonctionnement argumentatif du discours.

4.2. Devoirs préparés à domicile vs examens en présentiel

Un deuxième axe d'analyse porte sur la comparaison entre les devoirs préparés à domicile (avec accès à Internet) et les examens en classe, réalisés sans documents. À première vue, on pourrait s'attendre à ce que les devoirs faits à la maison soient plus riches sur le plan lexical et mieux structurés. Or les résultats de notre étude tendent à nuancer cette hypothèse.

Si les productions faites à domicile présentent parfois une orthographe plus soignée et un lexique plus élaboré – vraisemblablement grâce à l'aide d'outils numériques – elles ne se distinguent pas nécessairement par une meilleure organisation discursive. Plusieurs devoirs affichent une structure confuse, des contradictions entre les arguments ou des conclusions incohérentes avec le développement. Par ailleurs, l'usage des marqueurs discursifs y est souvent artificiel ou inapproprié.

En revanche, les examens réalisés en présentiel, notamment ceux rédigés après plusieurs mois de pratique de la DAE, présentent une progression marquée en matière de cohérence textuelle et d'efficacité argumentative. Les étudiants y mobilisent les schémas appris en cours, utilisent des transitions claires et illustrent leurs arguments par des exemples concrets. Ces éléments, absents des premières copies analysées, semblent avoir été intériorisés au fil du temps.

Cette constatation confirme que l'amélioration observée ne résulte pas uniquement de l'accès aux ressources numériques, mais bien d'un apprentissage progressif des structures discursives favorisé par la DAE. L'impact de cette méthodologie apparaît ainsi plus net dans les productions rédigées en autonomie, sans aide extérieure, où l'apprenant démontre sa capacité à mobiliser spontanément les outils discursifs intégrés en amont.

4.3. Évolution des compétences de 2022 à 2024

Enfin, nous avons observé l'évolution des productions écrites sur deux années universitaires, en analysant spécifiquement les examens de fin d'année, réalisés dans des conditions similaires et sans document (voir le tableau 2). Cette comparaison longitudinale permet de mesurer l'évolution des compétences sur un plan quantitatif et qualitatif.

Les 17 copies de l'année 2021-2022 (avant l'introduction de la DAE) révèlent un niveau infra B1 dans la majorité des cas : productions linéaires, absence de plan, faible maîtrise des temps verbaux, lexique répétitif, manque de connecteurs logiques. En revanche, après introduction de la DAE, les neuf productions de 2023-2024 montrent une consolidation des acquis. On note :

- meilleure gestion des paragraphes ;
- enrichissement des expressions d'opinion (au-delà de *je pense que*) ;
- apparition de structures complexes (hypothèses irréelles, subjonctif, tournures concessives).

Même si certaines erreurs linguistiques persistent, notamment dans les temps du passé ou l'accord des adjectifs, les productions témoignent d'une plus grande conscience discursive, ce qui constitue un indicateur fort de progression. En d'autres termes, les étudiants, à travers l'application continue de la DAE, sont passés d'une logique linguistique à une logique textuelle et argumentative.

Tableau 2: Résultats des examens de fin d'année sans utiliser la DAE et après avoir utilisé la DAE

		Examens sans DAE (corpus 4)			Examens avec DAE (corpus 15)		
		NA	**ECA**	**A**	**NA**	**ECA**	**A**
Comp. Pragmatiques	**Réalisation de la tâche**	6 %	94 %				100 %
	Cohérence et cohésion		100 %				100 %
Comp. Sociolinguistique				100 %			100 %
Comp. Linguistiques	**Lexique**		100 %				100 %
	Morphosyntaxe		100 %				100 %

5. Discussion : apports de la DAE à l'apprentissage de l'écrit

Les résultats exposés dans la section précédente mettent en évidence les effets bénéfiques de l'intégration de la Didactique Argumentative et Énonciative (DAE) dans les cours de FLE, notamment en ce qui concerne la production écrite de niveau B1. Ces effets ne se limitent pas à une amélioration formelle des productions, mais traduisent un changement plus profond dans la manière dont les apprenants envisagent l'écriture en langue étrangère. Cette section propose une analyse des apports spécifiques de la DAE à partir de trois axes complémentaires : la structuration du discours, le développement des compétences pragmatiques, et la prise de conscience du fonctionnement énonciatif de la langue.

5.1. Structuration du discours et planification textuelle

L'un des apports majeurs de la DAE réside dans l'aide qu'elle apporte aux apprenants pour organiser leurs idées selon une architecture textuelle claire. À travers les modèles proposés par Tordesillas, les étudiants apprennent à identifier les différentes parties du texte (introduction, développement, conclusion), à structurer leurs arguments de manière ordonnée et à insérer des marqueurs discursifs qui guident le lecteur dans la progression argumentative.

Cette structuration ne relève pas uniquement d'un formalisme scolaire : elle permet une meilleure lisibilité du message et favorise la cohérence de la pensée. Loin de brider la créativité, elle fournit un cadre rassurant qui facilite la production. En anticipant la forme de leur texte, les étudiants gagnent en fluidité et peuvent concentrer leurs efforts sur le contenu. Cette étape de planification, souvent négligée, devient ainsi une composante essentielle de l'acte d'écrire.

5.2. Développement des compétences pragmatiques et discursives

La DAE vise également à renforcer les compétences pragmatiques, c'est-à-dire la capacité à adapter le discours à une situation de communication donnée. L'étudiant apprend à choisir ses mots selon le destinataire, à nuancer ses propos, à formuler une concession ou une contre-argumentation. Ce travail, essentiel au niveau B1, est souvent absent des approches plus traditionnelles qui se concentrent sur les aspects linguistiques isolés.

Les exercices proposés dans le cadre de la DAE – identification des arguments et contre-arguments, repérage des marqueurs, reformulation d'opinions – développent une conscience métalinguistique qui dépasse le simple usage du français. Ils permettent d'entrer dans une logique argumentative plus universelle, utile non seulement pour le FLE, mais aussi pour d'autres langues et disciplines.

Par ailleurs, les étudiants sont incités à illustrer leurs arguments à l'aide d'exemples concrets, personnels ou fictifs. Cette exigence du DELF B1 est souvent négligée, alors même qu'elle joue un rôle clé dans l'ancrage du discours. La DAE offre des outils précis pour répondre à cette demande : lexique d'exemplification, modèles de phrases, repérage des temps narratifs. Ainsi, l'apprenant apprend à ancrer sa parole dans une expérience crédible, ce qui augmente la force persuasive de son discours.

5.3. Sensibilisation à la subjectivité et à l'énonciation

Enfin, un des apports les plus subtils mais les plus riches de la DAE réside dans la sensibilisation à la subjectivité de la langue. Loin d'être neutre, tout discours implique une position, un point de vue, une posture d'énonciation.

En mobilisant les outils de la théorie de l'énonciation, la DAE permet aux étudiants de comprendre que chaque énoncé est porteur de traces de son locuteur, et que ces traces peuvent être analysées, manipulées, et réinvesties.

Cette approche offre à l'apprenant un pouvoir d'expression plus profond, qui ne se limite pas à la reproduction d'un modèle mais engage une réflexion sur la manière dont il se positionne face à un sujet. L'écriture devient alors un acte de subjectivation, un espace d'appropriation linguistique et identitaire. Dans ce sens, la DAE ne se contente pas de « former à l'écrit » ; elle forme à la pensée critique, à la construction du sens, à la prise de parole responsable.

6. Conclusions

L'objectif de ce chapitre était d'examiner l'impact de la Didactique Argumentative et Énonciative (DAE) sur l'amélioration de la production écrite en français langue étrangère, au niveau B1. À travers une analyse rigoureuse de 153 productions écrites réalisées entre 2021 et 2024 par des étudiants hispanophones inscrits à l'université, nous avons pu mettre en évidence des évolutions significatives dans les compétences rédactionnelles des apprenants.

Nos résultats confirment que la mise en œuvre progressive de la DAE contribue de manière notable à la structuration du discours, à la mobilisation de connecteurs logiques adaptés, à l'articulation claire des arguments et à la formulation d'exemples pertinents. Les apprenants montrent une meilleure capacité à planifier leur texte, à développer un raisonnement nuancé et à exprimer leur opinion dans un registre approprié.

Nous avons également constaté que ces progrès sont particulièrement visibles dans les productions réalisées en autonomie, notamment lors des examens finaux sans documents. Cela tend à prouver que la DAE, loin d'être une méthodologie purement théorique, produit des effets durables sur la compétence d'écriture des apprenants. En sensibilisant les apprenants aux dimensions énonciatives et argumentatives du discours, elle favorise un apprentissage réflexif et autonome de l'écriture. Elle les aide à passer d'une logique linguistique à une logique discursive et argumentative, indispensable dans un enseignement du FLE qui vise la compétence communicative intégrée.

Par ailleurs, la DAE favorise une conscience réflexive du langage, en sensibilisant les étudiants aux mécanismes énonciatifs et à la subjectivité de la langue. Elle leur permet ainsi de s'approprier l'acte d'écriture comme une démarche personnelle, structurée et signifiante.

En conclusion, nous considérons que la DAE constitue un outil didactique puissant et efficace pour répondre aux exigences de la production écrite en FLE. Elle ouvre des perspectives pédagogiques innovantes, en réconciliant rigueur linguistique et liberté discursive, et mérite d'être intégrée plus largement dans les pratiques d'enseignement du français langue étrangère.

Références bibliographiques

Anscombre, J. C. et Ducrot, O. (1983). *L'argumentation dans la langue*. Mardaga.

Benveniste, E. (1970). « L'appareil formel de l'énonciation ». *Langages*, *17*, L'énonciation, 12-18. https://doi.org/10.3406/lgge.1970.2572

Capelle, C. (2010). Pratiques de correction sur copies d'examen et nouveaux usages instrumentés. *EducPros*, 1-16. https://hal.science/hal-00542664

CECR (2021). *Cadre européen commun de référence pour les langues : apprendre, enseigner, évaluer. Volume complémentaire.* https://rm.coe.int/cadre-europeen-commun-de-reference-pour-les-langues-apprendre-enseigne/1680a4e270

García Negroni, M.ª M. et Tordesillas M. (2022). *La enunciación en la lengua. Subjetividad, polifonía y dialogismo.* Ediciones Trea.

Maingueneau, D. (1991). *L'énonciation en linguistique française*. Hachette.

Maingueneau, D. (1996). *Abordor la linguistique*. Seuil.

Tordesillas, M., Basanta, M. et Berlanga de Jesús, L. (2014). *Lengua francesa, un enfoque discursivo I. De la polifonía enunciativa a la argumentación escrita*. UAM Ediciones.

Tordesillas, M. (2021). « Dictum e Modus, Débats historiques, nouvelles approches et analyses de la subjectivité dans la langue ». Dans L. Behe, M. Carel, C. Denuc et J. C. Machado (dir.), *Cours de sémantique argumentative* (pp. 269-310). São Carlos, Pedro & João Editores. https://semanticar.hypotheses.org/cours-de-semantique-argumentative

Le discours multimodal des infox – un corpus hétérogène analysé par la compétence de littératie

*Elena-Cristina Drăguț**

RÉSUMÉ
Notre projet veut mettre en évidence la modalité de concevoir une étude interdisciplinaire sur les fausses nouvelles diffusées sur les réseaux sociaux afin de découvrir leur scénario linguistique, en utilisant un corpus multimodal en français et en roumain. Nous proposons une méthodologie de recherche mixte et une sélection de théories linguistiques pour l'analyse du discours multimodal intégré aux infox. Une attention spéciale est accordée à la collecte du corpus qui ne doit pas négliger les infox créées par l'intelligence artificielle. Les questions et les objectifs de notre recherche sont centrés sur le mécanisme de construction des infox et sur la corrélation nécessaire entre l'éducation linguistique et l'éducation aux médias et à l'information. Nos conclusions visent les résultats qualitatifs et quantitatifs qui confirment la possibilité de décoder les fausses nouvelles par la compétence de littératie envisagée dans son sens élargi à l'ère numérique.

Mots clés : fausses nouvelles, littératie, discours multimodal, réseaux sociaux, intelligence artificielle

ABSTRACT
Our project aims to highlight the modality of designing an interdisciplinary study on fake news spread on social media in order to discover their linguistic scenario, using a multimodal corpus in French and Romanian. We propose a mixed research methodology and a selection of linguistic theories for the analysis of multimodal discourse embedded in fake news. Special attention is paid to the collection of the corpus, which must not neglect the fake news created by artificial intelligence. The questions and objectives of our research are centred on the mechanism of the construction of fake news and on the necessary correlation between two educational fields: linguistics and media literacy. Our conclusions are aimed at qualitative and quantitative results that confirm the possibility of decoding fake news through the literacy competence considered in its broader sense in the digital age.

Keywords: fake news, literacy, multimodal discourse, social media, artificial intelligence

Sommaire

1. Introduction 232
   1.1. Problématique 233
   1.2. Questions et objectifs de recherche 234

* Universitatea din Bucureşti, cristina.vilceanu@yahoo.com

2. Cadre théorique 235
2.1. Littératie 236
2.2. Fausses nouvelles 237
2.3. Document multimodal 238
2.4. Théories linguistiques 239
3. Méthodologie 239
3.1. Corpus 239
3.2. Méthodes d'analyse 241
4. Présentation des résultats partiels 242
4.1. L'analyse d'une infox – texte écrit 242
4.2. L'analyse d'un *deepfake* 245
5. Discussion 247
6. Conclusion 248
Références bibliographiques 249

1. Introduction

À cette ère numérique, les besoins de communication, d'interaction sociale et d'intégration dans un monde en mutation rapide et fortement interconnecté augmentent et demandent aux gens d'échanger sur les réseaux sociaux, où le discours multimodal gagne une place privilégiée. Mais, ces plateformes favorisent la production et la distribution d'informations trompeuses avec un but persuasif qui vise l'interlocuteur virtuel. L'évolution de la technologie favorise la création de documents multimodaux à l'aide de l'intelligence artificielle, parmi lesquels se multiplient les infox.

Dans le cadre de ce projet de recherche, notre intérêt s'oriente vers l'éducation et l'apprentissage tout au long de la vie centrés sur le développement des compétences langagières et médiatiques nécessaires à tous les acteurs présents sur la scène de la communication sociale en ligne, dont le rôle pourrait subir de transformations inattendues, de celui de victime des infox à celui de participant actif à l'acte de manipuler par le partage des informations mensongères d'une manière de « pair à pair ».

Nous nous proposons de réaliser une étude interdisciplinaire sur les infox qui réunira la linguistique appliquée et l'éducation aux médias et à l'information (l'EMI) par le biais d'une compétence qui a considérablement élargi son sens, la littératie.

Dans notre démarche, la principale question de recherche est la suivante : est-ce que les fausses nouvelles ont un scénario de construction linguistique qui pourrait être décodé par la compétence de littératie ?

Le cadre théorique s'appuie sur les clarifications terminologiques visant les concepts utilisés (le document multimodal, la littératie, les fausses nouvelles) et les théories linguistiques appliquées dans la phase pratique d'analyse des infox (les actes de langage, la polyphonie, les lois du discours, la grammaire de l'argumentation, l'approximation du sens).

Nous souhaitons proposer des modèles d'analyse des fausses nouvelles afin de faciliter le processus de compréhension et d'interprétation de ce type de discours et de créer un outil didactique mis à la disposition des enseignants de langues modernes qui seront impliqués dans un projet interdisciplinaire qui réunira l'EMI et l'éducation linguistique.

La construction de notre thèse gravite autour du corpus auquel nous voulons dédier un sous-chapitre dans le plan de cet article pour mettre l'accent sur son rôle essentiel dans le cadre de notre projet de recherche.

Afin de présenter de manière cohérente le plan de notre projet et les résultats partiels de notre recherche basée sur un corpus hétérogène en français et en roumain, nous proposons une structure de nos réflexions. Dans la première section, nous voulons présenter la problématique, les questions et les objectifs de recherche. La deuxième section est dédiée au cadre théorique établi pour notre projet. La troisième section présente la méthodologie et contient une sous-section consacrée au corpus. La quatrième section présente les résultats partiels de notre recherche qui est en train de se dérouler. La cinquième section propose une discussion autour des résultats corrélés aux objectifs de recherche. La conclusion souligne les résultats obtenus, les limites de notre étude et les futures perspectives de recherche sur le corpus des infox.

1.1. Problématique

Au XXIe siècle, le processus d'enseignement doit être dynamique et adapté promptement aux besoins des jeunes. Au niveau européen, on formule des recommandations relatives à la formation tout au long de la vie et on identifie plusieurs compétences nécessaires pour le développement personnel et professionnel de l'individu et pour son intégration sociale. Les recommandations de l'Union européenne pour une éducation qualitative visent le développement de quelques compétences clés. Les premières deux sont les compétences en lecture et en écriture (ou littératie) et les compétences multilingues.

Notre initiative intervient au moment où les statistiques internationales, telles que les enquêtes menées par l'Organisation de Coopération et de Développement Économiques (OCDE), indiquent encore que les adolescents et les adultes ont des compétences de base insuffisantes.

La prolifération des réseaux sociaux change la rhétorique, encourage la construction multimodale du discours et offre des scènes à ceux qui veulent manipuler un grand nombre d'interlocuteurs par les infox. Les adolescents et les adultes, également, deviennent leurs victimes.

Jusqu'à présent, le système d'enseignement roumain, en collaboration avec le Centre de Journalisme Indépendant, a implémenté un projet d'éducation aux médias et à l'information seulement dans quelques lycées-pilotes.

Nos recherches, l'analyse du discours et les modèles de lecture approfondie du texte multimodal des fausses nouvelles veulent mettre en évidence l'intervention utile de la linguistique dans la formation des jeunes et son importance au niveau de la communication sociale.

Quel est le possible piège d'une étude qui revient à la compétence de littératie et l'associe aux fausses nouvelles ? Une piste de recherche sans arrivée parce qu'on n'a pas choisi la compétence numérique recommandée en vue d'une gestion responsable des informations sur les réseaux sociaux. Pourtant, nous insistons dans cette démarche sur le postulat de la relation directe entre une compétence linguistique et le décodage des fausses informations.

Un autre risque serait l'introduction d'une notion qui appartient au domaine journalistique, l'éducation aux médias et à l'information (l'EMI), dans un ouvrage du domaine linguistique. Cela pourrait provoquer une déviation du but de notre projet. Au contraire, nous essayons de démontrer que c'est le lien utile pour prolonger les effets de la recherche au niveau didactique.

1.2. Questions et objectifs de recherche

Comme point de départ de nos recherches, nous avons formulé quelques questions :

- Est-ce que les fausses nouvelles ont un scénario de construction linguistique qui pourrait être décodé par la compétence de littératie ?

- Comment pouvons-nous corréler l'analyse pragmatique des infox avec les exercices de littératie afin de répondre aux besoins de formation linguistique des jeunes ?
- Quels sont les moyens pratiques et efficaces de relier l'éducation linguistique et l'éducation aux médias et à l'information, à partir du document multimodal des infox ?
- Quelles sont les possibles perspectives didactiques aux cours de langues modernes centrés sur l'exploitation des produits médias ?

Les objectifs de notre projet seront adaptés aux deux parties de la thèse (théorique et pratique) :

1. Réaliser un inventaire actualisé et cohérent des concepts nécessaires pour l'exploitation linguistique et didactique des ressources médiatiques de la catégorie *fausses nouvelles* ;
2. Identifier la relation entre la compétence de littératie et la compétence rhétorique-pragmatique et leur rôle dans l'éducation linguistique et l'éducation aux médias et à l'information ;
3. Mettre en évidence la nécessité de développer la compétence de littératie aux jeunes pour augmenter leur capacité de compréhension et d'interprétation du discours multimodal des infox ;
4. Faire une analyse multiple (sémantique, pragmatique, sémiotique) du mécanisme linguistique de fabrication des fausses nouvelles sur les réseaux sociaux afin de découvrir un possible scénario de construction de ce type de discours ;
5. Créer un guide d'orientation didactique pour un possible cours en option intégré au domaine « Langue et communication » du système d'enseignement roumain.

2. Cadre théorique

Notre projet se veut une thèse de linguistique appliquée, ce qui nécessite une terminologie et des théories appropriées. En tenant compte du fait que notre démarche vise aussi une approche transdisciplinaire des fausses nouvelles, notre cadre conceptuel s'articule autour de quelques notions spécifiques à la linguistique et aux médias. Il est important de définir le concept de littératie au fil de son évolution jusqu'à l'ère numérique, de présenter les différents types de *fake news* et les termes propres à la langue française et de définir le document médiatique multimodal.

2.1. Littératie

Le terme *littératie* provient du terme équivalent en anglais, *literacy*. Ce concept avec l'origine dans la notion d'*alphabétisme* (la capacité de lire et d'écrire) devient un terme dont l'usage explose à partir de 1980. Il y a deux directions de recherche sur cette notion : la perspective cognitive – vue comme un processus mental individuel *versus* la perspective sociale – vue comme un processus relié au contexte social. Mais le consensus entre les deux directions reste l'objectif de développer la sensibilisation linguistique.

Dans les années 1980, les Nouvelles Études de la Littératie (*New Literacy Studies*) envisagent plusieurs orientations (anthropologique, sociologique) et mettent l'accent sur les pratiques de communication au sein d'une communauté discursive.

Cette notion théorique se développe au XXIe siècle et élargit son sens dans la perspective de l'éducation et l'apprentissage tout au long de la vie, de l'interaction sociale, de l'échange culturel, de la vie professionnelle et sous l'angle de la communication média.

Nous observons un concept en évolution continue qui permet une explosion des types de littératie dans tous les domaines. Harvey J. Graff (2022) identifie environ 500 termes construits avec *literacy* parmi lesquels : *digital literacy, new media literacy, cyber literacies, computer literacy, screen literacies, visual literacies, videogame literacy, data literacy, cartographic literacy, science/scientific literacy, dance literacy, performance literacies, health literacy, financial literacy, religious literacy, emotional literacy, depression literacy* et même *vegetable literacy*.

L'UNESCO, l'Organisation de Coopération et de Développement Économiques (OCDE) et le Conseil de l'Union européenne donnent plusieurs définitions de la littératie en tant que terme spécialisé dans le domaine des droits humains et de l'éducation et de la formation tout au long de la vie. Pour notre recherche nous retenons l'extension d'approches sur cette compétence trouvée dans la Recommandation du Conseil de l'Europe du 22 mai 2018 :

> Par maîtrise de la lecture et de l'écriture, on entend la capacité d'identifier, de comprendre, d'exprimer, de créer et d'interpréter des concepts, des sentiments, des faits et des opinions, à l'oral et à l'écrit, à l'aide de supports visuels, audio et numériques,

> dans différents contextes et disciplines. Cela suppose l'aptitude à communiquer et à entrer efficacement en relation avec les autres, d'une manière appropriée et créative. [...] une prise de conscience de l'impact du langage sur les autres et la nécessité de comprendre et d'utiliser la langue d'une façon positive et socialement responsable. (Recommandation du Conseil, le 22 mai 2018)

Nous observons l'évolution d'une compétence linguistique qui réunit les compétences encyclopédique, logique et rhétorique-pragmatique vers les littératies multiples, un terme au pluriel proposé par New London Group « pour souligner que la communication est caractérisée par plusieurs formes de représentation » (Dagenais, 2012 : 3).

La littératie n'est plus centrée seulement sur le texte écrit et la diversité des moyens d'expression dans la communication à l'ère numérique impose le terme *littératies multimodales* et le développement de la notion *littératie médiatique multimodale* définie comme :

> [...] la capacité d'une personne à mobiliser adéquatement, en contexte synchrone ou asynchrone, les ressources et les compétences sémiotiques modales (ex. : mode linguistique seul) et multimodales (ex. : combinaison des modes linguistique, visuel et sonore) les plus appropriées à la situation et au support de communication (traditionnel et/ou numérique), à l'occasion de la réception (décryptage, compréhension, interprétation et évaluation) et/ou de la production (élaboration, création, diffusion) de tout type de message[1].

Le plus récent concept qui ouvre de nouvelles perspectives sur l'alphabétisation à notre époque est la *translittératie* : « [...] l'habileté à lire, écrire et interagir par le biais d'une variété de plateformes, d'outils et de moyens de communication, de l'iconographie à l'oralité en passant par l'écriture manuscrite, l'édition, la télé, la radio et le cinéma, jusqu'aux réseaux sociaux »[2].

La conception étendue de la littératie corrélée à la révolution numérique souligne la nécessité d'élargir la liste des pratiques communicationnelles pour construire le sens de tous les types de discours, y compris ceux créés par l'Intelligence artificielle.

2.2. Fausses nouvelles

Plusieurs termes sont utilisés pour désigner un phénomène actuel de la communication sociale généralement connu comme *fake news* ou même

---

[1] Lien de consultation : https://equipelmm.com/a-propos.

[2] Lien de consultation : http://www.francoisguite.com/2007/12/la-translitteratie/.

fake media, en anglais, ou *fausse nouvelle*, en français. La langue française introduit également les expressions suivantes : *les informations mensongères, les fausses informations, les infaux, l'infox* (la contraction entre info et intox), *l'intox*.

Une définition simple de l'infaux serait la suivante : un « triple mixte de rumeur, de propagande et de complotisme – plus fort même que l'intox, qui est un mélange toxique, mais somme toute discernable, de vérité et de mensonge » (Frau-Meigs, 2017 : 13).

Considéré même un *virus meurtrier*, l'infox réunit différentes formes d'information : la mésinformation, la désinformation et l'information malveillante. La mésinformation est une fausse information que la personne qui en est à l'origine croit vraie. La désinformation est un mensonge intentionnel, délibéré. Son contenu est fabriqué, manipulé. La personne qui offre ce type d'information connaît sa fausseté. La troisième catégorie, l'information malveillante (ou malinformation), est une information basée sur des faits réels, mais qui est utilisée pour nuire à une personne, à une entreprise, à une organisation ou à un pays. Ces trois types représentent des « désordres de l'information » dont les conséquences sur l'environnement de l'information et sur la société peuvent être similaires (Posetti *et al.*, 2019 : 54-55).

L'une des notions les plus récentes en rapport avec la terminologie concernant les fausses nouvelles est le *deepfake*. Elle désigne un contenu média (des vidéos, des enregistrements audio, des photos) manipulé à l'aide de l'intelligence artificielle.

2.3. Document multimodal

La multimodalité, fortement présente dans la production des fausses nouvelles, se définit comme la construction du sens par l'intégration de diverses ressources sémiotiques ou comme la présence de différents modes d'expression – iconiques, linguistiques et auditifs – à l'intérieur d'un même document (Lebrun et Lacelle, 2012).

Le texte multimodal n'est pas nouveau. Les histoires illustrées existent depuis des siècles. À notre ère numérique, le document/texte/discours médiatique multimodal contient de diverses composantes : des textes écrits ou des interventions orales, des images fixes (des photos, des icônes, des dessins, des cartes), des vidéos (des images animées et des sons), des liens hypertextes, des émissions sonores (des paroles, de la musique et des sonorisations).

Pour bien définir le concept de texte ou discours multimodal, il est important de souligner que ce type de document médiatique n'est pas le résultat d'une simple coprésence ou juxtaposition de ces modes d'expression, mais le produit de leur interaction (Foucher, 1998).

L'extension terminologique de la multimodalité met le document multimodal en relation avec d'autres expressions : « message ou texte pluricodique » (terminologie adoptée par le groupe INRP Sémiotiques et le CRESLEF), « formes pluricodées », « langages pluricodiques », « image multimédia » (ibid., 1998 : 8).

2.4. Théories linguistiques

En tenant compte de la spécificité des théories associées à chaque niveau d'analyse linguistique d'un discours, nous respectons la distinction entre la syntaxe, la sémantique, la pragmatique et la sémiotique dans l'analyse des documents réunis dans notre corpus.

La méthode d'analyse sémantique s'appuie sur plusieurs thèses : la dépendance contextuelle du sens, le principe de compositionnalité pour interpréter le sens des phrases, la construction dynamique du sens et l'approximation du sens.

Les méthodes d'analyse pragmatique respectent la diversité des théories de ce domaine : les actes de langage, la polyphonie dans le discours, le principe de la coopération, le modèle inférentiel, les maximes conversationnelles, les implicatures, la pertinence de l'énoncé et la grammaire de l'argumentation.

L'approche sémiotique vise la composition du document construit par la multimodalité, le rapport entre les éléments verbaux, visuels et auditifs et les possibilités de décodage.

3. Méthodologie

Nous présentons ici la forme de recherche dominante, la technique de collecte des données et les méthodes d'analyse du corpus.

3.1. Corpus

Le choix du corpus exige une profonde réflexion préalable sur les aspects théoriques concernant cette notion afin de réaliser une sélection pertinente des documents nécessaires pour vérifier les hypothèses de notre étude. Une définition claire et utile de ce concept offre François Rastier dans son dernier livre paru en 2025, *L'I.A. m'a tué. Comprendre un monde post-humain* :

> Un corpus peut en effet se définir comme un regroupement structuré de textes, d'images, de sons, ou d'autres productions sémiotiques intégrales, documentées, éventuellement enrichies par des étiquetages, et rassemblées : (i) de manière théorique réflexive en tenant compte des *pratiques sociales et des genres qui leur correspondent*, et (ii) de manière pratique *en vue d'une gamme d'applications*. (Rastier, 2025 : 34)

Le corpus choisi pour notre recherche recouvre des infox en français et en roumain, mais notre approche ne vise pas une comparaison entre les deux cultures en ce qui concerne la manière de construction des fausses nouvelles. Les sources sont les sites créés pour lutter contre la désinformation qui vérifient les informations partagées sur les réseaux sociaux, appelés sites de *fact-checking*[3]. Nous consultons ces sites dès 2023 et nous avons l'intention d'élargir la liste des sites français, en tenant compte des recommandations trouvées dans le *Guide contre la désinformation* créé en 2024 par le ministère des Armées de France[4]. Nous nous proposons aussi de consulter quelques sites de la liste réalisée par Laurent Bigot dans son livre *Fact-checking vs fake news. Vérifier pour mieux informer* (2019). Nous évitons les produits vidéo de type *debunking* sur YouTube, en tenant compte de la distinction en ce qui concerne le *debunking* et le *fact*-checking, présentée par Florian Dauphin :

> Alors que le *fact-checking* est mis en œuvre par des professionnels, qui ont un statut de journalistes dans une institution, les *debunkers* agissent en dehors des institutions et sont des influenceurs « pro-amateurs », c'est-à-dire des individus qui exercent une influence sur leur communauté en leur nom propre. Le *debunking* est donc une pratique amatrice émanant d'un individu ou d'un petit groupe informel à l'inverse du *fact-checking* qui est utilisé par des organisations (journalistes, rédactions). (Dauphin, 2023 : 35)

La structure de notre regroupement des documents est établie selon quelques critères :

---

[3] Exemples : https://factuel.afp.com, https://www.20minutes.fr, https://www.liberation.fr/checknews, https://www.factual.ro/, https://www.veridica.ro.

[4] Lien de consultation : https://lesbases.anct.gouv.fr/ressources/guide-contre-la-desinformation-dicod. Exemples : https://www.tf1info.fr/actualite/les-verificateurs-12325/, https://www.france24.com/fr/stop-infox, https://observers.france24.com/fr/.

a. la nature des données : texte écrit ou multimodal (texte et image ; son et image ; vidéo)
b. le thème du contenu : la santé (Covid-19), la politique, la guerre, le climat, la société, l'économie, le sport
c. l'auteur : humain ou l'IA

Du point de vue quantitatif, nous estimons une proportion de 70 % des documents en français et de 30 % des documents en roumain. Jusqu'à présent, nous avons sélectionné 110 documents en français et 40 documents en roumain, parmi lesquels 135 textes multimodaux, 10 créés à l'aide de l'IA. Nous continuons l'activité de sélection afin de dépasser 200 documents. La dominance de la langue française est justifiée par notre intention de mettre l'accent sur la littératie adaptée à la diversité linguistique et culturelle du monde.

Nous envisageons une annotation du corpus dans le but de gérer sa complexité au niveau méthodologique. Les documents multimodaux audiovisuels nécessitent souvent la transcription de l'enregistrement qui représente une sorte d'annotation. Également, l'annotation de ces documents consiste en un processus de transcodage (*transcoding*) ou de traduction transmodale (*transmodal translation*), utile pour atteindre un niveau d'abstraction analytique nécessaire pour notre démarche. Par exemple, le transcodage nous permet de mettre une vidéo dans une forme fixe, en décrivant sa composition par texte et images (captures d'écran statiques) (Bateman *et al.*, 2017 : 148).

La construction de l'analyse sémiotique de notre corpus multimodal est basée sur cette annotation qui offre des explications concernant la succession des images, leur contenu, le rythme de la parole, les hésitations, les expressions spécifiques à l'oralité, les gestes, la construction multimodale du document (la relation entre ses éléments : le texte, l'image et le son), etc.

3.2. Méthodes d'analyse

Dans la phase pratique de la recherche, la méthode qualitative d'analyse des données est prioritaire. Nous prenons en considération le rôle dominant de la pragmatique dans l'analyse du discours des infox. En même temps, nous respectons la distinction opératoire entre la syntaxe, la sémantique et la pragmatique pour analyser les fausses nouvelles comme des objets de deux processus conjoints dans l'acte de communication : la compréhension et l'interprétation. En ce qui concerne les documents multimodaux, nous réalisons aussi une analyse sémiotique qui nécessite une annotation en préalable.

Pour obtenir des résultats visant la corrélation entre la compétence de littératie et le décodage des infox, nous envisageons aussi des méthodes quantitatives : des questionnaires structurés et même des enquêtes par sondage. Nous utiliserons des techniques d'échantillonnage non probabilistes, par quotas : des jeunes entre 12 ans et 22 ans, des élèves et des étudiants.

4. Présentation des résultats partiels

Jusqu'à présent, nous avons réalisé des analyses qualitatives, surtout pragmatiques et sémiotiques, sur différents types de fausses nouvelles : des textes écrits, des discours multimodaux (texte-image, des vidéos), des documents créés à l'aide de l'IA (des voix clonées, des images et des vidéos manipulées).

Nous présentons ci-dessous deux exemples d'analyse pragmatique sur deux documents différents de notre corpus : un texte écrit et une vidéo sous-titrée identifiée comme un *deepfake*. Nous utilisons les mêmes concepts pragmatiques dans les deux analyses, mais, en ce qui concerne le *deepfake*, nous mettons l'accent sur l'argumentation manipulatrice.

4.1. L'analyse d'une infox – texte écrit

Nous avons choisi le texte suivant, diffusé sur un réseau social :

> DOSSIER VACCIN : L'OMS admet que des mères entièrement piquées [*sic*] donnent naissance à des bébés atteints de graves malformations cardiaques. Augmentation de myocardites chez les enfants nés de mères vaccinées mais on continue les injections !!! Sommes-nous fous ? La Covid se soigne très bien, arrêtez ces injections qui peuvent être meurtrières !!! L'OMS dit qu'elle enquête sur une augmentation inhabituelle des cas de myocardite sévère chez les nouveau-nés et les nourrissons au Royaume-Uni. Selon le rapport, 15 nouveau-nés et nourrissons ont présenté des symptômes compatibles avec une septicémie néonatale entre juin 2022 et mars 2023 dans le sud du Pays de Galles (dix cas) et le sud-ouest de l'Angleterre (cinq cas). Parmi ces cas, huit ont nécessité des soins intensifs et un est décédé avant d'être transféré en soins tertiaires. Dans tous les cas vivants lors de la présentation, la myocardite était une caractéristique de présentation. Le pic d'incidence des cas était en novembre 2022 avec cinq. Fait intéressant, un seul cas similaire a été identifié au cours des six dernières années dans la région du sud du Pays de Galles. Les agences de santé refusent toujours de lier les vaccins Covid-19 à la myocardite. Au lieu de cela, les autorités sanitaires du Royaume-Uni et les Centers for Disease

> Control and Prevention (CDC) continuent de pousser la vaccination Covid-19 pour les femmes enceintes. Le Pays de Galles a également lancé une étude clinique pour mieux comprendre la situation, y compris les changements dans la circulation des infections et l'immunité de la population suite à la pandémie de Covid-19. Merci de nous encourager en mettant un 👍[5].

L'interprétation d'une telle information implique plusieurs théories pragmatiques :

a. La polyphonie

Ce discours est un exemple de manifestation de la polyphonie. On identifie un auteur, plusieurs énonciateurs et même des destinataires distincts. Le locuteur introduit des énonciateurs, « L'OMS », « Les agences de santé », en utilisant les verbes *dicendi* qui permettent d'identifier l'origine empirique de la voix énonciative : « L'OMS *admet* que […] » ; « L'OMS *dit* […] » ; « Les agences de santé *refusent* […] ».

L'intégration syntaxique des segments linguistiques appartenant à ces voix est presque maximale et cela rend invisible la reproduction du discours rapporté. Elle efface ainsi l'autonomie énonciative du locuteur rapporté (l'OMS, les agences de santé). Ce haut degré d'intégration linguistique de l'énoncé indique le but de l'auteur de la fausse nouvelle : soutenir et argumenter la validité des informations par l'autorité de l'instance énonciative mise en scène (l'OMS). C'est un cas d'argumentation polyphonique basée sur l'argument de type « *argumentum ad verecundiam* » (Lo Cascio, 2002 : 273), où l'OMS est l'autorité invoquée.

Le locuteur utilise aussi une locution, « *Selon* le rapport », qui spécifie le domaine d'incidence de la voix présentée. L'énoncé qui commence par cette locution se trouve dans le domaine d'incidence de l'OMS, parce que le rapport appartient à cette autorité.

L'interrogation rhétorique, « Sommes-nous fous ? », suggère un cas de diaphonie. La voix est associée à la première personne grammaticale au pluriel, *nous*, qui inclut *tu*. Le locuteur veut attribuer une attitude au destinataire. Mais qui est le destinataire de son discours ? Les possibles lecteurs qui voudraient encourager le locuteur dans sa démarche ou même les autorités intégrées comme des voix énonciatives dans le discours.

---

[5] Lien de consultation : https://t.co/RqUwLuH7yT%22%20/%20X.

b. Les actes de langages
Ce discours illustre plusieurs actes de langage selon la taxinomie de Searle :

- des représentatifs : « La Covid *se soigne* très bien […]. […] la myocardite *était* une caractéristique de présentation. […] Le pic d'incidence des cas *était* […]. Au lieu de cela, les autorités sanitaires du Royaume-Uni et les Centers for Disease Control and Prevention (CDC) *continuent* […]. »
- des directifs : « […] *arrêtez* ces injections qui peuvent être meurtrières !!! »
- des expressifs : « *Merci* de nous encourager en mettant un 👍. »

Par l'exercice de la parole, l'auteur de ces énoncés accomplit une multitude d'actions qui influencent la réalité et la conduite ultérieure du destinataire.

L'interprétation du discours selon cette théorie des actes de langage est limitée et elle exclut la possibilité de déterminer les conditions de vérité des énoncés. Tous les actes de langage représentatif accomplis ici permettent d'exprimer des faits que celui qui produit cette nouvelle présente comme vrais.

c. Les implicatures et les maximes conversationnelles de Grice
Dans la situation présentée, les implicatures découvertes par le destinataire du discours sont les résultats de l'exploitation des maximes conversationnelles.

Le locuteur ne respecte pas les maximes de qualité. Il fait des affirmations pour lesquelles il ne présente pas les preuves :

> L'OMS admet que des mères entièrement piquées donnent naissance à des bébés atteints de graves malformations cardiaques.
> Augmentation de myocardites chez les enfants nés de mères vaccinées […].
> Au lieu de cela, les autorités sanitaires du Royaume-Uni et les Centers for Disease Control and Prevention (CDC) continuent de pousser la vaccination Covid-19 pour les femmes enceintes.

La maxime de pertinence impose le respect pour le sujet proposé. Dans le cas analysé, le locuteur offre beaucoup d'informations qui ne sont pas pertinentes pour le sujet annoncé sous le titre « DOSSIER VACCIN » : « les injections qui peuvent être meurtrières » ; c'est-à-dire l'effet grave de le vaccination anti-Covid-19 des femmes enceintes sur les bébés, l'apparition de la myocardite. L'auteur présente une situation d'augmentation inhabituelle des cas de myocardite sévère chez les nouveau-nés et les nourrissons au Royaume-Uni et il mentionne une enquête de l'OMS et une étude clinique lancée au Pays de Galles. Les informations données ne relèvent aucune relation directe entre la vaccination des mères et la maladie des bébés et aucune conclusion des autorités en ce qui concerne un possible effet négatif du vaccin sur les bébés.

Les maximes de manière sont également transgressées. L'auteur de la nouvelle n'est pas ordonné dans son discours. Il commence par des affirmations formulées comme des conclusions, puis il continue avec des informations qui ne peuvent pas être les prémisses justificatives des assertions initiales.

Il n'y a pas de clarté dans le discours. Le locuteur n'utilise pas de concepts précis. Il introduit plusieurs termes : « malformations cardiaques », « myocardite », « septicémie néonatale ». L'entrée encyclopédique de ces concepts a une importance majeure dans le processus de compréhension et d'interprétation pour lequel le destinataire doit faire des efforts cognitifs intenses. Les informations ajoutées à la fin n'ont pas l'effet de clarifier l'énoncé. Au contraire, l'effort cognitif augmente.

En conséquence, ce discours qui demande beaucoup d'efforts cognitifs devient moins pertinent pour le destinataire qui attend des effets compensatoires pour ses efforts d'interprétation. La transgression des lois du discours et les autorités utilisées dans l'argumentation influencent évidemment le calcul interprétatif du décodeur du texte. Un interlocuteur moins habitué aux maximes conversationnelles et moins attentif à l'intégration des voix énonciatives dans le discours peut être facilement persuadé par l'auteur de cette infox.

4.2. L'analyse d'un *deepfake*

La vidéo partagée sur les réseaux sociaux intitulée « L'arnaque jusqu'au bout ! Les durs [*sic*] mesures de Michel Barnier » **est un document construit par le mixage de trois documents audiovisuels sous-titrés.** Selon l'outil *InvidWeVerify* et les vérifications de l'Agence France Presse (l'AFP), à l'aide du logiciel *ElevenLabs Speech classifier*, dans l'une des séquences de cette infox (avec le nouveau premier ministre Michel Barnier à la cérémonie de passation de pouvoir) la voix a été générée par l'IA, la même plateforme *ElevenLabs* qui permet de cloner des voix. Donc le message ne contient pas les véritables énoncés extraits du discours du Premier ministre.

Nous présentons ci-dessous la structure de ce *deepfake* et la transcription du discours qui illustre très bien une construction polyphonique avec trois énonciateurs.

> Le Premier ministre Michel Barnier : « On va augmenter les impôts, augmenter la taxe carburant et augmenter le temps de travail. Ça va être difficile, je le sais, mais nécessaire pour le pays. Ensuite nous allons supprimer l'assurance chômage et les remboursements de la sécurité sociale. »
> Un invité d'une émission télévisée : « Euh… Le chômage c'est un droit déjà, c'est pas un cadeau, hein… Donc, en fait… euh… les gens cotisent. Ils acquièrent ce droit, parce qu'ils cotisent, c'est-à-dire qu'ils dépensent leur argent… hein… une partie de leur argent pour le mettre dans le chômage. De quel droit est-ce qu'on arrive pour leur voler leur tune ? Enfin, moi, il y a un moment, en fait, je comprends pas, rien que là il y a déjà un problème dans la logique là. On est en train de leur voler leur argent. »
> Le troisième énonciateur : « On te fait croire que tu peux acheter un lot plein de terre, mais si tu paies pas tes impôts on te le reprend. Ton terrain ne t'appartient jamais. C'est une illusion. Il t'est prêté par le gouvernement pour que tu payes des taxes dessus. Tu te rends compte. Je veux bien te prêter, mais tu dois me payer en permanence. Super business plan… hein… y a juste à bosser le marketing et ça va marcher. Je te prête quelque chose, par contre tu devras me payer pour avoir le droit que je te le prête, mais… euh… je te dis pas que je te le prête, je te dis que c'est à toi. Nous ne sommes pas propriétaires même d'un lopin de terre et en plus si nous voulons construire une maison dessus nous avons besoin d'une autorisation. Tu te rends compte. T'as besoin d'une autorisation pour avoir une maison, pour avoir… euh… un toit sur la tête. Celui qui fait ça doit t'autoriser à vivre. Nous devons demander et avoir obtenir le droit de vivre. Nous sommes dans un monde d'imitation même de la vie. Nous imitons la liberté. Nous imitons l'autonomie. Nous imitons le pouvoir, nous imitons la puissance, nous imitons la vie. »[6]

Du point de vue strictement linguistique, nous observons que l'auteur du document est un locuteur avec l'intention trompeuse de persuader le destinataire d'accepter la thèse proposée dans le titre, en introduisant en scène trois énonciateurs, sans énoncer son propre discours. En tant qu'énonciateur, il produit seulement le titre de la nouvelle et la répétition du verbe « payer » mis à côté du symbole qui représente le drapeau de la France. Il reprend une affirmation du dernier énonciateur pour la transformer dans une étiquette avec un impact visuel fort sur le destinataire de l'infox. Ce locuteur évite l'intégration syntaxique des segments qui appartiennent aux autres énonciateurs et il préfère leur laisser l'autonomie énonciative. La valeur argumentative de la polyphonie est évidente dans ce document. Les derniers deux énonciateurs offrent les arguments nécessaires à renforcer

---

6 Lien de consultation : https://perma.cc/JNS6-YZD9.

l'acte perlocutoire qui doit être accompli par l'interlocuteur, notamment l'acceptation de la thèse que le nouveau premier ministre et le gouvernement, en général, mettent en pratique des mesures qui ne respectent pas les droits des citoyens.

En tenant compte du fait que nous analysons un document multimodal, nous devons accorder une attention particulière à l'intervention de l'IA qui offre ici la possibilité de construire une argumentation fallacieuse. Le locuteur a pu manipuler le son de l'enregistrement et il utilise comme argument un énoncé artificiellement fabriqué, attribué au Premier ministre Michel Barnier et présenté comme la source des données. C'est une mystification de type *extra dictione*.

En analysant le document selon la théorie des lois du discours, nous observons que le locuteur réussit à respecter les règles de clarté et d'économie. Son message est court, la durée de la vidéo est d'une minute et vingt-huit secondes. Il donne l'impression de cohérence, car les deux discours des derniers énonciateurs mis en scène s'enchaînent comme s'ils représentaient des interprétations critiques du premier énoncé appartenant au Premier ministre. Mais l'auteur de ce *deepfake* ne respecte pas la loi essentielle du discours, l'honnêteté. Il fonde sa thèse sur une mystification : l'énoncé de Michel Barnier fabriqué à l'aide de l'intelligence artificielle.

Dans le cas où le destinataire virtuel de ce document ne vérifie pas la source des données – le discours du Premier ministre –, le but trompeur de l'auteur est atteint et la distribution virale de ce *deepfake* sur les réseaux sociaux contribue à la prolifération des opinions basées sur des informations mensongères.

5. Discussion

Les résultats partiels de notre analyse qualitative indiquent la possibilité de découvrir un scénario linguistique dans le discours des infox. Nous devons admettre les limites de notre analyse, parce que nous n'avons pas exploré des aspects discursifs selon les théories de la sémantique des possibles argumentatifs et de l'approximation du sens qui pourraient offrir une clé de décodage linguistique de l'argumentation fallacieuse.

Le décodage des fake news suscite l'intérêt des acteurs impliqués dans le domaine de l'éducation et des médias, mais l'approche linguistique de ce phénomène de la communication manipulatrice n'est pas suffisamment développée. En même temps, les menaces de l'IA, présente dans la création des fausses nouvelles, nous obligent à approfondir l'approche interdisciplinaire de l'objet de notre recherche.

Nous avons formulé l'hypothèse que la lecture, la compréhension et l'interprétation des infox pourraient être transposées dans les exercices de littératie aux cours de langues. Jusqu'à ce moment, nous n'avons pas atteint l'étape de notre recherche prévue pour cette corrélation entre la compétence de littératie et l'interprétation du discours des fausses nouvelles.

6. Conclusion

Les analyses de discours réalisées confirment plusieurs réponses affirmatives aux questions de recherche proposées.

L'existence d'un scénario discursif des fausses nouvelles est indiquée par la violation des maximes conversationnelles, l'introduction des nombreuses voix énonciatives dans le discours, l'argumentation manipulatrice et l'accomplissement de beaucoup d'actes représentatifs, expressifs et directifs.

La compétence de littératie est une aptitude langagière qui augmente la capacité de comprendre et d'interpréter un discours. La corrélation entre la formation linguistique et l'éducation aux médias et à l'information des jeunes pourrait contribuer positivement au développement de cette compétence nécessaire au décodage de l'intention signifiante trompeuse d'un locuteur-auteur des infox.

Le discours multimodal des fausses nouvelles devient de plus en plus le résultat de la contribution de l'IA, ce qui demande la maîtrise d'une multitude de compétences associées au terme de littératie : littératie multimodale, compétence de représentation graphique (*visual literacy*), compétence des médias (*media literacy*), compétence de l'Internet (*Internet literacy*).

Nos perspectives de recherche visent une étude approfondie de la construction de sens de fausses nouvelles par la multimodalité. Il serait intéressant et utile de rendre visible la transformation de l'acte d'argumenter à l'ère numérique par l'introduction des images comme faux arguments.

Notre projet veut mettre en valeur une compétence linguistique qui pourrait intervenir positivement au moment d'un déséquilibre majeur de la communication sociale qui se reflète dans le corpus choisi pour notre recherche.

Références bibliographiques

Bateman, J., Wildfeuer, J., & Hiippala, T. (2017). « The scope and diversity of empirical research methods for multimodality ». In *Multimodality. Foundations, Research and Analysis. A Problem-Oriented Introduction* (pp. 139-168). Walter De Gruyter. https://doi.org/10.1515/9783110479898

Bigot, L. (2019). *Fact-checking vs fake news. Vérifier pour mieux comprendre.* INA.

Dagenais, D. (2012). « Littératies multimodales et perspectives critiques ». *Recherches en didactique des langues et des cultures*, *9*(2). https://doi.org/10.4000/rdlc.2338

Dauphin, F. (2023). « Le *debunking* sur YouTube : une nouvelle pratique de lutte contre la désinformation en marge du journalisme ». *Les Enjeux de l'information et de la communication*, *23*(1A), 31-45. https://doi.org/10.3917/enic.hs13.0031

Dimitriu, P., & Marin, A. (2024). *Inteligența artificială. Cum ? De când ? De ce ?* Presa Universitară Clujeană.

Ducrot, O. (1984). *Le dire et le dit*. Minuit.

Foucher, A.-L. (1998). « Réflexions linguistiques et sémiologiques pour une écriture didactique du multimédia de langues ». Alsic, *1*(1), 3-25. https://doi.org/10.4000/alsic.1440

Frau-Meigs, D. (2017). « Développer l'esprit critique contre les infaux ». *Courrier de l'UNESCO*, 12-15.

Graff, H. J. (2022). *Searching for Literacy. The Social and Intellectual Origins of Literacy Studies*. Palgrave Macmillan. https://doi.org/10.1007/978-3-030-96981-3_12

Helmus, T. C. (2022). *Artificial Intelligence, Deepfakes and Disinformation: A Primer.* www.rand.org/pubs/perspectives/PEA1043-1.html

Helmus, T. C., & Chandra, B. (2024). *Generative Artificial Intelligence Threats to Information Integrity and Potential Policy Responses*. www.rand.org/pubs/perspectives/PEA3089-1.html

Jäger, S., & Maier, F. (2016). « Analysing discourses and dispositives: a Foucauldian approach to theory and methodology ». In R. Wodak & M. Meyer (eds.). *Methods of Critical Discourse Studies* (pp. 109-136). Sage.

Jewitt, C., & Price, S. (2024). *Digital touch*. Polity Press.

Kerbrat-Orecchioni, C. (1986). *L'implicite*. Armand Colin.

Lebrun, M., & Lacelle, N. (2012). « Le document multimodal : le comprendre et le produire en classe de français ». *Repères*, *45*, 81-95. https://doi.org/10.4000/reperes.141

Lo Cascio, V. (2002). *Gramatica argumentării. Strategii și structuri.* Meteor Press.
Mautner, G. (2016). « Checks and balances: how corpus linguistics can contribute to CDA ». In R. Wodak & M. Meyer (eds.). *Methods of Critical Discourse Studies* (pp. 154-179). Sage.
Moeschler, J., & Auchlin, A. (2005). *Introducere în lingvistica contemporană.* Echinox.
OCDE (2014). *L'Évaluation des compétences des adultes : Manuel à l'usage des lecteurs.* Éditions OCDE. http://dx.doi.org/10.1787/9789264204126-fr
OCDE (2024). *Les faits sans le faux : Lutter contre la désinformation, renforcer l'intégrité de l'information* (pp. 105-117). Éditions OCDE. https://doi.org/10.1787/4078bb32-fr
Posetti, J., Ireton, Ch., Wardle, C., Derakhshan, H., Matthews, A., Abu-Fadil, M., Trewwinnard, T., Bell, F., & Mantzarlis, A. (2019). *Journalisme, « Fake News » et Désinformation. Manuel pour l'enseignement et la formation en matière de journalisme.* UNESCO et La Fondation Hirondelle.
Rastier, F. (2025). *L'I.A. m'a tué. Comprendre un monde post-humain.* Intervalles.
Recommandation du Conseil du 22 mai 2018 relative aux compétences clés pour l'éducation et la formation tout au long de la vie (Texte présentant de l'intérêt pour l'EEE). *Journal officiel de l'Union européenne*, 4 juin 2018, 8.

Étude du possible impact des manuels de FLE d'Algérie sur les représentations des apprenants Algériens vis-à-vis du Français

*Belkacem Tayeb-Pacha**

RÉSUMÉ
Cet article résume les principaux points de notre thèse de doctorat intitulée « Étude du possible impact des manuels de FLE d'Algérie sur les représentations des apprenants algériens vis-à-vis du français », dirigée par Marta Tordesillas Colado. Les points abordés sont : la problématique de recherche, la contextualisation, le cadre théorique, la typologie des corpus sélectionnés, la méthode utilisée et l'analyse des résultats. Il contient également une conclusion présentant un aperçu de la problématique, une synthèse des discussions sur les résultats, l'apport de la recherche, les perspectives de recherche et les recommandations.

Mots clés : manuels de FLE, représentations sociolinguistiques, apprenants algériens

ABSTRACT
This article summarises the main points of our doctoral thesis entitled 'Study of the Possible Impact of Algerian FLE Textbooks on Algerian Learners' Representations of French', supervised by Marta Tordesillas Colado. The points covered are: the research problem, contextualisation, theoretical framework, typology of the selected corpora, method used, and analysis of the results. It also contains a conclusion presenting an overview of the problem, a summary of the discussions on the results, the contribution of the research, research perspectives, and recommendations.

Keywords: FLE textbooks, sociolinguistic representations, Algerian learners

Sommaire

1. Introduction 252
2. Les enjeux de la recherche, la problématique et les hypothèses 253
3. Le contexte de la recherche 255
4. Cadrage théorique 255
5. Les corpus sélectionnés pour la recherche 256
   5.1. Les manuels de FLE algériens 256
   5.2. Les représentions des apprenants algériens sur le français 256
   5.3. L'entretien avec les professeures algériennes 258

* Université Autonome de Madrid, belkacem.tayeb-pacha@estudiante.uam.es

6. Les méthodes sélectionnées pour l'analyse des corpus 259
7. Discussions des résultats obtenus 260
7.1. L'analyse des représentations 260
7.2. L'analyse des manuels 262
7.3. L'analyse des entretiens avec les professeurs 269
8. Conclusions 270
8.1. Retour sur la problématique, les enjeux, les résultats et l'apport de la recherche 270
8.2. Limites de la recherche 272
8.3. Perspectives de recherche 272
Références bibliographiques 273

1. Introduction

Notre thèse de doctorat s'intitule « Étude du possible impact des manuels de FLE algériens sur les représentations du français des apprenants algériens ». Comme le révèle son titre, cette recherche se situe à l'intersection de la sociolinguistique et de la didactique des langues et cultures étrangères : outre notre volonté de sensibiliser aux possibles dangers des manuels, nous proposons une nouvelle approche de la question représentationnelle : si les représentations sociolinguistiques semblent avoir toujours été appréhendées comme des faits influents (impactant la motivation des apprenants, leur compétences, etc.), dans ce travail, les représentations sociolinguistiques sont étudiées comme des faits influencés et influents et, comme nous allons tenter de le démontrer, révélateurs de vérités idéologiques, politiques, culturelles, etc.

Dans ce qui suit, nous présenterons d'abord les enjeux, le contexte et le cadre théorique de cette recherche ; dans un deuxième temps, nous expliquerons les corpus et les méthodes que nous avons sélectionnés ; dans un troisième temps, nous tenterons de présenter notre discussion des résultats obtenus, ne serait-ce que de manière schématique, afin de démontrer la pertinence de la recherche ; et enfin, nous ajouterons une conclusion pour passer brièvement en revue les éléments importants et présenter les limites et les apports de cette recherche ainsi que des recommandations.

2. Les enjeux de la recherche, la problématique et les hypothèses

Il est vrai que dans un manuel de langue (maternelle ou étrangère), il y a toujours un ou plusieurs contenus (un texte, un dessin, une phrase, un thème, un signe, etc.) qui font référence, d'une manière ou d'une autre, à la culture, à l'idéologie et/ou aux tendances politiques prédominantes du pays où ce manuel est conçu et/ou utilisé, mais il est évident que ces contenus ne doivent pas être la préoccupation principale des concepteurs et/ou des décideurs, c'est-à-dire qu'ils ne doivent pas prendre le dessus sur les éléments disciplinaires à enseigner ; un manuel scolaire, toutes disciplines confondues, constitue un guide, une référence et un facilitateur d'apprentissage, c'est pourquoi ses contenus et ses méthodes doivent être sélectionnés en fonction des besoins des apprenants et des théories en vigueur, non en fonction d'idéologies ou de tendances politiques.

Or, dans certains manuels de FLE algériens analysés, nous avons relevé divers contenus négatifs sur la France, similaires à ceux présents dans la perception du français par certains apprenants algériens. Ce constat nous a incités à analyser d'autres manuels de FLE algériens et à nous poser la question suivante :

En quoi les manuels de FLE algériens peuvent-ils avoir un impact négatif sur les représentations sociolinguistiques du français chez les élèves algériens ?

Comme réponses provisoires à cette problématique, nous avons formulé les hypothèses suivantes :

- L'hypothèse 1 : Ce sont les manuels de FLE algériens qui génèrent des représentations négatives du français auprès de leurs utilisateurs car ces ouvrages de référence contiennent de nombreuses erreurs de langue et ne proposent pas tous les points de langue, ce qui peut rendre difficile l'apprentissage du français ; de plus, ils relatent de nombreuses atrocités commises par la France en Algérie.
- L'hypothèse 2 : Les manuels algériens de FLE n'ont rien à voir avec les représentations négatives que les apprenants algériens se font du français car, selon de nombreuses enquêtes, beaucoup d'entre eux se représentent positivement le français, ont un bon niveau de cette langue, l'aiment et l'utilisent même dans leur vie quotidienne.

- L'hypothèse 3 : Si l'on ne peut pas dire que les manuels de FLE algériens sont les seuls responsables des représentations négatives que les apprenants algériens construisent du français parce que d'autres apprenants algériens aiment et maîtrisent cette langue, on peut au moins dire que ces ouvrages valident ces représentations négatives car ce sont des ouvrages de référence, contiennent de nombreuses erreurs de langue et des documents sur les atrocités commises par la France.

Ce travail s'articule donc autour de trois axes : le contenu des manuels algériens de FLE, les représentations que les utilisateurs de ces ouvrages ont du français et l'impact potentiel de ces ouvrages sur ces représentations. Dans notre analyse des manuels, nous nous sommes intéressés à tous les aspects de ces ouvrages : de la qualité du papier à l'impact potentiel que leurs contenus pourraient avoir sur les apprenants, car nous souhaitions trouver des éléments de réponse à plusieurs questions, dont les suivantes : les manuels algériens de FLE, du point de vue de leurs contenus et de leur qualité physique et esthétique motivent-ils leurs utilisateurs à apprendre et à aimer le français ? Quel pourrait être le lien entre ces manuels et les représentations négatives que certains Algériens ont de la langue française ? Si, au nom de l'identité nationale, ces manuels scolaires véhiculent des « atrocités coloniales », comment clôturent-ils le débat sur le colonialisme français ? Les concepteurs de ces ouvrages (qui emploient les termes « brutal », « sauvage », etc., pour désigner le colonisateur) manifestent-ils une volonté d'éduquer à l'interculturalité et d'agir sur les représentations négatives que les apprenants ont du français et/ou de la France et de sa culture ? Enfin, proposent-ils des contenus susceptibles de développer chez les apprenants la capacité à relativiser, à objectiver, à contextualiser, à se décentrer, à s'ouvrir à l'autre (pour éviter les préjugés et les stéréotypes ainsi que les représentations et attitudes négatives) ? Si pour beaucoup d'Algériens le français est une langue difficile à apprendre, ces manuels scolaires facilitent-ils l'apprentissage du français ?

Concernant notre étude des représentations du français chez les apprenants algériens, notre attention s'est portée sur le contenu et la forme des phrases dans lesquelles ces représentations s'expriment. Nous y reviendrons ultérieurement.

Bien avant nous, de nombreux chercheurs algériens se sont intéressés à la question des représentations du français et à celle des manuels algériens de FLE, mais aucune tentative n'a jamais été faite pour établir le lien éventuel entre ces représentations et ces manuels. Ce travail de recherche vise donc à combler cette lacune.

3. Le contexte de la recherche

L'Algérie étant le terrain de notre recherche, nous avons tenté de clarifier certains points relatifs à sa situation historique, géographique, politique, économique, linguistique et éducative. Nous avons estimé que la connaissance de ces aspects nous aiderait à comprendre le paysage sociolinguistique algérien, ainsi que les conditions d'émergence du projet de recherche, elle nous aiderait à comprendre aussi les différents choix corpusculaires et méthodologiques opérés par le chercheur et l'interprétation des données. Par exemple, connaissant le contexte kabyle, il serait difficile, voire impossible, d'admettre que 90/100 des Kabyles ont une perception négative du français ; en effet, comme le savent la plupart des Algériens, le français est très valorisé et largement utilisé dans cette région.

4. Cadrage théorique

Il est clair que dans le cadre d'une recherche de ce type, une multitude de concepts et de notions sont employés par le chercheur (la culture, l'interculturel, la représentation, le stéréotype, l'enseignement, la pédagogie, etc.) mais, en ce qui concerne ce travail de recherche, nous nous sommes centrés sur les notions et concepts clefs, c'est-à-dire ceux que nous avons estimés plus proches de la question centrale de ce travail et dont la définition permettrait d'établir un consensus définitionnel entre l'auteur et le lecteur.

Nous avons également initié une réflexion sur la question de l'idéologie dans le manuel de langue étrangère. Après avoir tenté de démontrer l'existence d'une définition naïve et d'une définition critique du manuel, nous avons tenté de mettre en évidence ses différentes fonctions et enjeux. Cette réflexion nous a conduits à constater qu'en effet, le manuel scolaire, comme le note Pasquale (2011), est « un transmetteur/reproducteur d'idéologies et [...] un compendium des idéologies en vigueur ». Nous avons aussi conclu que le processus d'idéologisation ne se réalise pas seulement par l'inclusion d'un type d'objectifs, de documents ou d'approches pédagogiques mais aussi par l'exclusion d'un ou de quelques-uns de ces éléments (comme l'enseignement interculturel, par exemple). Enfin, nous avons présenté notre point de vue sur ce qu'est un bon manuel scolaire de langue étrangère.

5. Les corpus sélectionnés pour la recherche

5.1. Les manuels de FLE algériens

Les élèves algériens, depuis la première année d'apprentissage du français jusqu'à la terminale, dernière année où ils étudient cette langue comme outil d'apprentissage (et non comme spécialité), utilisent au total dix manuels de FLE. Compte tenu de ce nombre, que nous avons jugé significatif, nous avons sélectionné cinq recueils : un utilisé dans l'enseignement primaire, deux dans l'enseignement moyen et deux dans l'enseignement secondaire. Il convient également de noter que ces ouvrages sont toujours utilisés en Algérie.

Tableau 1: Les manuels de FLE analysés

	Titre du manuel	N° d'ISBN	Éditeur et pays d'édition	Date d'édition	Nombre de pages
1	*Français, troisième année secondaire*	978-9947-20-508-2	Office National des Publications scolaires, Algérie.	2012	239
2	*Révision finale du français*	978-9947-31-125-7	ClicEditions	2016	120
3	*Français / Deuxième année secondaire*	9947-20-470-7	L'Office national des publications scolaires	2006	223
4	*Français, quatrième année de l'enseignement moyen.*	978-9931-645-07-8	Aures Éditions (Algérie)	2019	159
5	*Mon livre de langue française, 1re année moyenne.*	978-9931-00-888-0	ENAG Éditions	2016	175
Total des pages des manuels analysés					916

5.2. Les représentations des apprenants algériens sur le français

Les données des questionnaires que nous avons analysées dans ce travail sont de seconde main et concernent les représentations des apprenants sur le français. Elles ont été obtenues en Algérie par des chercheurs et des enseignants algériens exerçant dans ce pays. Les répondants sont différents du point de vue de leur âge, de leurs sexes, de leurs cycles scolaires, de leurs cultures et de leurs classes sociales. Cette diversité de données a permis de mettre en évidence la multiplicité de l'Algérie et donc d'enrichir le corpus soumis à l'analyse.

Dans notre analyse des représentations, nous nous sommes intéressés aux aspects suivants :

- Le statut du français
- Le sentiment envers le français
- Le français, langue du colonisateur
- Le français, langue difficile
- Le français, langue utile
- Le français, langue de prestige social

Tableau 2: Fiche signalétique des quatre enquêtes

Le titre et lieu de l'enquête	Date de l'enquête	Date de publication	Nombre d'enquêtés	L'instrument utilisé
Attitudes langagières et représentations du français chez des jeunes adolescents algériens de la wilaya d'Annaba (Algérie)	Non indiquée	Novembre 2011	60	Le questionnaire
Représentations sociolinguistiques du FLE chez les étudiants de la 2e année licence de français à l'Université d'Adrar (Algérie)	Non indiquée	2023	25	*Idem.*
Le rôle des représentations dans la pratique du français chez les jeunes étudiants de l'Université de Bejaïa (Algérie)	Non indiquée	2013	30	*Idem.*
Les représentations sociolinguistiques de la langue française chez les étudiants du département de français. Le cas de 3e année de l'Université d'El-Oued (Algérie)	Non indiquée	Mai 2015	94	L'entretien et questionnaire

Notre choix de ces thèmes s'explique par le fait qu'ils apparaissent souvent dans les champs représentationnels des apprenants algériens et par le fait qu'ils recouvrent tous les types de ce que Maurer appelle « représentations constitutives des idéologies linguistiques » (2016). Il s'agit donc d'un choix thématique cohérent avec la présente recherche qui, rappelons-le, s'intéresse à la possible influence des manuels de FLE d'Algérie sur les représentations du français des apprenants de ce pays.

Nous nous sommes également intéressés au niveau de maîtrise du français des répondants afin d'établir la relation entre le contenu de leurs représentations et leur maîtrise de cette langue. Autrement dit, nous avons cherché à comprendre si la manière dont le français est perçu influence l'apprentissage et la maîtrise de cette langue.

Enfin, nous nous sommes intéressés à l'ancrage de ces représentations, c'est-à-dire que nous avons cherché à savoir si elles étaient ancrées dans la réalité ou dans le mythe.

Nous tenons à souligner que l'étude de cet ancrage pourrait fournir des informations sur le degré d'influence culturelle, politique et/ou idéologique.

5.3. L'entretien avec les professeures algériennes

Si, dans certains pays, il semble que les enseignants jouissent d'une certaine liberté pour rechercher, produire, choisir, voire modifier ou ajuster les documents déclencheurs qu'ils utilisent en classe, en fonction des besoins de leurs élèves, en est-il de même pour les enseignants algériens ? Ces derniers peuvent-ils rejeter, modifier, ou du moins commenter le contenu idéologique, politique et/ou historique imposé par les décideurs dans les manuels de FLE algériens ? Ont-ils conscience de l'impact négatif que ces manuels peuvent avoir sur les élèves ? Quels types d'arguments avancent-ils pour justifier la nécessité d'utiliser des documents sur les atrocités coloniales comme supports d'enseignement du français ? Enfin, si certains apprenants algériens estiment que le français est une langue difficile, que peuvent dire ces enseignants de cette difficulté ? Sont-ils suffisamment disponibles et compétents pour neutraliser ou minimiser cette difficulté d'apprentissage du français ?

Pour répondre à ces questions, nous avons interrogé deux enseignantes algériennes qui enseignent le français langue étrangère en Algérie. Bien que leur nombre ne soit pas représentatif de l'ensemble des enseignants algériens, leurs réponses nous ont permis de faire des observations intéressantes.

6. Les méthodes sélectionnées pour l'analyse des corpus

Dans le texte intégral de notre thèse, nous avons consacré un long chapitre aux différentes méthodes adoptées pour collecter et analyser les données. Ne pouvant reproduire l'intégralité du chapitre ici, nous présentons schématiquement les méthodes que nous avons adoptées.

Pour l'analyse des représentations, en plus de l'analyse quantitative et qualitative des données, nous avons analysé les erreurs de langue des répondants. Cette combinaison de méthodes d'analyse fournit davantage d'informations sur les répondants. Par exemple, il est nécessaire de savoir quel type d'élèves affirme que le français est la langue du colonisateur ? Maîtrisent-ils bien le français ? Qui parmi eux considèrent-ils le français comme une langue étrangère ou seconde ? etc. Enfin, cette combinaison de méthodes permet d'établir des relations afin de mesurer l'impact éventuel de variables (le sexe, l'âge, la famille, etc.) sur les représentations sociales du français.

Pour l'analyse des manuels scolaires, nous avons conçu notre propre grille d'analyse. Elle s'intitule « Grille d'analyse et d'évaluation sociodidactiques de l'adaptabilité des manuels scolaires et parascolaires de langues-cultures maternelles et étrangères » et s'intéresse à tous les aspects du manuel : le public visé, le pays de conception, d'édition et d'usage du manuel (ou région), la date d'édition et période d'usage du manuel, les concepteurs, l'éditeur et le financeur du manuel, la dimension institutionnelle, les contenus textuels et iconographiques des pages de couverture, le matériel d'accompagnement du manuel, l'aspect matériel, la typographie et la mise en page dans le manuel de la 1re année moyenne, la structure du manuel, l'avant-propos des concepteurs du manuel, le contrat d'apprentissage, les signes particuliers, les erreurs de langue dans le manuel, les types de textes exploités et leurs auteurs, les méthodes d'exploitation des textes, les potentialités culturelles offertes par les documents textuels, l'analyse des documents iconographiques, les représentations sociolinguistiques, la vision du Même et de l'Autre, le langage non verbal, etc.

Enfin, pour l'analyse des entretiens, nous avons opté pour trois approches : l'analyse thématique de contenu, l'analyse du discours et l'analyse des erreurs de langue. À travers l'analyse thématique, nous avons voulu mettre en évidence les thématiques explicites et implicites, la compétence didactique-pédagogique des interviewées ainsi que leur positionnement idéologique par rapport au contenu du manuel FLE algérien (qui, rappelons-le, évoque les atrocités du colonisateur) ; à travers l'analyse énonciative, nous avons voulu mettre en évidence le degré d'affirmation ou d'infirmation des interviewées ; et par l'analyse des erreurs, nous avons cherché à savoir si ces professeurs étaient en mesure de répondre aux besoins et aux attentes de leurs élèves et si elles étaient capables de relever les différentes erreurs de langue que nous avions repérées dans les manuels algériens de FLE. Nous tenons aussi à préciser que l'analyse des erreurs dans le cadre de ce travail a consisté en le repérage, la classification, l'explication et la correction de ces erreurs.

7. Discussion des résultats obtenus

7.1. L'analyse des représentations

Pour ce qui est de la manière dont le français est représenté par nos sondés, nous avons relevé deux types de représentations : les unes positives, les autres négatives. Celles positives ont été formulées par la majorité des répondants, qui sont généralement de sexe féminin et issus de milieux intellectuels et/ou favorisés économiquement : la plupart sont fils de professeurs, d'avocats, de hauts responsables, de riches, etc. Pour cette catégorie d'élèves, le français en Algérie n'est pas tout à fait une langue étrangère car il est la langue des études, des sciences, de l'amour, du travail, etc. Ils prennent plaisir à l'apprendre et à l'utiliser au quotidien, ce qui invalide notre première hypothèse, à savoir que ce n'est pas le manuel de FLE algérien qui génère des perceptions négatives du français. Il est également important de rappeler que ces répondants formulent des phrases optimistes avec l'utilisation du verbe « vouloir » et de verbes conjugués au futur, comme le montre la colonne B du tableau ci-dessous.

Quant à ceux qui ont une perception négative du français, nos résultats montrent qu'il s'agit généralement d'étudiants de sexe masculin, issus de milieux défavorisés et/ou conservateurs. Cette catégorie de répondants cite le plus souvent le français comme la langue du colonisateur et une langue difficile à apprendre, et commet souvent des erreurs de langage. De plus, leurs arguments manquent de solidité, voire sont totalement absents. Par exemple, le répondant *G. 61* voit que « le français reste une langue littéraire seulement » (cf. Enquête 1). Mais il est clair que cette représentation est en déphasage avec la réalité. En effet, le français est aussi la langue de la recherche scientifique. À ce sujet, Perret écrit :

> À la fin du XVIIIe siècle, le botaniste Jussieu écrit encore en latin son ouvrage le plus important [...]. Cependant, de grandes œuvres de vulgarisation scientifique se font en français, enrichissant considérablement la terminologie scientifique en français : on peut citer Réaumur (*Histoire naturelle des insectes*), Fontenelle et ses *Entretiens sur la pluralité des mondes*, et surtout l'*Encyclopédie* (8 volumes) qui commence à paraître en 1751. (Perret, 1998 : 46)

Tableau 3: Les réponses des questionnés de l'enquête 1 (Hazar, 2011)

Les réponses du Groupe A (apprenants défavorisés économiquement et culturellement)	**Les réponses du Groupe B (apprenants favorisés économiquement et culturellement)**
- C'est la langue du colon. - C'est la langue du colon et de ceux qui se croient supérieurs. - C'est une langue qui nous a été imposée par le colon, ce n'est pas la nôtre. - C'est la langue du colon, elle nous a été imposée depuis longtemps. - C'est la langue de l'autre que je ne maîtrise pas, c'est celle du colon. - C'est la langue des vieux, du colon. - C'est la langue des étrangers, du colon. - C'est une langue qui nous est imposée. - Ce n'est pas ma langue, c'est une langue européenne, c'est celle de l'autre.	- C'est une langue qu'on utilise beaucoup et dont on aura besoin pour nos études au futur - C'est la langue de la science. - C'est une langue qui me permet de m'instruire. - C'est une langue qu'on est obligé d'apprendre et de maîtriser pour nos prochaines études. - C'est une langue d'expression dont j'aurai besoin et que j'utiliserai dans le futur. - Je veux terminer mes études en français pour devenir médecin. - Je veux terminer mes études en français pour suivre une filière scientifique - Je veux terminer mes études en français car je veux poursuivre mes études en France

En termes d'ancrage, certaines représentations sont ancrées dans le mythe, d'autres dans la réalité. En guide d'exemple, on peut citer les représentations selon lesquelles le français est la langue du colonisateur et celle que le français est une langue difficile. Celles-ci, toutes deux ancrées dans le mythe. De fait, de nombreux Algériens ayant appris le français en Algérie maîtrisent cette langue avec aisance et prennent plaisir à l'utiliser, voire à l'enseigner. Il faut dire aussi que le réel a changé et est en constante évolution et donc le français ne peut continuer à être la langue du colonisateur. Autrement dit, les Algériens ne sont plus colonisés et, de nos jours, le français n'est plus la langue des seuls Français mais de tous les Francophones et de toutes les personnes qui aiment et qui veulent apprendre cette langue. Par ailleurs, comme nous l'avons noté plus haut, seuls ceux qui n'aiment pas le français et/ou ne le maîtrisent pas suffisamment le qualifient de « langue de l'ennemi ». C'est le cas, par exemple, de certains sondés de Souf (cf. enquête 4).

Évidemment, ce type de représentation est également constitutif des idéologies linguistiques, comme le précise Maurer (2016) dans les termes suivants :

> Des représentations portant sur les situations d'usage social des langues dans la vie courante, avec des informations sur la grégarité de certaines langues – utilisation presque exclusivement familiale, ou leur véhicularité – utilisation dans les lieux publics, avec des personnes de langue différente.

7.2. L'analyse des manuels

Les premiers éléments qui ont retenu notre attention ont été l'aspect physique et esthétique des manuels, qui ne motive pas les apprenants à aimer le français, et le nombre excessif d'erreurs qu'ils contiennent (erreurs de grammaire, d'orthographe, de ponctuation, etc.), erreurs qui pourraient perturber leurs utilisateurs, rendant l'apprentissage du français difficile et donnant ainsi une perception négative de cette langue. À ces défauts s'ajoute le fait que plusieurs points de langue ne sont pas proposés dans ces ouvrages. Il s'agit notamment d'expressions idiomatiques, de locutions telles que « mise au point », « mettre en perspective », etc., de noms de parties du corps et de noms faisant référence à la culture non musulmane (bière, vin, câlins, etc.). Il est à noter que, dans les centaines de réponses des élèves dont nous avons analysé les représentations, nous n'avons identifié aucune expression idiomatique. En somme, un locuteur qui a appris le français uniquement à travers ces manuels ne peut en principe pas comprendre un Français qui utilise ce type d'expression.

Concernant l'éducation interculturelle, les représentations de l'Autre, de sa culture et de sa langue, nous avons vu qu'aucun des manuels analysés n'accorde d'importance à ces questions relevant des enjeux ethnosocioculturels. Bien au contraire, les résultats montrent que les questions de l'identité nationale, de la culture algérienne se taillent la part du lion dans ces ouvrages. En d'autres mots, l'Algérie est le pays le plus cité, le plus représenté. Il est également important de souligner que les différentes cultures locales ne sont pas suffisamment représentées dans ces manuels, même si, comme nous l'avons déjà indiqué, l'Algérie est un pays objectivement multiethnique, multilingue et multiculturel. En excluant certains éléments constitutifs de la pluralité algérienne, on risque d'inculquer aux adolescents l'idée que la diversité, en tant que phénomène, n'existe pas, ni à l'extérieur ni à l'intérieur du pays.

Quant à la France dans ces manuels, bien qu'elle soit le pays dont la culture doit être enseignée, c'est avant tout le pays qui colonise, torture, bombarde, pille les richesses, etc. Si l'on prend en compte la forte charge sémantique des mots utilisés pour représenter la France et la grande quantité de contenus textuels et iconographiques sur les violences coloniales que l'on retrouve dans ces manuels, on peut affirmer avec certitude que, dans lesdits ouvrages, la France est représentée d'une manière négative et monolithique, ce qui peut influencer les représentations que les élèves ont des Français et du français, représentations qui, à leur tour, impactent l'apprentissage de cette langue. Au sujet de ces impacts, Castelloti et Moore (2022) affirment que :

> Un nombre important de travaux concernant les représentations des langues et de leur apprentissage montrent le rôle essentiel des images que se forgent les apprenants de ces langues, de leurs locuteurs et des pays dans lesquels elles sont pratiquées [...] Ces images, très fortement stéréotypées, recèlent un pouvoir valorisant ou, *a contrario*, inhibant vis-à-vis de l'apprentissage lui-même.

Bien entendu, il ne s'agit pas de manuels d'histoires à proprement parler ni déclarés comme tels par leurs concepteurs ou les décideurs algériens, mais si on consulte, par exemple, le manuel de la 3e AS, on se rend compte facilement qu'il s'agit d'un manuel d'histoire dans un manuel de langue car, dans ce livre scolaire, toute l'histoire de l'Algérie est racontée, du jour du débarquement des troupes françaises sur la presqu'île de Sidi Ferruch (30 km à l'ouest d'Alger), le 14 juin 1830, jusqu'au jour de l'indépendance, le 5 juillet 1962. Les événements de cette histoire sont disséminés tout au long du manuel, toutes les dates importantes y sont, ainsi que les atrocités commises par la France. Enfin, on peut utiliser cet ouvrage scolaire comme un manuel d'histoire.

On pourrait rétorquer que les textes dévalorisant la France dans ces manuels sont utilisés dans la seule intention d'enseigner la langue mais le débat sur le colonialisme ne doit pas se clore n'importe comment, surtout que les violences dans ces manuels sont décrites avec précision, d'une manière très au-dessus de l'âge des jeunes lycéens, sans proposer en même temps des contenus propres à agir contre les stéréotypes, les préjugés et cultiver chez les apprenants – pourquoi pas ! – le plaisir de connaître l'Autre, l'Autre tel qu'il veut être dans son altérité (non tel qu'on veut qu'il soit).

Certes, on retrouve dans ces manuels certains textes qui véhiculent des visions, des façons de faire adoptées par les Français mais il s'agit là de choses qui sont partagées universellement et ne sont donc pas forcément caractéristiques d'une communauté ethnique ou culturelle donnée (le père grogne l'enfant, Marie cuisine, etc.). De plus, ces visions et façons de faire sont « enfouies » dans les textes, du moins pour leurs utilisateurs, qui sont adolescents, non suffisamment entraînés à accéder au sens du texte de façon autonome. Enfin, aucun des cinq manuels ne permet de découvrir des éléments de la culture française tels que les vêtements, les habitudes, des traditions, les fêtes, etc.

Les autres pays francophones n'étant pas non plus représentés dans ces manuels, une question légitime peut s'imposer à tout chercheur : pour communiquer avec qui enseigne-t-on le français en Algérie ?

Par ailleurs, nous avons constaté que, dans chacun de ces manuels, il y a des documents qui démontrent que dans la société algérienne il y a une tendance à donner la priorité aux hommes sur les femmes, même lorsqu'un hommage est rendu aux femmes, comme dans le manuel du 3e AS où les Algériennes sont félicitées pour avoir cuisiné et guéri les combattants. Nous avons également constaté que la majorité des concepteurs des manuels analysés sont de sexe masculin. Ce n'est certes pas cette idéologie sexiste qui influence les représentations du français chez les Algériens, mais elle influence les choix des concepteurs quant aux objectifs et aux supports d'apprentissage (qu'il convient de choisir pour enseigner la langue, développer une compétence interculturelle, agir sur les représentations des apprenants, etc.).

Outre cette idéologie sexiste, nous avons aussi identifié dans lesdits manuels des contenus faisant référence aux idéologies suivantes : l'idéologie de la suprématie musulmane sur l'Occident, présente notamment dans le manuel du 3e AS dans des textes mettant en avant les réalisations des musulmans dans divers domaines ; l'idéologie culturelle qui se manifeste à travers le choix des contenus à enseigner et des contenus exclus, comme par exemple le contenu du premier manuel du matin où les noms des parties du corps ne sont pas proposés ; et l'idéologie nationaliste présente sous différentes formes dans lesdits cinq ouvrages.

Bien évidemment, ce menu thématique affecte les objectifs et les approches. Par exemple, ce n'est pas à travers le document que l'on retrouve à la page 107 du manuel de la 3e AS que l'on aborde l'interculturel car, dans ce document, il s'agit de la bombe que la France a fait exploser le 13 février 1960 dans la région algérienne de Reggane (pour tester la première arme nucléaire).

Encore, il convient de noter que ces thèmes réapparaissent dans différents manuels algériens de français et d'autres disciplines, notamment dans les manuels d'arabe et d'histoire, ce qui peut ennuyer les apprenants et générer chez eux une certaine résistance à l'apprentissage de la langue et la culture française. En somme, si pour Zarate (1986), la classe de langue est : « un des lieux où la culture du pays de l'élève et la culture enseignée entrent en relation », dans ces manuels, la culture de l'élève et la culture de l'Autre semblent en conflit, du moins dans l'imaginaire des apprenants.

Bien avant nous, des chercheurs algériens ont consacré divers travaux au manuel algérien de FLE (thèses de doctorat, mémoires de master, articles, etc.) et ont pointé différents défauts et insuffisances présents dans ces ouvrages, notamment en ce qui concerne l'enseignement des points linguistiques, discursifs et interculturels.

Pour ce qui est des erreurs contenues dans ces ouvrages, on peut citer, en exemple, M. Bourkhis. Ce chercheur, dans sa thèse intitulée *Le manuel du secondaire algérien FLE : De la conception consciente à l'usage responsable* (2016), a fait l'inventaire de quelques lacunes et erreurs de langue identifiées dans le manuel de français de la 1re AS. Les résultats qu'il expose sont, pour nous, d'une grande utilité pour l'enseignement du FLE en Algérie. Cependant, le nombre de lacunes et d'erreurs citées dans ce travail est limité ; de même, ces lacunes n'incluent pas tous les points de langue (noms des parties du corps, idiotismes, etc.).

Relativement à la dimension culturelle, l'éducation à l'interculturel et l'ouverture sur l'Autre dans les manuels de FLE algériens, on peut citer comme exemple la thèse de doctorat soutenue par N. Hamidou-Bouayed (2008). Pour ce chercheur, « il faudrait initier les apprenants à l'analyse iconographique, afin d'apprendre l'interprétation du non-dit » (2017 : 317). On peut citer aussi A. Akila Boughazi qui, dans sa thèse sur l'interculturel, recommande l'exploitation du texte littéraire comme *un passeur culturel.* Enfin, on peut évoquer Berbère (2022) qui s'interroge sur « le degré de conscientisation des décideurs face à l'installation et au perfectionnement de la compétence culturelle en classe de FLE ». Évidemment, ces recommandations didactiques-pédagogiques sont intéressantes, d'autant plus qu'elles sont le fruit d'un travail de terrain mais, d'après les résultats de cette recherche, le problème se pose aussi au niveau de la compétence linguistique des apprenants, qui est indispensable pour apprendre la culture française et aborder l'interculturel par les différents supports écrits et audio-visuels. En effet, comme le démontrent les résultats de notre enquête sur les représentations, tous les élèves algériens ne possèdent pas de bonnes compétences linguistiques en français, c'est-à-dire qu'ils ne sont pas tous suffisamment outillés linguistiquement pour surmonter les difficultés qu'ils peuvent avoir au niveau phrastique et pouvoir ensuite accéder au sens du texte. Parmi les difficultés qu'ils peuvent rencontrer au niveau phrastique, il y a la détection et l'interprétation d'éléments à connotations culturelles, alors que, comme nous l'avons précisé *supra*, ces points – qui exigent une approche sémiologique – ne sont jamais proposés dans les cinq manuels analysés.

Nous pensons que c'est peut-être à cause d'un malentendu lié à l'expression « intégration de la culture » qu'on ne prête pas toujours attention aux contenus culturels présents dans la langue. En effet, quand on parle d'intégrer la culture dans l'enseignement d'une langue, du moins en Algérie, on fait référence habituellement à l'enseignement culturel intégré par le moyen de supports convenables et la mise en œuvre de méthodes appropriées, ce qui laisse entendre que sans le recours aux supports, la culture ne peut être intégrée. Mais, en réalité, la culture est présente d'abord dans la langue, dans les phrases, dans les mots, dans les contextes et situations de leurs utilisations. Enfin, ce qu'on devrait entendre par « intégration de la culture » devrait faire référence à l'apprentissage à la fois explicite et implicite de la culture.

Par ailleurs, il est important de souligner que, dans tous les travaux de recherche que nous venons de citer, aucune importance n'est accordée à l'idéologie sexiste, alors que, comme nous l'avons démontré précédemment, les cinq manuels analysés semblent hiérarchiser les hommes sur femmes. Nous pensons que l'idéologie sexiste est un fait culturel majeur, et donc, elle doit être abordée dans les cours de FLE car les Algériens n'apprennent pas le français uniquement pour communiquer entre eux mais aussi avec l'Autre, qui peut être un homme ou une femme et qui peut avoir sa propre vision des femmes et des hommes.

Par ailleurs, il semble que, pour les chercheurs algériens, le problème des manuels de FLE algériens réside uniquement dans le fait qu'ils ne permettent pas l'apprentissage de la culture française, ce qui suggère qu'ils peuvent développer des compétences linguistiques. Cependant, pour notre part, cette opinion est discutable. En fait, comme le démontrent nos résultats, même cet apprentissage linguistique du français peut être remis en question, étant donné que, rappelons-le, les manuels de FLE algériens n'incluent pas tous les points de langue, sans compter qu'ils contiennent beaucoup d'erreurs.

Pour clore cette discussion, on peut dire que la principale préoccupation des auteurs de ces ouvrages (ou des responsables éducatifs algériens) semble être la transmission, l'inculcation des idéologies localement prédominantes et qui régissent le choix des objectifs, des méthodes et des contenus desdits ouvrages. On peut aussi dire que tous les éléments présentant le français comme une langue difficile et « une langue du colonisateur » sont présents dans ces manuels, c'est-à-dire que les résultats obtenus infirment notre deuxième hypothèse, qui stipule que les manuels algériens de FLE n'ont rien à voir avec les représentations négatives que les étudiants algériens se font du français, et confirment ainsi notre troisième hypothèse, selon laquelle ces ouvrages valident les représentations car ils contiennent de nombreuses erreurs de langue et des documents sur les atrocités commises par la France.

Tableau 4: Liste non exhaustive des erreurs repérées dans le manuel de FLE de la 3e année secondaire

Page	Localisation de l'erreur	La phrase et/ou le mot où l'erreur est repérée	L'erreur	La forme correcte
8	La légende de l'illustration.	*Orchestre El Moussïlia d'Alger ; L'Algérie porte de l'Afrique @Dokmane ; Bologhine, Alger*	Manque d'uniformisation de la féminisation des mots : seul le signe « (e) » est utilisé. Par exemple, les adjectifs ne sont pas féminisés (comme « attentif » à la page 144)	*Orchestre El Moussïlia d'Alger ; l'Algérie porte de l'Afrique @Dokmane ; Bologhine, Alger*
16	L'avant-dernière ligne de la page	*La subordonnée relatlve*	Erreur orthographique	*La subordonnée relative*

(*Suite*)

Tableau 4: (Suite)

Page	Localisation de l'erreur	La phrase et/ou le mot où l'erreur est repérée	L'erreur	La forme correcte
28	§ 4, ligne 1	*Je complète le paragraphe avec :envahisseur, remplacer, Ouerdja*	Absence d'espace après les deux points.	*Je complète le paragraphe avec : envahisseur, remplacer, Ouerdja*
30	Exercice 2, la ligne « f »	*Il est souhaitable que les jeunes algériens (s'intéresser) …*	Erreur orthographique :s'intéresser est écrit avec deux r.	*s'intéresser*
37	§ 2, ligne « e »	*Larbi Ben M'Hidi avait déclaré à ses géôliers que …*	Erreur orthographique : geôliers est écrit avec un accent aigu.	*Larbi Ben M'Hidi avait déclaré à ses geôliers que …*
38	§ 3, ligne 2	*La plupart des verbes du 3ᵉ groupe changent leur radical.*	Erreur de conjugaison : puisqu'il s'agit plutôt d'un sujet pluriel, la terminaison doit être « ent ».	*La plupart des verbes du 3ᵉ groupe changent leur radical.*
44	L'activité « organisation et démarche à suivre », ligne 2	*Demander conseil à notre professeur d'histoire si besoin est*	Erreur de ponctuation : l'emploi du point-virgule est fautif car c'est la dernière phrase.	*Demander conseil à notre professeur d'histoire si besoin est.*
46	L'activité « j'exprime mon point de vue », ligne 3	*Été en musique en Algérie est une rencontre exceptionelle*	Erreur orthographique : exceptionnelle est écrit avec un seul « n ».	*Été en musique en Algérie est une rencontre exceptionnelle*
59	§ 2, ligne 5	*Chef d'œuvre*	Erreur orthographique : absence du trait d'union et fausse orthographe du« œ »	Chef-d'œuvre
60	Dernière ligne du texte.	*Arrêtez de pleurer, monsieur Grand […] pour fiche la paix à ma mère.*	Erratum : ficher, non « fiche ».	*Arrêtez de pleurer, monsieur Grand […] pour ficher la paix à ma mère.*

Page	Localisation de l'erreur	La phrase et/ou le mot où l'erreur est repérée	L'erreur	La forme correcte
62	§ 2, ligne 5	*Regrouper les écrits corrigés concernant la beauté de la région choisie et son histoire*	Phrase sans ponctuation.	*Regrouper les écrits corrigés concernant la beauté de la région choisie et son histoire.*
65	§ 1, lignes 7 et 9	*L'œuvre Le cœur*	Cœur n'est pas écrit avec un « œ ».	*Ils touchaient l'imagination, le cœur.*
69	§ 2, ligne 5	*Le globe-terrestre*	Utilisation fautive du trait d'union.	*Le globe terrestre*
102	Paragraphe 3, dernière ligne	*Porter sur nos dépliants, des comptes rendus contre la violence, notamment celle faite aux femmes et aux enfants ».*	Utilisation d'un guillemet fermant, sans le guillemet ouvrant.	*Porter sur nos dépliants, des comptes rendus contre la violence, notamment celle faite aux femmes et aux enfants »*
118	Activité 2 4	*Aujourd'hui, beaucoup defonds sous-marins quifurent des paradis …*	Pas d'espace entre les mots.	*Aujourd'hui, beaucoup de fonds sous-marins qui furent des paradis …*
131	Exercice 3, ligne « a »	*Les maires pensent à aménager de plus en plus d' espaces verts …*	Utilisation de l'espace après l'apostrophe.	*Les maires pensent à aménager de plus en plus d'espaces verts quoi que …*
154	§ 2,ligne 2	*L'enchainement des actions*	Il manque l'accent circonflexe sur le deuxième « e » du mot « enchaînement ».	*L'enchaînement des actions*

7.3. L'analyse des entretiens avec les professeurs

La première chose qui a retenu notre attention lors de nos entretiens avec ces enseignantes était le nombre important d'erreurs de langue dans leurs phrases. Ce premier constat nous a amenés à penser que ces enseignantes étaient incapables de détecter les erreurs que nous avions identifiées dans les manuels de FLE algériens et qu'elles n'étaient pas en mesure de répondre aux divers besoins et attentes de leurs élèves.

Si les deux enseignantes reconnaissent que le français est utile en Algérie et confère un certain prestige social à ceux qui le maîtrisent, elles ne s'opposent pas à l'inclusion des documents sur la guerre dans le manuel de FLE car, pour elles, les enfants algériens doivent savoir que la France a torturé le peuple algérien. Certes, l'une des interviewées semble moins enthousiaste à l'égard de ces questions d'identité et de l'époque coloniale (peut-être parce qu'elle a vécu en France et compris alors que tous les Français ne sont pas pareils ?), mais elle non plus ne s'oppose pas aux documents sur la guerre d'Algérie car pour elle le contenu du manuel de FLE algérien rappelle la solidarité du peuple algérien face à la cruauté du colonisateur.

D'une manière générale, les francophiles algériens maîtrisant parfaitement le français ne s'opposent pas à l'enseignement de la langue et de la culture françaises et ne sont pas favorables à l'intégration de contenus historiques négatifs dans le manuel de FLE, surtout lorsqu'ils sont également enseignants de français, c'est pourquoi nous pensons qu'il pourrait y avoir un lien entre la maîtrise du français de ces deux enseignants et leurs opinions concernant le contenu dudit manuel.

8. Conclusion

8.1. Retour sur la problématique, les enjeux, les résultats et l'apport de la recherche

Notre objectif central tout au long de ce travail était de trouver une réponse à notre question principale, celle qui constitue le socle de cette recherche, à savoir, comment les manuels de FLE algériens pouvaient impacter les représentations de la langue française par les apprenants algériens. Nous nous sommes posé cette question après avoir constaté que certains de ces ouvrages véhiculaient un contenu négatif sur la France, en plus de contenir des lacunes et des erreurs de langue, et après avoir constaté que certains élèves algériens considéraient que le français ne devait pas être enseigné et utilisé en Algérie car, pour eux, c'était la langue du colonisateur et difficile à apprendre.

Lors de notre analyse des manuels, nous avons constaté qu'ils contiennent de nombreux documents susceptibles de générer chez leurs utilisateurs des perceptions négatives sur l'Autre et sur la France en particulier, alors que les approches proposées par les concepteurs pour exploiter ces documents sont amputées des questions culturelles, représentationnelles et altéritaires. De plus, ils contiennent un nombre important d'erreurs de toutes sortes et manquent de certains points linguistico-culturels indispensables à l'apprentissage du français. À cela s'ajoute le fait que, sur les plans matériel, esthétique et structurel, ces manuels, à l'exception du manuel de première année, présentent de nombreux défauts, ce qui explique leur manque d'attrait et leur difficulté d'utilisation. Enfin, on pourrait penser que ces manuels sont en porte-à-faux avec les théories actuelles de l'apprentissage et les orientations de la réforme éducative algérienne de 2003, qui prônent l'apprentissage des cultures et l'ouverture aux autres, et qu'ils pourraient même avoir un impact négatif sur la perception du français par les Algériens.

Quant à notre enquête sur les représentations des apprenants algériens du français, elle nous a permis d'observer que certains répondants perçoivent le français positivement (langue de l'amitié, des sciences, etc.), d'autres le décrivent comme la langue des colonisateurs et le trouvent difficile à apprendre. Nous avons constaté que des éléments contextuels, notamment l'environnement familial, le contexte historique et le genre, influencent ces représentations.

Pour récapituler, ce travail de recherche a permis ce qui suit :

- Une remise en question des objectifs, contenus et méthodes proposées dans le manuel de français algérien comme ouvrage de référence pouvant influencer les représentations du français des élèves algériens sur le français, les Français et l'Autre en général, mais aussi sur leur motivation à apprendre cette langue ;
- L'identification dans les manuels analysés d'un nombre important d'erreurs de langue et de lacunes susceptibles de gêner l'apprentissage et de générer ainsi des perceptions négatives chez les élèves à l'égard du français et une certaine résistance à l'apprentissage de cette langue ;
- Une réflexion sur les types des questions posées par les intervieweurs sur la difficulté d'apprendre le français chez les apprenants algériens ;
- L'élaboration d'une grille qui sert à analyser l'adaptabilité socio-didactique du manuel scolaire de langue aux besoins et attentes des apprenants, au lieu d'analyser isolément ce manuel ;

- Un questionnement sur la formation et la compétence des enseignants algériens en tant qu'enseignants chargés de faciliter l'apprentissage du français ;
- Une réflexion sur la manière dont l'enseignement du français est configuré en Algérie ;
- La formulation de quelques recommandations à l'attention des responsables et concepteurs algériens de manuel de français pour que ces ouvrages s'adaptent le mieux aux besoins et attentes des élèves algériens ;
- Une ouverture sur de nouvelles questions de recherche qui visent à améliorer l'apprentissage du FLE en Algérie.

8.2. Limites de la recherche

Comme toute recherche, celle-ci a également ses limites, notamment les suivantes.

Premièrement, nous avons analysé seulement cinq manuels, alors que l'élève algérien en utilise dix s'il continue jusqu'en dernière année du lycée, ce qui signifie que nous ne savons pas ce qui est proposé dans les manuels non analysés. Aussi, peut-être aurions-nous dû analyser des manuels algériens d'autres disciplines scolaires (anglais, arabe, histoire, etc.) pour essayer de voir s'ils véhiculent les mêmes contenus idéologiques et politiques que ceux des cinq manuels de FLE analysés et de comprendre ainsi sur quelles bases idéologiques et politiques repose le système éducatif algérien.

Deuxièmement, il sied de rappeler que l'objectif assigné à cette recherche, résolument sociodidactique et sociolinguistique, ne nous permet pas d'analyser tous les objectifs, support et méthodes proposés dans ces cinq manuels pour enseigner les points de langue, c'est pourquoi nous nous sommes limités à citer les erreurs de langue et les points de langue manquants, qui sont liés à des questions culturelles (comme les expressions idiomatiques, les noms de parties du corps, etc.).

Troisièmement, pour mieux comprendre les raisons qui ont conduit les concepteurs des manuels analysés à opter pour tel ou tel objectif, tel ou tel support, telle ou telle méthode, il faudrait penser à les interviewer, même s'il pourrait être difficile de demander ce type d'interviews.

8.3. Perspectives de recherche

Bien que nous ayons pris soin de mentionner ci-dessus les limites de ce travail de recherche, il n'en demeure pas moins qu'il nous a permis d'enrichir nos connaissances tant en méthodologie de la recherche scientifique que dans d'autres domaines tels que la sociodidactique, la sociolinguistique, l'idéologie, la sociologie, etc. Il nous a également permis de poser de nouvelles questions ouvrant de nouvelles perspectives de recherche. Parmi ces questions, il convient de mentionner les suivantes :

- Si on admet que l'apprentissage d'une langue-culture étrangère ne peut se réaliser pleinement dans un climat de tension, de rejet de cette langue à cause des représentations négatives de l'apprenant, ne peut-on pas imputer la baisse du niveau des Algériens en français à ces manuels de FLE pleins d'erreurs de langue, amputés de la question interculturelle et totalement indifférents au phénomène représentationnel ?
- Si l'Algérie, par ces manuels de français qui racontent l'époque coloniale dans toutes ses atrocités, entend préserver son identité nationale et récupérer ou maintenir sa dignité de pays libre et souverain, qu'en est-il des manuels algériens des autres disciplines scolaires ? Quels possibles impacts pourraient-ils avoir sur les apprenants ?

Références bibliographiques

Berber, H. (2022). « La dimension culturelle dans les manuels scolaires algériens du cycle moyen. Quels enjeux en classe de FLE ? » PAR. https://www.asjp.cerist.dz/en/article/190926

Boughazi, A. (2017). « La dimension interculturelle dans l'enseignement/apprentissage de la langue française en Algérie. Essai d'analyse du manuel de 1re année secondaire » [thèse de doctorat, Université d'Oran 2, Algérie]. https://www.univ-oran2.dz/images/these_memoires/FLE/Doctorat/TDLEF-48/THESE%20A%20IMPRIMER.pdf

Bourkhis, M. (2016). « Le manuel scolaire algérien de FLE au secondaire : D'une conception consciente à une utilisation responsable » [thèse de doctorat, Université Mustapha Ben Boulaid, Batna, Algérie]. http://eprints.univ-batna2.dz/1559/1/Th%C3%A8se%20Finale.pdf

Castellotti, V. et Moore, D. (2002). « Représentations sociales des langues et enseignements. Guide pour l'élaboration des politiques linguistiques éducatives en Europe : De la diversité linguistique à l'éducation plurilingue. https://rm.coe.int/representations-sociales-des-langues-et-enseignements/168087458d

Hazar Maiche, A. (2011). « Attitudes langagières et représentations du Français chez de jeunes adolescents algériens de la wilaya de Annaba ». Séminaire national « Enseignement/apprentissage du français en Algérie : Enjeux culturels et représentations identitaires », Université Kasdi Merbah-Ouargla, Algérie. https://dspace.univ-ouargla.dz/jspui/bitstream/123456789/11381/1/Hazar%20Maiche.pdf

Hamidou-Bouayed, N. (2008). « De la dimension culturelle à la dimension interculturelle dans l'enseignement/apprentissage du français en Algérie, le cas de la 1re AS lettres » [thèse de doctorat en didactique de français, Université Es-Sénia, Oran. Algérie]. https://bucket.theses-algerie.com/files/repositories-dz/2497248268503382.pdf

Maurer, B. (2016). « La méthode d'analyse combinée des représentations sociales des langues : un outil d'étude quanti-quali des idéologies linguistiques ». *Circula.* https://circula.recherche.usherbrooke.ca/wp-content/uploads/2016/11/2016_03_Maurer.pdf

Perret, M. (1998). *Introduction à l'histoire de la langue française.* Armand Colin.

Pasquale, R. (2011). « Le manuel de langues étrangères contextualisé, un dispositif idéologique particulier. La SAPFESU, 34. *Gráfic*, 1250, 107-128. https://www.didacticale.unlu.edu.ar/sites/www.didacticale.unlu.edu.ar/files/site/Le%20manuel%20de%20langues%20etrangeres%20contextualis%C3%A9,%20un%20dispositif%20id%C3%A9ologique%20particulier.%20PASQUALE.pdf

Zarate, G. (1986). *Enseigner une culture étrangère.* Hachette.

Anti-pedagogism Movement: Teacher's Voices in the construction of Educational Theory in X platform

*Carmen Fontaneda**

ABSTRACT

In Spain, there is an anti-pedagogy movement among secondary school teachers. These teachers are not against pedagogy, but rather against what they call pedagogism. This work aims to analyse the anti-pedagogy discourse of teachers on social network X to understand this movement. Using the Brand24 Corpus analysis tool, we selected three terms: 'pedagogism', 'educational bureaucracy', and 'educational expert'. This project allows us to gain insight into the critiques, interactions, and pedagogical knowledge of these teachers, who, in turn, are theorising about education.

Keywords: anti-pedagogism, pedagogism, educational bureaucracy, educational expert, digital analysis

RÉSUMÉ

En Espagne, un mouvement anti-pédagogique émerge parmi les enseignants du secondaire. Ces derniers ne rejettent pas la pédagogie en soi, mais s'opposent à ce qu'ils nomment le pédagogisme. Cette étude vise à analyser le discours anti-pédagogique des enseignants sur le réseau social X afin de mieux comprendre ce mouvement. À l'aide de l'outil d'analyse de corpus Brand24, trois termes ont été sélectionnés : « pédagogisme », « bureaucratie éducative » et « expert éducatif ». Ce projet permet d'éclairer les critiques formulées, les interactions et les savoirs pédagogiques mobilisés par ces enseignants, qui, ce faisant, théorisent eux-mêmes l'éducation.

Mots clés : anti pédagogisme, pédagogisme, bureaucratie éducative, expert éducatif, analyse numérique

Summary

1. Introduction 276
2. Theoretical and conceptual framework 277
   2.1. Polarised discourse between traditional education and new education 277
   2.2. Teacher's pedagogical knowledge 278
3. Method 279
   3.1. Research design 279

* Universidad Autónoma de Madrid, carmen.fontaneda@uam.es

3.2. Data collection ... 279
3.3. Selection criteria and sampling strategy ... 280
4. Data Analysis ... 280
4.1. Previous results ... 281
4.2. Limitations ... 281
5. Discussion ... 282
5.1. Pedagogism ... 283
5.2. Educational bureaucracy ... 285
5.3. Educational expert ... 286
6. Conclusions ... 288
Bibliographical References ... 289
Annex 1. Corpus ... 292

1. Introduction

In Spain there is a new movement that is described itself such us *anti-pedagogism* (Gil Cantero, 2018) which is especially active and comes from secondary school teachers. This new theoretical trend is propagating educational principles through social media, for instance X (before Twitter), digital diaries, book publishing, press, and others[1].

Anti-pedagogism, therefore, is a new pedagogical theory that stands out precisely for its critique of what has been called *pedagogism*. It corresponds to the lines of what hegemonic discourses have described like new education (Pérez, 2022; Cumsille & Karmy, 2020). In this context, where the teaching-learning construct (Biesta, 2022a); the competency-based approach (García & Galindo, 2024; Luri, 2022); and student-centrism (Biesta, 2022b)

1 Among these public profiles we can highlight in X accounts with great influence: (1) Pascual Gil (@PascualGil); (2) Xavier Massó (@XmaSecundaria,); (3) David Rabadà (@ DAVIDRABADA); (4) Andreu Navarra (@AndreuNavarra); (5) Alberto Royo (@profesoratticus), among others. In addition, these public profiles with numerous followers have published educational books. Gil, P. (2022). *Schola delenda est*. Barcelona: Apostroph.; Masssó, X. (2021). *El fin de la Educación*. Madrid:Akal.; Rabadà, D (2007). *¿Educar? Educamos todos Fracaso escolar: recetas para curarlo*. Barcelona: Lectio. Rabadà, D. (2008). *Quién fracasó con el fracaso escolar*. Barcelona: Lectio; Rabadà, D. (2025). *La educación basurizada*. Barcelona: Dobleuve Comunicación; Navarra, A. (2019). *Devaluación continua*. Barcelona: Tusquets Editores.; Navarra, A. (2021). *Prohibido aprender*. Barcelona: Anagrama.; Navarra, A. (2024). *Volver a aprender*. Barcelona: Plataforma editorial. These contributions to educational theory stand out for their critique of the new pedagogical approach.

appear as new theoretical truths in the pedagogical field, numerous critiques and tensions have emerged based on a defence of teaching, the revaluation of the figure of the teacher, and the school as an institution that transmits scientific-enlightened knowledge. In other words, they are not against Pedagogy because they are theorising and thinking about Pedagogy.

One of the most common arguments of this movement is the lack of reality in the educational proposals coming from the dominant elites or educational experts. Among these criticisms, we can highlight those directed at international organisations whose agenda is primarily economic therefore, their supranational educational policies are ultimately the commercialisation and privatisation of education (Navarra, 2024; Mestre & Fernández-Liria, 2024). Furthermore, these proposals are directed at figures of pedagogues who have never worked in the classroom, and whose proposals are unrealistic and full of rhetoric.

In order to approach this situation, we intend to analyse the reactions to the most predominant words in anti-pedagogical criticism: 'educational expert', 'pedagogism' and 'educational bureaucracy', on Platform X. To do so, we intend to carry out an analysis of the linguistic corpus using the Brand24 platform, since it allows us to verify aspects such as: (1) the most popular mentions and public profiles; (2) the platforms on which it appears and its scope; as well as (3) the reactions it generates, through feelings and the discussion context.

This project highlight aspects of the language semantic in the theorisation of education related to this anti-pedagogist movement. Furthermore, the contextualisation and the analysis of these discourses contributes to the study of Pedagogy from teacher's voices.

2. Theoretical and conceptual framework

To understand this movement, it is important to firstly define the historical debate between what we understand about traditional education *versus* new education. Secondly, identify the role of Pedagogical Content Knowledge of teachers in the field of Pedagogy.

2.1. Polarised discourse between traditional education and new education

Throughout the history of Pedagogy, currents of thought have emerged, tasked with theorising educational aspects to offer the best guidelines for human development through education. Various authors have theorised about pedagogical approaches distinct from the traditional model of unidirectional, authoritarian, and reproductive transmission of knowledge (Ferrer i Guardia, 2013; Freire, 2020; Freire, 2023).

Some of the criticisms of this traditional model have focused more on a discourse about new social needs, such as the competency-based approach to learning derived from the *Lifelong Learning* paradigm (Lengrand, 1970) and the entire series of teaching methodologies that in principle, are proposed as most favourable or appropriate for the implementation of this new paradigm. This new theorisation has been the most widespread and materialised in educational laws. This new motion has generated rejection from anti-pedagogists who reject this discourse of new/good and traditional/bad (Pascual, 2022; Fernández-Liria *et al.*, 2023).

Traditional education has been criticised due to the excess of authoritarianism; education through fear that came up with the origins of education systems in Europe (Puig, 2021). However, when we study its origins traditional education approached by the humanist paradigm, based on the enlightenment principles (Nasarre, 2022), emphasises rationality virtues (Nowakowski, 2015; Trigo, 2010; Pieper, 2017; Watson, 2018), and education for emancipation (Zambrano Leal, 2016; Biesta, 2022a). We don't deny that in traditional education practice there was violence, oppressive situations and injustices but we do argue that to study this debate it is very important to think about philosophical approaches in every perspective. Despite this anti-pedagogist in their debates advocate the humanist paradigm of transmitting scientific and humanistic contents.

2.2. Teacher's pedagogical knowledge

Teacher's beliefs about consolidated pedagogical knowledge are essential for knowing how to think pedagogically (Gil Cantero, 2017). The development of teacher professionalisation must encompass the relationship between theory (knowledge) and practice (Marín-Cano *et al.*, 2019). Since pedagogical knowledge is one of the factors that shape teacher professionalisation, we must examine teacher's ideas to understand their professional development.

Teacher identity is a dynamic and individual construct (Gajardo-Asbún, 2019), as teachers gain experience and training, they also build their own identity, which impacts their professional practice.

Professions are legitimised in their own context (Vaillant, 2008). That is, professional identity is shaped by the environment in which it develops; it is influenced by the various factors of its environment. Philosophical knowledge was established at the beginning of Pedagogy and shaped a concern for efficient practice (Gil Cantero, 2003). The articulation of efficient pedagogical practice has evolved, as having the objectives and purposes of education. The development of pedagogical knowledge is influenced by the context. However, we find ourselves in a context where the articulation of philosophical principles is being confronted with teacher's pedagogical knowledge. Therefore, pedagogy is perceived as unnecessary (Royo, 2016), unrealistic (Gil Cantero, 2018), and the figure of the pedagogue as *non grata* (Gili, 2023).

3. Method

Despite having a mixed approach, this work will mainly focus on the qualitative analysis of the discourse of anti-pedagogist teachers in X. The focus will be the analysis of the discourse, because it is an adequate methodology to study the construction of discursive elements in its specific context (Gee, 2014). Through this approach, we intend to identify rhetorical strategies, recurring themes, positions and confrontations within the discourse in X. Moreover, a quantitative approach will be carried out to identify the reactions, responses and the most frequent users in these debates. Corpus linguistics is a methodology for studying language based on representative textual samples (Sinclair, 1991) in an empiric way, and it allows to study and identify aspects of semantic in a specific context.

3.1. Research design

This project is designed by different parts. Firstly, identifying key topics of anti-pedagogism through the reading of their most relevant books and posts from the most famous X profiles. Secondly, introducing these topics in Brand24, analysing reactions, accounts and their posts which will be classified by their own topics. Thirdly, analysing elements of the discourse in selected posts.

3.2. Data collection

Data for analysis will be collected using the Brand24 social media monitoring tool. This tool allows for systematic collection of information from various social media platforms and online websites. Social media is also a rich source of information for discourse analysis, as it expresses spontaneous thoughts, emotions, and ideas from diverse profiles (Page *et al.*, 2014). X is a very common social media in educational debates, with the emergence of *#claustrovirtual* [#virtual teaching staff]. Furthermore, this format allows for more discursive content (ideas, critiques, experiences), unlike other social media platforms used for educational purposes. For example, Instagram is frequently used for the dissemination of educational resources.

Using Brand24 in this work is essential to track keywords, hashtags, and mentions related to the widespread discourse on X. Although the focus is on this social media platform, blog and forum posts will also be added, because discussions on X often reference this content. Furthermore, this publicly accessible information will ensure a much broader and more representative data set.

3.3. Selection criteria and sampling strategy

As this is a study of open-access discourses (social media posts), we will not be recruiting specific participants. One phase of the research is to monitor the most prominent anti-pedagogists in X. However, the data selection follows Van Dijk's (1997) criteria of representativeness and relevance. The selection criteria will be: (1) Explicit references to anti-pedagogical views; (2) Interaction of profiles in which an identified individual appears as a teacher; and (3) Content published within the last five years.

Purposeful sampling will be used to ensure that the data reflect a diversity of voices and contexts within X. Furthermore, as this is a very local movement in Spain, all data collected and analysed will be in Spanish and/or Catalan[2].

4. Data analysis

A thematic discourse analysis will be conducted to identify and analyse patterns within the collected data (Escudero 2020). Therefore, this coding process begins with an initial coding, where words are identified. Subsequently, similar codes will be grouped and we will proceed to interpret the data obtained.

[2] As data is in Spanish we can find the original text in footnotes. All translations are my own unless otherwise noted.

4.1. Previous results

To start this project, we decided to select three words that are very common in anti-pedagogist public discussions. These are: 'pedagogism', 'educational bureaucracy' and 'educational expert'. With these previous results we could identify and define some aspects of this movement such as famous profiles, pro and cons in debates and posts in different platforms as we can see in the following table:

Table 1: Monitoring of the selected initial words: pedagogism, educational bureaucracy, and educational expert

Word			Who ?	
Original (Spanish)	**Translated (English)**	**Where ?**	**Most Influencial**	**Most Active**
Pedagogismo	Pedagogism	29 X; 8 News; 1 web	@SomXlaPublica; @AndreuNavarra; @AntonioGarcaAc1; @Magisnet; @PostigoElena; @Rafael_zaa	@Magisnet; @DeigoFrancesch; @ AntonioGarcaAc1; @AndreuNavarra; @Rhggef; @Rafael_zaa
Burocracia educativa	Educational bureaucracy	3 X; 6 News; 5 blogs	@Marianocejasr; @Paidografia; @Fmlavoz	@Paidografia; @Marianocejasr; @Fmlavoz
Experto educativo	Educational expert	7 X; 11 News; 2 webs	@PascualGil1; @Elmaestrojota; @AlienadaConscil; @Moteros153; @Rrg1970; @Paidografia	@AlienadaConscil; @Rrg1970; @Paidografia; @Moteros153; @Elmaestrojota; @PascualGil1

4.2. Limitations

The word anti pedagogism has not been found due to a problem with the subscription plan. While, in the general search in X platform, publications appeared with this word. Therefore, in this case they will be collected manually, from this first monitoring, through digital ethnography with the most prominent profiles meeting the criteria. Selecting, in this way: (1) Pascual Gil (@PascualGil1); (2) Xavier Massó (@XmaSecundaria,); (3) David Rabadà (@DAVIDRABADA); (4) Andreu Navarra (@AndreuNavarra);

(5) Alberto Royo (@profesoratticus); finally, we added the profile of @paidografia after checking, it appears in all the selected topics. From this digital ethnography, we will be able to add more topics that are discussed in this social network.

5. Discussion

As we have observed in the content we have accessed (See Annex I), there is a growing trend on social media criticising a specific educational paradigm. This criticism of pedagogism frames it as an ideology that camouflages real problems, disparages the public education sector, as a creed, part of the privatising neoliberal agenda, against performance, teaching, and teachers. This clash between different positions appears in the Spanish context with other names: *rojipardos* [reddish browns] or *profesaurios* [teachersaurus] and pedagogism or pedabobismo [is a wordplay between pedagogism and bobo that means dummy in Spanish] (Francesch, 2022). In this debate, while red-brown teachers reject the discourses and trends of alternative education and defend traditional teaching. Pedagogism, on the contrary, follows lines of the new education discourse that distances itself from knowledge and effort.

One of the control mechanisms claimed to have been introduced by this pedagogism is educational bureaucratisation, which repels and distracts from the teacher's primary function: teaching. Thus, Mestre & Fernández-Liria state 'pedagogues, inspectors and counsellors (also journalists) review the list of objectives achieved and frustrated, by introducing a bureaucratic, tedious, ineffective and incomprehensible nightmare'[3] (2024: 144).

Another point we wanted to explore regarding this neoliberal and privatising trend, addresses who is generating these situations in educational centres. For this reason, the third word we wanted to explore was 'educational

---

[3] Translated from the original: 'los pedagogos, los inspectores y los orientadores (también los periodistas) pasan revista a la lista de objetivos alcanzados y frustrados, mediante la introducción de una pesadilla burocrática, tediosa, ineficaz e incomprensible' (2024: 144).

expert'. After this initial search, we eliminated the word 'course', as most publications referred to courses to become an educational expert. This gives us an insight into the nature of this profession and/or identity. Is it necessary to have a PhD in education? Is a master's degree enough? Once we filtered these results we continued to find a wide variety of responses; not only criticisms of educational experts, which also raise questions about their training, but also blogs where various educational experts offer their opinions on education. Some of them follow the anti-pedagogical tone, blaming these educational fads for poor academic performance, as is the case of Gregorio Luri. However, others add to or feed these pedagogical discourses, such as Richard Gerver, who criticises the model of exams and homework. This is the case of the latter, who generate rejection in the community of anti-pedagogical X, who are blamed for depriving the new generation of a level of education that they themselves enjoyed (@GilPAscual1), or even memes have been made pretending to be brother-in-laws[4] (@elmaestrojota). In this sense, Alberto Royo (2016) alludes to these educational experts in his chapter entitled *Rhipicephalus sanguineus* (tick) in which he exposes with different criticisms the charlatans or *pedabobos* who talk about education without having been in a secondary school classroom. For this reason, the most recurrent criticisms of these educational experts refer to the hypocrisy of their arguments and proposals.

In relation to the feelings provoked by these three words analysed, we can observe significant causes. In all three cases, the negative mentions outweigh the positive ones. We will analyse them one by one:

5.1. Pedagogism

In pedagogism, Brand24 points out 16 negative mentions compared to 2 positive ones as we can see in the following figure:

4 In the image of his post, where he adds the text 'Experto educativo. Descripción gráfica' (Educational expert. Graphic description). We can see an elderly man in a bar drinking a coffee with milk, seemingly speaking or giving an explanation. The simile 'brother-in-law' in Spanish language refers to a person who gives explanations without specialised training on the subject.

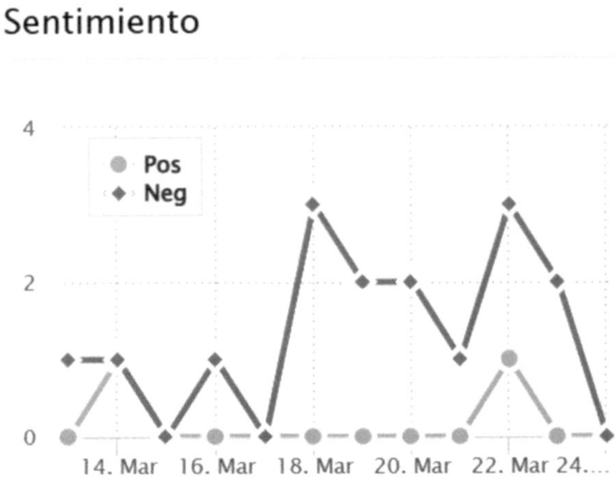

Figure 1: Feeling of the word pedagogism on the Internet.
Note: Graphic created by the author using data from Brand24 (2025).

The two positive mentions Brand24 has identified regarding pedagogism are actually a critique of it: '@PeiroClaudia Excellent article. It puts in black and white what is happening in the education system. Education must be deregulated, and pedagogism must be eliminated to guarantee the educational freedom of families, local governments, and religious groups'[5] (@pberarducci 2025).

The adjective happy in Spanish in this context, often has connotations of being unrealistic, utopian and dogmatic: 'Santiago's white is black. But don't worry, gentlemen, I saw the light on Thursday. I arrived at class all crazy, and someone left a *Fierabrás* balm, the Holy Grail of Happy pedagogy, stamped on the teacher's desk. Praise be to its prophets. Now everything is harmonious. What!'[6] (@AntonioGarcaAc1 2025).

---

5 Translated from the original: '@PeiroClaudia Excelente nota. Pone blanco sobre negro con lo que pasa en el sistema educativo. Se debe desregular la educación y terminar con el pedagogismo para garantizar la libertad educativa de las familias, los gobiernos locales y los credos'.

6 Translated from the original: 'blanco de Santiago es negro. Pero señores, no se preocupen, que el jueves vi la luz. Llego a la clase disparatada, y alguien dejó estampado en la mesa del profe el bálsamo de Fierabrás, el Santo Grial del pedagogismo Happy. Alabado sean sus profetas. Ahora todo es armonía. ¡¡Qué'(@AntonioGarcaAc1 2025).

Another mention that we want to remark: 'Don't miss this text by @eferroga 'Save yourself who can'. Accurate, very accurate. On pedagogism and pedagogy. Required reading'[7] (@nolo14 2025). In this case, it is a short text, where pedagogism is criticised as proposals that are not pedagogical, but at the same time anti-pedagogism as a reactionary movement.

The rest of the negative publications follow this line, focusing on a substantial criticism of pedagogism, such as 'Pedagogism plays with the idea that 10 years ago television was black and white, we lived in a dictatorship and teachers hit with a belt, because they have no choice but to play with the absurd to maintain their story'[8] (@SomXlaPublica 2025) or 'Pedagogism is a employer corporatism, a kind of *Macronism* that was nourished by postmodern academicism, today converted into the neoliberal right. Creative revolution from above allied with the Banking'[9] (@AndreuNavarra 2025), among others.

5.2. Educational bureaucracy

Surprisingly, the only positive mention in the case of educational bureaucracy is 'Imagine you're on a great adventure, with a map that leads you through the paths of educational bureaucracy'[10] from a website that tells us the steps to request an education inspection. The remaining mentions are negative and refer to the discomfort it generates among teachers (See Figure 2).

---

7 Translated from the original: 'Sálvese quien pueda'. Certero, muy certero. Sobre pedagogismo y pedagogía. Lectura obligada. (@nolo14 2025).

8 Translated from the original: 'El pedagogismo juega con la idea de que hace 10 años la televisión era en blanco y negro, vivíamos en dictadura y los maestros pegaban con una correa, porque no les queda nada más que jugar con el absurdo para mantener su relato' (@SomXlaPublica 2025).

9 Translated from the original: 'El Pedagogismo es un corporativismo patronal, una especie de macronismo que se nutría del academicismo postmoderno, hoy convertido en derecha neoliberal. Revolución creativa desde arriba aliada con la Banca' (@AndreuNavarra 2025).

10 Translated from the original: 'Imagina que estás en una gran aventura, con un mapa que te lleva a través de los senderos de la burocracia educativa'. Firma legal (2025). *Cómo solicitar una inspección de educación*. Hyperlink for reference: https://app.brand24.com/result/open/?id=85043683838&h=6d9e960b97eadba1d86cf286149339d322143255&source=panel.

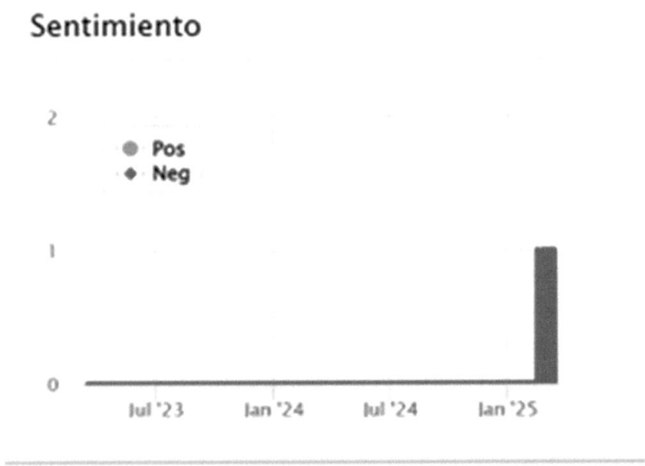

Figure 2: Feeling of the word educational bureaucracy on the Internet.
Note: Graphic created by the author using data from Brand24 (2025).

We can only see negative feelings (red colour) in analysed posts.

5.3. Educational expert

In educational expert Brand24 has detected two positive mentions and three negative ones (See Figure 3):

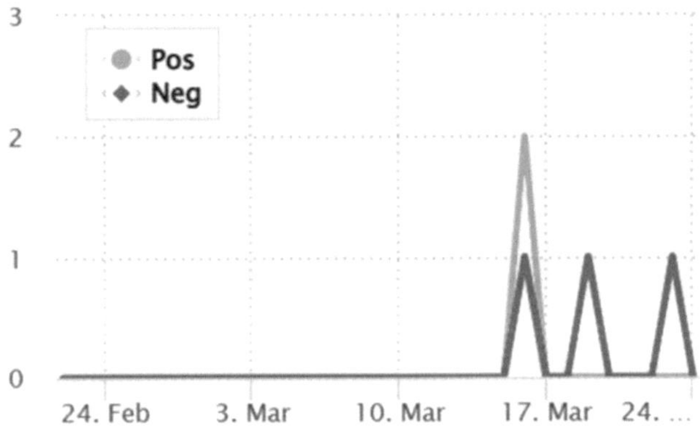

Figure 3: Feeling of the word educational expert on the Internet.
Note: Graphic created by the author using data from Brand24 (2025).

Analysing the positive aspects, we can see that both posts are critical. The main one is Pascual Gil's (@PascualGil1 2025) post:

> I love the educational expert who says meritocracy shouldn't exist in schools, but we should listen to him because he has a degree, a master's degree, a doctorate, has published in high-impact journals, and is accredited by ANECA (National Association of Autonomous Communities). The elevator is only for him[11].

He uses sarcasm to address a contradictory argument.

The other post is a response to this same post: '@PascualGil1 That's why he's an educational expert'[12] (@rrg1970 2025). However, we do find posts that don't refer to this concept in a derogatory manner when talking about conferences, specialisations, and workshops they participate in or when they want to become one.

Regarding negative emotions, the results are varied; the first alludes to an idea from an educational expert: 'The educational expert attacks exams and homework 'We must avoid educational systems that change every four years''[13] (San Martín, 2014). The second criticises the anti-pedagogist Pascual Gil, using his post to call him an 'educational expert' in the same vein:

> I love the 'educational expert' of History and Marxist (what a job …) who: 1) does not distinguish between 'should not exist' and 'doesn't exist'. 2) Ignores the fact that this 'educational expert' is probably the son of another 'educational expert' (cultural reproduction). 3) Ignores the abundant scientific and popular literature on the myth of meritocracy by left-wing authors. 4) That the concept of meritocracy is an invention of the elites to legitimise the unequal results of individual effort and competition. To make it easier for him and to prevent him from having to strain himself too much, he could approach the concept with Wikipedia. Then, if he does not want his manipulative reddish brown of inexperienced minds to be noticed, he could go deeper. Especially if he plans to regale us with his erudite wisdom as

---

11 Translated from the original: 'Me encanta el experto educativo que dice que la meritocracia no debe existir en la escuela, pero a él debemos hacerle caso porque tiene un grado, un máster, un doctorado, ha publicado en revistas de alto impacto y está acreditado por la ANECA. El ascensor solo es para él' (@PascualGil1, 2025).

12 Translated from the original: '@PascualGil1 Por eso es experto educativo' (@rrg1970, 2025).

13 Translated from the original. 'El experto educativo arremete contra los exámenes y las tareas escolares 'Hay que huir de los sistemas educativos que cambian cada cuatro años''.

> a licensed expert with another apocalyptic pamphlet about how bad education is because of educational experts[14] (@AlienadaConsci1 2025).

Thirdly, we find a publication that follows Pascual Gil's line where he is quoted: 'The kind of educational expert who doesn't preach by example but rather adapts his discourse to the needs of the powerful so that the new generations are more docile. Expert? If he saw the income in his checking account, he could answer the question'[15]. (@paidografia 2025).

We can observe that educational expert is a concept that generates in some contexts an argument of authority (in blogs, news …) when, on the other hand, in X it is used to discredit, criticise or counterargue the pedagogical ideas that are being proposed.

6. Conclusions

Teachers are theorising about education in different public spaces, and they are active voices in this new reality when they feel disappointed with contemporary educational policies and dominant pedagogical approaches.

Understanding how teachers feel about public discourses in their field and what they critique is an essential part of Pedagogy. Because of this we decided to analyse this anti-pedagogist movement in X platform using Big Data and corpus analysis tools. With Brand24 we could have a general overview about the most influential and active profiles, interactions related to

[14] Translated from the original: 'Me encanta el 'experto educativo' de Historia y marxista (manda …) que: 1) No distingue entre 'no debe existir' y 'no existe'. 2) Obvia que ese 'experto educativo' probablemente sea hijo de otro 'experto educativo' (reproducción cultural). 3) Ignora la abundante literatura científica y divulgativa sobre el mito de la meritocracia de autores de izquierdas. 4) Que el concepto de meritocracia es un invento de las élites para legitimar la desigualdad de resultado del esfuerzo individual y la competencia. Para ponérselo fácil y que no se esfuerce mucho, podría aproximarse al concepto con Wikipedia. Luego, si no quiere que se le note el rojipardismo manipulador de mentes inexpertas, podría profundizar. Sobre todo, si piensa regalarnos su erudita sapiencia de experto licenciado con otro panfleto apocalíptico sobre lo mal que está la educación por culpa de los expertos educativos' (@AlienadaConsci1 2025).

[15] Translated from the original: 'Ese tipo de experto educativo que no predica con el ejemplo, pero que adapta su discurso a las necesidades de los poderosos para que las nuevas generaciones sean más dóciles. ¿Experto? Si viera los ingresos en su cuenta corriente podría responder a la pregunta' (@paidografia 2025).

three words: 'pedagogism', 'educational bureaucracy' and 'educational expert'. Furthermore, we could analyse the content of their posts, the semantic and rhetoric they used in these debates. These discourses reflect a position that is not only reactive, but also deeply political and pedagogical.

There is a recurring delegitimisation of traditional pedagogical theories related to the reality of teacher's professionalism. The neoliberalism paradigm with excess control from the Administration with bureaucratisation and the discrediting of teaching are infantilising the role of the teacher. For this reason, anti-pedagogist teachers question the value of pedagogical theorising disconnected from everyday classroom experience. Within this framework, their voices emerge as alternative forms of knowledge production, often from the classroom, rather than from academia.

According to Gil Cantero (2023), pedagogical knowledge gains greater relevance when it helps to narrow gaps in their spaces of dialogue. When we can differentiate what is educative and what is not from Pedagogy, it offers greater insight to this field of knowledge without stopping questioning what is truly worth questioning. Teacher's voices are essential in the construction of Educational Theory to trust in Pedagogy.

Understanding what they call pedagogism, and their critiques about experts of education and educational bureaucracy highlight the teacher malaise of nowadays, due to the excessive control over teaching practices and the infantilisation of teachers that undermines their professional agency.

Finally, this analysis allows us to conclude that anti-pedagogical voices should not be reduced to a simple resistance to change or innovation. Instead, they should be understood as complex expressions of a contested educational field, in which different visions of teaching, the role of teachers, and the very meaning of education clash.

Bibliographical References

Biesta, G. (2022a). *Redescubrir la enseñanza*. Ediciones Morata.

Biesta, G. (2022b). 'Por qué la forma de la enseñanza importa: Una defensa de la integridad de la educación y del trabajo de los profesores más allá de programas y buenas intenciones'. *Revista de Educación*, *395*(2), 13-34. https://doi.org/10.4438/1988-592X-RE-2022-395-519

Cumsille, K., & Karmy, R. (2020). 'Contra el pedagogismo'. *Bordes*, *17*, 165-170.

Escudero, C. (2020). 'El análisis temático como herramienta de investigación en el área de la Comunicación Social: contribuciones y limitaciones'. *La trama de la comunicación*, *24*(2), 89-100. https://doi.org/10.35305/lt.v24i2.746

Ferrer i Guardia, F. (2013). *La Escuela Moderna*. Lamalatesta.

Freire, P. (2020). *Pedagogía del oprimido* (2ª ed). Editoriales Siglo Veintiuno.

Freire, P. (2023). *La educación como práctica de la libertad*. Editoriales Siglo Veintiuno.

Fernández-Liria, C., García, O., & Galindo, E. (2023). *Escuela o barbarie. Entre el neoliberalismo salvaje y el delirio de la izquierda*. Akal.

Francesch, D. (2022). 'Polémica entre 'rojipardos' y 'pedabobos''. *Magisnet*, *16*. https://www.magisnet.com/2022/11/polemica-entre-rojipardos-y-pedabobos/

García, O., & Galindo, E. (2024). *Aprendizaje Basado en Proyectos. Un aprendizaje basura para el proletariado*. Akal.

Gajardo-Asbún, K. P. (2019). 'Estado del arte sobre identidad docente: investigación de experiencias de profesores en formación y en ejercicio'. *IE Revista de Investigación Educativa de la REDIECH*, *10*(18), 79-93. https://doi.org/10.33010/ie_rie_rediech.v10i18.217

Gee, J. P. (2014). *An introduction to discourse analysis: Theory and method*. 4th ed. Routledge.

Gil Cantero, F. (2003). 'La filosofía de la educación como teoría ética de la formación humana'. *Revista española de pedagogía*, 115-130.

Gil Cantero, F. (2017). 'El conocimiento teórico de la educación en la práctica profesional docente'. In H. Monarca & B. Thoilliez (eds.), *La profesionalización docente: debates y propuestas* (pp. 79-84). Editorial Síntesis.

Gil Cantero, F. (2018). 'Escenarios y razones del antipedagogismo actual'. *Teoría de la Educación*, *30*(1), 29-51. https://doi.org/10.14201/teoredu3012951

Gil Cantero, F. (2023). 'Enfoque pedagógico de lo político vs. Enfoque político de lo pedagógico'. In B. Toilliez & J. Manso (eds.), *La educación, ¿bien común, derecho individual o servicio público?* (pp. 33-45). Editorial Síntesis.

Gil, P. (2022). *Schola delenda est*. Apostroph.

Gili, E. (2023). 'La Filosofía como disciplina 'non grata' para la institución escolar moderna'. *Teoría de la Educación. Revista interuniversitaria*, *35*(1), 65-79. https://doi.org/10.14201/teri.28853

Lengrand, P. (1970). *Introduction à l'éducation permanente*. UNESCO.

Luri, G. (2022). *La escuela no es un parque de atracciones, una defensa del conocimiento poderoso*. Ariel.

Marín-Cano, M. L., Parra-Bernal, L. R., Burgos-Laitón, S. B., & Gutiérrez-Giraldo, M. M. (2019). 'La práctica reflexiva del profesor y la relación con el desarrollo profesional en el contexto de la educación superior', *Revista Latinoamericana de Estudios Educativos (Colombia)*, *15*(1), 154-175. https://doi.org/10.17151/rlee.2019.15.1.9

Massó, X. (2021). *El fin de la Educación*. Akal.

Mestre, J., & Fernández-Liria, C. (2024). *Escuela y libertad*. Akal.

Nasarre, E. (2022). *Por una educación humanista, un desafío contemporáneo*. Narcea.

Navarra, A. (2024). *Volver a aprender*. Plataforma Editorial.

Nowakowski, P. T. (2015). 'Virtues and their role in education', *Społeczeństwo i Rodzina*, *42*, 7-21.

Page, R., Barton, D., Unger, J. W., & Zappavigna, M. (2014). *Researching language and social media: A student guide*. Routledge.

Pascual, G. (2022). *Schola Delenda est?* Apostroph.

Pérez, A. (2022). *Las falsas alternativas. Pedagogía libertaria y nueva educación*. Virus.

Pieper, J. (2017). *Las virtudes fundamentales*. Ediciones Rialp.

Puig, J. M. (2021). *Pedagogía de la Acción Común*. Graó.

Royo, A. (2016). *Contra la nueva educación*. Plataforma Actual.

Sinclair, J. (1991). *Corpus, Concordance, Collocation*. Oxford University Press.

Trigo, T. (2010). *Las virtudes humanas. Curso sobre las virtudes; La perfección de la persona (2 de 7): Las virtudes humanas*. Universidad de Navarra.

Vaillant, D. (2008). 'La identidad docente. La importancia del profesorado'. *Revista investigaciones en educación*, *8*(1), 15-15.

Van Dijk, T. A. (1997). *Discourse as structure and process*. Sage.

Watson, L. (2018). 'Educating for good questioning: A tool for intellectual virtues education'. *Acta Analytica*, *33*(3), 353-370. https://doi.org/10.1007/s12136-018-0350-y

Zambrano Leal, A. (2016). 'Pedagogía y didáctica: esbozo de las diferencias, tensiones y relaciones de dos campos'. *Praxis & Saber*, 7(13), 45-61. https://doi.org/10.19053/22160159.4159

Annex 1. Corpus

We present in table form all the collected and translated posts for each word, as well as the profile/account.

Word	Account	Original Post (Spanish)	Translated Post (English)
Pedagogism *Pedagogismo*	@pbenitez100	*El fracaso educativo del pedagogismo le obliga a inventar \problemas\ para desviar la atención sobre de su incompetencia/intereses*	The educational failure of pedagogism forces it to invent problems to divert attention from its incompetence/ interests.
	@AndreuNavarra	*El pedagogismo está a sueldo de los que quieren liquidar el sector público. Sus enemigos son los docentes.*	The pedagogism is in the pay of those who want to liquidate the public sector. Their enemies are the teachers.
		El Pedagogismo es un corporativismo patronal, una especie de macronismo que se nutría del academicismo postmoderno, hoy convertido en derecha neoliberal. Revolución \creativa\ desde arriba aliada con la Banca.	Pedagogism is a employer corporatism, a kind of *Macronism* that was nourished by postmodern academicism, today converted into the neoliberal right. Creative revolution from above allied with the Banking
	@pberarducci	*@PeiroClaudia Excelente nota. Pone blanco sobre negro con lo que pasa en el sistema educativo. Se debe desregular la educación y terminar con el pedagogismo para garantizar la libertad educativa de las familias, los gobiernos locales y los credos*	@PeiroClaudia Excellent article. It puts in black and white what is happening in the education system. Education must be deregulated, and pedagogism must be eliminated to guarantee the educational freedom of families, local governments, and religious groups
	@jordi_a	*@nolo14 @daniocagil ¡Ostras! ¿Quién me iba a decir que la Fundación Episteme hacía pedagogismo de ultraderecha?*	@nolo14 @daniocagil Wow! Who would have told me that the Episteme Foundation was practicing far-right pedagogy?

Word	Account	Original Post (Spanish)	Translated Post (English)
	@enmlg1	*@EstefMolina_ @ HoyPorHoy El pedagogismo neomarxista tomó las facultades de Educación desde los 80 controlando la formación de maestros y los másteres para secundaria. Le sucedió la agenda woke. Resistieron primero parte del profesorado y hoy el alumnado. La ciencia y la libertad vencerán a esta basura*	@EstefMolina_ @ HoyPorHoy Neo-Marxist pedagogy took over the faculties of education since the 1980s, controlling teacher training and master's degrees for secondary school. The woke agenda followed. First, some teachers resisted, and now, the students. Science and freedom will defeat this garbage.
	@DiegoFrancesch	*David Rabadà: \El pedagogismo sólo es una ideología como lo es el barcelonismo, el comunismo o el nazismo\ https://t.co/JJETeYKouR a través de @Magisnet*	David Rabadà: Pedagogism is just an ideology, like Barcelonaism, Communism, or Nazism. https://t.co/JJETeYKouR via @Magisnet
	@Magisnet	*David Rabadà: \El pedagogismo sólo es una ideología como lo es el barcelonismo, el comunismo o el nazismo\ https://t.co/JJETeYKouR a través de @Magisnet*	David Rabadà: Pedagogism is just an ideology, like Barcelonaism, Communism, or Nazism. https://t.co/JJETeYKouR via @Magisnet
		En el aula las técnicas de enseñanza deben provenir de la tradición histórica contrastada, de la confianza en …	In the classroom, teaching techniques must come from proven historical tradition, from trust in …
		Quienes gobiernan la educación son una secta de curanderos y astrólogos que imponen sus creencias sin …	Those who govern education are a sect of healers and astrologers who impose their beliefs without …

(Continued)

(Continued)

Word	Account	Original Post (Spanish)	Translated Post (English)
	@AntonioGarcaAc1	*Hay gente que no ve la gravedad del combate educativo. Pues nada, a entretenerse. Son los mismos que no entienden que para que los misioneros del pedagogismo Happy lleven a término su visión de la escuela necesitan que haya pobreza. Los demás sólo pretendemos que no la conozcan.*	There are people who don't see the seriousness of the educational struggle. Well, let's entertain ourselves. They're the same people who don't understand that for the missionaries of Happy pedagogism to achieve their vision of school, poverty must exist. The rest of us just pretend they don't know about it.
		blanco de Santiago es negro. Pero señores, no se preocupen, que el jueves vi la luz. Llego a la clase disparatada, y alguien dejó estampado en la mesa del profe el bálsamo de Fierabrás, el Santo Grial del pedagogismo Happy. Alabado sean sus profetas. Ahora todo es armonía. ¡¡Qué	Santiago's white is black. But don't worry, gentlemen, I saw the light on Thursday. I arrived at class all crazy, and someone left a Fierabrás balm, the Holy Grail of Happy pedagogy, stamped on the teacher's desk. Praise be to its prophets. Now everything is harmonious. What!
		El pedagogismo hace estragos también en Alemania. Florian Becker, psicólogo: El sistema escolar corre el riesgo de convertirse en una zona de confort hostil al rendimiento y en un patio de recreo para los ideólogos de la educación, en	Pedagogy is also wreaking havoc in Germany. Florian Becker, psychologist: The school system risks becoming a comfort zone hostile to performance and a playground for educational ideologues, in
	@rafael_zaa	*«En una vuelta de campana definitiva, se ha identificado la falta de pedagogía con la pedagogía, se le ha llamado pedagogismo, ¡et voilà! (1/2)*	«In a definitive about-face, the lack of pedagogy has been identified with pedagogy, it has been called pedagogism, et voilà! (1/2)

Word	Account	Original Post (Spanish)	Translated Post (English)
	@nolo14	*No te puedes perder este texto de @eferroga Sálvese quien pueda'. Certero, muy certero. Sobre pedagogismo y pedagogía. Lectura obligada. (@nolo14, 2025).*	Don't miss this text by @eferroga 'Save yourself who can'. Accurate, very accurate. On pedagogism and pedagogy. Required reading
	@SomXlaPublica	*El pedagogismo juega con la idea de que hace 10 años la televisión era en blanco y negro, vivíamos en dictadura y los maestros pegaban con una correa, porque no les queda nada más que jugar con el absurdo para mantener su relato*	Pedagogism plays with the idea that 10 years ago television was black and white, we lived in a dictatorship and teachers hit with a belt, because they have no choice but to play with the absurd to maintain their story
	@PostigoElena	*Sigo: el pedagogismo, la prevalencia del método sobre el conocimiento, la medición de impacto de la docencia, encuestas de satisfacción, índices de investigación, índices de proyectos competitivos, de alumnos titulados, acreditaciones, sexenios, innovolatría y un largo etc. La universidad actual asfixia el deseo de conocer. Debería ser un espacio para el desarrollo del pensamiento, la búsqueda del conocimiento y la formación integral de las personas. La obsesión por los indicadores, la burocratización de los procesos y la mercantilización del saber han transformado a la universidad en una máquina que produce resultados cuantificables, pero que descuida su esencia como lugar de encuentro, reflexión y creación.*	I continue: pedagogism, the prevalence of method over knowledge, measuring the impact of teaching, satisfaction surveys, research indices, indices of competitive projects, graduate students, accreditations, six-year terms, innovation, and so on. Today's university stifles the desire for knowledge. It should be a space for the development of thought, the pursuit of knowledge, and the comprehensive development of individuals. The obsession with indicators, the bureaucratisation of processes, and the commodification of knowledge have transformed the university into a machine that produces quantifiable results, but neglects its essence as a place of encounter, reflection, and creation.

(Continued)

(Continued)

Word	Account	Original Post (Spanish)	Translated Post (English)
		El deseo genuino de aprender y explorar se ve sofocado por la presión de cumplir con métricas externas, que priorizan la productividad sobre la profundidad. La universidad, que debería ser un refugio para el pensamiento libre y el debate intelectual, se convierte en un espacio donde prima la competencia, la innovación vacía y el cumplimiento de estándares impuestos. Se pierde el tiempo en rellenar formularios y justificar cada acción en lugar de dedicarlo a lo que realmente importa: enseñar, investigar y aprender por el placer de hacerlo. En este contexto, los estudiantes son tratados como clientes y los profesores como gestores de resultados. La curiosidad queda relegada a un segundo plano, reemplazada por una carrera frenética hacia títulos, publicaciones y rankings. Es urgente recuperar el sentido original de la universidad como un lugar donde se fomente el amor por el conocimiento y se respete el tiempo necesario para pensar, cuestionar y crear sin las cadenas de una productividad mal entendida.	The genuine desire to learn and explore is stifled by the pressure to meet external metrics, which prioritise productivity over depth. The university, which should be a refuge for free thought and intellectual debate, becomes a space dominated by competition, empty innovation, and compliance with imposed standards. Time is wasted filling out forms and justifying every action instead of dedicating it to what truly matters: teaching, research, and learning for the pleasure of doing so. In this context, students are treated as customers and professors as managers of results. Curiosity is relegated to the background, replaced by a frantic race for degrees, publications, and rankings. It is urgent to recover the original meaning of the university as a place where a love of knowledge is fostered and the time needed to think, question, and create is respected, without the shackles of a misunderstood productivity.

Word	Account	Original Post (Spanish)	Translated Post (English)
Educational expert *Experto educativo*	MiGuiaCeneval-Licenciatura en Educación Online	*Conviértete en un experto educativo capacitado para enfrentar los desafíos del siglo XXI y marcar la diferencia en la formación de las futuras generaciones. La educación online te brinda la*	Become an educational expert trained to face the challenges of the 21st century and make a difference in the education of future generations. Online education gives you the
	Laciana Digital	*identidad y la resistencia. La autora estará acompañada por el experto educativo Carlos Magro, quien aportará su visión sobre la conexión entre*	Identity and resistance. The author will be accompanied by educational expert Carlos Magro, who will share his perspective on the connection between
	ElDiario.es	*'Lectura y reflexión', en la que participará la autora, el experto educativo Carlos Magro y la profesora de Lengua y Literatura del*	'Reading and reflection', in which the author, the educational expert Carlos Magro and the professor of Language and Literature of the
	El País	*varios análisis. 'No estoy a favor del homeschooling', dijo el experto educativo Renato Opertti en julio pasado, porque va contra la propia*	various analyses. 'I am not in favor of homeschooling', said educational expert Renato Opertti last July, because it goes against the very
	Desempeño docente y competencias - ciladi.org	*experto educativo, en producto a la denominación de responsable y que será apreciado tomando en cuenta su actuar. Las Competencias del docente Conjunto de constructos, destrezas,*	educational expert, in the product to the name of responsible and who will be assessed taking into account his/her actions. The Teacher's Competencies Set of constructs, skills,

(Continued)

(Continued)

Word	Account	Original Post (Spanish)	Translated Post (English)
	José Alberto Gómez Jiménez - Experto Educativo - LinkedI	*Experto Educativo en Fundación LoyolaAndalucia y Canarias · Experiencia: Fundación LoyolaAndalucia y Canarias · Educación: Escuela Tecnico Profesional San José · Ubicación:*	Educational Expert at the LoyolaAndalucia and Canary Islands Foundation · Experience: LoyolaAndalucia and Canary Islands Foundation · Education: San José Technical Professional School · Location:
	20 minutos	*Manel Trenchs, docente de Escuelas Pías Cataluña, invitado por Google Londres como experto educativo. Noticias sobre educación en Yo Soy Tu Profe*	Manel Trenchs, a teacher at Escuelas Pías in Catalonia, invited by Google London as an educational expert. Education news on Yo Soy Tu Profe
	Magisnet	*Gregorio Luri: El experto educativo hizo hincapié en la importancia del sentido común y la aceptación del fracaso propio*	Gregorio Luri: The educational expert emphasised the importance of common sense and accepting one's own failure.
		Hay que preparar a nuestros chicos para eso, ha argumentado este experto educativo, que ha añadido que el talento no está al comienzo sino al final de la Educación. Los padres se	We must prepare our children for that, argued this educational expert, who added that talent is not at the beginning but at the end of education. Parents
	El Mundo (San Martín, 2014)	*El experto educativo arremete contra los exámenes y las tareas escolares 'Hay que huir de los sistemas educativos que cambian cada cuatro años'.*	The education expert attacks exams and homework. 'We must avoid educational systems that change every four years'.
	@AlienadaConsci1	*@lordsarogel Probablemente = de manera probable. Probable=que se puede probar.*	@lordsarogel Probably = likely. Probable = can be proven.

Word	Account	Original Post (Spanish)	Translated Post (English)
		Que diga él primero quién es el experto educativo a quien se refiere y yo le doy la prueba.	Let him say first who the educational expert he's referring to is, and I'll provide the proof.
		Me encanta el 'experto educativo' de Historia y marxista (manda …) que: 1) No distingue entre 'no debe existir' y 'no existe'. 2) Obvia que ese 'experto educativo' probablemente sea hijo de otro 'experto educativo' (reproducción cultural). 3) Ignora la abundante literatura científica y divulgativa sobre el mito de la meritocracia de autores de izquierdas. 4) Que el concepto de meritocracia es un invento de las élites para legitimar la desigualdad de resultado del esfuerzo individual y la competencia. Para ponérselo fácil y que no se esfuerce mucho, podría aproximarse al concepto con Wikipedia. Luego, si no quiere que se le note el rojipardismo manipulador de mentes inexpertas, podría profundizar. Sobre todo, si piensa regalarnos su erudita sapiencia de experto licenciado con otro panfleto apocalíptico sobre lo mal que está la educación por culpa de los expertos educativos	I love the 'educational expert' of History and Marxist (what a job …) who: 1) Doesn't distinguish between 'shouldn't exist' and 'doesn't exist'. 2) Ignores the fact that this 'educational expert' is probably the son of another 'educational expert' (cultural reproduction). 3) Ignores the abundant scientific and popular literature on the myth of meritocracy by left-wing authors. 4) That the concept of meritocracy is an invention of the elites to legitimise the unequal results of individual effort and competition. To make it easier for him and to prevent him from having to strain himself too much, he could approach the concept with Wikipedia. Then, if he doesn't want his manipulative reddish brown of inexperienced minds to be noticed, he could go deeper. Especially if he plans to regale us with his erudite wisdom as a licensed expert with another apocalyptic pamphlet about how bad education is because of educational experts

(Continued)

(Continued)

Word	Account	Original Post (Spanish)	Translated Post (English)
	@paidografia	*Ese tipo de experto educativo que no predica con el ejemplo, pero que adapta su discurso a las necesidades de los poderosos para que las nuevas generaciones sean más dóciles. ¿Experto? Si viera los ingresos en su cuenta corriente podría responder a la pregunta.*	The kind of educational expert who doesn't preach by example, but rather adapts his discourse to the needs of the powerful so that the new generations are more docile. Expert? If he saw the income in his checking account, he could answer the question.
	@moteros153	*@MaestritaM Quién dará el título de experto educativo? Te lo imprimes tú y te lo firmas?*	@MaestritaM Who will issue the title of educational expert? Do you print it and sign it yourself?
	@rrg1970	*@PascualGil1 Por eso es experto educativo*	@PascualGil1 That's why he's an educational expert
	@PascualGil1	*Me encanta el experto* ***educativo*** *que dice que la meritocracia no debe existir en la escuela, pero a él debemos hacerle caso porque tiene un grado, un máster, un doctorado, ha publicado en revistas de alto impacto y está acreditado por la ANECA. El ascensor solo es para él*	I love the educational expert who says meritocracy shouldn't exist in schools, but we should listen to him because he has a degree, a master's degree, a doctorate, has published in high-impact journals, and is accredited by ANECA (National Association of Autonomous Communities). The elevator is only for him
	@elmaestrojota	*Experto educativo. Descripción gráfica:*	Educational expert. Graphic description:
Educational bureaucracy *Burocracia educativa*	Vida Nueva Digital	*de familias, centros y administraciones. Factores estresores Augusto Ibáñez, asesor experto educativo de la Fundación SM, concretó que es necesario transformar las*	of families, centres and administrations. Stress factors Augusto Ibáñez, expert educational adviser of the SM Foundation, specified that it is necessary to transform the

Word	Account	Original Post (Spanish)	Translated Post (English)
	Blog de Roberto Colom	*[…] El profesorado acepta este mensaje con pocas o ninguna reserva, pero la burocracia educativa dominante les impide actuar en consecuencia […] El uso de puntuaciones poligénicas permitiría adelantarse a probables problemas de aprendizaje escolar, sin …*	[…] Teachers accept this message with little or no reservations, but the dominant educational bureaucracy prevents them from acting on it […] The use of polygenic scores would allow us to anticipate potential school learning problems, without …
	Dumas informa	*el vasto océano de la burocracia educativa, donde los títulos académicos a veces flotan como salvavidas de papel, el Comité Electoral de la UMIP pretende instaurar una falacia repitiéndola con la insistencia de una brújula rota: hacernos creer que una maestría en docencia superior es indispensable para formar a la gente de mar y que […]*	In the vast ocean of educational bureaucracy, where academic qualifications sometimes float like paper life preservers, the UMIP Electoral Committee seeks to establish a fallacy by repeating it with the insistence of a broken compass: making us believe that a master's degree in higher education is indispensable for training seafarers and that […]
	Librestado.com	*Toda la burocracia educativa resulta sumamente compleja y lenta, y los centros suelen tener poca autonomía para responder a las necesidades individuales de los alumnos o para probar métodos de enseñanza innovadores.*	The entire educational bureaucracy is extremely complex and time consuming, and schools often have little autonomy to respond to individual student needs or test innovative teaching methods.
		¿Está el sistema educativo estatal obsoleto? En el artículo de hoy, te presentamos nuestra crítica al sistema escolar actual y te presentamos alternativas que podrían interesarte. Bienvenido al sistema […]	Is the state education system obsolete? In today's article, we present our critique of the current school system and suggest alternatives that might interest you. Welcome to the […]

(Continued)

(Continued)

Word	Account	Original Post (Spanish)	Translated Post (English)
	Firma legal	*Imagina que estás en una gran aventura, con un mapa que te lleva a través de los senderos de la burocracia educativa*	Imagine you're on a great adventure, with a map that leads you through the paths of educational bureaucracy
	Blogspot cooperativismo en acción	*El educador social José Yorg señaló la necesidad imperiosa de conongreso nacional pedagógico 'para debatir sobre la situación de la educación y delinear los mejores correctivos que se sugieran para neutralizar al esquema distorsionador de la burocracia educativa que fagocitó a la enseñanza-aprendizaje. […] El término "fagocvocar" y realizar un congreso nacional pedagógico "para debatir sobre la situación de la educación".'*	The social educator José Yorg pointed out the urgent need for a national pedagogical congress 'to debate the situation of education and outline the best corrective measures suggested to neutralise the distorting scheme of the educational bureaucracy that has devoured teaching-learning. […] The term "fagoc" convene and hold a national pedagogical congress "to debate the situation of education".'
	Educational evidence	*debe desligarse de una vez por todas de la insulsa burocracia educativa para tomar el control completo. Todo ello en un espacio*	It must once and for all break away from the dull educational bureaucracy and take complete control. All this in a space
	Diario de Navarra	*la Universidad Ludwig-Maximilian (Munich) en los años ochenta. Cuando la burocracia educativa empezaba su marcha triunfal, escribió a los profesores de la*	Ludwig Maximilian University (Munich) in the 1980s. When the educational bureaucracy was beginning its triumphant march, he wrote to the professors of the

Word	Account	Original Post (Spanish)	Translated Post (English)
	Las tertulias de Juana Manuela	*La burocracia educativa es un mecanismo que desmotiva a los docentes y dificulta su relación con los alumnos [...] ¡No soy oficinista de la educación! La burocracia educativa es un símbolo de ineficiencia a la larga y es obligación del trabajo del docente de aula [...] La burocracia educativa es un perverso sistema en la calidad educativa*	Educational bureaucracy is a mechanism that demotivates teachers and hinders their relationships with students [...] I'm not an education clerk! Educational bureaucracy is a symbol of long-term inefficiency and is the job of the classroom teacher [...] Educational bureaucracy is a perverse system affecting educational quality.
	@Fmlavoz991	*Acabo de ver José Yorg: 'La burocracia educativa fagocitó a la enseñanza-aprendizaje'*	I just saw José Yorg: 'Educational bureaucracy devoured teaching and learning.'
	@marianocejasr	*Y me olvide del papeleo diario y la burocracia educativa que dedican muchísimo tiempo a eso*	And I forgot about the daily paperwork and educational bureaucracy that spends a lot of time on that.
	@paidografia	*@PacoFerez Lo entiendo. Yo solo soy un docente, toda la burocracia educativa me repele, y nunca he sido ni he querido ser ED, y ahora que soy jefe de departamento la experiencia no está siendo positiva.*	@PacoFerez I understand. I'm just a teacher; the whole educational bureaucracy repels me. I've never been nor wanted to be an ED, and now that I'm the head of department, the experience isn't positive.

Linguistic Framing of Agriculture in Spanish Discourse: A Corpus-Based Analysis of Agricultura and *Agricultura Urbana*, Environmental Narratives

*Hugo López-Romano**

ABSTRACT

The present study employs corpus-based methods – including concordance analysis, frequency evaluation, and collocation extraction using Sketch Engine – to explore how two Spanish terms, *agricultura* and *agricultura urbana*, are represented in digital discourse. The findings show that *agricultura* is frequently linked to terms that reflect its strong connection to food production. Conversely, *agricultura urbana* is more frequently linked to keywords more intrinsically linked to environment preservation. These distinctions imply divergent societal perceptions, with *agricultura urbana* being conceptualised more as an environmental practice than a productive one. These findings have the potential to support the development of targeted public policies and communication strategies; in order to better align sustainability initiatives with the way agricultural practices are framed in the public discourse.

Keywords: agriculture, sustainability, communication, perception, environmental discourse, corpus linguistics

RÉSUMÉ

La présente étude s'appuie sur des méthodes issues de la linguistique de corpus – notamment l'analyse de concordances, l'évaluation de la fréquence et l'extraction de colocations à l'aide de l'outil *Sketch Engine* – pour examiner la manière dont deux termes espagnols, *agricultura* et *agricultura urbana*, sont représentés dans le discours numérique. Les résultats révèlent que *agricultura* est fréquemment associé à des termes qui reflètent son lien étroit avec la production alimentaire. En revanche, *agricultura urbana* est davantage reliée à des mots clés intrinsèquement liés à la préservation de l'environnement. Ces distinctions traduisent des perceptions sociales divergentes : l'*agriculture urbaine* tend à être conceptualisée davantage comme une pratique environnementale que productive. Ces résultats pourraient contribuer à l'élaboration de politiques publiques ciblées et de stratégies de communication adaptées, en vue d'une meilleure adéquation entre les initiatives en matière de durabilité et les représentations discursives des pratiques agricoles.

Mots clés : agriculture, durabilité, communication, perception, discours environnemental, linguistique de corpus

* Universidad Autónoma de Madrid, hugo.lopez@uam.es

Summary

1. Introduction 306
2. Corpus collection 308
   2.1. Agricultural productivity and efficiency 309
   2.2. Environmental sustainability and impact 309
3. Term frequency analysis 310
4. Collocations (Word associations) 311
   4.1. Word Sketch for *agricultura* 312
   4.2. Word Sketch for *agricultura urbana* 312
5. Word Sketch Difference analysis 313
6. Discourse analysis 313
Bibliographical References 314

1. Introduction

The relationship between language and environmental discourse has become a topic of increasing relevance in recent years, particularly in the current context of climate change and food security (Fine, Love-Nichols & Perley, 2023: 84). As a major industry, agriculture is often mentioned in economic, social, and environmental debates. However, when it is discussed, it becomes evident that there are multiple perspectives to consider. These divergent perspectives influence our perception and discourse surrounding agriculture.

The way in which sustainability in agriculture is defined within evaluation frameworks has the potential to inhibit or encourage farmer involvement and thus affect the effectiveness of promoting more sustainable agricultural practices. For instance, if sustainability is presented as a fixed end-goal defined by experts, rather than a process that requires continuous dialogue and engagement, this can lead to exclusions that do not reflect the complexity of farmers' farming practices and decisions. Consequently, this may result in delayed and incomplete adoption of more sustainable (Slätmo, Fischer & Röös, 2017: 378).

Evidence has shown that farmers, who are those implementing the innovations and sustainable practices in the agricultural sector, frequently consult trusted sources, such as fellow farmers, to assure their innovative decisions (Rust *et al.*, 2021: 753). This emphasises the idea that discourse has a significant impact on policy implementation and outcomes by shaping the definition and prioritisation of what is considered sustainable. Furthermore, discourse can influence the manner in which policy outcomes and recommendations are communicated, either increasing or eroding trust in information sources. Additionally, it has the capacity to frame problems and solutions in a particular way, potentially highlighting certain aspects while disregarding others. This, in turn, can have implications for policy equity and effectiveness.

In Spanish, two terms that illustrate the discourse and linguistic variation are *agricultura* (agriculture) and *agricultura urbana* (urban agriculture). While both refer to food production systems, their linguistic representation and semantic associations can reveal different narratives. *Agricultura* represents a broader picture, involving different techniques and modes of production, and can often be associated with traditional and industrialised models of agriculture. Meanwhile, *agricultura urbana*, defined as the implementation of the former in urban areas, is frequently associated with environmental and urban resilience strategies, perceived as a way to ensure food security in an increasingly urban society (Neilson & Rickards, 2017: 295-306).

It is important to note that the latter is only related to a means of production, while the former encompasses a wider perspective in which the latter is integrated. This may have potential implications for public policy, environmental education and urban planning, especially regarding their implementation and effectiveness (Pradhan *et al.*, 2024).

The study aims to analyse the linguistic differences between these two concepts. In order to achieve this, corpus-based methods with the tool Sketch Engine were used. Through concordance analysis, term frequency evaluation and collocation extraction, this research examines how each term is framed in the Spanish digital discourse. The objective is to determine the extent to which *agricultura urbana* is framed as an environmentally sustainable practice, in contrast to *agricultura*, which tends to be more closely associated with food production and economic efficiency.

The analysis offers valuable insights into the manner in which language reflects societal perceptions of agriculture. This is achieved through online discourse analysis. The study's findings advocate that if *agricultura urbana* is linguistically enclosed as an ecological practice rather than a productive activity, then sustainability programmes promoting urban agriculture may need to adapt their communication strategies accordingly. Similarly, if *agricultura* is primarily discussed in terms of efficiency and productivity, integrating environmental discourse into agricultural policy debates may require additional efforts. These insights have the potential to inform more effective approaches to designing and implementing policies, educational programmes and planning strategies related to sustainability.

The following sections present the methodology employed to construct and analyse the corpus, discuss the key findings in terms of word frequency, collocations, and discourse analysis, and explore the broader implications of these results.

2. Corpus collection

To analyse the linguistic context of *agricultura* and *agricultura urbana*, the 2023 Spanish Web corpus in Sketch Engine was used. This corpus was selected due to its extensive coverage of written Spanish across multiple internet sources, including news articles, blogs, and other digital texts, providing a diverse linguistic representation of how these terms are used in real-world discourse.

The Concordance tool in Sketch Engine was utilised to extract 500 occurrences of each term, with a context window of 100 tokens in total (50 to the left and 50 to the right of the term) in order to capture their surrounding linguistic environment (Figure 1). This facilitated a detailed examination of how each term is used in natural discourse. The extracted concordance lines were then processed through a two-stage filtering process. In the first stage, duplicate or irrelevant entries were removed manually (e.g. titles, lists, or non-sentence structures). In the second stage, only instances where key environmental or productivity-related terms appeared were kept, based on a predefined set of criteria.

For the second stage, the extracted sentences were filtered based on the presence of ten pre-selected keywords: *sostenible*, *biodiversidad*, *contaminación*, *eficiencia*, *residuos*, *fertilidad*, *autosuficiencia*, *compostaje*, *recursos*, and *productividad*. These terms were intentionally chosen as they represent core thematic axes within contemporary *agricultural* and environmental discourse, categorised into two main groups.

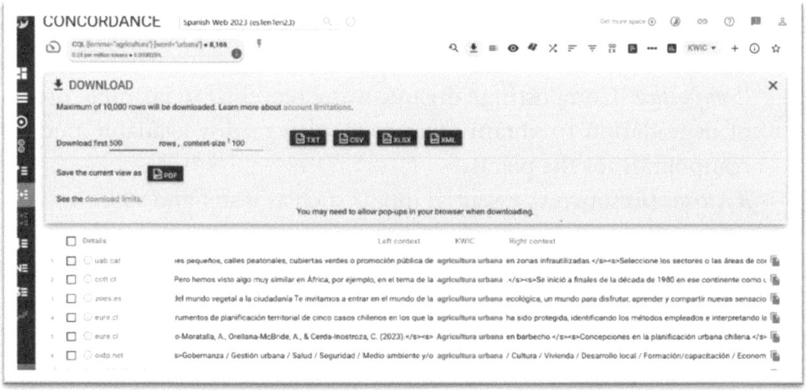

Figure 1: Screenshot illustrating the Concordance Tool of Sketch Engine, with the options selected for the creation of the final corpus.

2.1. Agricultural productivity and efficiency

Among the chosen keywords, those relate to food production and resource management, framing agriculture as an economic and industrial activity are:

- *Eficiencia* (Efficiency): optimising resources to maximise output.
- *Fertilidad* (Fertility): soil quality and capacity for plant growth and, ultimately, production.
- *Productividad* (Productivity): *agricultural* yield per unit of input.

2.2. Environmental sustainability and impact

Among those terms that reflect concerns about climate change, conservation, and sustainable practices, these were chosen:

- *Sostenible* (Sustainable): ensuring long-term environmental health and food production.
- *Biodiversidad* (Biodiversity): species mixture within ecosystems.
- *Contaminación* (Pollution): negative environmental effects derived from agriculture or other anthropic sources.
- *Residuos* (Waste): *Agricultural* by-products that are disposed of in unsupervised locations, such as waste fields, have a detrimental effect on the state of ecosystems.

- *Autosuficiencia* (Self-sufficiency): state of absence of reliance on external inputs.
- *Compostaje* (Composting): organic waste recycling in farming, process of degradation to obtain a material with readily available nutrient compounds for the plants.
- *Recursos* (Resources): essential inputs such as water and soil.

After applying these filters, the final corpus consisted of 270 sentences containing *agricultura* and 332 sentences containing *agricultura urbana*. This resulted in a final corpus of 21.913 words. This dataset provided a balanced and contextually rich linguistic resource for further analysis. By including keywords from both ends, the analysis guarantees a balanced representation of the discursive elements that inform perceptions of agriculture and urban agriculture. This enables a more complete evaluation of the way in which these concepts are linked with sustainability.

3. Term frequency analysis

After constructing a whole corpus that incorporated those created for *agricultura* and *agricultura urbana*, the dataset was divided into two sub-corpora, based on these two main concepts, to analyse the frequency of the pre-selected keywords. The objective was to determine whether there were relevant differences in the use of these words in relation to the two main concepts analysed.

Table 1: Frequency and ranking of keywords in terms of their occurrence along the main concepts around which the corpus used revolves (the cells coloured green represent the highest ranking, while those coloured orange represent the lowest)

Keyword	Frequency in *Agricultura* Sub-Corpus	Ranking	Frequency in *Agricultura Urbana* Sub-Corpus	Ranking
Sostenible	88	2º	120	1º
Biodiversidad	6	7º	24	4º
Contaminación	25	4º	18	5º
Eficiencia	19	6º	14	7º

Keyword	Frequency in *Agricultura* Sub-Corpus	Ranking	Frequency in *Agricultura Urbana* Sub-Corpus	Ranking
Residuos	23	5°	60	3°
Fertilidad	4	8°	7	9°
Autosuficiencia	1	9°	5	10°
Compostaje	1	10°	14	6°
Recursos	93	1°	70	2°
Productividad	26	3°	10	8°

The results, as shown in Table 1, reveal a clear distinction between the two sub-corpora. In *agricultura*, keywords related to food production (*productividad, fertilidad, eficiencia*) were more prominent, suggesting a discourse focused on yield and resource management for the purpose of food production. In contrast, *agricultura urbana* showed a higher frequency of ecologically related terms, such as *sostenible*, *biodiversidad*, *contaminación*, reinforcing its association with environmental conservation rather than large-scale food production.

This distinction aligns with broader discussions in agricultural studies, where traditional agriculture is often framed around productivity, while urban agriculture is more frequently linked to ecological impact and climate adaptation strategies (Grigorieva, Livenets & Stelmakh, 2023).

4. Collocations (Word associations)

In addition to frequency analysis, the Word Sketch tool in Sketch Engine was employed to identify the most common lexical associations for each term, with particular attention to modifiers, accompanying nouns, and adjectives. This tool provides an overview of how words typically coincide in a given corpus, revealing patterns that reflect not only usage frequency but also contextual meaning and discursive framing. The examination of these collocational patterns enables the identification of the semantic fields and ideological connotations surrounding *agricultura* and *agricultura urbana*, thus revealing the way in which each term is bounded within narratives of sustainability and productivity.

4.1. Word Sketch for *agricultura*

- Most common modifiers: *residuos, hídrica, modelo.*
- Most common accompanying nouns: *periurbana, ecológica, ganadería, regenerativa.*
- Most common adjectives: *familiar, rural, local, saludable.*

These results suggest that *agricultura* is frequently contextualised within discussions of environmental impact and production methodologies. The presence of *residuos* and *hídrica* (water) indicates a discourse that acknowledges resource consumption and waste management in agriculture. The term's association with *ganadería* (animal husbandry) further reinforces its placement within traditional rural economies and food production.

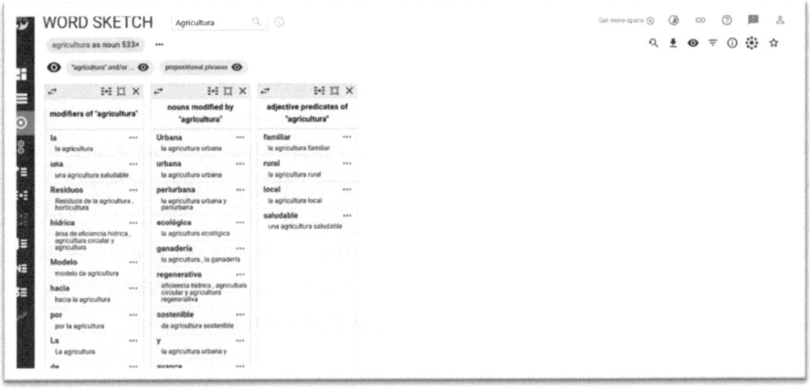

Figure 2: Screenshot illustrating the word sketch process for the word 'agricultura' in the previously created corpus.

4.2. Word Sketch for *agricultura urbana*

- Most common modifiers: *suelo, sostenible, constituyéndose.*
- Most common accompanying nouns: *vivero, aire, sostenible.*
- Most common adjectives: *sostenible.*

Unlike *agricultura*, the only dominant adjective in *agricultura urbana* is *sostenible*, reinforcing the idea that urban agriculture is predominantly framed within an environmental discourse rather than as a large-scale productive activity.

The presence of *suelo* (soil) and *aire* (air) as frequent collocates suggests that urban agriculture is more closely linked to land use, air quality, and urban environmental concerns rather than traditional *agricultural* practices.

5. Word Sketch Difference analysis

To further observe the discourse surrounding these terms, the Word Sketch Difference tool was used to identify shared and distinctive collocates. One of the most notable findings was that both terms were strongly associated with *verde* (green) and *sostenible*.

Nevertheless, following a manual analysis of their contextual use, it was found that both terms differed:

- In *agricultura*, *sostenible* appears in discussions related to efficient food production, land use, and ecological transitions.
- In *agricultura urbana*, *sostenible* is more frequently linked to community-based environmental practices and urban resilience strategies.

While both forms of agriculture are tied to sustainability, *agricultura urbana* seems to be more consistently framed as a tool for climate adaptation and local environmental reinforcement, whereas *agricultura* retains a stronger economic and industrial dimension, focused on resource management.

6. Discourse analysis

The analysis of the results indicates a clear difference in how the broader term *agricultura* and the more selective *agricultura urbana* are framed within current discourse. While both terms are strongly associated with environmental concerns, the intensity of this association is notably higher in *agricultura urbana*.

Also, *agricultura* retains a strong connection to food production, while *agricultura urbana* lacks a similar emphasis on productivity and is more frequently linked to urban land use, ecological impact, and sustainability policies. This suggests that *agricultura urbana* is perceived less as a means of food production and more as an environmentally friendly practice.

Considering the findings mentioned above, three main implications arise that deserve attention from policymakers and educators:

(1) Public policies and communication strategies should align with the way these terms are naturally framed in the diverse scale of the Spanish web. If *agricultura urbana* is more frequently linked to sustainability, environmental programmes promoting urban farming should integrate specific biodiversity conservation metrics into their policy frameworks, such as monitoring urban green space diversity, and promote educational campaigns that highlight the positive impact of urban farming on air quality and climate resilience, alongside food production.

(2) In addition to public policy recommendations, educational programmes addressing agriculture could benefit from incorporating case studies and real-world examples of sustainable farming techniques that enhance productivity while reducing environmental impacts. For instance, training on agroecological practices like crop rotation, organic farming, and water conservation could be paired with the traditional productivity metrics, allowing farmers to see both the environmental and the long-term economic benefits.

(3) The strong associations of terms related to environmentally friendly practices indicate a large societal shift in perspective. Collaboration among various stakeholders – such as farmers, government agencies, and distribution companies – could be useful in creating comprehensive sustainability guidelines for agriculture that balance economic goals with ecological responsibility. This shift should be acknowledged in legislative discussions, urban planning, and climate action strategies to ensure optimal outcomes.

In conclusion, while *agricultura* is still mainly perceived as an industry related to production and food security, *agricultura urbana* appears less connected to large-scale production and more aligned with urban sustainability efforts. These distinctions should be considered when designing public policies, communication strategies, and educational frameworks related to *agricultural* and environmental initiatives.

Bibliographical References

Fine, J. C., Love-Nichols, J., & Perley, B. C. (2023). 'Climate & Language: An Entangled Crisis'. *Daedalus*, *152*(3), 84, https://doi.org/10.1162/daed_a_02019

Grigorieva, E., Livenets, A., & Stelmakh, E. (2023). 'Adaptation of Agriculture to Climate Change: A Scoping Review'. *Climate*, *11*(10). https://doi.org/10.3390/cli11100202
Neilson, C., & Rickards, L. (2017). 'The Relational Character of Urban Agriculture: Competing Perspectives on Land, Food, People, Agriculture and the City'. *Geographical Journal*, *183*(3), 295-306. https://doi.org/10.1111/GEOJ.12188
Pradhan, P. *et al.* (2024). 'Urban Agriculture Matters for Sustainable Development'. *Cell Reports Sustainability*, *1*(9), 100217. https://doi.org/10.1016/j.crsus.2024.100217
Rust, N. A., Jarvis, R. M., Reed, M. S., & Cooper, J. (2021). 'Framing of Sustainable Agricultural Practices by the Farming Press and Its Effect on Adoption'. *Agriculture and Human Values*, *38*(3), 753. https://doi.org/10.1007/s10460-020-10186-7
Slätmo, E., Fischer, K., & Röös, E. (2017). 'The Framing of Sustainability in Sustainability Assessment Frameworks for Agriculture'. *Sociologia Ruralis*, *57*(3), 378. https://doi.org/10.1111/SORU.12156

Cultural and Linguistic Strategies in Promotional Language: A Comparison Between English and Spanish

*Margherita Manieri**

ABSTRACT

This study explores the differences in promotional language used in English and Spanish advertising focusing on keywords, tone and linguistic strategies. Through the employee of analytical tools such as Sketch Engine and Brand24, the research identifies patterns in persuasive language and sentiment distribution across two different linguistic contexts. The findings suggest that English advertisements tend to emphasise exclusivity and urgency whereas Spanish advertisements underscore uniqueness and appeal. In addition, the study underlines the cultural and psychological factors that influence consumers' perception and points up the importance of adapting linguistic marketing strategies to different target audiences. These insights help deepen the understanding of multilingual marketing and consumer reaction in a global advertising context.

Keywords: promotional language, corpus linguistics, multilingual marketing

RÉSUMÉ

Cette étude explore les différences dans le langage promotionnel utilisé dans la publicité en anglais et en espagnol, en se concentrant sur les mots clés, le ton et les stratégies linguistiques. Grâce à l'emploi d'outils d'analyse tels que *Sketch Engine* et *Brand24*, la recherche identifie des schémas dans le langage persuasif et la répartition des sentiments dans deux contextes linguistiques différents. Les résultats suggèrent que les publicités en anglais tendent à mettre l'accent sur l'exclusivité et l'urgence, tandis que les publicités en espagnol soulignent davantage l'originalité et l'attrait. De plus, l'étude met en évidence les facteurs culturels et psychologiques qui influencent la perception des consommateurs, et souligne l'importance d'adapter les stratégies linguistiques de marketing aux différents publics cibles. Ces conclusions permettent d'approfondir la compréhension du marketing multilingue et des réactions des consommateurs dans un contexte publicitaire globalisé.

Mots clés : langage promotionnel, linguistique de corpus, marketing multilingue

Summary

1. Introduction 318
2. Literature review 318

* Sapienza Università di Roma, manieri.2154512@studenti.uniroma1.it

2.1. Advertising and consumer behaviour 318
2.2. Corpus linguistics in discourse analysis 319
2.3. Multilingual marketing 319
3. Methodology 320
4. Data analysis and discussion 321
4.1. Analysis with Brand24 321
4.2. Analysis with Sketch Engine 322
4.3. Discussion 324
5. Conclusion and final consideration 325
Bibliographical References 326

1. Introduction

The progression of digital technologies and data analytics has changed the influence of advertising on consumer behaviour. The corpus-based analysis helps the understanding of how marketing messages affects the costumers' emotions and decisions. On a daily basis, many advertisements are spread across social media platforms, television channels, and other digital spaces. This study explores the role of linguistic elements in sales language, investigating how they contribute to positive and negative consumer experiences. To this end, it employs tools such as Sketch Engine and Brand24 to analyse large-scale textual data. This study aims to investigate the differences between English- and Spanish-speaking contexts in social media giving suggestions of how brands can optimise their promotional language for diverse linguistic markets.

2. Literature review

2.1. Advertising and consumer behaviour

Advertising is a fundamental part of modern consumer culture and affects perceptions, desires and purchasing decisions of customers. Advertising discourse involves the strategic use of verbal and nonverbal resources to influence consumers and their evaluation of products and services (Khanam, 2022). Beliefs about consumers point to the influence of language, imagery and emotions on purchasing behaviour. Also, according to the Elaboration Likelihood Model (ELM), consumers interpret persuasive messages via central or peripheral routes, based on their level of involvement in the product or brand. This highlights that advertisement language matters because language may provide logical arguments (central processing) or trigger emotional associations (peripheral processing) (Petty & Cacioppo, 1986).

Advertisers use persuasive strategies, presenting products and services as symbols of status and using consumers' inner fears and insecurities to influence their purchasing decisions (Soti, 2022). It is therefore vital for consumers to be aware of these tactics so that they can make informed and conscious choices about what to purchase.

2.2. Corpus linguistics in discourse analysis

Corpus linguistics offers an empirical approach to the study of linguistic models in large collections of texts. In advertising discourse, corpus analysis identifies the frequency and distribution of linguistic features such as adjectives, pronouns and collocations. This methodological approach guarantees objectivity and reliability in the analysis of linguistic strategies employed in the context of advertisement.

These elements contribute to the power of advertising by modelling consumer perceptions and reinforcing brand identity. For example, advertisers often use positive adjectives to increment product attractiveness, personal pronouns to address directly to the audience and metaphors and hyperbole to create memorable messages (Zhang, 2017).

In addition, corpus linguistics facilitates studies across advertising campaigns, languages and cultural contexts allowing researchers to identify linguistic patterns. Through corpus-based findings, marketers and advertisers can modify their language choices and optimise their communication strategies (Friginal & Hardy, 2020).

2.3. Multilingual marketing

Multilingual digital marketing is a marketing strategy which enables businesses to reach audiences with different linguistic backgrounds and delivers their brand offerings.

However, to address impactful messages it is essential to understand consumer preferences and cultural aspects that change according to the belonging speaking context.

When building a multilingual marketing strategy, brands may choose the appropriate target audience and consider diverse factors such as the language knowledge, cultural sensitivities and communication channels. Consequently, the next step involves conducting market research to define the target country for the brand's product and analysing competitor behaviour. Then, when setting the aims of the strategy it is necessary to adapt the content to the linguistic and cultural aspects (Zhang & Schmitt, 2001).

In addition, in order to increment the visibility of the multilingual content it is fundamental to conduct keywords research specific to the target market.

Moreover, the frequent use of digital social spaces by a huge number of users has enabled many brands to invest in new forms of engagement. Social media has become a useful platform for promotional activities where language plays a crucial role in engaging audiences.

English and Spanish, two of the most widely spoken languages, have distinct linguistic characteristics that influence marketing strategies. The success of international advertising campaigns is due to the adoption of valuable promotional messages to the cultural and linguistic specificities of each market (Luna & Peracchio, 2001).

3. Methodology

The research will adopt a mixed-methods approach, incorporating both:

1. Quantitative Analysis: Identifying word frequency, collocations, and discourse patterns using corpora software tools such as Sketch Engine and Brand24.
2. Qualitative Analysis: Examining the use of rhetorical strategies, persuasive language and emotional appeals.

The present study employed two main analytical tools:

- Sketch Engine: This tool is employed to analyse textual corpora and compare keyword frequencies and associations in English and Spanish advertisements.
- Brand24: This social media monitoring tool is used to collect real-time data. It tracked mentions of promotional keywords in different linguistic contexts. It is also used to compare how the sentiment reaction of people changes between English and Spanish.

The most frequently asked questions on which our project is based are:

- Which words are used more often in English and Spanish marketing campaigns?
- How does the perception of promotion language change between English and Spanish-speaking contexts?

4. Data Analysis and discussion

4.1. Analysis with Brand24

Brand24 is employed to monitor advertising keywords on social media. The keywords taken into account for the development of our research are for English: sale, limited offer, discount, exclusive, best deal while for Spanish: *oferta, promoción, descuento, exclusivo, mejor precio* (offer, promotion, discount, exclusive, best price).

	oferta	sale
Total mentions	38K	**44K** ★
Social media mentions	2644	**2990** ★
Non-Social media mentions	35K	**41K** ★
Positive mentions	8% (2783)	**17% (7161)** ★
Negative mentions	**1% (272)** ★	6% (2358)
Social media reach	3.0M	**6.2M** ★
Non-Social media reach	301M	**466M** ★
Presence score	60/100	**61/100** ★
AVE	**$ 24M** ★	$ 19M
User generated content	6100	**21K** ★

Figure 1: The comparison of mentions between *sale* and *oferta*.
Source: Brand24.

As shown in Figure 1, *sale* appears more frequently than *oferta* (offer) considering the total mentions, social media mentions, non-social media mentions and social media reach. This underlines its predominance in English-speaking contexts. Sentiment differences reveal different emotional responses to promotional language in both languages. The sentiment analysis reveals that higher visibility does not necessarily correspond to a more positive perception. Although the term *sale* is more widespread, it tends to elicit more ambivalent or critical reactions. In contrast, *oferta*, though less frequent, generates a more positive emotional response, suggesting an association with genuine value rather than commercial pressure. These findings indicate that frequency and emotional perception do not always align.

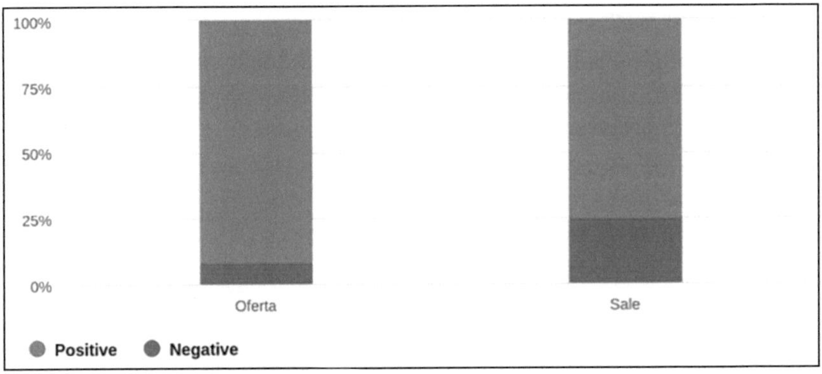

Figure 2: Sentiment Distribution.
Source: Brand24.

Figure 2 reveals the sentiment associated with each term. *Oferta* exhibits a predominantly positive sentiment, with approximately 90 % of positive mentions and just under 10 % negative. In contrast, while *sale* has also a majority of positive mentions, the negative sentiment is much higher, with a 25 % of mentions. Spanish speakers might associate *oferta* with a genuine opportunity for savings, leading to a more positive sentiment. *Oferta* has a positive connotation and can imply an exclusive deal.

On the other hand, the tone of English sale promotions may sometimes appear as more aggressive or commercialised and it can lead to negative sentiment.

4.2. Analysis with Sketch Engine

The following analysis will be conducted with the assistance of Sketch Engine. We analyse the difference between the modifiers of the term *descuento* (discount) in Spanish and of the word *discount* in English. The most frequent collocations in two different advertising contexts must be extracted.

Figure 3: Modifiers of the word *descuento*.
Source: Sketch Engine.

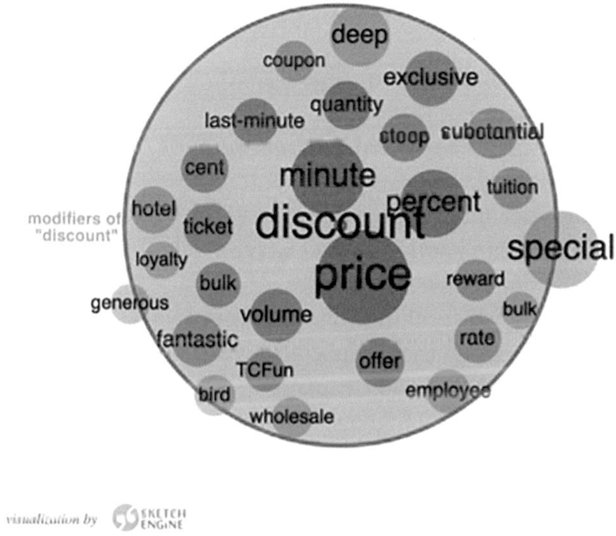

Figure 4: Modifiers of the word *discount*.
Source: Sketch Engine.

Sketch Engine shows us how the word *discount* in English is associated with the terms *price, quantity, last minute, exclusive* (e.g. 'see Figure 4'), which give us an idea of how brands associate this noun with adjectives that aim to attract the consumer's attention by emphasising the urgency and size of the offer. Expressions such as last minute or minute discount encourages the consumer to take advantage of the discount in the shortest possible time, as it is a time discount with an expiry date. On the other hand, there is a high frequency of superlative adjectives associated with the term *descuento: exclusivo, especial, increible, atractivo, suculento [discount:exclusive, special, incredible, attractive, succulent]* (e.g. 'see Figure 3'). These adjectives suggest to the buyer the exclusivity and exceptionality of the offer and enhance the interest of costumers who may perceive the discount as unique.

4.3. Discussion

The analysis showed that:

- English advertisement gives emphasis to the urgency and exclusivity through words like *last minute* and *best deal*.
- Spanish advertisement focuses on superlative adjectives that underline exceptionality and attractiveness.

Moreover, English dominates the digital space, which plays a central role in how certain terms appear online.

The word *sale* covers a wide range of promotional activities, such as sales, seasonal discounts and special offers. In contrast, the Spanish term *oferta* tends to have a more specific meaning, and it may refer to a particular discount. As the English-speaking online market is larger, *sale* appears more frequently and reaches a wider audience.

In addition, English-speaking consumers could have higher expectations regarding sales but when these expectations are not met, they can generate people's frustration. This might explain why *sale* has a higher number of negative mentions. English-language marketing campaigns should emphasise transparency and real value to reduce negative feedback.

In conclusion, the social media habits of different markets require companies to create specific marketing strategies. These data highlight the importance of cultural reactivity when translating or localising promotional context. Companies that aim to expand internationally must adapt their marketing strategies. They cannot limit translating advertising content. In fact, a direct translation of *sale* as *oferta* might not evoke the same response due to distinct cultural associations. Therefore, to effectively engage with global audiences, messages must be adapted to align with linguistic and cultural differences.

Marketers need to select the appropriate platforms where their target audience is most active and receptive when they want to launch promotional offers in English or in Spanish.

5. Conclusion and final consideration

The study reveals how the differences of promotional language between English and Spanish can be traced back to cultural and psychological factors. English-speaking markets opt for direct and urgent advertising communication through expressions such as lastminute or best deal whereas Spanish-speaking consumers tend to respond more to emotive and descriptive language focusing more on superlative adjectives that underline attractiveness and exclusivity.

These differences reflect distinct persuasive strategies that depend on communicative and cognitive preferences of consumers.

In general, the findings of this study emphasise the importance of linguistic adaptability in the digital marketing. To maximise the customer engagement, companies must consider cultural and psychological specificities of the target audience and consequently, adapt their advertising strategies. In the end, an efficient multilingual marketing strategy is not limited to word choice, but it also implies the use of the right platforms to reach the audience. Marketers should analyse the communication channels preferred by customers in different linguistic contexts.

Further investigation could integrate psychological and cognitive perspectives to gain a deeper understanding of how consumers from diverse linguistic backgrounds interpret promotional language.

It would be valuable to examine how recent social and technological development, such as the growing influence of digital creators and new forms of online interaction, influence the reception of advertising across cultures.

Bibliographical References

Friginal, E., & Hardy, J. A. (2020). *The Routledge Handbook of Corpus Approaches to Discourse Analysis.* Routledge. https://doi.org/10.4324/9780429259982

Khanam, U. S. (2022). Influence of Advertisements on Consumer Behavior: A Study of Graduate and Postgraduate Students. *Business Perspective Review*, *4*(2), 46-57. https://doi.org/10.38157/bpr.v4i2.531

Luna, D., & Peracchio, L. A. (2001). Moderators of Language Effects in Advertising to Bilinguals: A Psycholinguistic Approach. *Journal of Consumer Research*, *28*(2), 284-295. https://doi.org/10.1086/322903

Petty, R. E., & Cacioppo, J. T. (1986). The Elaboration Likelihood Model of Persuasion. *Advances in Experimental Social Psychology*, *19*, 123-205. https://doi.org/10.1016/S0065-2601(08)60214-2

Soti, R. (2022). The impact of advertising on consumer behaviour. *World Journal of Advanced Research and Reviews*, *14*(3), 706-711. https://doi.org/10.30574/wjarr.2022.14.3.0577

Zhang, S., & Schmitt, B. H. (2001). Creating Local Brands in Multilingual International Markets. *Journal of Marketing Research*, *38*(3), 313-325. https://doi.org/10.1509/jmkr.38.3.313.18869

Zhang, C. (2017). Multimodal Discourse Analysis of Advertising Language. *Advances in Social Science, Education and Humanities Research*, *142*, 169-172. https://doi.org/10.2991/icelaic-17.2017.37

Metaphors of Anger in Italian and Catalan: A Corpus-Based Cognitive Linguistic Analysis

*Francesca Minerba**

ABSTRACT

This paper explores the role of corpus linguistics in cognitive linguistics research examining a MA thesis in Linguistics as a representative case study. Specifically, the study investigates the application of corpus-based methodologies to the analysis of metaphorical and idiomatic expressions related to the conceptualisation of anger in two Romance languages: Italian and Catalan. By integrating both quantitative and qualitative approaches, the thesis aims to provide empirical insights into the underlying conceptual structures that shape metaphorical language use across different linguistic and cultural contexts.

The paper begins with an overview of corpus linguistics, emphasising its methodological relevance and adaptability to cognitive linguistic research. Following this, the specific research objectives of the case study are presented, alongside a discussion of its potential contribution.

Finally, the methodological procedures employed in the study are examined in detail, including corpus compilation, annotation criteria, and the strategies used to identify and interpret metaphorical patterns.

Keywords: cognitive linguistics, conceptual metaphor theory, anger metaphors, cross-linguistic analysis, Italian-Catalan comparison, emotion conceptualisation

RÉSUMÉ

Cet article explore le rôle de la linguistique de corpus dans la recherche en linguistique cognitive à travers l'analyse d'un mémoire de master en linguistique, considéré comme une étude de cas représentative. Plus précisément, l'étude examine l'application des méthodologies fondées sur les corpus à l'analyse des expressions métaphoriques et idiomatiques liées à la conceptualisation de la colère dans deux langues romanes : l'italien et le catalan. En intégrant des approches à la fois quantitatives et qualitatives, ce mémoire vise à fournir des données empiriques sur les structures conceptuelles sous-jacentes qui façonnent l'usage du langage métaphorique dans différents contextes linguistiques et culturels.

L'article commence par une présentation générale de la linguistique de corpus, en soulignant sa pertinence méthodologique et son adaptabilité à la recherche en linguistique cognitive. Ensuite, les objectifs spécifiques de l'étude de cas sont exposés, accompagnés d'une réflexion sur sa contribution potentielle.

Enfin, les procédures méthodologiques mises en œuvre dans le travail sont analysées en détail, incluant la constitution du corpus, les critères d'annotation ainsi que les stratégies employées pour identifier et interpréter les schémas métaphoriques.

Mots clés : linguistique cognitive, théorie de la métaphore conceptuelle, métaphores de la colère, analyse interlinguistique, comparaison italien-catalan, conceptualisation des émotions

* Sapienza Università di Roma, minerba.1965888@studenti.uniroma1.it

Summary

1. Introduction 328
2. Corpus linguistics 329
3. Corpus methods in cognitive linguistics 332
4. Research objectives and expected contributions 334
5. Methodological plan 337
6. Conclusions 340
Bibliographical References 341

1. Introduction

In recent decades, corpus-based methodology has established itself as one of the most productive and versatile empirical paradigms in linguistic research. This is largely due to its wide applicability across virtually all domains of linguistic inquiry, ranging from syntax and semantics to comparative and typological linguistics, as well as pragmatics and sociolinguistics.

This paper aims to outline the benefits and the methodological frameworks involved in applying corpus linguistics to cognitive linguistic research. Unlike more formalist or structuralist approaches, in this one language is viewed as deeply embedded in general mental processes, shaped by perception, embodied experience, and cultural knowledge. As a case study, this paper will present a Master research project that investigates a classic topic within the field of cognitive linguistics: the conceptualisation of metaphors.

Throughout the twentieth century, metaphor has progressively shed its traditional status as a mere rhetorical or ornamental device to be recognised as a fundamental component of ordinary language and human thought. This conceptual shift is primarily associated with the work of George Lakoff and Mark Johnson, who, in their volume *Metaphors We Live By* (1980), argue that our entire conceptual system is structured in fundamentally metaphorical terms.

Building on this theoretical ground, the study aims to explore a specific domain of metaphorical language: the expression of anger, a basic human emotion, therefore embedded in every cultural and cognitive system. The analysis focuses on two Romance languages, Catalan and Italian, with the objective of comparing the underlying conceptual structures that inform metaphorical expressions of anger in both linguistic systems and identifying potential analogies or divergences between them.

Following a theoretical overview of corpus linguistics, particular attention will be given to its relevance and adaptability within cognitive linguistic research, with a focus on the corpus-based approach as situated within the framework of Conceptual Metaphor Theory (CMT) in Section 3. This discussion sets the stage for a detailed presentation of the research objectives and the anticipated contributions of the study, while the final section concludes by outlining the applied methodological plan that will guide the empirical investigation.

2. Corpus linguistics

Although the term *corpus linguistics* only emerged in the 1980s, the approach it denotes is by no means new to the study of language. Structuralist linguists such as Sapir (1921), Newman (2010), and Bloomfield (1933) had already employed empirical methods based on the observation and analysis of corpora – albeit rudimentary ones – composed of transcribed oral texts or the written works of individual authors. Their investigations were grounded in linguistic evidence from which they drew data-driven conclusions.

However, beginning in the 1950s, this methodology came under sharp criticism from prominent linguists, most notably Chomsky (1957, 1979), who favoured the introspective analysis of an ideal speaker's competence over the study of actual language use. Similarly, figures like McEnery expressed reservations, which led to a period in which the use of corpora was largely marginalised in linguistic research. It was not until recent decades, with the advent of digitised linguistic data and the development of sophisticated software tools for automated analysis, that corpora regained a central role in linguistic inquiry (Stefanowitsch, 2020: 20-23).

But what is meant by *corpus* today? In linguistic research, the term typically refers to a structured collection of linguistic data – spoken or written – organised in digital format and used for analytical purposes. The introduction of computers not only accelerated the analysis of large data sets but also enhanced precision and replicability. For instance, tools such as concordancers allow researchers to examine words in context, generate frequency lists, and apply advanced statistical methods.

These tools allow to conduct two main modes of analysis in corpus linguistics: quantitative and qualitative. The former focuses on the contextual interpretation of linguistic expressions, while the latter aims to detect and quantify statistical patterns. These approaches are not mutually exclusive but rather complementary and mutually reinforcing.

Theoretically, most scholars agree that corpus linguistics should not be seen as a distinct subfield of linguistics, but rather as a methodological approach that can inform various areas of linguistic inquiry, from historical linguistics to psycholinguistics (Biber, Reppen, 2015: 31-35). This approach has profoundly transformed linguistic research, enabling the formulation of new questions, the empirical testing of hypotheses, and the discovery of linguistic phenomena that would remain undetectable through traditional, introspective methods.

Two principal methodological orientations can be identified: the *corpus-driven* approach, which proceeds inductively from the data to uncover patterns (a bottom-up process), and the *corpus-based* approach, which tests theoretically derived hypotheses against empirical data (a top-down process). Corpus linguistics is thus a heterogeneous field, encompassing methodological dichotomies such as monolingual versus multilingual corpora, annotated versus unannotated data, and exhaustive data analysis (total accountability) versus targeted sampling. While this diversity demonstrates the method's versatility, it also necessitates rigorous planning and critical evaluation of data.

As McEnery & Hardie (2011: 27-29) observed, one of the most crucial aspects of corpus linguistics is the alignment between the corpus and the research questions. A corpus may be ill-suited for analysis if its linguistic data do not represent the phenomenon under investigation, or if the text types included are too narrow. Even within ostensibly homogeneous corpora lexical and stylistic variation across sections must be accounted for, often through statistical means.

One of the most significant areas of investigation in modern corpus linguistics is the study of *collocations*, or combinations of words that occur together more frequently than would be expected by chance. These phraseological units represent a crucial component of both spoken and written lexicons. As Stefanowitsch & Gries (2006: 54) notes: 'Corpus linguistics is the complete and systematic investigation of linguistic phenomena on the basis of linguistic corpora using concordances, collocations, and frequency lists'. The notion of 'meaning by collocation' can be traced back to J. R. Firth (1957), who argued that the meaning of a word becomes clearer when examining the words it typically co-occurs with.

The study of collocations has shifted attention from isolated lexical items to multi-word units and has led to the identification of two major types of co-occurrence: *lexical collocations*, where one word tends to follow another, and *lexico-grammatical collocations*, where a word tends to appear in specific grammatical patterns.

Several factors influence these co-occurrence tendencies. First, grammatical constraints: it is more common, for instance, to find an adjective following a noun than two definite articles in succession. Second, semantic relations: a verb such as 'to listen' is more likely to be followed by nouns related to sound (e.g. 'music', 'song') than by semantically unrelated nouns such as 'lamp' or 'pasta'. Third, encyclopedic knowledge plays a key role: words tend to co-occur with others belonging to the same semantic domain.

Consequently, the use of corpora allows researchers to empirically test such hypotheses, often revealing counterintuitive patterns. As Stefanowitsch (2020: 271) points out, a collocation can be identified when 'one of these words occurs in a given position more frequently than expected by chance under the condition that the other word occurs in a structurally or sequentially related position'.

Nevertheless, working with large datasets entails technical challenges. Constructing contingency tables and applying statistical tests is time-consuming and requires specialised skills. For this reason, automated tools such as Sketch Engine or programming languages like R and Python are commonly employed. To avoid misleading results or false positives, researchers must adopt corrective strategies. Among the most widely used methods are the Bonferroni correction, which adjusts the significance level to account for multiple comparisons, and the chi-square test, which evaluates whether observed patterns deviate significantly from what would be expected by chance.

Finally, it is crucial to maintain a critical perspective. As illustrated by the historical overreliance on Grimm's Law in early historical linguistics, there is a danger in overemphasising systematicity in language, which is inherently dynamic and shaped by its speakers. Given the inductive nature of collocational research, one must always consider the cognitive bias toward pattern recognition – the human tendency to perceive structure even where none exists (Stefanowitsch, 2020: 221-224).

3. Corpus methods in cognitive linguistics

Cognitive linguistics focuses on the study of human thought in order to explain the observable features of language. In particular, it centres on what is defined as conceptualisation – that is, how individuals construct abstract concepts and the cognitive schemas they use to navigate the world.

The application of corpus linguistics methodologies to cognitive linguistics has proven especially productive with regard to syntax, semantics, and the theory of conceptual metaphors.

The contributions of linguists such as Stefan Th. Gries and Anatol Stefanowitsch, for example, are situated at the intersection of Construction Grammar and Corpus Linguistics, offering a significant methodological innovation for the quantitative study of language. Specifically, in 2003, the two scholars introduced the notion of collostruction (a portmanteau of collocation and construction), which marked a notable advancement over traditional collocational analysis.

While a collocation refers to the statistically significant co-occurrence of two words in proximity within a text, a construction is defined by the authors as:

> a construction is any linguistic expression, no matter how concrete or abstract, that is directly associated with a particular meaning or function, and whose form or meaning cannot be compositionally derived. The linguistic system is then viewed as a continuum of successively more abstract constructions, from words to fully-fixed expressions to variable idioms to partially filled constructions to abstract constructions (Stefanowitsch & Gries, 2003: 212).

A collostruction, therefore, concerns the association between a lexical item and a syntactic construction (understood as a grammatical schema with variable slots) in which the lexical item occurs with a frequency significantly higher than expected by chance. This approach allows the systematic quantification and the analysis of associations between lexical elements and grammatical structures, thereby expanding the capabilities of corpus linguistics and contributing empirical evidence to the description of constructional behaviour in actual language use. One may view collostructional analysis as the systematisation and implementation of pre-existing ideas in cognitive linguistics (McEnery & Hardie, 2011: 181).

About the application of corpora to the topics under consideration – namely metaphors and idiomatic expressions – it is essential to begin with the paradigm shift introduced by Lakoff and Johnson in their groundbreaking work *Metaphors We Live By* (1980). From this point onward, metaphors were no longer regarded as stylistic devices, but rather as fundamental components of human cognition. According to the authors, indeed, human thought relies on conceptual structures rooted in concrete experience to make sense of abstract concepts, such that 'human thought processes are largely metaphorical' (Lakoff & Johnson, 1980).

In their view, when we use expressions such as 'You're wasting my time' or 'How do you spend your time?', we can observe the way in which the human mind conceptualises the notion of time – in this case, through the cognitive metaphor TIME IS MONEY.

However, the Conceptual Metaphor Theory (CMT) initially faced criticism for its lack of empirical grounding, as it often relied on invented or introspective examples. Corpus linguistics, particularly through the work of Deignan (2005), has helped both to substantiate and to problematise the theory.

Through the analysis of authentic corpora (e.g. the British National Corpus), Deignan demonstrated that the metaphorical use of words does not always align with the theoretical predictions of CMT: linguistic mappings from source to target domains are not consistently systematic or predictable. She further showed that metaphorical expressions differ grammatically and lexically from their literal counterparts, and that collocations can assist in disambiguating meaning. These findings lead to the conclusion that metaphor is not semantically ambiguous in corpora, since linguistic context (including collocates and grammatical structures) specifies its interpretation (McEnery and Hardie, 2011: 185-188).

The corpus-based approach thus proves essential not only for validating but also for refining or revising linguistic theories, by offering a more accurate representation of real language usage.

Moreover, a significant body of corpus-based research has examined metaphor from a contrastive linguistic perspective, an approach to which this thesis also contributes.

A relevant example is provided by a study conducted by Deignan, Gabrys, and Solska (1997), which compared linguistic metaphors in English and

Polish. Drawing on extracts from the Bank of English organised by source domains, the authors asked native Polish speakers with advanced English proficiency to translate the metaphors and comment on their translatability. The results identified three primary scenarios: (1) the presence of conceptual and linguistic equivalents across the two languages; (2) shared conceptual mappings but differing linguistic realisations; and (3) the absence of metaphorical equivalents, necessitating paraphrasing in translation.

Another illustrative case is the study by Charteris-Black (2004), which investigated the role of folk beliefs in metaphorical conceptualisation by comparing English and Malay corpora. For instance, while in English the heart is symbolically associated with emotions, in Malay this role is assigned to the liver, reflecting distinct cultural traditions.

In the following paragraphs the objectives and methodologies of the thesis that concludes my Master's degree in Linguistics will be outlined, with the aim of presenting an additional case in which these methodologies may prove useful in the field of cognitive linguistics.

4. Research objectives and expected contributions

The Master's thesis *Metaphors and Idiomatic Expressions of Anger in Italian and Catalan: A Corpus-Based Cognitive Linguistic Analysis,* currently being completed at Sapienza University of Rome and scheduled for defence in September 2025, aims to catalogue and compare how speakers of Italian and Catalan use figurative language to express anger. The analysis is grounded in Conceptual Metaphor Theory (CMT) and cognitive linguistics, and is conducted through a corpus-based approach.

The primary objective is to identify, analyse, and compare the cognitive metaphors that underline the expression of anger in these two Romance languages. By integrating both quantitative and qualitative methods, the study seeks not only to document the prevalence and distribution of these metaphors, but also to interpret their underlying cognitive and cultural dimensions.

At the core of this investigation lie three key research questions. First, what are the most frequent cognitive metaphors used to express anger in Italian and Catalan? This question is driven by the need to establish an empirical baseline of metaphor usage by systematically extracting and categorising anger-related expressions from large corpora.

Second, are there conceptual differences in the way anger is expressed between the two languages? In addressing this, the study will explore whether differences in cultural history and linguistic evolution have led to distinct metaphorical mappings, reflecting divergent cognitive processes.

And finally, how do the contextual environments in which these metaphors occur differ between Italian and Catalan? By examining concordance lines and collocational patterns, the research intends to reveal the influence of socio-cultural factors on the contextual usage of metaphorical language.

The expected contributions of this research are varied. Theoretically, the study will extend current knowledge in cognitive linguistics by providing empirical evidence on the embodiment of anger through metaphorical expressions. Grounded in foundational works such as Lakoff and Johnson's conceptual metaphor theory and Kövecses's insights on metaphor and emotion, this project aims to test these theories in the context of a comparative cross-linguistic analysis. By investigating two languages that share a common Latin origin yet have evolved through distinct cultural trajectories, the work can shed light on both universal aspects of cognitive metaphor and language-specific variations.

Practically, the study aspires to contribute to methodological advancements in corpus linguistics by integrating advanced digital tools – specifically Brand24 and Sketch Engine – into the analysis of metaphorical language. This approach not only provides a replicable and systematic method for data collection and analysis but also demonstrates the utility of corpus-based methods in addressing complex cognitive linguistic phenomena.

The development of a comprehensive database of anger-related expressions – particularly for Italian, using Federica Casadei's *Metafore ed espressioni idiomatiche. Uno studio semantico sull'italiano* (1996) as a primary reference – will serve as a valuable resource for future research. For Catalan, the study's exploratory work to establish a reliable linguistic reference will fill an important gap in the current literature, thereby offering new insights and setting the stage for further studies in this field.

Moreover, the research is expected to yield concrete quantitative data – such as frequency counts, collocational patterns, and statistical measures – that will enrich our understanding of how anger is conceptualised and expressed in different linguistic communities. These empirical findings, combined with qualitative analyses of contextual usage, will provide a nuanced perspective on the interplay between language, cognition, and culture.

In particular, the work will yield an annotated parallel dataset (potentially open-access) of figurative anger expressions, serving as a resource for linguists and translators. By bridging corpora with CMT, the thesis also advances methodological practice: it exemplifies how quantitative corpus analysis (word frequencies, collocations, dispersion) can be integrated with qualitative cognitive analysis (concept mapping) to study emotion language.

In summary, the objectives of this research are to:

- Identify and catalogue the predominant cognitive metaphors used to express anger in Italian and Catalan.
- Examine conceptual differences and contextual variances in the expression of anger between the two languages.
- Validate and extend existing theories of metaphorical cognition through robust, corpus-based empirical analysis.

While the expected contributions include:

(a) an updated taxonomy of idiomatic expressions and metaphors used in the two languages to express anger. This will be especially relevant for Catalan, for which no detailed corpus currently exists, unlike Italian, where a dedicated corpus on the topic was already compiled by Federica Casadei in her doctoral project (1996), and which is also included in the most recent work by Kövecses (2025a), *Metaphors of Anger Across Languages*, and in which Catalan has not yet been represented.
(b) the collection of statistical data potentially useful for further future research;
(c) a comparative analysis testing claims of metaphor universality versus cultural specificity;
(d) a methodological demonstration of a corpus- and cognitive-linguistic approach.

Overall, this thesis aims to make significant theoretical, empirical, and methodological contributions to the study of metaphor, emotion, and figurative language. It will provide a deeper understanding of how anger is metaphorically structured in the minds of speakers of Italian and Catalan, how these structures are reflected in linguistic form, and what cultural or cognitive patterns underlie these expressions.

5. Methodological plan

The methodological plan devised for this research adopts a mixed-methods approach, articulated through several interrelated phases, each of which will be elaborated in detail below. These phases can be summarised as follows:

1. Literature review and theoretical framework
2. Corpus construction and data collection
3. Identification of metaphorical patterns
4. Data analysis and statistical processing
5. Cross-linguistic comparison
6. Interpretation of findings and final writing.

The first phase is crucial for establishing the theoretical foundation upon which the entire research project will be built. Drawing upon the studies outlined in Sections 2 and 3, this phase will involve a thorough review of the current literature concerning the application of corpus linguistics methodologies to cognitive linguistics, with particular attention to theories within the framework of CMT.

The principal theoretical references guiding this inquiry include Lakoff and Johnson's *Metaphors We Live By* (1980) and Kövecses's *Metaphor and Emotion* (2000). In the area of corpus-based metaphor research, the work of scholars such as Deignan, Stefanowitsch, and Gries will serve as methodological and analytical models.

The second phase will focus on the construction of a specialised corpus composed of metaphorical and idiomatic expressions used to convey the emotion of anger in the two target languages. For Italian, the corpus will be built using existing literature, such as Casadei (1996) and the Italian section of Kövecses's *Metaphors of Anger across Languages* (2025a). These foundational sources will be expanded through the inclusion of data extracted from established corpora such as the CORIS/CODIS Corpus[1] (Corpus di Italiano Scritto) and the *itTenTen*, the largest Italian corpus available on Sketch Engine. Additionally, other resources used by Kövecses, including dictionaries and online platforms for Italian language learning, will be consulted to enrich the dataset.

---

1 Hyperlink for reference: https://corpora.ficlit.unibo.it/coris_ita.html.

For Catalan, where bibliographic resources are relatively scarce, the corpus will be primarily developed through fieldwork, during a research stay in Catalonia. Supplementary materials will include various Catalan dictionaries, the *Corpus Textual Informatitzat de la Llengua Catalana*[2], and additional resources available via Sketch Engine (in particular, the CaTenTen corpus).

All corpora employed in this research will be textual and limited to contemporary usage, ensuring both linguistic relevance and methodological consistency. Once collected, the data will be lemmatised, cleaned, and standardised, and will be uploaded to Sketch Engine, which will serve as the primary environment for concordance analysis, frequency extraction, and pattern identification in the following stages of the research.

To ensure methodological rigour and cross-linguistic comparability, the corpora for Italian and Catalan must be constructed following a balanced design. Both corpora should aim for comparable size and internal composition minimising potential distortions in metaphorical patterning that could arise from asymmetrical datasets. Corpus design will furthermore be informed by established recommendations for representativeness and stratification, such as those outlined in standard corpus construction literature (cf. Biber, 1993; McEnery & Hardie, 2012).

The third phase entails the identification and annotation of conceptual metaphors in the compiled corpora, based on both existing theoretical literature and empirically driven procedures in corpus-based metaphor studies.

At this stage the CMT will provide the theoretical basis for mapping linguistic expressions onto broader metaphorical schemas (e.g. ANGER IS A DANGEROUS ANIMAL, ANGER IS HEAT, ANGER IS PRESSURE IN A CONTAINER). The resulting data will serve as the basis for both quantitative and qualitative exploration of patterns across the two languages.

In the data analysis phase, quantitative analysis will be conducted using corpus tools and statistical software to extract and quantify patterns of figurative language. In Sketch Engine, key emotion-related lemmas – such as 'anger' and its synonyms both in Italian and in Catalan – will be analysed via word sketches, which provide insights into their most frequent collocates and syntactic environments. Statistical measures such as logDice, Mutual Information (MI), and T-score will be applied to identify significant collocational patterns that are likely to bear metaphorical content.

2 Hyperlink for reference: https://ctilc.iec.cat/scripts/IniPresentacio.asp.

Parallel to the statistical examination, qualitative analysis will be carried out through close readings of concordance lines and Keyword-in-Context (KWIC) outputs. These excerpts, extracted from Sketch Engine and other corpus interfaces, will be studied to determine the presence, contextual framing, and pragmatic function of metaphorical meaning.

To supplement this data with more informal and colloquial usages, real-time textual material will be harvested using Brand24, a social media and web monitoring tool which tracks keywords across platforms like blogs, forums, and social media, enabling the inclusion of spontaneous language from contemporary digital discourse.

Once this additional data is collected, it will be cleaned, lemmatised, and normalised using either R or Python. Frequent iterative feedback loops will be established between corpus outputs and interpretive findings to refine metaphor categories, ensuring that statistical results are grounded in cognitive-semantic reality.

To determine whether observed differences in metaphor usage between the two languages are statistically meaningful, chi-square tests (χ^2) will be performed on the frequency distributions of metaphor categories. This inferential procedure will help assess whether apparent asymmetries – such as a greater prevalence of the ANGER IS AN ANIMAL metaphor in Catalan – are statistically significant or attributable to random variation. All findings will be validated through manual concordance inspection to ensure semantic accuracy and metaphorical relevance.

A crucial objective of this study is the cross-linguistic comparison of anger metaphors in Italian and Catalan, with the aim of identifying both shared conceptual structures and language-specific divergences. The analysis will focus on several interrelated questions: Which metaphorical conceptualisations of anger appear in both languages, and which are unique to one linguistic and cultural system? Do idiomatic expressions in one language correspond to direct translation equivalents in the other, or do they reflect distinct metaphorical mappings? For instance, metaphorical constructions rooted in Latin, such as the widespread ANGER IS HEAT schema, may be expected in both Italian and Catalan (for example in *andare in ebollizione* and *estar que bull*, 'to boil over').

However, prior studies caution that such metaphors, though seemingly universal, may in fact be culturally bounded and context-dependent; Kövecses (2025b) and other scholars have noted that metaphors like ANGER IS FIRE may be limited to specific registers (e.g. religious or formal discourse) or to languages with a shared historical-linguistic background (cf. Charteris-Black, 2004). This study will aim to catalogue such correspondences and differences using both frequency data and semantic analysis. All observed similarities and divergences will be interpreted through the lens of cognitive-linguistic theory, drawing on CMT as well as recent refinements that emphasise cultural grounding and metaphorical variation (e.g. Kövecses, 2025b).

Furthermore, idiomatic expressions will be analysed for conceptual mappability: whether structurally different idioms in Italian and Catalan nevertheless reflect the same underlying metaphor (e.g. ANGER IS A DANGEROUS ANIMAL or ANGER IS A PHYSICAL FORCE) and claims regarding metaphor prevalence or uniqueness will be empirically substantiated through normalised frequency counts or statistical. For example, if ANGER IS COLOUR (e.g. *essere rosso dalla rabbia*, 'to be red with anger') is found significantly more often in one corpus, this will be backed by statistical evidence and contextual interpretation.

Overall, this cross-linguistic component enriches the study by situating metaphor usage within broader cultural, cognitive, and linguistic frameworks. It enables the construction of a nuanced comparative model that is both theoretically insightful and empirically grounded, aligning with established standards in corpus-based metaphor research and cognitive semantics (cf. Deignan, 2005; Steen *et al.*, 2010).

In the final phase, results from both quantitative and qualitative analyses will be interpreted within the framework of cognitive linguistics. Statistical trends and metaphor patterns will be contextualised through close reading and cultural comparison, highlighting both shared and divergent conceptualisations of anger in the two languages. Findings will be clearly presented using tables, charts, and corpus examples, and the final report will aim to offer a coherent, empirically grounded contribution to metaphor and cross-linguistic research.

6. Conclusions

To conclude, this paper has sought to explore the applicability and advantages of corpus linguistics methodologies within other branches of linguistics, with a particular focus on cognitive linguistics. In this context, my MA thesis – centred on the conceptualisation of anger in Italian and Catalan – has served as a case study to demonstrate the potential of a corpus-based approach in uncovering the figurative structures that grounds emotional expression.

By employing a carefully structured methodological framework – including corpus construction, metaphor identification, statistical analysis, and qualitative interpretation – the study is expected to provide empirical evidence concerning the prevalence of specific metaphorical mappings. At the same time, the qualitative analysis will offer deeper insights into the semantic and pragmatic nuances that shape the use of these expressions in discourse.

The comparative analysis is supposed to highlight both universal aspects of anger conceptualisation and language-specific differences. While certain metaphors must certainly appear to be common to both languages, subtle differences in their usage will suggest that cultural factors and historical developments will play a significant role in shaping metaphorical cognition.

Methodologically, the integration of digital tools such as Brand24 and Sketch Engine could prove invaluable in constructing and analysing a comprehensive corpus of naturalistic language data.

Overall, the study aspires to contribute meaningfully to the field of cognitive linguistics by grounding theoretical models in empirical data, and by demonstrating the practical relevance of corpus-based methods for the investigation of figurative language. In doing so, it aims to enrich our understanding of how abstract emotional concepts are conceptualised and linguistically encoded at the intersection of language, cognition, and culture. It is hoped that this research will support future interdisciplinary work, which I believe is essential to advancing our understanding of the world and our interaction within it.

Bibliographical References

Baker, P., Hardie, A., & McEnery, T. (2006). *A Glossary of Corpus Linguistics.* Edinburgh University Press. https://doi.org/10.1515/9780748626908

Biber, D. (1993). 'Representativeness in Corpus Design'. In *Literary and Linguistic Computing* (pp. 243-257). Oxford University Press. https://doi.org/10.1093/llc/8.4.243

Biber, D., & Reppen, R. (eds.) (2015). *The Cambridge Handbook of English Corpus Linguistics.* Cambridge University Press. https://doi.org/10.1017/CBO9781139764377

Bloomfield, L. (1933). *Language*. Henry Holt and Company.
Brezina, V. (2018). *Statistics in Corpus Linguistics: A Practical Guide*. Cambridge University Press. https://doi.org/10.1017/9781316410899
Casadei, F. (1996). *Metafore ed espressioni idiomatiche: Uno studio semantico sull'italiano*. Bulzoni Editore.
Charteris-Black, J. (2004). *Corpus Approaches to Critical Metaphor Analysis*. Palgrave Macmillan. https://doi.org/10.1057/9780230000612
Chomsky, N. (1957). *Syntactic Structures*. Mouton. https://doi.org/10.1515/9783112316009
Chomsky, N. (1979). *The Logical Structure of Linguistic Theory*. The University of Chicago Press.
Cienki, A., & Müller, C. (2008). *Metaphor and Gesture*. John Benjamins. https://doi.org/10.1075/gs.3
Croft, W., & Cruse, A. D. (2004). *Cognitive Linguistics*. Cambridge University Press. https://doi.org/10.1017/CBO9780511803864
Deignan, A., Gabryś, D., & Solska, A. (1997). Teaching English metaphors using cross-linguistic awareness-raising activities. *ELT Journal*, *51*(4), 352-360. https://doi.org/10.1093/elt/51.4.352
Deignan, A. (2005). *Metaphor and Corpus Linguistics*. John Benjamins. https://doi.org/10.1075/celcr.6
Dirven, R., & Pörings, R. (2002). *Metaphor and Metonymy in Comparison and Contrast*. De Gruyter. https://doi.org/10.1515/9783110219197
Dunn, J. (2019). 'Modelling Metaphor Perception with Distributional Semantics: A Computational Approach to Metaphor Theory'. *Cognitive Linguistics*, *30*(3), 417-451.
Firth, J. R. (1957). *Papers in Linguistics 1934-1951*. Oxford University Press.
Gibbs, R. W. (1994). *The Poetics of Mind: Figurative Thought, Language, and Understanding*. Cambridge University Press.
Gries, S. Th. (2003). *Multifactorial Analysis in Corpus Linguistics: A Study of Particle Placement*. Continuum.
Gries, S. Th., & Stefanowitsch, A. (eds.) (2006). *Corpora in Cognitive Linguistics: Corpus-Based Approaches to Syntax and Lexis*. Mouton de Gruyter. https://doi.org/10.1515/9783110197709
Gries, S. Th., & Paquot, M. (eds.) (2020). *A Practical Handbook of Corpus Linguistics*. Cham.
Jonathan, Ch.-B. (2003). 'Speaking with Forked Tongue: A Comparative Study of Metaphor and Metonymy in English and Malay Phraseology'. *Metaphor and Symbol*, *18*(4), 289-310. https://doi.org/10.1207/S15327868MS1804_5

Lakoff, G., & Johnson, M. (1980). *Metaphors We Live By*. University of Chicago Press.
Kövecses, Z. (2000). *Metaphor and Emotion: Language, Culture, and Body in Human Feeling*. Cambridge University Press.
Kövecses, Z. (2025a). *Metaphors of Anger across Languages: Universality and Variation, Volume 1: From Akan to Italian.* De Gruyter Mouton. https://doi.org/10.1515/9783110730999
Kövecses, Z. (2025b). *Metaphors of Anger across Languages: Universality and Variation, Volume 2: From Japanese to Ukrainian.* De Gruyter Mouton. https://doi.org/10.1515/9783111559780
McEnery, T., & Hardie, A. (2011). *Corpus Linguistics: Method, Theory and Practice.* Cambridge University Press. https://doi.org/10.1017/CBO9780511981395
Mrowa-Hopkins, C., & Strambi, A. (2005). 'How Angry Can You Be in French and Italian? Integrating Research and Teaching for the Development of Pragmatic Competence in L2 Classrooms'. *FULGOR: Flinders University Languages Group Online Review*, 2(2), 48-62.
Mrowa-Hopkins, C., & Strambi, A., 'Processing Anger in Interactions Between Italian and Anglo-Australian Male Friends: Some Preliminary Results'. *Italica*, *89*(1), 1-20.
Newman, J., Baayen, H., & Rice, S. (eds.) (2015). *Corpus-based Studies in Language Use, Language Learning, and Language Documentation.* Brill. https://doi.org/10.1163/9789401206884
Sapir, E. (1921). *Language: An Introduction to the Study of Speech.* Harcourt, Brace & Company.
Steen, G. J., Dorst, A. G., Herrmann, J. B., Kaal, A. A., Krennmayr, T., & Pasma, T. (2010). *A Method for Linguistic Metaphor Identification: From MIP to MIPVU.* John Benjamins. https://doi.org/10.1075/celcr.14
Stefanowitsch, A. (2020). *Corpus linguistics: A guide to the methodology.* Language Science Press.
Stefanowitsch, A., & Gries, S. Th. (2003). 'Collostructions: investigating the interaction of words and constructions'. *International Journal of Corpus Linguistics*, 8, 209-243. https://doi.org/10.1075/ijcl.8.2.03ste
Stefanowitsch, A., & Gries, S. Th. (2006). *Corpus-Based Approaches to Metaphor and Metonymy.* De Gruyter Mouton. https://doi.org/10.1515/9783110199895
TERMCAT, *Institut Català de Terminologia* (2023). https://www.termcat.cat.
Ungerer, F., & Schmid, H.-J. (2006). *An Introduction to Cognitive Linguistics.* Longman.

CHAPTER 16

Topic Constructions of Spanish Psych Verb *Gustar*

*Ling Mu**

ABSTRACT

The Spanish verb *gustar* [like][1] has long attracted attention of theoretical linguists, particularly within the study of psychological verbs. Previous research has attributed the distinctive word order of *gustar* constructions either to the ambivalent semantic properties of its arguments or to the presence of an additional applicative projection (ApplP). However, there remains no consensus regarding their syntactic and pragmatic characteristics and a comprehensive account of their pragmatic functions is still lacking. This study analyses a representative sample of *gustar* constructions in order to identify their formal features and pragmatic roles. The findings aim to contribute to a more nuanced understanding of *gustar* constructions and to support both pedagogical practices in second language acquisition and the development of more accurate machines translation systems.

Keywords: *gustar*, psych verbs, topic constructions, corpus analysis

RÉSUMÉ

Le verbe espagnol *gustar* [aimer] a longtemps attiré l'attention des linguistes théoriciens, en particulier dans l'étude des verbes psychologiques. Les recherches antérieures ont attribué l'ordre des mots distinctif des constructions avec *gustar* soit aux propriétés sémantiques ambivalentes de ses arguments, soit à la présence d'une projection applicative supplémentaire (ApplP). Toutefois, aucun consensus ne s'est encore dégagé quant aux caractéristiques syntaxiques et pragmatiques de ces constructions, et une analyse complète de leurs fonctions pragmatiques fait encore défaut. Cette étude analyse un échantillon représentatif de constructions avec *gustar* afin d'en identifier les traits formels et les rôles pragmatiques. Les résultats visent à offrir une compréhension plus fine de ces constructions et à contribuer tant à l'enseignement des langues secondes qu'au développement de systèmes de traduction automatique plus précis.

Mots clés : goûter, verbes psychiques, constructions thématiques, analyse de corpus

Summary

1. Introduction 346
2. Literature review 347

* Universidad Autónoma de Madrid, ling.mu@estudiante.uam.es

[1] All translations in this article are my own unless otherwise noted.

3. Methodology 353
3.1. Data collection and analysis 354
3.2. Finding and discussion 355
4. Conclusion 363
Bibliographical References 365

1. Introduction

The syntactic structure of the Spanish verb *gustar* has long posed significant challenges for students in China, particularly those majoring in Spanish language and literature. These difficulties can be attributed to two primary factors. First, *gustar* constructions are superficially inverse and differ markedly from SVO constructions typical of Chinese and English, languages with which Chinese learners are most familiar, especially considering that English is a compulsory subject from primary school onward. Second, Chinese textbooks and classroom instruction often lack in-depth explanation and analysis of *gustar* constructions, focusing predominantly on structural features, such as the verb *gustar* taking subjects realised by nouns or infinitives (Don, 2008). Consequently, a systematic study of *gustar* constructions may help to address these challenges by offering additional pedagogical resources for foreign language teaching.

Gustar constructions have been extensively examined in theoretical discussions of psychological verbs, particularly owing to their distinctive OVS word order, which contrasts with the canonical SVO structure. Scholars such as Downing (2001) have argued that these constructions should not be classified as instances of left dislocations, citing the absence of a topical expression with autonomous status. In contrast, Tubino (2009) contends that the preverbal dative experiencer in *gustar* constructions functions as a topic expression. This theoretical divergence underscores the need for further investigation. The present study explores the information structure of *gustar* constructions, with particular emphasis on their topic functions. Its objective is to provide a clearer understanding of the formal and functional properties of these constructions. The article is organised into four sections. Following this introduction, the second section reviews the relevant literature, analysing a range of theoretical approaches. The study is grounded in Lambrecht's (1994) principle of the separation of reference and role (PSRR), through which it is posited that *gustar* constructions represent a distinct type of clitic left dislocation (henceforth, CLLD). The unmarked pattern in these constructions is characterised by the regular absence of a lexical topic expression in the left periphery, enabling the obligatory dative clitic to serve a dual pragmatic function: to indicate the topic referent and to link it to the ensuing proposition. This dual role marks both the aboutness and relevance of the topic referent in relation to the proposition. The third section outlines the methodology, which involves the analysis of naturally occurring data drawn from the esTenTen23 corpus. Finally, the fourth section presents the conclusions, summarising the findings and discussing their implications for theoretical research, language pedagogy and even for the enhancement of machine translation systems.

2. Literature review

Gustar constructions have caught the interest of many linguists from a variety of research lines. The focus of these studies has been on exploring the syntactic and semantic properties of the verb *gustar*, particularly under the research scope of psychological verbs (also referred to as psych verbs, experiencer verbs or emotive verbs). Prior to concentrating on the research object of this article, some spaces would dedicate to the psych verbs aiming to provide a more precise delineation of the verb *gustar* and its related topic constructions. The psych verbs are generally defined as verbs semantically denoting emotional states or state changes. A salient distinction between transitive verbs and psych verbs pertains to the assignment of semantic roles. The latter assigns experiencer role to one of its arguments instead of agent and patient roles, since the experiencer of psych verbs which can be a human or animate entity undergoes involuntarily certain mental state or state change. In combination with the syntactic structure, it is evident that psych verbs can be classified into two main groups: one with an experiencer subject and the other with an experiencer object. For instance, in English, some psych verbs such as 'like' assign the experiencer role to the subject, whereas others like 'please' allow an experiencer object.

In terms of the systematic classification of psych verbs, a notable work is provided by Belletti and Rizzi (1988). They identify three verbal types based on the syntactic functions of experiencer in Italian data: the *temere* [fear] type, the *preoccupare* [worry] type, and the *piacere* [please] type. For these three types, the authors posit that they all can be explained by the unitary lexicon theory despite their distinct syntactic representations. Firstly, at the lexical representation level, each verb includes a 'θ-grid' and a 'Case-grid' and the former incorporates an 'underscore θ' rule to pick out the external θ-role (1988: 343-5); Secondly, these lexical verbs are mapped into syntactic structures under restrictions of mapping rules. The *piacere* type which is similar to *gustar* in Spanish is different from the other two types in that there is no external θ-role as in *temere* type and its experiencer is linked to an inherent dative case[2] instead of an accusative case as in *preoccupare* type. Furthermore, in a clause containing *piacere* the experiencer element occupies a higher structural position than the Theme in a given θ-grid [experiencer, Theme] under the constraint of mapping rules. Later, with the proposition of ApplP projection, Cuervo (2003) points out that the dative DP occupies the [Spec, ApplP] maintaining an asymmetric c-commanding relation with the nominative DP in [Spec, *v*P]. Keeping up with the distinction between subject experiencer and object experiencer psych verbs, Fábregas and Marín (2015) provide a different analysis in terms of psych verbs. Departing from the assumption that a verb with its argument structure potentially permits us to analyse its aspectual performance, they propose that the psych verbs[3] with experiencer subject denotes 'Individual-Level states'. In contrast, the ones with experiencer object tend to be associated with 'Stage-Level states' exhibiting stative properties which can be understood as causative or inchoative in essence (Fábregas and Marín 2015:195). Actually, in their analysis the two types of psych verbs share many similarities such as the incompatibility with passives, the non-telic and non-dynamic features, while the distinctive difference between them is related to the delimitation of state boundaries,

---

2 Belletti and Rizzi (1988:346) comment that although there is a hypothesis that the q-grids can formally pick up the external q-role via underscoring rule for the subject position, in the case of *piacere*, there is an inherent dative case determined by the verb in a VP-internal position for its experiencer which it is incompatible with an external VP position, and then the experiencer is not able to be used as the external q-role in *piacere* type.

3 In their study, the psych verbs merely refer to formal psych verbs which distinguish them from conceptual psych verbs. The formal type not only interprets a mental state but also displays special syntactic structures such as no agent subject and incompatibility with passive structures (Fábregas and Marín, 2015:172-3).

that is, the type with object experiencer indicates states as well as its beginning point, while the first type merely denotes boundless states. One possible explication proposed by the authors is that the object experiencer type is derived via an additional causation layer on the basis of the subject experiencer structure whose core structure denotes a mental status and its inchoative state is acquired by an additional causer in [Spec, *v*P]. Accordingly, as an object experiencer psych verb, the *gustar* constructions express causative and inchoative states and hence they are compatible with temporal expressions such as *tan pronto como* [as soon as] which indicate the initial point of the denoted status.

Another point of debate concerns the analysis of preverbal elements in *gustar* construction. Some scholars such as Belletti and Rizzi (1988), Fernández-Soriano (1999) and Cuervo (2003) treat the preverbal dative experiencer in *gustar*-type construction as a 'quirky subject', since the structural position of the preverbal dative phrase could be analysed as subject position supported by several tests such as wh-extraction and the coexistence with quantifiers in Italian. Tubino (2009) provides a detailed analysis against the previous subject proposal and comments that the surface preverbal dative is a left dislocated constituent in a topic position. Since different from English, the surface word order in Spanish sentences is more related to information arrangement than to its argument system determined by the agreement relations, he argues that preverbal phrases in *gustar* structures are topic expressions that are originated in [Spec, ApplP] and then they move to [Spec, TopP] to fulfil their pragmatic topic functions. To be more specific, following the Agree operation proposal of the Minimalist Program (Chomsky 2000, 20001), due to the unaccusative feature of the verb *gustar*, the *v* does not assign the accusative case to its complement. In such case, the head Appl (*le* in *gustar* construction) with [*u*φ] feature as probe merges a lexical DP in [Spec, ApplP] for the Agree operation and then assigns a dative case to this DP. Different from English, there is no [Spec, TP] in the Spanish *gustar* construction, but the head TOP does have the [*u*PE/EPP] requirement which merges the dative DP with [*i*PE] feature in the [Spec, TopP] for Agree and then assigns a topic interpretation to its [*u*D] feature. Additionally, the assumption that T has [*u*PF/EPP] triggers the movement of the root verb with [*u*T] feature from *v* to T and during the head-to-head movement it picks up the [θ] feature of head Appl forming a verbal complex (*le* + *gustar*) until to T, where the uninterpretable feature is valued. In this case, for *gustar* construction the unmarked pattern is OVS, in which the dative phrase functions as a topic expression indicating what the rest the of sentence is about. This ordering pattern is also proved by Corpus-based studies (Miglio, 2013) in which the Spanish *gustar* verbs differ from equivalent constructions in other languages exhibiting an inverse structure. Unlike English 'like' or Chinese *xǐhuan* [like], Spanish *gustar* follows an inverse pattern or OVS where the dative experiencer precedes the nominative cause/stimulus. From a semantic perspective, the distinction may be attributed to its inherently lower 'semantic asymmetry' between their θ-roles of psych predicates compared to agentive predicates, resulting in that both experiencer and cause/stimulus are not treated as perfect subject option but with the potential of being selected as subject because of the animacy of the first role and the cause function of the second (Dahl and Fedriani 2012: 17). Following such explanation, the *gustar*-type constructions also exhibit variable morphosyntactic representations of psych verbs within a language or in different languages, but in Spanish, due to its causative property of the *gustar* construction the cause/stimulus role tends to be subject while the experiencer as dative object. In combination with Tubino's topic analysis, the result is that the preverbal experiencer in *gustar* construction can be seen as a syntactic object which is dislocated to the left periphery of the clause due to its role as a pragmatic topic.

However, there are proposals against the topic analysis of the preverbal phrases. Downing (2001) contends that the preverbal indirect complement in these constructions is determined by semantic and syntactic considerations rather than by discourse organisation rules. In Spanish, structures with indirect object duplication through resumptive clitics can be found easily and in certain cases, the duplication is obligatory, particularly in *gustar* constructions. This suggests that the preverbal indirect object is an internal argument rather than an external predicative element, contrary to the autonomous status of the topic expression. Moreover, the reference to the dative element does not relate to the previous context which has nothing to do with the informativity degree. Hence, she concludes that these elements are not left-dislocated topic expressions but rather preverbal indirect objects that syntactically integrate into the predication. However, for the clitic doubling Gabriel and Rinke (2010) comment that it exhibits a huge variability and in a majority of cases it takes place optionally. They put forward the assumption that the clitic doubling construction might be analysed as 'having evolved from CLRD (clitic right dislocation)' based on diachronic evidences (Gabriel and Rinke, 2010: 70). Since on the one hand, it is obligatory to double the strong pronominal objects and indirect objects denotating experiencer role by means of corresponding clitics in Spanish clitic doubling, which coincides surprisingly with the elements tending to function as topic in a sentence. And on the other hand, dislocated constructions appear earlier than clitic doubling in Spanish, because CLLD extends systematically in the sixteenth century whereas the postverbal doubled phrase appears at the end of Middle Age as discourse arrangement method expressing inferable or given status of the doubled element, despite its general analysis in focus domain in modern Spanish. Taking into account this proposal, it seems more plausible to treat the personal pronouns as topic elements in *gustar* constructions given the fact that they appear in preverbal position and do not occupy the canonical focus domain. The non-topic proposal can also be found in Fábregas, Jiménez-Fernández and Tubino (2017). Via Spanish clause *A María le gusta Juan* [María likes Juan], they express that such a sentence can be seen as the all-focus answer to a question like 'What's up?'. In their proposal, since the movement operation which is used to satisfy the formal properties of the derivation does not obligatorily lead to information structure change, they conclude that in all-focus clauses the canonical pattern is (dative) OVS, but if there is an accusative object, the preferred pattern is SVO. Such a shift is related to the aspectual properties of the verb. In this sense, the dative clitic is associated with stative verbs resulting in an ongoing construction, whereas the accusative clitic takes place with an eventive verb implying a change of state or in the progressive. Such alternative issues of case have also been noticed by other researchers. Franco (1992) proposes that the volitionality of the subject influences the case selection of an experiencer: a nominative volitional causer favours an accusative experiencer, whereas a nonvolitional causer prefers a dative experiencer which corresponds to the Spanish *gustar*-type constructions. Furthermore, following Vázquez-Rozas (2012), Miglio (2013) point out that some Spanish psych verbs only take dative experiencer like *gustar* whereas others take both accusative and dative experiencers like *moelstar*. They suggest that the case alternation is a complicated issue depending on multiple factors such as animacy, telicity, the degree of affectedness of experiencer and extralinguistic factors such as historical developments from Latin case-marking and dialectal variations including *leísmo* and *loísmo*/

laísmo phenomena in Hispanic regions. From its evolutional perspective, Batllori *et al.* (2019) put forward that there are three subgroups under the corresponding *piarere* type of Belletti and Rizzi (1988) in Modern Spanish and in the second subgroup there has been a special derivational process from sixteenth century in which the verb *gustar* has discarded its Latin origin of a transitive verb and finally possesses a dative experiencer and a nominative Theme. Such process coincides with the general evolutionary path of human or animate constituent from agent subject to experiencer object in a closed cycle of changes in argument structure proposed by van Gelderen (2018) which has an effect on psych verb structures:

$$\text{experiencer}_{\text{Object}} \rightarrow \text{experiencer}_{\text{Subject}} \rightarrow \text{agent}_{\text{Subject}} \rightarrow \text{experiencer}_{\text{Object}}$$

One possible reason of the abundant appearance of dative experiencer in modern Spanish is that the decreasing usage of periphrastic passive in Classical Spanish gives rise to the more frequent appearance of unaccusative structures with dative experiencer, because they both act as syntactic devices to realise the 'demotion of the external argument' (Batllori *et al.*, 2019: 265). Additionally, for Miglio (2013) as well as Dahl and Fedriani (2012), the alternation can be predicted taking account of the ambivalent feature of the experiencer role, because it is similar to some extent to patient and agent, meanwhile the stimulus also shares similarities with agent since they both bring about certain psychological state and its changes.

Finally, the pattern variation of the same verb seems to lead to the 'verb doublets' that are semantically similar but structurally distinct (Roberts, 2007). Similar comment is also found in Lambrecht's (1994) usage of allosentences, for which the sentence pairs contain equivalent semantic content but have distinctive syntactic forms and express different pragmatic information. Drawing on Lambrecht's (1994) PSRR (the Principle of the Separation of Reference and Role), the left-dislocated phrase functions as a topic expression which is a reference-oriented expression with semantically null role, then the topic expression designates a topic referent by means of an anaphoric pronominal expression which is role-oriented, relating the dislocated topic referent to the proposition by indicating its semantic role as an experiencer argument in the predication. For Lambrecht, the lexical topic expression can take place separately from the main clause, while the pronominal topic with case-marking tends to be integrated into the predication. In this way, the lexical topic phrase merely indicates the appearance of a topic referent in the discourse, while the pronominal topical expression specifies its argument role in a proposition conveyed by a clause. Hence it is the pronominal topic expression that expresses the pragmatic aboutness-relation between the topic referent and the proposition. Based on such proposal and the Spanish *gustar* construction instances, we assume that in languages like Spanish the pragmatic factors play crucial role in the formation and usage of concrete construction and in the case of *gustar* constructions they are assumed to be special CLLD constructions. To be more specific, when the left-dislocated phrases are strong personal pronouns especially the first and second persons which occupy the highest degree of Givón's (1976) topicality hierarchy and always represent active referents in the discourse, hence it is normally unnecessary to apply the topical announcement step, in this way the common structure tends to keep merely clitics which are anaphorically linked to its covertly expressed topical phrase in the sentence; but when there are possible confusions of the topic referent or other functions like using as interactive strategies, the left dislocated phrase appears. In a sum, the optionality of topical referent has to do possibly with its active status and with the help of agreement relationship of object and its corresponding clitic with similar case, gender and number in Spanish. Like its verbal conjugation system, when the speaker supposes that the topic referent is easily identifiable by the discourse participants depending on contextual factors and the grammatical feature of *me* [me], the preverbal phrase like *a mí* [to me] may disappear. Thus, we suppose that explicit topic expressions normally occur in ambiguous contexts or when serving interactive functions such as taking turn changes or indicating topic shifts, while the typical *gustar* constructions with an implicit topic phrase in the left periphery maintain topical continuity in the discourse.

3. Methodology

This study investigates the topic structure of the *gustar* construction in Spanish. A mixed-methods approach is adopted, integrating quantitative analysis to identify formal structural characteristics with qualitative examination to explore the pragmatic functions of these patterns. The study also engages with existing research on CLLD to contextualise its findings within broader syntactic and discourse-pragmatic frameworks.

3.1. Data collection and analysis

A comprehensive database was compiled from the Spanish Web 2023 corpus (esTenTen23) using Sketch Engine. This corpus, comprising 28,652,392,686 words across diverse genres, including blogs, discussions, fiction, and news, represents to some extend the contemporary Spanish usage based on real happened contexts. With respect to the selection of research data for this article, the 'Concordance' option was employed to extract instances of the verb *gustar* occurring in natural linguistic contexts. Then, a lemma-based query was also adopted to retrieve all conjugated forms of the verb, including *gustó*, *gustaría*, *gustaba*, *gusta*, *ha gustado*, etc., while nominal and adjectival derivatives (e.g. '*gusto*' as a noun or '*gustativo*' as an adjective) were systematically excluded. From the 9,661,041 occurrences identified, a randomised sample of 200 instances was selected for in-depth analysis.

The sample of 200 cases was further filtrated by removing duplicate occurrences and excluding clauses with nominalised structures (e.g. '*Me gusta*') sourced from social media. In addition, many discourse-based phenomena are licensed in 'root or root-like' clauses (Jiménez-Fernández, 2020: 85), non-rooted clauses such as relative Subordinate clauses were also removed since they always start with an antecedent that does not coincide with our aim of investigating the natural formal and functional properties of the *gustar* construction. But taking account of the relatively independent identity of direct and indirect speeches, they all have been included in this research. Finally, there were 123 remaining instances. Given the observed syntactic variability of *gustar* constructions, the data was categorised first based on syntactic subject positioning within the clause. According to Tubino (2009), Spanish is different from English in the surface linear ordering and verbal agreement patterns, one reliable way to identify correctly the subject constituent is by agreement configurations since nominatives in Spanish invariably cause verb agreements without any exceptions. Four primary syntactic patterns were identified: OVS, OV, SOV, and SVO. For the convenience of primarily analysing, both the dative clitic and its corresponding dative lexical phrases[4] were categorised as 'O' (object) on account of their intrinsic

[4] There are so many discussions about the item *a* in Spanish centring on its grammatical role as a preposition or as a case marker. Cuervo (2003: 43) proposes that it is a case marker in clitic doubling structures and the dative phrases containing *a* are DPs, not PPs'.

connections. This classification follows a typological rather than strictly grammatical approach, distinguishing the OVS structure of Spanish *gustar* constructions from the SVO alignment of 'like' constructions in English and Chinese. The first OVS structures were further subdivided into three specific subcategories based on the presence or absence of dative DPs and dative clitic (henceforth, DC) and finally, we got six subgroups listed above (due to the limited numbers of the other three types, we did not do more detailed classifications):

Subgroup 1: DC + V+ S;
Subgroup 2: DP + DC + V + S;
Subgroup 3: DP + V+ S;
Subgroup 4: (DP) + DC + V;
Subgroup 5: S + DC + V;
Subgroup 6: S + V + DP.

3.2. Finding and discussion

The analysis of the collected data revealed the following distribution of *gustar* construction in Table 1:

Table 1: Types and distribution of *gustar* construction

Types	OVS			OV	SOV	SVO
Sub-types	DC + V + S	DP + DC + V + S	DP + V + S	(DP) + DC + V	S + DC + V	S + V + DP
1st person	61	6	-	8	8	0
2ed person	10	0	-	1	0	0
3rd person	9	10	-	7	0	2
Total	80	16	1	16	8	2

As illustrated in Table 1, the OVS structure emerges as the predominant pattern, accounting for 79 % of all cases, followed by OV (13 %), SOV (6 %), and SVO (2 %). This distribution is further visualised in Table 1. The overwhelming preference for OVS structures, nearly four times more than all other patterns combined, underscores the syntactic prominence of this construction in Spanish. Notably, the SVO pattern, the unmarked form in English and Chinese counterparts, appears in only two cases, suggesting a potential difficulty for Chinese learners to acquire the Spanish *gustar* construction. And the variety of patterns can be attributed to the diachronic evolutions of the verb, that is, for the SVO form of *gustar* construction it can be draw back to its Latin etymology in accordance with Batllori *et al.* (2019) in which the verb *gustar* used to be a transitive verb in the earliest Latin with nominative agent and accusative Theme roles, and then from sixteenth century this Spanish verb experienced a series of semantic changes (such as the change from dynamic to stative) and finally become an unaccusative psych verb in modern Spanish and only dative experiencer and nominative Theme/Cause roles are permitted. In our data, the only case of nominative human subject *Dios* [God] in (1) can be seen as positive argument to support the mentioned historical cycle of changes.

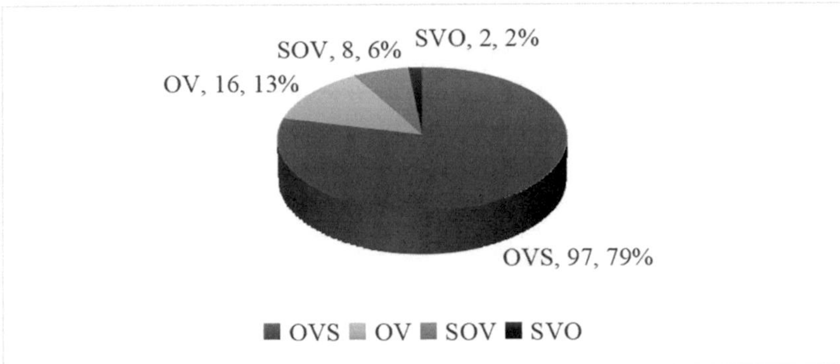

Figure 1: Types of *gustar* constructions.

Regarding the postverbal subject's composition, they predominantly consist of complex noun phrases (NPs) with multiple modifiers, verb phrases (VPs) with complements or entire subordinate clauses rather than simple forms, because only four simple NPs as well as two infinitive cases are observed in all the ninety-seven instances. This distribution aligns with the typological principle of Heavy NP Shift (Ross, 1967; Hawkins, 1995), which posits that syntactically heavy elements tend to be placed at the end of a sentence to mitigate cognitive processing loads. Such rule is confirmed by the SVO and SOV instances (five simple NPs of all eight) as well, as demonstrated by the following instances of SVO:

(1) Dios gusta de enaltecer a los humildes y humillar a los engrandecidos.
God.NOM likes of exalt.INF to the humble.PL and humble.INF to the exalted.PL
'God likes to exalt the humble and humble the exalted.'

(2) Me sentir-é libre, sin preguntar-me si mis creaciones gustan o no a los inspectores de Michelin.
REFL feel-FUT.1SG Free without question-me if my.PL creations.NOM like or not to the inspectors of Michelin
'I will feel free, without wondering whether my creations please the Michelin inspectors or not.'

On the other hand, it is predictable that the compound phrases or clauses undertake more information in comparison with the personal pronouns especially the first and second pronoun which can be inferred easily by means of the discourse context, and they are inclined to occupy final positions serving as focus information while the personal pronouns acting as given information precedes linearly the new content to reduce the hearer's processing loads. This suggests that pragmatic considerations also impact structure configurations. Just like Vega-Vilanova's (2022: 35) comment in the Italian *piacaere* type, the dative experiencer, normally as human or animate element occupying a higher position in the topicality hierarchies with high accessibility for the hearer, serves as a topic in the left position of the verb. Further evidence supporting the topic function of preposed phrases is observed in the following two cases:

(3) Las personas que han leído la carpeta les ha gustado mucho.
The person that have read the folder them.DAT has liked much
'People who have read the folder have liked it a lot.'

(4) A mí la que más me gusta es la razorspam[5].
To me the.F that much me.DAT likes is the razorspam.F
'The one I like most is the razorspam.'

In (3) the definite phrase *las personas que han leído la carpeta* [person who read the folder] does not establish a direct grammatical relationship with the predication but is pragmatically linked via the anaphoric dative clitic *les*, marking it as a hanging topic expression. In (4) the dislocated phrase *a mí*

[5] The example (4) has not been included in our counting in this article due to its subordinate clause status.

[to me] precedes the antecedent *la* and is separated from the subordinate relative clause indicating the grammatical autonomy of the topic expressions, which explicitly reveals the topic referent *yo* [I] for the clause. Additionally, despite the totally different appearance frequency in our data the observed four types of *gustar* constructions prove once again the Dahl and Fedriani's (2012) proposal that there is a possible competition between experiencer and cause/stimulus to take up the subject function due to its animate feature and state causer role respectively, although in Spanish there is a striking preference of preverbal dative experiencer and postverbal nominative cause/stimulus.

As for the six identified subgroups, eighty cases belong to Subgroup 1, accounting for approximately 65 % of all instances. Within this subgroup, the structure featuring first-person clitics, particularly the 'me gusta + S' pattern, exhibits the highest frequency, constituting nearly 76 % of the first subgroup and 50 % of all. In contrast, third-person clitic constructions are significantly less frequent, with only nine instances observed. The second most frequent structure in OVS is composed of left-dislocated phrases preceding the dative clitic in the left periphery of the clause, comprising sixteen preposed dative phrases, representing approximately 13 % of all instances. Notably, ten of these cases involve third-person referents. All the cases of subgroup 1 also give support to the obligatory clitic doubling proposal for dative arguments of psych verbs such as *gustar* in Spanish (Cuervo, 2003). The exception is the only case of subgroup 3 which is listed as example (5):

(5) Pero en putofutbol gust-an más los deportistas que se basan en el talento.
but in pure_football like-PRS.3PLmore the players that REFL rely on the talent
'But athletes who rely on talent prefer the pure football.'

In (5), based on the previous content the discourse topic is football, but the topic referent of the previous clause is *Rock Lee*. To go back to the discourse topic, the CLLD structure is adopted playing a part in the local topic shift for the following discourse, meanwhile, the subject composed by a complicated NP with relative clause modifier, *los deportistas que se basan en el talent* [athletes who rely on talent], occupies the final position of the clause. The reason why there is no clitic adhered to the verb *gustar* might be attributed to the syntactic pattern the speaker has chosen. Instead of the subgroup 2 type, the speaker might have adopted its original agentive construction.

In light of the 'me gusta + S' structure identified in Subgroup 1 and the OVS analysis discussed earlier, we propose that these constructions could be regarded to some extend as CLLD structures. The particularity is that the first group without phonologically expressed dative object when compared with the others. However, due to the clear identification of the topic referent *a mí* [to me] and the presence of the anaphoric first-person dative clitic me, it is unnecessary to phonologically repeat the dislocated phrase except for interactive strategies due to simplicity and economy considerations. This is because, in such cases, the discourse participants are always seen as active referents as well as potential topic referents, they do not need the previous announcement mechanism to introduce it into the discourse. Then, the dative clitic me with its explicit case-marking properties on the one hand indicates the grammatical dative role of the topic referent *yo*, on the other it links *yo* with the clausal proposition by means of aboutness relationship. Such a phenomenon also has been mentioned in Tubino (2009) in which she says that if the overt lexical DPs can be pragmatically recoverable in the discourse they tend to be optional in the case of datives. Conversely, third-person dative clitics and implicit left-dislocated phrases impose more restrictive interpretative conditions due to the potential ambiguity of topic referents. In our data, all nine third-person cases possess immediate antecedents in the preceding discourse or form part of a topic chain that maintains a consistent referent. For instance, in (6), the discourse topic expression *entidad* [entity] is introduced in the previous sentence and it keeps its topic function in the second clause and still remains active in the third sentence where it is not overtly expressed but it is nonetheless inferable due to its established discourse status.

(6) Allí se encuentra una entidad [...]. Esta entidad es segura y le gusta conversar con la gente.
There REFL finds an entity this entity is reliable and him.DAT likes talk.INF with the person
'There is an entity ... This entity is confident and likes to talk to people.'

Here, the third-person dative clitic le serves to link the omitted topic referent (*a la entidad*) to the predication, facilitating discourse cohesion without requiring an explicit restatement of the referent. This phenomenon may explain why third-person constructions are more frequently accompanied by left dislocated phrases compared to first and second person forms. On the other hand, the six cases featuring a first person left dislocated phrase *(a mí)* preceding the dative clitic me can also be attributed to interactive strategies, such as attracting the attention of other discourse participants or explicitly stressing the speaker's personal opinion to contrast with others' viewpoints, as seen in (7), or introducing a local topic shift in the discourse, as illustrated in (8):

(7) Yo [...]. A mi m gusta q promocion-en mexico Pero fija-te como lo dice.
I to me me.DAT likes that promote-SBJV.3PL Mexico but look_at.IMP-REFL how ACC says
'I ... I like that they promote Mexico, but look at how it is said.'

(8) Peter Zumthor dice que [...]. A mí siempre me ha gustado pensar que esa gran parte aludida por el suizo.
Peter Zumthor says that to me always me.DAT has liked think.INF that that big part alluded by the Swiss
'Peter Zumthor says that ... I always have liked to think that the big part alluded to by Swiss.'

In (7) we can see that the previous topic referent is *yo* [I], which will keep its active status until the interruption of another topic referent, thus the usage of the dative DP does not serve as a new topic introduction but as a way to put into emphasis the speaker's point of view about the oncoming proposition. Different from (7), the left dislocated DP in (8) exhibits the local topic shift introducing a new topic referent (I) in contrast with the previous one (Peter Zumthor).

While the pragmatic functions of subgroup 1 which is the most common structure and can be seen as the unmarked type among the *gustar* constructions are not so clear as subgroup 2 and 3 which we consider as marked constructions of *gustar*. The functions can be resumed approximately into three types, textually topic continuity, topic shift and introduction of the topic referent at the beginning of a discourse. The function of continuity can be seen in (9):

(9) Tom-o notas de casi todo en papel. Me gusta escribir a lápiz.
Take-PRS.1SG notes of almost all in paper me.DAT likes write.INF with pencil
'I take notes of almost everything on paper. I like writing with a pencil.'

The topic referent *yo* is active at the previous clause and continues its active status in the *gustar* clause. The second and the third functions refer to the situationally active status of the referent *yo* which are demonstrated by (10) and (11):

(10) ¿Te refier-es a que [...]? Me gust-aría que si alguien más la vio dij-era qué le parec-ió.
REFL refer-PRS.2SG to that me.DAT like-COND.3SG that if someone more her.ACC saw said-SBJV.3SG what him.DAT think-PST.3SG
'You mean that ... ? I would like if someone else who saw it said what he thought of it.'

(11) Hola me gust-aría saber si ahun vend-es ninfas quis-iera comprar una parejita.
Hi me.DAT like-COND.3SG know if still sell-PRS.2SG cockatiels want-SUJV.1SG buy a small_pair
'Hi, I would like to know if you still sell cockatiels, I would like to buy a pair.'

In (10), the previous topic is the other interlocutor, the hearer, but the speaker is also a situationally active potential topic referent, hence when he wants to express his own perspective of the talked issue changing the topic from *tu* to *yo* and assumes that the speaker will not have any comprehension difficulty with respect to the shift, he directly starts with the *me gusta* pattern. There are also other topic shift cases in which the referent *yo* serving as one of the discourse topics introduced previously. Although there are more active topic referents, the discourse topic *yo* is still potentially available to be chosen as a topic for the *gustar* construction. As for (11), the clause begins with the greeting word *hola* [hi] attracting the attention of the hearer to the speaker, so that with the active status, the speaker starts his discourse with *me gusta*.

While, in our instances, the OVS or OV pattern with full lexical dative phrase does not always represent topic constructions, despite that only three cases have been observed. They also can represent fronted focus expressions depending on the contextual circumstances, like the following instance (12):

(12) La tristeza siempre ha tenido muy mala fama, pues a ninguno nos gusta sentir-nos triste.
The sadness always has had very bad fame since to nobody us.DAT likes feel.INF-REFL.1PL sad
'Sadness has always had a bad reputation, since none of us likes to feel sad.'

In (12) the topic expression in this sentence as well as in the previous discourse corresponds to *tristeza* [sadness], whereas the clause beginning with *a ninguno* [to no one] is an FF (Focus Fronting) structure. That is because the preverbal negative quantifier does not announce a topic referent for the clause hence no aboutness and relevance relationship can be established. The rest part of the clause can be inferred from the previous clause since the previous topic expression *tristeza* infers the sad state of someone. Such cases do not mean that all negative *gustar* constructions are FF structures. In a negative sentence (13) from our data:

(13) A Jimmy no le gusta que Pat quier-a cambiar de culto religioso.
to Jimmy no him.DAT likes that Pat want-SBJV.3SG change.INF of faith religious
'Jimmy does not like that Pat wants to change his religious faiths.'

Jimmy is related to its immediate antecedent *su marido* [her husband] in the previous clause and the following proposition is about this referent that he does not like that Pat wants to change his religious faiths. The negative quantifier in this case does not affect the establishment of a clausal topic referent preceding it. Following such a line, the negative patterns such as *no me gusta* as well as the question clauses might be better considered as CLLD without explicit topic expression but with an anaphoric clitic.

As for subgroup 5, the cases are divergent from the others due to its preverbal subject and the dative clitic. And we assume that both the preverbal subject and the implicit dative experiencer are left dislocated topic expressions, but due to the easy identification of the experiencer via the dative clitic, the final structure is that the preverbal subject fully spelled out, but the other topic expression tends to not appear. In the eight cases, only one with both the subject phrase and the dative DP, shown as example (14)

(14) Uu gobierno central demócrata monarquico, a mí me gusta.
one government central democratic monarchical to me me.DAT likes
'A democratic monarchical central government, I like it.'

According to the discourse context, the speaker states his opinion of the monarchical system, as discourse topics both the two entities are potentially selected as clause topics. But the immediate antecedent is *España* [Spain], a government that might be more relevant than I to the country indicating the order between the topic expressions. The usage of *a mí* does not only indicate its resumptive topic property (because even is does not appear the hearer can infer it) but also reveals with accent the speaker's point of view as an interactive device. However, despite the superficial differences subgroup 4 (non-subject pattern) seems similar to subgroup 5, in which the subjects have been in the previous immediate clause, and due to its active status they do not take place phonologically without leading to misunderstanding. Among the sixteen cases, there are three instances with a dislocated phrase, one with dislocated nominal phrase (containing one implicit topic expression), one with a negative quantifier (FF) and twelve merely with dative clitic (including two implicit topic expressions).

In summary, the data strongly supports the hypothesis that in Spanish the grammatical conventions along with semantic/pragmatic considerations shape the *gustar* constructions which in the majority of the cases can be analysed as special instances of CLLD.

4. Conclusion

This study set out to examine the complex interplay between syntax, semantics, and pragmatics in relation to *gustar* constructions in Spanish. The analysis found that most clauses containing the verb *gustar* are better analysed as instances of special CLLD, with the exception of a few cases involving FF. Regarding the four main structural types, the data further revealed that OVS constructions lacking preverbal dative DP represent the canonical *gustar* pattern, particularly the common *me gusta* + S configuration. This distinctive syntactic arrangement poses learning difficulties for Chinese learners, who are more accustomed to the SVO word order used to express equivalent meanings in Chinese. While syntactic formation is governed by the grammatical conventions of individual languages and shaped by general typological principles such as heavy NP shift, the choice of a specific structure in discourse is also affected by various factors, including semantic and pragmatic considerations. The sampled data demonstrate that multiple structurally permissible configurations are available, despite their differing frequencies of use. These include:

(1) OVS (e.g. (*A mí*) *me gusta* + $S_{c/s}$);
(2) OV (e.g. (*A mí*) *me gusta*);
(3) SOV (e.g. $S_{c/s}$ + *me* + *gusta*);
(4) SVO (e.g. S_E + *gusta* + $DP_{c/s}$).

Given the semantic roles of the experiencer and cause/stimulus in *gustar* constructions, both constituents may function as grammatical subjects, giving rise to both OVS and SVO patterns. The striking disparity in usage frequency between these structures' sheds light on their historical evolution and the prevailing preference in modern Spanish. Alternative patterns are often pragmatically motivated: preverbal elements may assume discourse roles such as topic. Contextual factors and interactive strategies also influence the speaker's construction choice, enabling the selection of the form best suited to convey an informative proposition. Due to the inherent characteristics of the verb *gustar*, the experiencer is typically filled by discourse participants such as 'you' and 'I', who are active entities in interaction and frequently serve as topic referents. These participants often require no explicit reintroduction, given their presence in the immediate context. Moreover, in situations where multiple referents are simultaneously active, Spanish permits multiple topic expressions, resulting in multiple CLLD structures, as observed in SOV cases. Another possibility involves the non-phonological realisation of one or more topical constituents, provided their antecedents with active status immediately precedes the *gustar* clause. In terms of pragmatic functions, our analysis shows that the canonical *gustar* construction supports not only topic continuity but also topic shift and initial topic introduction. By contrast, the marked structure involving a full dative DP typically emphasises topic shift, signals a change in speaking turn or to express a subjective stance toward the proposition.

Beyond the structural and functional contrasts between Spanish and Chinese *gustar*-type constructions, certain cross-linguistic similarities also emerge. Semantically, both languages position the experiencer before the cause/stimulus. Pragmatically, the experiencer, usually a personal pronoun, serves as a topic referent in most cases, even when not overtly realised, as is often the case in Spanish due to the presence of agreement relation via dative clitics. These findings point to a valuable application in the field of machine translation. Current tools, including ChatGPT and Google Translate, translates sentences such as *Me gusta comer fruta* into 'I like eating fruit' in English and *wǒ xǐhuān chī shuǐguǒ* in Chinese. However, the same translation is produced for *A mí me gusta comer fruta* [As for me, I like eating fruit]. This limitation underscores the need for future translation and interpretation systems to account for discourse context and pragmatic distinctions in *gustar* constructions.

Bibliographical References

Batllori, M., Giber-Sotelo, E., & Pujol, I. (2019). 'Changes in the Argument and Event Structure of Psych Verbs in the History of Spanish'. In M. Bouzouita *et al.* (eds.), *Cycles in Language Change* (pp. 249-270). Oxford University Press. https://doi.org/10.1093/oso/9780198824961.003.0013

Belleti, A., & Rizzi, L. (1988). 'Psych Verbs and θ-Theory'. *Natural Language and Linguistic Theory*, *6*(3), 291-352. https://doi.org/10.1007/BF00133902

Chomsky, N. (2000). *The Minimalist Program*. Cambridge MIT Press. https://doi.org/10.1017/CBO9781139649551

Chomsky, N. (2001). 'Derivation by Phase'. In M. Kenstowicz (ed.), *Ken Hale: A Life in Language* (pp. 1-52). Cambridge MIT Press. https://doi.org/10.7551/mitpress/4056.003.0004

Cuervo, M. C. (2003). *Datives at Large* [Doctoral dissertation, Massachusetts Institute of Techonology].

Dahl, E., & Fedriani, C. (2012). 'The Argument Structure of Experience: Experiential Constructions in Early Vedic, Homeric Greek and Early Latin'. *Transactions of the Philological Society*, *110*(3), 342-362. https://doi.org/10.1111/j.1467-968X.2012.01313.x

Downing, R. H. (2001). *La 'Dislocación a la Izquierda' en el Español Hablado. Funciones Discursivas: Estudio de Corpus* [Doctoral dissertation, Universidad Complutense de Madrid].

Hawkins, J. A. (1995). *A Performance Theory of Order and Constituency*. Cambridge University Press. https://doi.org/10.1017/CBO9780511554285

Fábregas, A., & Marín, R. (2015). 'Deriving Individual-Level and Stage-Level Psych Verbs in Spanish'. *The Linguistic Review*, *32*(2), 167-215. https://doi.org/10.1515/tlr-2014-0022

Fábregas, A., Jiménez-Fernández, A., & Tubino, M. (2017). 'What's up with Dative Experiencers'. In R. Lopes (ed.), *Romance Languages and Linguistic Theory 12* (pp. 29-48). John Benjamins. https://doi.org/10.1075/rllt.12.03fab

Fernández-Soriano, O. (1999). 'Two Types of Impersonal Sentences in Spanish: Locative and Dative Subjects'. *Syntax*, *2*(2), 101-140. https://doi.org/10.1111/1467-9612.00017

Franco, J. (1992). 'Towards a Typology of Psych Verbs: Evidence from Spanish'. *Anuario del Seminario de Filología Vasca*, *26*(2), 119-134. https://doi.org/10.1387/asju.9384

Frascarelli, M., & Hinterölzl, R. (2007). 'Types of Topics in German and Italian'. In K. Schwabe (ed.), *On Information Structure, Meaning and Form* (pp. 87-109). John Benjamins. https://doi.org/10.1075/la.100.07fra

Gabriel, C., & Rinke. E. (2010). 'Information Packaging and the Rise of Clitic Doubling in the History of Spanish'. In G. Ferraresi & R. Lühr (eds.), *Diachronic Studies on Information Structure: Language Acquisition and Change* (pp. 63-86). Mouton de Gruyter. https://doi.org/10.1515/9783110227475.63

Givón, T. (1976). 'Topic, Pronoun, and Grammatical Agreement'. In C. N. Li (ed.), *Subject and Topic* (pp. 149-188). Academic Press.

Jiménez-Fernández, A. L. (2020). *Syntax-Information Interactions in the Sentential, Verbal and Nominal Peripheries*. Cambridge Scholars Publishing.

Lambrecht, K. (1994). *Information Structure and Sentence Form: Topic, Focus and the. Mental Representations of Discourse Referents*. Cambridge University Press. https://doi.org/10.1017/CBO9780511620607

Levinson, L. (2007). *The Roots of Verbs* [Doctoral dissertation, New York University].

Miglio, V. G. (2013). 'Spanish *lo(s)-le(s)* Clitic Alternations in Psych Verbs: A Multifactorial Corpus-Based Analysis'. In J. Cabrelli-Amaro (ed.), *Selected Proceedings of the 16th Hispanic Linguistics Symposium* (pp. 268-278). Cascadilla Proceedings Project.

Roberts, I. G. (2007). *Diachronic Syntax*. Oxford University.

Ross, J. R. (1967). *Constraints on Variables in Syntax* [Doctoral dissertation, Massachusetts Institute of Technology].

Tubino, M. (2009). *Preverbal Datives in Spanish: How Quirky are They? An Agree Analysis of Gustar* [Doctoral dissertation, University of Arizona].

Van Gelderen, E. (2018). *The Diachrony of Verb Meaning: Aspect and Argument Structure*. Routledge Studies in Historical Linguistics. https://doi.org/10.4324/9781315180335

Vázquez-Rozas, V. (2012). 'Construyendo Emociones: Sintaxis, Frecuencia y Función Comunicativa'. In T. Jiménez (ed.), *Cum Corde et in Nova Grammatica: Estudios ofrecidos a Guillermo Rojo* (pp. 841-854). Universidad de Santiago de Compostela Press.

Vega-Vilanova, J. (2022). 'On Psych Verbs and Optional Clitic Doubling in Catalan and Other Iber-Romance Languages'. *Catalan Journal of Linguistics, 21*, 27-46. https://doi.org/10.5565/rev/catjl.388

Dong, Y., & Liu, J. (2008). *Modern Spanish 1*. Foreign Language Teaching and Research Press.

Sketch Engine (ed.) (2025). *EsTenTen23 Corpus*. https://www.sketchengine.eu/estenten-spanish-corpus/

Discursive Patterns in the German Web: A Corpus Linguistic Analysis of the Reporting on Femicides

*Chantal Seta**

ABSTRACT

This paper investigates how *Femizid* (femicide) is discursively constructed in contemporary German online discourse. Drawing on a corpus-assisted discourse analytical approach, the study combines methods from Corpus Linguistics and Critical Discourse Analysis (CDA) to examine the linguistic patterns, collocations, and representational strategies surrounding femicide-related terms within the general-purpose web corpus deTenTen2023. The analysis reveals that *Femizid* is often framed through discursive strategies of individualisation, euphemisation, and culturalisation, which obscure the structural and political dimensions of gender-based violence. While structurally informed framings of femicide do appear in some progressive or activist-aligned publications, such perspectives remain largely peripheral within the dominant media discourse. Prevailing coverage continues to rely on depoliticised, individualised, or culturally coded representations that obscure the systemic nature of gender-based violence. This study underscores the limitations of general-purpose corpora in capturing these dynamics and calls for the development of specialised datasets as well as a more critical engagement with language in journalism, policy, and education.

Keywords: femicide, femizid, critical discourse analysis (CDA), corpus linguistics, media representation, gender-based violence

RÉSUMÉ

Cet article examine la manière dont le terme *Femizid* (féminicide) est construit discursivement dans le discours en ligne contemporain en allemand. En adoptant une approche d'analyse du discours assistée par corpus, l'étude combine des méthodes issues de la linguistique de corpus et de l'analyse critique du discours (ACD) afin d'analyser les schémas linguistiques, les collocations et les stratégies de représentation associées aux termes liés au féminicide dans le corpus web généraliste *deTenTen2023*. L'analyse révèle que *Femizid* est fréquemment encadré par des stratégies discursives d'individualisation, d'euphémisation et de culturalisation, lesquelles tendent à occulter les dimensions structurelles et politiques de la violence fondée sur le genre. Bien que certaines publications progressistes ou proches des milieux militants adoptent un cadrage plus structurel du féminicide, ces perspectives demeurent en grande partie marginales dans le discours médiatique dominant. Ce dernier continue en effet à privilégier des représentations dépolitisées, individualisées ou marquées culturellement, qui dissimulent le caractère systémique de la violence de genre. Cette étude met en lumière les limites des corpus

* Eberhard Karls Universität Tübingen, chantal.seta@student.uni-tuebingen.de

généralistes pour saisir ces dynamiques et plaide en faveur du développement de corpus spécialisés ainsi que d'un engagement plus critique vis-à-vis du langage dans le journalisme, les politiques publiques et l'éducation.

Mots clés : féminicide, *Femizid*, analyse critique du discours (ACD), linguistique de corpus, représentation médiatique, violence fondée sur le genre

Summary

1. Introduction 370
2. Discursive dimensions of gender-based violence 373
   2.1. Definitional politics and the conceptualisation of *femicide* and *feminicide* 373
   2.2. Legal challenges and the absence of a coherent framework 375
   2.3. Media strategies and representational practices 376
3. Investigating femicide through corpus-assisted discourse analysis 377
   3.1. Corpus selection and data limitations: Working with deTenTen 2023 377
   3.2. Research design: Combining quantitative and qualitative methods 379
   3.3. Analytical tools and focus areas 380
      3.3.1. Corpus linguistics: Keywords, collocations and concordance analysis 380
      3.3.2. Critical discourse analysis: Constructing femicide in media discourse 382
   3.4. Framing femicide: Linguistic and discursive patterns in media coverage 383
4. Conclusion 385
Bibliographical References 387

1. Introduction

Imagination creates the situation, and then,
the situation creates imagination
– It may, of course, be the other way round:
Columbus was discovered by what he found.
JAMES BALDWIN (IN GLEIBS, 2004: 5)

James Baldwin's reflection captures the reciprocal relationship between social reality and its discursive representations. This dynamic interrelation between imagination, discourse, and social structures underlines the premise that so-called 'real' social problems do not exist independently of discourse but are continuously shaped, negotiated, and (re)produced within and through it (Gleibs, 2004: 1). Discourses thus function as arenas of social and symbolic contestation, where meaning is assigned, positions negotiated, and realities constituted. As products of historical and societal practices, discourses do not merely reflect reality but actively participate in their construction (Foucault, 1972: 99). This dynamic understanding as both constitutive and constituted becomes particularly relevant when examining how certain forms of violence are rendered visible or invisible in public discourse. One striking example is gender-based violence, and more specifically, the form conceptualised as *femicide* or, in broader terms, *feminicide*. The way such acts are framed, named, and narrativised in media discourses profoundly shapes public understanding and institutional responses: 'Language is one of the 'media' through which thoughts, ideas and feelings are represented in a culture. Representation through language is therefore central to the processes by which meaning is produced' (Hall, 1997: 1). Researchers in gender justice studies have long emphasised that gender-based violence is not a series of isolated incidents, but deeply rooted in patriarchal structures that normalise, trivialise, and perpetuate violence against women. While the term *femicide* refers to the misogynistic killing of women by men, *feminicide* extends this definition to include the complicity of state institutions, judicial systems, and societal structures in enabling or tolerating such violence (Zinecker, 2014: 302; Finnegan, 2019: 3). This distinction is crucial, as it shifts the focus from individual acts to systemic conditions. Despite increasing international recognition of *femicide* as a structural and gendered form of violence – particularly in Latin American contexts where it has been integrated into legal frameworks – and repeated UN calls for improved monitoring and judicial mechanisms (Deutscher Bundestag, 2018), Germany still lacks a legal definition of the gender-based killing of women. *Femicide* is neither explicitly codified in civil nor in criminal law. The prevailing gender neutral legislative framework fails to acknowledge the gendered dimension of such acts (Schröttle *et al.*, 2021: 12). In the absence of legal recognition, public discourse becomes a crucial site for negotiating meaning and social relevance. Among societal institutions, media plays a pivotal role in shaping public understandings of *femicide* (Fairclough, 1995: 25). Media coverage contributes to determine what becomes visible, significant, or worthy of attention. However, such representations are often marked by strategies of individualisation, depoliticisation, and culturalisation (Weil *et al.*, 2018: 22). Femicides are frequently portrayed as isolated private tragedies or as crimes driven by individual motives such as jealousy or emotional distress, thereby obscuring their systemic and structural dimensions. In the German media landscape, this tendency is reinforced by euphemistic labels such as *Familiendrama* ('family tragedy') or *Beziehungsdrama* ('relationship drama'), which trivialise the political significance of gender-based violence and disconnect it from broader patterns of patriarchal oppression. Simultaneously, public interventions have advocated for the recognition of *femicide* as a political and structural problem (Radford & Russell, 1992; Lagarde y de los Ríos, 2010; Finnegan, 2019). Yet, the extent to which such perspectives have permeated German media discourse remains unclear. This raises the central question of this study: How are femicides linguistically and discursively represented in German web discourse?

To address this, the paper combines corpus linguistic methods with principles of Critical Discourse Analysis (CDA) (Wodak & Meyer, 2009), investigating the frequency, collocations, and contextual usage of key terms related to femicide. It further explores discursive strategies that contribute to the individualisation, euphemisation, culturalisation, or politicisation of gender-based killings, situating these within broader social and political frameworks (Lembke, 2021).

The structure of this paper is as follows: Chapter 2 lays the theoretical and conceptual groundwork by analysing the discursive dimensions of gender-based violence. It introduces key terminology, examines definitional politics, highlights legal gaps, and explores representational strategies in media discourse. Chapter 3 outlines the methodological approach, which combines corpus linguistic tools with principles of Critical Discourse Analysis. It discusses the selection and limitations of the German web corpus deTenTen 2023, elaborates the mixed-methods research design, and details the analytical focus areas. It concludes with initial findings on recurring linguistic and discursive patterns. Chapter 4 summarises the main results, contextualises them within broader debates, and reflects on their implications for public discourse, institutional accountability, and further research.

2. Discursive dimensions of gender-based violence

2.1. Definitional politics and the conceptualisation of *femicide* and *feminicide*

Etymologically derived from the Latin words *femina* (woman) and -cīda (denoting a person who kills, from the verb caedere 'to kill'), the term *femicide* refers to the gender-specific killing of women – the intentional killing of a person of female gender (Frei, 2017: 15). However, academic and policy-oriented debates surrounding the term remain fraught with conceptual ambiguity and contested definitions. As Zinecker (2014) notes, terminological inconsistencies and divergent criteria have led to a diffuse understanding of femicide, complicating attempts at coherent categorisation (p. 301). At the core of this debate lies the unresolved question of how such killings should be situated within broader structures of gender-based violence and whether definitional boundaries ought to be broadened to include systemic dimensions or narrowed to emphasise juridical precision. Rather than attempting to resolve the full complexity of these discussions, this paper outlines the key dynamics and conceptual tensions that shape the discourse on *femicide* and *feminicide* (Finnegan, 2019: 2f).

In their work *Femicide: The Politics of Woman Killing*, Jill Radford and Diana E. H. Russell (1992) conceptualise femicide as the 'misogynistic killing of women by men' (p. 3). This definition foregrounds the gendered and structural character of such violence, emphasising that these killings are not isolated incidents but expressions of patriarchal domination, driven by misogyny and the social construction of women as legitimate victims of gendered harm. Russell and Harmes further situate *femicide* at the most extreme end of a continuum of sexist terrorisation. 'Rape, torture, mutilation, sexual slavery, incestuous and extra-familial child sexual abuse, physical and emotional battery, serious cases of sexual harassment are also in this continuum' (Russell and Harmes, 2001: 4). Expanding on this conceptual framework, sociologist Julia Monárrez Fragoso, in her study *Feminicidio sexual serial en Ciudad Juárez: 1993-2001*, theorises *feminicide* as the misogynistically motivated killing of women by men, characterised by pervasive sexual violence and rooted in a continuum of gendered oppression. She situates these acts within a patriarchal order that is structurally maintained through intersecting hierarchies of power – economic, political, and social – and marked by the systematic normalisation of violence against women (Monárrez Fragoso, 2002: 283). In this perspective, *feminicide* is not reducible to isolated acts of homicide but must be understood as a manifestation of deeply embedded structures of impunity, institutional complicity, and the devaluation of female lives. It is, above all, a political phenomenon – one that reveals how gendered bodies are rendered disposable under conditions of entrenched inequality and state inaction.

> The term is defined as the misogynistic killing of women by men and represents a form within a continuum of sexual violence, which must be understood by considering the violent acts themselves, their underlying motives, and the power imbalance between the sexes in economic, political, and social spheres. It occurs in direct proportion to the structural changes taking place within society and is closely linked to the degree of tolerance that the collective expresses toward such acts and the level of violence they entail. (Ibid.)

The conceptualisation of *feminicide* extends beyond the narrower notion of *femicide*, by 'rethinking the concept in its local context' (Finnegan, 2019: 3). While *femicide* primarily refers to the misogynistic killing of women by men, *feminicide* incorporates a broader structural perspective. It not only holds individual perpetrators accountable but also implicates state institutions, judicial systems, and societal structures that normalise, tolerate, or trivialise such violence: 'abarca más que el femicidio porque no solamente culpa a los perpetradores masculinos, sino también al estado y las estructuras judiciales que normalizan la misoginia'[1] (Sanford, 2008: 62). Furthermore, Marcela Lagarde y de los Ríos advocates for the use of the term *feminicide*, as it provides a cultural translation of the nature of the phenomenon occurring in Latin America and around the world (Finnegan, 2019: 3). The use of this term demands a political understanding of violence against women. Its use foregrounds the systemic and public dimensions of a crime that is often dismissed as private or rendered invisible (Wagner, 2019: 90).

---

1 [encompasses more than femicide because it blames not only the male perpetrators, but also the state and judicial structures that normalise misogyny] (Sanford, 2008: 62, own translation).

2.2. Legal challenges and the absence of a coherent framework

While the term *femicide* has gained increasing visibility in German political discourse and media reporting, it is not explicitly codified in either civil or criminal law, and the prevailing gender-neutral legislative approach fails to acknowledge the gendered character of such acts (Schröttle *et al.*, 2021: 12). A legally binding definition and systematic statistical classification of such killings remain absent. Legal and feminist advocacy organisations – most notably the German Women Lawyers' Association (Deutscher Juristinnenbund) – have long advocated for the recognition of femicide as a distinct legal and social phenomenon, accompanied by targeted legislative and statistical instruments (Ibid.).

A significant development in this regard is the adoption of the Act for a Reliable Support System for Gender-Based and Domestic Violence (*Gesetz für ein verlässliches Hilfesystem bei geschlechtsspezifischer und häuslicher Gewalt*) in February 2025. The legislation establishes a legal entitlement to support services for women affected by gender-based and domestic violence, thereby aiming to improve institutional responses and victim protection (Bundesministerium für Bildung, Familie, Senioren, Frauen und Jungend, 2025). However, the law's core provisions are not scheduled to enter into force until January 1, 2032 – raising concerns about the temporal gap between formal policy adoption and practical implementation. The Convention on the Elimination of All Forms of Discrimination against Women (CEDAW) has similarly criticised Germany's lack of systematic data collection and low prosecution rates concerning femicides. Considering international debates, the German federal parliament has emphasised the need for more detailed information on the prevalence and circumstances of femicides in Germany (Deutscher Bundestag, 2018).

Recent data published by the UN Office on Drugs and Crime and UN Women (2023) underlines the persistent global relevance of the issue. According to their joint report, in 2022 approximately 85,000 women and girls were killed worldwide in gender-related contexts with more than 51.000 of these killings committed by intimate partners or family members. To address these structural issues, the report calls for a comprehensive and multisectoral approach, including investment in prevention, the strengthening of gender-sensitive legal frameworks, and the establishment of dedicated femicide observatories. It further advocates for the implementation of the

RESPECT Women Framework as an international standard for prevention policies. (UNODC, 2023) These findings reaffirm feminist scholarship that frames *feminicide* not merely as a criminal category but as a socio-political phenomenon requiring coordinated, structural responses.

2.3. Media strategies and representational practices

Mass media, as forms of communication, wield immense socio-political power. This power is not limited to the mere transmission of information; rather, it is exercised through the shaping and construction of (social) knowledge by means of selection and framing (Calderón, 2013: 5). Mass media do not solely function as a mirror of social reality but also bear the irrevocable responsibility of acting as active agents within society (Calderón, 2013: 5). They reflect the situation of the state while simultaneously playing a significant role in the construction of what is perceived as 'reality' (Calderón, 2013: 9). In this sense, mass media play a dual role: they are both index and instrument of social power. Their capacity to make social issues visible – or to render them invisible – is thus of fundamental importance (Rodríguez Juárez, 2017: 22). A wide range of contradictory and incompatible positions exists in the reporting and portrayal of misogynistic violence (ibid.). Such contradictory elements cannot be reconciled with the values that prevail in journalistic ethics (ibid.). For this reason, a discursive positioning in the reporting on gender-based violence, particularly femicides, is of considerable relevance (ibid.: 5). Media discourse holds particular significance due to 'its mass impact' (Jäger, 2010: 84). According to linguist Ruth Wodak (1997), approaches within Critical Discourse Analysis (CDA) examine discourses as social practices and their entanglement with prevailing power relations. Based on a dialectical relationship between discourse and the surrounding social structures, CDA investigates the interconnection of ideology, language, and power (Gleibs, 2004: 19). While Siegfried Jäger, in his approach to CDA, follows Foucault's theoretical considerations, Wodak (1997) rejects these, dismissing 'the autonomous character of discourse in Foucault's theory as relativistic and deterministic' (Gleibs, 2004: 19). Nevertheless, Foucauldian concepts, such as the notion of knowledge and power, can also be found in Wodak's work (Gleibs, 2004: 19). She draws on Critical Theory in order to expose 'enlightenment-oriented commitment, ideologically saturated and opaque forms of power' (Gleibs, 2004: 19). These forms of power manifest themselves in the relationship between linguistic means, forms, and structures, as well as in concrete linguistic practices in connection with political and institutional conditions. For discourse analysis, critique does not imply that discourses contain 'distorted views of reality or (necessarily false) ideologies, as is the case in the concept of 'ideology critique" (Jäger, 2010: 21). Rather, discourses constitute a reality of their own, 'which, in relation to 'actual reality', is by no means merely [...] a lie, but possesses its own materiality and draws on past and (other) current discourses' (Jäger, 2010: 21). In their genesis, the legitimised 'truths' of a society are questioned, and different constructs of world explanation are put into relation and relativised. According to Jäger (2007), this enables the development of various approaches and models of tolerant critique and engagement, which intervene in political struggles over interpretation and question what is commonly taken for granted (p. 8).

3. Investigating femicide through corpus-assisted discourse analysis

This chapter outlines the methodological framework of the study. It presents the research design, including the selection and compilation of the corpus, the data retrieval process, and the analytical tools and procedures employed. The study adopts a mixed-methods approach that combines techniques from corpus linguistics with principles of Critical Discourse Analysis (CDA), with the aim of examining how femicides are discursively constructed within German-language online discourse. By integrating quantitative corpus analysis with qualitatively oriented discourse interpretation, the methodology seeks to uncover both the linguistic patterns and the underlying assumptions that shape public representations of femicide.

3.1. Corpus selection and data limitations: Working with deTenTen 2023

The decision to use the German Web 2023 corpus (deTenTen2023) as the empirical basis for this study was primarily guided by considerations of data availability and feasibility. Ideally, a purpose-built corpus consisting exclusively of German-language newspaper articles would have been most appropriate, given the study's focus on media discourse surrounding femicides. However, such a resource is not currently available through Sketch

Engine or other freely accessible linguistic platforms. Given these circumstances, the deTenTen2023 corpus was chosen as a methodologically viable compromise. Although it is a general-purpose web corpus and therefore contains a heterogeneous mix of text types – including news articles, blogs, forums, and commercial websites – it offers the advantage of large-scale, contemporary, and systematically processed data. Through targeted keyword searches and the manual filtering of relevant concordance lines, the corpus allows for the extraction of data suited to the research question. The choice of deTenTen2023 is further justified by its substantial size and broad coverage, which ensure access to a sufficient number of textual instances referencing *femicide*. This facilitates a mixed-methods analysis, enabling both the quantitative identification of frequency patterns and the qualitative interpretation of discursive framings. Initially, the research design envisioned the compilation of a self-compiled corpus specifically tailored to the objectives of this study. Such a corpus would have allowed for a highly targeted and curated selection of media articles on femicides, with greater control over source diversity, temporal range, and contextual relevance. The process would have involved the systematic collection of German-language news articles, followed by data cleaning, metadata annotation, and corpus preparation. However, this approach was ultimately not pursued due to a combination of practical and methodological considerations. First and foremost, the time frame of this term paper project did not allow for the extensive effort required to compile, process, and annotate a high-quality and representative corpus. The process of collecting, cleaning, and organising media data – especially when working with heterogeneous online sources – would have significantly exceeded the available time and resources. Taking these considerations into account, the decision was made to draw on the existing deTenTen2023 web corpus. Consequently, although the corpus includes media texts in which femicides are mentioned, these constitute only a very small and unsystematically distributed subset of the corpus. This limits the extent to which the data can be considered representative of media discourse on femicides in Germany. The corpus was not originally compiled with a specific focus on gender-based violence or feminist discourse, which reduces the density and relevance of the material in relation to the research objective.

The use of deTenTen2023 in this study therefore provides primarily quantitative insights into the occurrence and collocational patterns of key terms related to femicide. However, it does not allow for a systematic analysis of the broader discursive contexts in which femicides are discussed. For a more comprehensive and in-depth analysis, a custom-compiled corpus based on targeted media sources would have been preferable, as it would allow for greater control over source selection, time frame, and thematic relevance.

3.2. Research design: Combining quantitative and qualitative methods

The combination of corpus linguistic methods with discourse analytical techniques allows for both the identification of systematic linguistic patterns and the in-depth interpretation of their discursive functions and ideological implications. While corpus linguistics provides a data-driven basis for analysing frequencies, collocations, and keyword distributions, Critical Discourse Analysis (CDA) offers a critical lens through which these linguistic patterns can be contextualised within broader social and power structures (Wodak & Meyer, 2009). Corpus Linguistics plays a significant role not only in the quantitative analysis but also in the qualitative analysis of the discourse (Baker, 2006). While CDA traditionally focuses on the interpretation of discursive strategies, Corpus Linguistics provides the empirical foundation for uncovering and analysing linguistic patterns across a large corpus of texts. By focusing on the collocations, frequent co-occurring words, and concordance lines related to femicide-related terms, Corpus Linguistics plays an integral role in identifying key linguistic trends and setting the stage for qualitative analysis (ibid.: 13f). By examining the surrounding words of femicide-related terms, I aim to investigate how these terms are positioned within the media discourse. In particular, I will analyse whether *Femizid* tends to co-occur with words such as *Opfer* (victim), *Gewalt* (violence), or *Mord* (murder), which may foreground the violent nature of the act, or whether it frequently appears alongside terms like *Drama* (drama) or *Beziehung* (relationship), potentially shifting the focus towards interpersonal dynamics. To carry out this analysis, Sketch Engine enables me to identify frequent collocations and examine concordance lines of femicide-related terms across the selected corpus. Specifically, I make use of the Concordance tool to qualitatively examine the contexts in which these terms appear. This analytical step follows a corpus-assisted discourse approach, in which quantitative patterns – such as collocations and concordance lines – serve as a basis for qualitative interpretations of discourse (ibid.: 1).

3.3. Analytical tools and focus areas

The target corpus is the deTenTen2023 web corpus, which is a large-scale web corpus that has been linguistically processed and contains a wide range of German-language texts. The goal of keyword analysis is to determine which femicide-related terms are statistically significant within the web corpus. Given the absence of a legal framework for femicide in Germany, and the limited recognition of the term feminicide in the German language and public discourse, this study will adopt the term femicide in its analysis. The term feminicide is more commonly used in international contexts, particularly in Latin America, where it has been incorporated into legal frameworks and academic discourse. However, in the German context, femicide is the term that is more widely used, even though its legal and societal recognition remains insufficient. By using femicide instead of feminicide, this study aims to align with the current terminology within the German discourse on gender-based violence, ensuring greater relevance and accessibility. The use of femicide reflects the linguistic and legal realities of the German context and serves to underscore the lack of formal recognition of femicides as a distinct category of violence in the country. Additionally, the term is more likely to be understood and recognised by a wider German-speaking audience, ensuring the study's findings contribute meaningfully to ongoing discussions about gender-based violence and legal reform in Germany.

3.3.1. Corpus linguistics: Keywords, collocations and concordance analysis

Keyword analysis is a fundamental corpus linguistic technique used to identify terms that occur more frequently in the target corpus.

> [K]eywords also play a central role in knowledge management, to help identify the 'aboutness' of texts in structured databases, notably with the development of textual databases. Following the creation of general and domain ontologies, the attention shifts from lexical units to underlying meaning units. Text mining therefore focuses on phraseological units and cooccurrences rather than on isolated words. (Bordet, 2017: 1f)

By using Sketch Engine's Keyword Tool, the search results provided insights into how these terms are represented in German web texts. Specifically, I focused on determining whether these terms were used prominently in the corpus and whether they were more frequent in certain contexts, such as news articles versus blog posts or forums. To further refine the search, I utilised the Thesaurus tool in Sketch Engine to identify related terms and synonyms that might also appear in the discourse surrounding femicides. The Thesaurus tool also helped uncover variations in how femicides are referred to in the corpus. This allowed for a more comprehensive exploration of the topic and ensured that all relevant terms were considered, especially when analysing collocations and contextual nuances.

To gain a deeper understanding of how femicide-related terms are discursively represented in the German web discourse, a concordance analysis is conducted. By analysing the concordance lines, the aim is to identify the surrounding words and assess how *Femizid* was framed in these contexts. This analysis helps to understand whether *Femizid* is represented primarily as violent crimes or individual tragedies, and whether they were framed as part of a broader gender-based violence discourse. Then the Collocation Analysis focuses on identifying the words that frequently co-occurred with the target terms, such as *Femizid*. This provides insights into the discursive strategies used in the representation of femicides, highlighting whether the terms were associated with other concepts such as victim, violence, family, crime, etc. By analysing the collocates and their frequencies, the goal is to determine the dominant themes in the discourse surrounding femicides.

Femizid as noun 1,488× ▾ ···

	Lempos	Frequency		Lempos	Frequency		Lempos	Frequency
1	Femizide	2,155	12	Zwangsheirat	7,196	23	Menschenschmuggel	1,536
2	Feminizid	436	13	Stalking	11,190	24	Holocaustleugnung	1,795
3	Ehrenmord	6,529	14	Massenvergewaltigung	2,196	25	Genitalbeschneidung	904
4	Ökozid	643	15	Zwangsprostitution	5,175	26	Partnergewalt	1,031
5	Zwangsverheiratung	4,436	16	Beziehungstat	1,416	27	Kolonialdiskurs	101
6	Verschwindenlassen	4,128	17	Kuppelei	775	28	Polizeimord	359
7	Femiziden	663	18	Beziehungsgewalt	458	29	Partnerschaftsgewalt	1,502
8	Frauenmord	2,304	19	Arbeitsausbeutung	1,550	30	Sexualverbrechen	1,618
9	Ökozids	146	20	Massenvertreibung	783	31	Ethnozid	230
10	Zwangsehe	3,379	21	Kinderehe	2,945			
11	Kinderheirat	744	22	Tötungsversuch	749			

Figure 1: *Femizid* as noun.
Source: Sketch Engine.

The table presents a co-occurrence analysis of the noun *femicide*, highlighting the lexical field and discursive associations surrounding the term. Several patterns emerge. Firstly, femicide appears alongside a range of alternative and often depoliticised terms such as *Frauenmord* (female murder), *Beziehungstat* (crime of passion), and *Partnerschaftsgewalt* (partner violence), indicating a discursive competition over how gender-based killings are framed. These alternatives frequently obscure the structural and gendered nature of the phenomenon by reducing it to interpersonal conflict. Secondly, the term femicide is embedded within a broader field of patriarchal control, as evidenced by frequent co-occurrences with concepts like *Zwangsheirat* (forced marriage), *Ehrenmord* (honour killing), and *Kinderheirat* (child marriage). These terms reflect how gender-based violence is often framed through a culturalist lens, attributing it to supposedly foreign or traditional practices rather than examining structural causes. Thirdly, the data shows associations with sexualised violence and exploitation, such as *Zwangsprostitution* (forced prostitution), *Genitalbeschneidung* (female genital mutilation), and *Massenvergewaltigung* (mass rape), suggesting that femicide is discursively located within a continuum of sexual violence.

While these dominant co-occurrences reveal prevailing discursive strategies of individualisation and culturalisation, the low-frequency yet significant collocates are equally revealing. Terms such as *Kolonialdiskurs* (colonial discourse), *Ethnozid* (ethnocide), and *Polizeimord* (police killing) occur only marginally but point to the possibility of more structural, decolonial, or intersectional readings of femicide – ones that link gender-based violence to broader systems of racialised state violence, necropolitics, and historical power asymmetries. Their rarity in the data, however, underscores the limited traction such frameworks currently have within mainstream discourse. The relative absence of terms like *Patriarchat* (patriarchy), *Strukturelle Gewalt* (structural violence), or *Systemische Ungleichheit* (systemic inequality) further suggests that the discursive terrain is largely shaped by individualised and often ethnocentric narratives. Thus, not only do the most frequent co-occurrences shape a depoliticised and culturalised understanding of femicide, but the absence or marginality of critical structural vocabularies also reveals the constraints within which public discourse on gender-based violence is currently operating.

3.3.2. Critical discourse analysis: Constructing femicide in media discourse

Critical Discourse Analysis (CDA) is applied in this study to interpret the social meanings underlying the linguistic patterns identified through corpus linguistic methods. CDA is grounded in the assumption that language is not neutral but is both shaped by and constitutive of power relations within society (Fairclough, 1995: 2). In the context of femicides, CDA serves as a tool to reveal how media discourse reflects or reinforces gender inequalities, patriarchal structures, and the (de)politicisation of gender-based violence. Media discourse often employs euphemisms such as *Familiendrama* (family tragedy) or *Beziehungsdrama* (relationship drama) to downplay the severity of femicides. These terms reframe acts of gender-based violence as private, emotional conflicts rather than as systemic, politically charged crimes. Van Dijk (1998) discusses how euphemisms can function as linguistic strategies to manipulate public perception and obscure power relations (p. 204). Another common strategy in media representations of femicides is their individualisation. Coverage frequently portrays these crimes as isolated, emotionally motivated acts – often explained by jealousy, revenge, or relationship conflicts – rather than as manifestations of structural gender inequality. Wodak and Meyer (2009) outline how individualisation strategies in discourse serve to depoliticise systemic issues by attributing responsibility to personal circumstances (p. 97). The study investigates how these discursive patterns contribute to the normalisation and depoliticisation of femicides by denying their systemic character. A further discursive strategy identified in the analysis is culturalisation, particularly in the context of so-called *honour killings*. In such cases, femicides are often framed as culturally specific phenomena associated with migrant or minority communities. Fairclough (1995) discusses how discourses can (re)produce cultural stereotypes and divert attention away from underlying structural inequalities (p. 62). This strategy not only stigmatises certain cultural or religious groups but also obscures the universal and structural dimensions of gender-based violence.

3.4. Framing femicide: Linguistic and discursive patterns in media coverage

In this chapter, the results of the empirical analysis of femicide-related terms within the deTenTen2023 corpus are shortly outlined. While this analysis provides insights into the representation of *Femizid* in German web discourse, it is important to note that this approach would have been more comprehensive if a more detailed and targeted analysis had been possible. Ideally, a focused corpus containing a large number of media articles on femicides would allow for a deeper exploration of the issue, accounting for more specific discourse types, sources, and contexts. Given the constraints of time and resources, the current analysis offers a snapshot of how *femicides* are linguistically represented in a general-purpose web corpus. The results are based on the frequency, collocational patterns, and concordance lines of femicide-related terms, with the aim of shedding light on how *Femizid* is framed in public discourse and whether it is situated within the larger discourse of gender-based violence. However, the usage of femicide remains relatively limited compared to broader terms like *Mord* (*murder*) and Gewalt (*violence*). This suggests that femicides, while gaining some attention, are still not fully recognised or acknowledged within the larger societal and legal frameworks. Other terms such as *Frauenmord* and *Ehrenmord* appeared less frequently, with *Ehrenmord* being linked to cultural explanations, indicating that femicides framed as *honour killings* are still marginalised in the discourse. The concordance analysis provided a deeper understanding of the specific contexts in which *Femizid* is used. By examining the concordance lines, the analysis identified how the term is framed and what discursive strategies are employed in its representation. Several key patterns emerged:

- Femizid as a Violent Crime: The majority of concordance lines associated Femizid with words like *Mord* (murder) and *Gewalt* (violence). This suggests that it is predominantly framed as a violent crime, which aligns with the broader discourse on gender-based violence.
- Femizid as a Personal Tragedy: Other concordance lines framed it as a personal tragedy or family conflict, particularly when terms like *Familiendrama* (family tragedy) or *Beziehungsdrama* (relationship drama) were used. This framing shifts the focus away from the systemic causes of gender-based violence and presents the crime as a private, individualised issue. Several concordance lines indicated the lack of legal recognition of Femizid in the German legal system. This points to a disconnect between the language of femicide in the media and its official recognition in the legal framework, reflecting the broader underacknowledgment of femicides as a distinct crime. An interesting observation that emerged from the analysis is that left-wing newspapers are more likely to use the term *Femizid* when discussing gender-based violence. This suggests that certain political orientations or ideological stances might influence the terminology used in media coverage. In contrast,

dominant media outlets such as BILD, FAZ, and Süddeutsche Zeitung, which often adopt a more neutral or conservative stance, may prefer to use less politically charged terms like *Frauenmord* or *Beziehungstat*, which individualise the issue and depoliticise the conversation. The use of *Femizid* in progressive publications could indicate a greater awareness of the structural and systemic nature of gender-based violence and a desire to politicise the issue, positioning it as a broader social problem tied to gender inequality and patriarchy. This observation reflects the discursive divide in media coverage of femicides, where the framing of such violence as part of a larger societal issue (e.g. *Femizid*) contrasts with the portrayal of femicides as isolated, personal acts of violence (e.g. *Frauenmord*). It highlights how the terminology used can be indicative of broader ideological debates about the nature of gender-based violence and the political will to address it in a comprehensive manner. The absence of these larger outlets could suggest that *Femizid* is still not widely recognised or incorporated into the mainstream media discourse in Germany, reflecting a disconnect used by different political and ideological groups. This also raises questions about how the visibility and acknowledgement of *Femizid* in public discourse is shaped by political leanings.

4. Conclusion

From the outset, this study was guided by the premise that social problems, such as gender-based violence, are not mere reflections of objective reality but are shaped, negotiated, and contested within discourse. As argued in the introduction, discourse functions as an arena of social struggle, where language constructs, reinforces, and at times challenges the power structures embedded in society. The term *Femizid*, with its complex and politically charged implications as a form of gender-based violence, is situated within a broader discourse on gender inequality and patriarchal domination.

This study examined how *Femizid* (femicide) is represented in German web discourse by combining corpus linguistic methods with principles of Critical Discourse Analysis (CDA). Drawing on the deTenTen2023 corpus via Sketch Engine – a large-scale, general-purpose web corpus – the analysis aimed to uncover both linguistic patterns and the discursive frameworks within which femicide is constructed. While Sketch Engine provided an accessible and efficient tool for corpus-based research, limitations of the underlying data must be acknowledged. Most notably, deTenTen2023 is not a curated media corpus, but a heterogeneous collection of web texts that may not systematically reflect the editorial intent or ideological positioning of specific media outlets. As such, the analysis captures broader discursive tendencies in the German digital landscape but may not fully account journalistic framing strategies.

The findings of this study highlight the significance of linguistic analysis in understanding how gender-based violence, and specifically *Femizid*, is discursively constructed in the German online spaces. They demonstrate that language is not neutral but plays a constitutive role in framing social issues and shaping public perception. Dominant discursive strategies – such as individualisation, euphemisation, and culturalisation – often obscure the structural dimensions of *femicide* and reinforce its treatment as a private or culturally specific aberration rather than as a systemic social injustice. In response to these dynamics, several concrete avenues for future action emerge: First, the development of specialised corpora focusing specifically on media texts about gender-based violence would enable more targeted and representative analyses. Such corpora could help overcome the limitations of general-purpose datasets and allow for a more fine-grained examination of journalistic framing. Second, academic research should broaden its analytical scope to include feminist and activist counter-discourses – especially those articulated in alternative media or grassroots movements – which often articulate more critical and structural understandings of femicide. Third, the media sector itself bears responsibility for more accurate and socially responsible reporting. Editorial guidelines should be revised to discourage euphemistic or depoliticising terms and instead adopt terminology that foregrounds the structural nature of the violence.

In addition, public awareness must be strengthened through terminological clarity. Broader societal recognition of *Femizid* as a politically and analytically meaningful category can be fostered through education, advocacy, and critical media literacy. At the institutional level, the findings call for legal reforms that acknowledge *femicide* as a distinct criminal offence, in alignment with international human rights standards. Finally, interdisciplinary collaboration – particularly between discourse studies, feminist theory, journalism, and social sciences – should be strengthened to promote a more critical understanding of how language contributes to the maintenance or disruption of structural inequalities. While this seminar paper offers only an initial exploration into the discursive construction of *femicide* in German web discourse, it affirms the analytical and political value of integrating corpus linguistics with critical discourse analysis. The study demonstrates that digital media landscapes are not only sites of information dissemination, but also of contestation, where linguistic choices carry political weight.

Ultimately, the findings advocate for a more reflexive and politically conscious engagement with language – one that recognises *femicide* not only as a social and legal problem but also as a contested discursive object whose representation shapes societal responses. Its framing has the power to either normalise injustice or catalyse resistance. By continuing to forge interdisciplinary connections between discourse studies, feminist theory, and digital media research, scholars and practitioners alike can contribute to building more just and inclusive forms of public discourse.

Bibliographical References

Baker, P. (2006). *Using Corpora in Discourse Analysis.* Continuum. https://doi.org/10.5040/9781350933996

Bordet, G. (2017). *Review of Bondi, M. and Scott, M. (eds.) (2010). Keyness in Texts. John Benjamins.* https://www.researchgate.net/publication/346768867

Bundesministerium für Familie, Senioren, Frauen und Jugend. (2025). *Gesetzentwurf Gesetz für ein verlässliches Hilfesystem bei geschlechtsspezifischer und häuslicher Gewalt.* https://www.bmfsfj.de/bmfsfj/service/gesetze/gesetz-fuer-ein-verlaessliches-hilfesystem-bei-geschlechtsspezifischer-und-haeuslicher-gewalt-251160?utm_source=chatgpt.com

Calderón, S. S. (2013). *La representación del femicidio en la prensa escrita durante el periodo 2005-2009.* San José.

Deutscher Bundestag. (2018). *Deutscher Bundestag*, in Antwort der Bundesregierung auf die Kleine Anfrage der Abgeordneten Cornelia Möhring, Doris Achelwilm, Gökay Akbulut, weiterer Abgeordneter und der Fraktion DIE LINKE. – Drucksache 19/3763 – Geschlechtsspezifische Tötungen an Frauen – Femizide in Deutschland. http://dip21.bundestag.de/dip21/btd/19/040/1904059.pdf

Fairclough, N. (1995). *Media Discourse.* Hodder Education Group.
Finnegan, N. (2019). *Cultural Representations of Feminicidio at the US-Mexico Border.* Routledge. https://doi.org/10.4324/9781351058834
Foucault, M. (1972). *The Archaeology of Knowledge and The Discourse on Language.* Pantheon Books.
Frei, A. (2017). *Gewalt gegen Frauen und Frauenmord mit besonderer Berücksichtigung internationaler Aspekte und des GD Nr. 93 vom 14.08.2013.* Universität Innsbruck.
Gleibs, H. (2004). *Von Malinches und Maquilas: Geschlechterkonstruktionen und Gewalt in Ciudad Juárez. Eine diskursanalytische Untersuchung zu den Frauenmorden in Nordmexiko.* Lüneburg.
Hall, S. (1997). *Representation. Cultural Representations and Signifying Practices.* SAGE Publications Ltd.
Jäger, M. (2007). *Deutungskämpfe. Theorie und Praxis Kritischer Diskursanalyse.* VS Verlag für Sozialwissenschaften.
Jäger, S. (2010). *Lexikon. Kritische Diskursanalyse. Eine Werkzeugkiste.* Unrast-Verlag.
Lagarde y de los Ríos, M. (2010). 'Preface. Feminist Keys for Understanding Feminicide. Theoretical, Political, and Legal Construction'. In R.-L. Fregoso & C. L. Bejarano (eds.), *Terrorizing Women. Feminicide in the Américas* (pp. 11-25). Duke University Press. https://doi.org/10.2307/j.ctv11smqfd.3
Lembke, U. (2021). *Mord an Frauen. Nennt sie Femizide!* Berlin.
Monárrez Fragoso, J. (2002). 'Feminicidio sexual serial en Ciudad Juárez: 1993-2001'. *Debate Feminista*, 279-305. https://doi.org/10.22201/cieg.2594066xe.2002.25.642
Monárrez Fragoso, J. E. (2009). 'Trama de una injusticia. Feminicidio sexual sistémico en Ciudad Juárez, México'. *Región y Sociedad, 22*(47).
Radford, J., & Russell, D. (1992). *Femicide: The Politics of Woman Killing.* Twayne Publishers Inc.
Rodríguez Juárez, J. (2017). 'Comunicación, ética y feminicidio: Contextos de una crisis de representación en la prensa de México'. *C. I Caribe, 14*(2). https://doi.org/10.15517/c.a..v14i2.30939
Russell, D. E., & Harmes, R. A. (2001). *Femicide in Global Perspective.* Teachers College Press.
Sanford, V. (2008). *Guatemala: Del genocidio al feminicidio.* F&G editores.
Schröttle, M., Arnis, M., Pause, I., & Pölzer, L. (2021). *Länderbericht. Forschung und Daten zu Femiziden: Deutschland.* Institut für empirische Soziologie, Friedrich-Alexander-Universität.

UNODC (2023). *Gender-related killings of Women and Girls (Femicide/Feminicide). Global estimates of female intimate partner/family-related homicides in 2022*. https://www.unwomen.org/sites/default/files/2023-11/gender-related-killings-of-women-and-girls-femicide-feminicide-global-estimates-2022-en.pdf
Van Dijk, T. A. (1998). *Ideology: A Multidisciplinary Approach.* Sage.
Wagner, K. (2019). *Mexikos junge Demokratie in der Krise. Eine Analyse der demokratischen Qualität Mexikos auf nationaler und subnationaler Ebene.* VS Verlag für Sozialwissenschaften. https://doi.org/10.1007/978-3-658-24445-3
Weil, S., Corradi, C., & Naudi, M. (2018). *Femicide across Europe. Theory, Research and Prevention*. Policy Press. https://doi.org/10.56687/9781447347163
Wodak, R. (1997). *Gender and Discourse*. Sage. https://doi.org/10.4135/9781446250204
Wodak, R., & Meyer, M. (2009). *Methods for Critical Discourse Analysis.* Sage.
Zinecker, H. (2014). *Gewalt im Frieden: Formen und Ursachen der Gewaltkriminalität in Zentralamerika.* Nomos. https://doi.org/10.5771/9783845246857

The Discursive Meaning of Everyday Fitness: A Sociological Analysis Using Corpus Linguistics

*Alina Silion**

ABSTRACT

Fitness is an everyday practice that being presented in the online space gets a discursive meaning. The research seeks to prove that *fitness has a liquid discursive meaning*. In order to achieve the aim of the study, two research questions are used: *(1) Which are the main topics that construct the discursive meaning of fitness? (2) How does graphical symbols used in written communication construct the discursive meaning of fitness?* Data was collected and analysed using corpus linguistic tool Brand24. The results of the research present gym, health, workout, for you pages and motivation as the main topics that construct the discursive meaning of fitness. Likewise, feelings, gender discourses, checking mechanisms and aesthetic elements follow from the visual representation used in fitness online discourse. The conclusion of the study confirms the liquidity of the discursive meaning of fitness and presents some implications.

Keywords: discursive meaning, corpus linguistics, fitness, social media, sentiments

RÉSUMÉ

Le fitness est une pratique quotidienne dont la présentation en ligne acquiert une signification discursive. Cette recherche vise à démontrer que le fitness possède une signification discursive fluide. Pour atteindre cet objectif, deux questions de recherche sont posées : (1) Quels sont les principaux thèmes qui construisent la signification discursive du fitness ? (2) Comment les symboles graphiques utilisés dans la communication écrite construisent-ils la signification discursive du fitness ? Les données ont été collectées et analysées à l'aide de l'outil linguistique de corpus Brand24. Les résultats de la recherche présentent la salle de sport, la santé, l'entraînement, les pages « Pour vous » et la motivation comme les principaux thèmes qui construisent la signification discursive du fitness. De même, les sentiments, les discours sur le genre, les mécanismes de contrôle et les éléments esthétiques découlent de la représentation visuelle utilisée dans le discours en ligne sur le fitness. La conclusion de l'étude confirme la fluidité de la signification discursive du fitness et présente quelques implications.

Mots clés : signification discursive, linguistique de corpus, forme physique, médias sociaux, sentiments

* Universitatea din București, alina.silion@s.unibuc.ro

Summary

1. Introduction: why study the discursive meaning of fitness? 392
2. Brief overview of fitness in sociology 393
3. Fitness on social media 394
4. Research questions and hypothesis 396
   4.1. Research design 397
   4.2. Data collecting 397
   4.3. Data analysis 399
5. Results: liquid discursive meanings of fitness - comparative analysis 401
6. Conclusion: navigating the liquid discursive meaning of fitness 402
Bibliographical References 403

1. Introduction: why study the discursive meaning of fitness?

What is fitness? I have learned in a professional fitness instructor class that fitness is a lifestyle that involves specific training, nutrition and rest. But, besides dictionary definitions and theoretical explanations, what does fitness mean for the everyday person who tries to live an active lifestyle and who spends (some) time on social media? What meaning does fitness have in the social world in which it is experienced? I practice fitness and I go daily to the gym. During my years of training I, also, accessed lots of digital fitness content and I noticed that different definitions and descriptions of everyday fitness are present in the online environment. So, this project is justified by: personal observation of fitness utterance variations throughout time; by identification of gender and mental health discourses related to fitness on social media and by a personal curiosity regarding the fitness culture.

The theme of this work addresses the sociological perspective of everyday fitness discourses. It is an important theme for the sociology of everyday life because it touches an actual and common leisure activity. Going further, the discourse analysis is relevant when describing fitness because the term itself has a variety of meanings. It is not an object that can be easily named and defined, but a social construct that describe a social practice which can look somehow different for different people. Therefore, the aim of this study is to identity the discursive meaning of fitness. More accurate, through the present research I aim to describe how fitness as a lifestyle is framed on social media and other online platforms. In this regard, the next sections present a theoretical framework, the methodology of the study, the main results and the conclusions drawn from the analysed data.

2. Brief overview of fitness in sociology

Using a consumerist framework, Baudrillard (1998) describes fitness as a medical cult. He resembles fitness to beauty in the sense of seeing the body as a capitalist sign or object that is liberated, reappropriated, recuperated (Baudrillard, 1998). Baudrillard (1998) argues that, now, beauty means taking care of your own body and soul. For example, considering gender, Baudrillard (1998) mentions athleticism (which contains fitness) as a form of masculine beauty. However, nowadays fitness is a gender inclusive practice with a general female representation of 57 % (fitness club memberships) in America, in 2002 (Mullen &Whaley, 2010). Yet, according to Tătar, Herman and Peţan (2018), the participation of Romanians in regular physical activity is only 6 % of the population. This reduced participation percentage needs to be corelated with the way in which the meaning of physical activity and fitness, specifically, is portrayed in the mainstream Romanian discourses.

Returning at the sociological theories, from a consumerist-capitalist perspective, the body is selling products (Baudrillard, 1998). For example, fitness sells: workout clothes, supplements, gym memberships, and so forth. Besides, Baudrillard (1998) identifies two dimensions of fitness: a physical one, which consists of egocentric work, and a status one, which comprise the personal prestige display. In other words, fitness is an active and physical daily practice that involves a deep socio-symbolic component performed on everyday interactions. Also, he notices the obsession for slimness and, using the sacrificial language, describe fitness as a form of violence (Baudrillard, 1998). Therefore, from a consumerist point of view, fitness is focused on the visuals: physical aspect and appearance rather than health.

From another, still similar, sociological perspective, Bauman (2013) contrasts fitness with health and describes it as imprecise, open, expansive and subjective. According to Bauman (2013) fitness is imprecise because it has flexible standards regarding physical strength, skills, goals and personal experiences. Precisely, it's flexibility can consist of constantly expanding the fitness objectives: e.g. lifting more weight, adding more reps/sets, etc. Moreover, fitness is an open pursuit that has no final victory or a natural end but an unending cycle of hitting temporary objectives (Bauman, 2013). In other words, in fitness the present state is not enough. Besides, Bauman (2013) frames fitness as a subjective experience that can be understood only through personal involvement in the endless effort-satisfaction scheme. So, fitness as an experience is subjective in the sense of being immeasurable and incomparable.

Without addressing the history of fitness, it is interesting to analyse how it had spread around the world and, specifically, in Romania. For this purpose, the globalisation theory is available and allows a unique interpretation. Therefore, Ritzer & Ryan (2002) mention four sub-types of what they call 'nothing': non-places (empty settings), non-things (similar/ standard objects), non-people (guided human interaction) and non-services (the costumer does the work). Using them, can fitness be considered a form of nothing that can be easily spread through globalisation? For example, fitness is associated (but not necessarily) with gyms (non-spaces), gym equipment (non-things), facial-recognition check-in/out and training apps (non-services). Therefore, it is important to analyse if fitness is socially constructed as 'nothing' by being associated with generic empty terms.

However, according to Ritzer and Ryan (2002) distinctive substance, unicity, local ties, specific temporality and human relations can transform the gym in a glocal (integrated global and local elements) fitness environment. In other words, despite the universal fitness experience, one can participate in a significant and particularised fitness practice. On the other hand, capitalism, McDonaldisation and Americanisation are grobalisation (increasing power, influence, profit, etc.) processes that can contribute to the fitness culture (Ritzer & Ryan, 2002). In this way, the fitness experience consists in buying gym memberships, clothes, equipment, etc.; in organising efficiently (spatial, temporal, economical, etc.) fitness experiences and in spreading western workouts, styles and conduct. Still, the question of fitness as endorsing homogeneity/heterogeneity, hybridisation/uniformity, creolisation/purification remains and can be addressed through discourse analysis.

3. Fitness on social media

It the digitalised world we live in, fitness is present not only in everyday practice but on social media platforms alike. Stollfuß (2020) mentions some

'#' statistics that prove the existence of fitness community: gym, fitspo, instafit, fitspiration, etc. Social media permits entertainment, interpersonal communication and community building. Considering these, Stollfuß (2020) proposes the term 'communitainment'. The communitainment emphasises the twofold character of fitness on social media: fitness content build fitness communities and entertain the fitness participant through relatable (funny) content. Moreover, according to Stollfuß (2020), social media diminish the differences between mass and interpersonal communication, creation and consumption of content. In other words, social media platforms are a virtual space where it is easier to share fitness experiences with others.

Stollfuß (2020) argues, based on the scientific literature, that fitness self-representation and self-disclosure must be authentic and reasonable to be accepted. In other words, fitness content needs to portray a realistic and sustainable lifestyle in order to be consumed. Therefore, the fitness discourses presented on social media promise to be real and raw rather than idealistic. In addition, while fitness content creation is a fashionable, inspirational and supportive leisure activity for the community members, it also tends to be exclusivist (Stollfuß, 2020). This means that the fitness content may be isolated and, thus, it is interesting to identify which are the subjects that are relevant in the fitness community.

Eventually, according to Stollfuß (2020), the use of social media in regard to fitness content impacts well-being both positively (through ideas, motivations, sourcing, implementing health data, etc.) and negatively (through guilt, dissatisfaction, unhealthy obsessions, etc.). Thus, there is a distinction between fitness practice and fitness consumption. It can be inferred that fitness practice involves fitness consumption through social media platforms and the fitness consumption impacts the practice of fitness. Moreover, according to Fatt *et al.* (2019), accessing digital fitness content is not corelated with body satisfaction but motivates only regarding the personal appearance. Therefore, the consumption of fitness content on social media is complex and need to be further studied.

Considering the presence of fitness on social media, Karageorgou (2020) analyses the fitness discourse on Instagram. She identifies four dominant discourses around female fitness: (1) mind and body connection, (2) physical strength, (3) empowerment, and (4) fitness is a journey (Karageorgou, 2020). These discourses come from the perspective of female personal trainers who try to motivate and encourage female fitness participation and consumption. Therefore, it can be said that, depending on the purpose of the content creators, fitness is part of various discourses on social media.

Moreover, within the fitness discourses, the body discourse reveals the importance of physical appearance for women (Karageorgou, 2020). The findings show that, in this discourse, building (mental and) physical strength is valued through setting goals, embracing change, taking care of personal body and so forth and so on. Further, the discursive meaning of female body in the fitness discourse contains body agency, positivity and empowerment (Karageorgou, 2020). However, this corpus linguistics analysis presents only one niche facet of the discursive meaning of fitness on social media. Therefore, in the next section I propose a research design for catching the general discursive meaning of fitness.

4. Research questions and hypothesis

The aim of the paper is to identify the discursive meaning of fitness constructed in the virtual space. To achieve this goal, I formulated a hypothesis based on Bauman`s perspective of fitness as a liquid practice and two research questions that aim to elaborate and explain the identified meaning of the concept of interest. The main hypothesis is: *Hypothesis: Fitness has a liquid discursive meaning.*

The liquidity of fitness discursive meaning is conceptualised as dynamic meaning over time. The concept is operationalised through three dimensions, as seen in Table 1.

Table 1: The operationalisation of liquid discursive meaning of fitness.

Concept	Dimension	Indicator
Liquid discursive meaning of fitness	Content	Category of word
		Type of word
	Attitude	Positive
		Neuter
		Negative
	Visual	Type of emoji
		Frequency of emoji

Source: author

The research questions formulated in order to better understand and describe the liquid nature of fitness discourses are:

- *Question 1: Which are the main topics that construct the discursive meaning of fitness?*
- *Question 2: How do graphical symbols used in written communication construct the discursive meaning of fitness?*

The first question has a descriptive nature and aims to synthetically structure the discursive meaning of fitness while the second research question adds relevant nuances to the identified meaning of fitness. By answering them, the discursive meaning of fitness is outlined using both, text and images.

4.1. Research design

I used a mixed methodology by undertaking both quantitative and qualitative analyses. Concretely, I carried out a corpus-based analysis in order to test (and confirm) the hypothesis and a corpus-driven analysis in order to find an answer to the research questions. Beside corpus linguistic data collecting and analysing through specific tools and techniques (mentions, context of discussion, frequency, etc.), I carried a qualitative discourse analysis (context) using the first three extracted comments (the most recent ones and the most popular ones).

4.2. Data collecting

The data for this research was collected using Brand24. The main chosen keyword was fitness. The word had the presence score of seventy-eight (higher than 88 % of brands), which means that it is a current and present phenomenon in the virtual space. From the 47K of mentions: 25K are on social media platforms and 22K are from non-social media sources. Specifically, the main sources of data can be seen in Figure 1. The top three platforms are TikTok, with 8449 mentions, X (Twitter), with 6427 mentions and Youtube, with 5012 mentions.

Besides, Figure 2 presents the sentiments portrayed on different platforms. The data covers a period of seven days accessed on 26 March 2025. From the total, 24 % are positive mentions, 3 % are negative mentions while the rest of 73 % are neutral mentions. This graphic shows that fitness is not a controversial topic but, rather, a subject that tends to be addressed from a neutral, slightly positive, stance. This data may suggest that the discursive meaning of fitness lacks polarities and is constructed in an assertive manner.

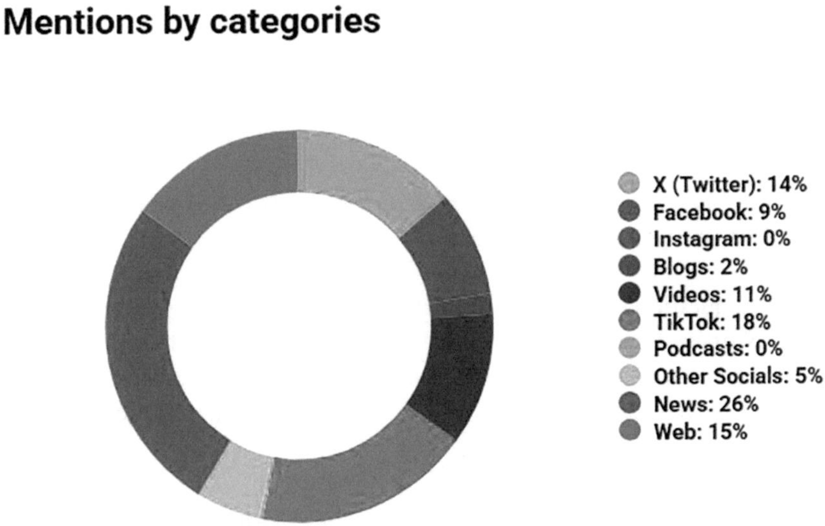

Figure 1: The main sources of fitness content.
Source: BRAND24 Analysis.

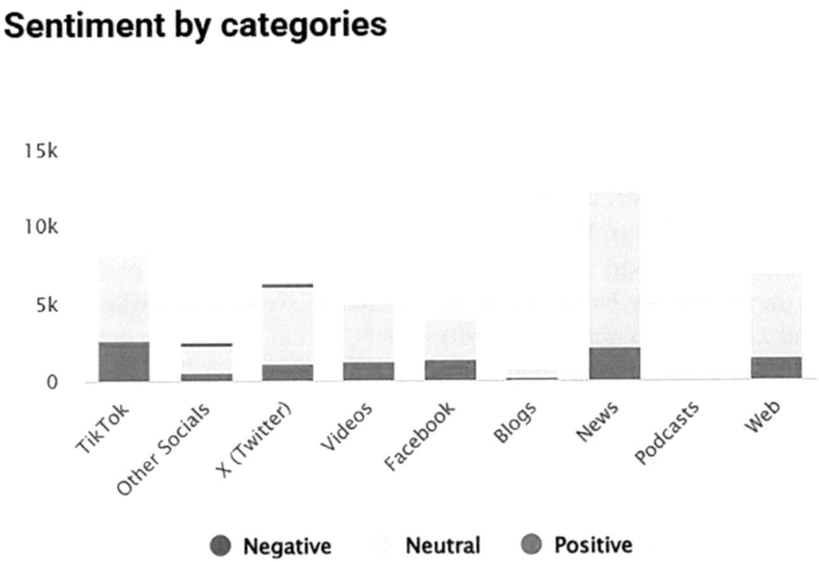

Figure 2: Sentiments expressed on online platforms regarding fitness.
Source: BRAND24 Analysis.

4.3. Data analysis

The collected data was analysed in a comparative-interpretative fashion. Concretely, using the constructed operationalisation and the generated graphics (from Brand24), I:

- compared the discursive meaning of fitness at two moments of time (on 26 March 2025 and a year ago);
- identified the relevant elements in order to answer the research questions.

Besides these, I undertake here a short qualitative analytical comparison of actual fitness mentions in order to exemplify the construction of its discursive meaning. Firstly, fitness can be positively constructed as (1) a *mental activity*, in the most recent mention:

(1) His book, The Great Search, he thoughtfully draws upon the teachings of revered prophets of the past, gently leading us towards a deeper connection with the Earth and, ultimately, the sacred divine that resides within us.br /br /WANT MORE SOUND IDEAS FOR DEEPER THINKING? Check out More Mental Fitness by Harvesting Happiness bonus content available (Grounded in Nature: Sacred Search for Spiritual Awakening with…);

or as (2) a *desirable identity*, in the most popular mention:

(2) Whether you're a powerlifting beast or a functional fitness enthusiast, Bells of Steel has the perfect storage solutions for every setup […] Ready to whip your gym into shape? Check out our full lineup of storage solutions and build your dream setup (How to Organize My Home Gym: The Ultimate Gym Storage Guide …).

Secondly, fitness has a neutral meaning when mentioned, in the most recent comment, as (1) a job or a *professional tool*:

(1') I need a logo designer £10-20 GBP Candid Photographer Needed for Baby Shower Pooja ₹1500-12500 INR Educational Presentation Design and Creation $250-750 USD YouTube Fitness Channel Video Editor

> ₹600-1500 INR Photographer videographer content creator in Toronto $250-750 CAD Fun & Vibrant Breakfast Menu Flyer $10-30 USD Classic Car Countrysi. (90 Min 720P Motion Picture Drama - Upscale/Remaster to 4K);

or as (2) a personal *development circumstance*, in the most popular one:

(2') Unlike generic diet plans, this one is customised based on your physical needs, food preferences, and fitness goals [...] Custom Keto Diet Plan creates a personalized meal plan based on your: ✓ Age ✓ Weight & Height ✓ Activity Level ✓ Food Preferences With a structured keto diet tailored to your needs, you can achieve your fitness goals faster. (What are the best ways to lose weight?).

Lastly, fitness has a negative discursive meaning when is constructed as (1) a *pseudo-identity*, as follows from the most recent mention:

(1") @MelonieMac My guess is that she was not only jabbed, but boosted like so many of these so-called \fitness gurus\. How many think there will definitely not be an unbiased autopsy??' (SentinusPrime);

or as (2) creating differences and *incompatibility*, according to the most popular mention:

(2") He is 37 and I am 27 ... [...] I also am super into fitness and it worries me that he doesn't take care of himself, especially with our age difference. I think these issues are all coming to the surface and feel like it's not my job to push him to change (I 27F have about had it with my boyfriend 37M).

This qualitative data analysis introduces the general quantitative data examination. Also, it exemplified how positive, neuter and negative discursive meaning can look like for fitness, based on the extended context. In what follows, the discursive meaning of fitness is presented by analysing both patterns of language and of symbols.

5. Results: liquid discursive meanings of fitness – comparative analysis

The main hypothesis is confirmed by identifying three directions of liquidity regarding the discursive meaning of fitness. Firstly, *fitness meaning* varies over time through new collocations like: *influencer, muscle, chest, pecs, etc.* (see Figure 3). This words emphasise a more body-oriented meaning in the present. Secondly, the entire fitness discourse becomes more *neural*, as can be seen in Figure 3 (green – positive meaning, grey – neutral meaning). For instance, the #motivation had a positive connotation last year and now it has a neutral meaning. This can be interpreted in the light of Bauman`s theory (2013) that constructs fitness as an always achieving and never being satisfied experience, state that transforms fitness motivation in a given reality.

Figure 3: Comparison between context of discussion last year (left) and 26 March (right). *Source:* Brand24 Analysis.

Thirdly, the liquidity of fitness meaning arises also from graphic symbols used in the fitness context (see Figure 4). An observation is that, putting aside the most used emoji, fitness tends to become humanised by replacing numerical and indicative emoticons with human facial expressions graphical representations. Another remark, that addresses the second research question, is that there is a (partial) lack of emoji that illustrate physical activities, fitness equipment, accessories and other related emoticons. By analysing both emoji clouds, turns out that, in the virtual environment, fitness is discussed as a magical, emotional, gender and checking practice. In other words, fitness is about aesthetics and other aspects that capture the eye, about the experienced emotions, about the personal discipline and consistency and about the gender particularisation of the practice through different discourses. Starting from here, more hypotheses can be outlined and tested in future research.

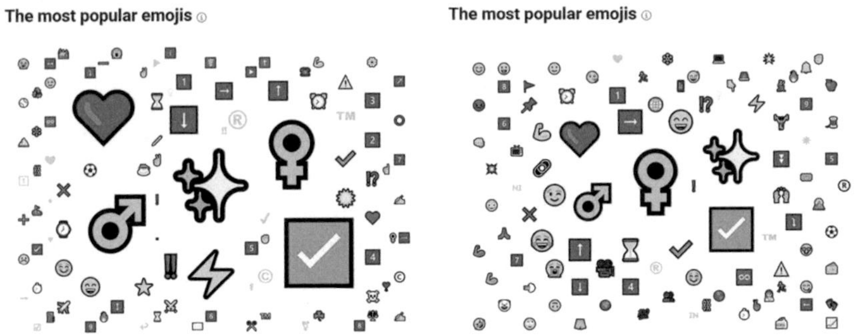

Figure 4: Emoji used in fitness mentions last year (left) and on 26 March 2025 (right). *Source:* Brand24 Analysis.

Lastly, the main topics that construct the meaning of fitness are extracted from a word cloud generated by Brand24 (using data from all periods of time). Therefore, fitness is understood as a *gym* experience (3.14 %), as a *health* pursue activity (2.85 %), as a *workout* focus practice (2.05 %), as a personalised trail - *#fyp* (1.87 %) and as a *motivation* implying leisure activity (1.8 %). These five main topics describe a general apprehension of fitness meaning in the virtual space. However, they need to be further analysed in order to encompass the specific discourses that are formed around fitness.

6. Conclusion: navigating the liquid discursive meaning of fitness

In conclusion, fitness represents an everyday practice that is present in various forms in the virtual space. There, fitness gets different meanings over time. In this context, the aim of the study was to identify the discursive meaning of fitness. I used corpus linguistics to test the hypothesis: *Fitness has a liquid discursive meaning*, and to answer to the research questions: *Which are the main topics that construct the discursive meaning of fitness? How does graphical symbols used in written communication construct the discursive meaning of fitness?*

The results confirm the liquidity of discursive meaning of fitness by identifying changes in colocations, sentiments and visual representations. Also, these visual representations construct the discursive meaning of fitness by focusing on feelings, gender discourses, checking mechanisms and magical/aesthetics elements. In addition, the main topics that construct the meaning of fitness are: gym, health, workout, for you pages and motivation. However, the present study has some limitations: time constraints, cultural bias, low study impact. Still, the sociological research can be enriched by employing the results in analysing how dynamic nature of fitness discourses impacts the perception and practice of fitness in different cultural contexts. Moreover, future study directions can address: specific fitness discourses created around gyms, health, workouts and motivation; gender discourses that construct the meaning of fitness; fitness metaphors and so forth. Besides, the findings have a practical relevance for the fitness related practices and may suggest the adaptation of communication strategies of professionals and influencers to reflect the dynamic nature of fitness discourses.

Bibliographical References

Baker, P., Gabrielatos, C., Khosravinik, M., Krzyżanowski, M., McEnery, T., & Wodak, R. (2008). 'A useful methodological synergy? Combining critical discourse analysis and corpus linguistics to examine discourses of refugees and asylum seekers in the UK press'. *Discourse & Society, 19*(3), 273-306. https://doi.org/10.1177/0957926508088962

Baker, P. (2018). 'Language, sexuality and corpus linguistics: Concerns and future directions'. *Journal of Language and Sexuality*, *7*(2), 263-279. https://doi.org/10.1075/jls.17018.bak

Baker, P., Brookes, G., Atanasova, D., & Flint, S. W. (2020). 'Changing frames of obesity in the UK press 2008-2017'. *Social Science & Medicine, 264*, 113403. https://doi.org/10.1016/j.socscimed.2020.113403

Baker, P., & Collins, L. (2023). 'Creating and analysing a multimodal corpus of news texts with Google Cloud Vision's automatic image tagger'. *Applied Corpus Linguistics*, *3*(1), 100043. https://doi.org/10.1016/j.acorp.2023.100043

Baudrillard, J. (1998). *The consumer society: Myths and Structures*. Sage. https://doi.org/10.4135/9781526401502

Bauman, Z. (2013). *Liquid modernity*. John Wiley & Sons.

Collins, L. C., & Baker, P. (2024). 'A computer-assisted analysis of image representations of obesity: comparing UK news content with the World Obesity Federation Image Bank'. *Visual Communication*, 14703572231209481. https://doi.org/10.1177/14703572231209481
Fatt, S. J., Fardouly, J., & Rapee, R. M. (2019). '# malefitspo: Links between viewing fitspiration posts, muscular-ideal internalisation, appearance comparisons, body satisfaction, and exercise motivation in men'. *New Media & Society*, *21*(6), 1311-1325.
Karageorgou, I. (2020). *Fitness Discourse on Instagram: A Corpus Linguistic Analysis*. BA thesis. Malmö University.
Mullen, S. P., & Whaley, D. E. (2010). 'Age, gender, and fitness club membership: Factors related to initial involvement and sustained participation'. *International Journal of Sport and Exercise Psychology*, *8*(1), 24-35. https://doi.org/10.1080/1612197X.2010.9671931
Ritzer, G., & Ryan, M. (2002). 'The Globalization of Nothing'. *Social Thought & Research*, *25*(1), 51-81. https://doi.org/10.17161/STR.1808.5191
Schneider, K. P., & Barron, A. (eds.). (2014). *Pragmatics of discourse*. De Gruyter Mouton. https://doi.org/10.1515/9783110214406
Stollfuß, S. (2020). 'Communitainment on Instagram: Fitness content and community-driven communication as social media entertainment'. *Sage Open*, *10*(2), 2158244020919535. https://doi.org/10.1177/2158244020919535
Tătar, C. F., Herman, G. V., & Peţan, P. (2018). 'Sport and physical activity engagement in Romania'. *Geosport for Society*, *8*(1), 40-50.

AI Meets Literary Corpora: LLMs for Advanced Synthetic Data Generation and Automated Evaluation in *Luces de Bohemia*

*Yanco Amor Torterolo Orta**

ABSTRACT
This chapter explores Synthetic Data Generation (SDG) on literary corpora for downstream applications such as Retrieval-Augmented Generation (RAG). It leverages compact Large Language Models (LLMs) running locally to generate a question-answering (QA) dataset, situating the work within the field of Computational Linguistics. To evaluate the LLM-generated datasets, other LLMs are employed in an 'LLM-as-a-judge' framework, assigning scores to each QA pair using a five-point Likert-like scale. A case study based on *Luces de Bohemia* is presented to assess the proposed approach. The main research questions addressed are: (1) Are judge models biased toward datasets generated by the same model? (2) Which model achieves the best overall performance? (3) Is SDG, combined with LLM-based evaluation, a viable method for producing high-quality datasets?

Keywords: sdg, llm, qa, corpus, computational linguistics, digital humanities

RÉSUMÉ
Ce chapitre explore la Synthetic Data Generation (SDG) à partir de corpus littéraires pour des applications comme la Retrieval-Augmented Generation (RAG). Des Large Language Models (LLMs) compacts, exécutés localement, sont utilisés pour générer un dataset de Question Answering (QA), dans une approche relevant de la linguistique computationnelle. L'évaluation repose sur d'autres LLMs employés comme juges, attribuant des scores aux paires QA via une échelle de type Likert à cinq niveaux. Une étude de cas basée sur *Luces de Bohemia* illustre l'approche proposée. Les questions de recherche portent sur : (1) un biais des juges envers les données qu'ils auraient générées ; (2) le modèle obtenant les meilleures performances ; (3) la viabilité de la SDG combinée à une évaluation automatisée pour produire des datasets de qualité.

Mots clés : sdg, llm, qa, corpus, linguistique computationnelle, humanités numériques

Summary

1. A matter of time 406
2. Related work 407
3. Synthetic data generation 408
   3.1. Preprocessing the literary work 408
   3.2. Generation of the dataset 409

* Universidad Autónoma de Madrid, yanco.torterolo@estudiante.uam.es

4. LLM-as-a-judge assessment 410
5. Analysis of the results 411
5.1. Quantitative analysis of the results 411
5.2. Qualitative analysis of the QA datasets generated 412
6. Conclusions 414
Bibliographical References 415

1. A matter of time

In recent years, breakthroughs in Artificial Intelligence (AI) and Natural Language Processing (NLP) have occurred almost weekly. This rapid pace of development – particularly in the field of Large Language Models (LLMs) – leaves little time for thorough experimentation before a new model is introduced. Compiling a curated corpus or dataset for evaluation or fine-tuning is a time-consuming process, often involving linguistic annotation, the creation of annotation guidelines, review, harmonisation and more. Synthetic Data Generation (SDG) has become increasingly popular for two main reasons. On the one hand, the process often relies on LLMs, which become more capable with each new release, allowing them to handle broader contexts and follow instructions more effectively. On the other hand, the improvements in these models make automated supervision and assessment of the generated data more feasible. One area that particularly benefits from rapid dataset creation is Question Answering (QA), especially since Retrieval-Augmented Generation (RAG) uses QA datasets for both fine-tuning and evaluation. RAG is a technique that grounds the answers of an LLM or agent in the data it has access to, ensuring that responses are based solely on the available information.

Generating QA datasets from literary texts presents unique challenges due to their unstructured nature and reliance on implicit information conveyed through devices such as cataphora, deixis, ellipsis, and irony. These features assume a reader's memory and inferential abilities, which LLMs often lack due to limited context windows. Theatrical works add further complexity through fragmented, turn-based dialogues, requiring precise context segmentation. To address these challenges, this approach incorporates enriched inputs to guide LLMs in generating high-quality synthetic data. Moreover, recent advances in LLM reasoning capabilities enable certain models to act as evaluators, reducing the need for human oversight in both generation and assessment. This dual automation streamlines dataset creation, offering significant value in fields like Digital Humanities, where literary QA requires deep textual understanding. This chapter explores the use of SDG for creating a RAG-ready QA dataset from the Spanish theatrical work *Luces de Bohemia*, written by Ramón María del Valle-Inclán.

This research aims to improve SDG techniques applied to literary texts. Several open-source models were run locally on consumer-grade hardware to generate QA pairs from given contexts. Afterwards, the resulting datasets were evaluated using models themselves, a method known as LLM-as-a-judge. If Voltaire were a contemporary computer scientist, he might say: 'Judge a model by its questions rather than by its answers'. Clearly, asking the right questions is essential to obtaining good answers. The main research questions addressed in this chapter are: (1) Are judge models biased toward datasets generated by the same model? (2) Which model achieved the best overall performance? (3) Is SDG combined with LLM-based evaluation a viable method for producing high-quality datasets?

2. Related work

Given that a QA dataset was generated in this work, a similar approach can be found in Shahriar's study (2023), which uses Question-Answer Generation (QAG) to augment data in Bengali – particularly relevant as it is a low-resource language. Kalpakchi's work (2023) also follows a similar approach in Swedish. The experiments conducted by Schwabe (2025) are especially relevant due to their use of synthetic data for evaluating Knowledge Graph (KG) QA. Another term related to SDG is Synthetic Data Creation (SDC), which was similarly explored by Siledar (2023). These two terms are often considered interchangeable. Other papers addressing SDG are Yang's (2025), which explores faithfulness in synthetic data, and Jadon's (2025), which examines both SDG and evaluation using reasoning models. Regarding the judge LLM approach, several studies have analysed its use. For instance, Chen (2024) investigates judgement bias in both human and LLM judges, while the robustness of this approach is explored in Raina's study (2024). However, no other study was found that uses LLMs to generate QA datasets from a Spanish literary piece and evaluates the results using judge models. Therefore, no direct comparisons can be made.

3. Synthetic data generation

3.1. Preprocessing the literary work

The first step involved converting the book, originally in .txt format, into the appropriate .csv format. Although each utterance was already attributed to a character in the text, this information was assigned to a dedicated character field in the .csv to facilitate processing. The header of the .csv and an example entry are shown in Table 1. This conversion was carried out using a Python script based on regular expressions. The resulting structure includes an *id* field (a unique identifier for each fragment), a *scene* field (indicating the section of the book the fragment belongs to), a *turn* field (used to group related nearby lines as context), the *character* field and a *text* field containing the utterance.

Table 1: RAG-ready .csv format example

ID	Scene	Turn	Character	Text
1	1	1	STAGE DIRECTION	<this provides some information>
2	1	1	MAX	<Interaction between MAX and DON LATINO>
3	1	1	DON LATINO	<DON LATINO answers MAX>
4	1	2	CLAUDINITA	<text unrelated to those in turn 1>

The only manual task in this workflow was identifying the turn for each text fragment. As mentioned earlier, this process is similar to chunking, so the size of the combined texts is critically important. Each chunk should contain enough information to allow for meaningful question and answer generation on its own, while remaining within the limits of the context window. Approximately ten interventions per chunk is an effective size, although this may vary depending on the specific case. At this stage, the .csv file is RAG-ready and can be imported into a KG database to support a retrieval system. However, exploring specific use cases lies beyond the scope of this chapter.

The next step involves assembling the chunks: a new .csv file is created by merging the *character* and *text* fields that share the same turn number. An example can be seen in Table 2. The resulting dialogues are grouped into the *text* field. Since this segmentation was manually curated, it is expected to be more effective than naive chunking. In total, 82 chunks – or texts – were created to represent the entire literary piece. The *question*, *answer* and *success* fields are generated by the LLMs in later stages, as explained below.

Table 2: A .csv format example ready for SDG

ID	Scene	Turn	Text	Question	Answer	Success
1	1	1	MAX: <text> DON GAY: <text>	<Q>	<A>	<yes/no>

3.2. Generation of the dataset

The models used to generate the synthetic datasets were downloaded locally using Ollama, a library that enables the use of local LLMs in programming languages such as Python. The models employed were *deepseek-r1:14b* (9.0 gb; DeepSeek-AI, Guo *et al.*, 2025), *gemma3:12b* (8.1 gb; Gemma Team, Kamath *et al.*, 2025), *granite3.3:8b* (4.9 gb; Mishra *et al.*, 2024), *llama3.1:8b-instruct-q8_0* (8.5 gb; Grattafiori *et al.*, 2024), *mistral:7b-instruct* (4.1 gb; Jiang *et al.*, 2023) and *qwen3:14b* (9.3 gb; Yang *et al.*, 2025). All these open-source models are lightweight enough to run within the 16 gb of VRAM available on the Nvidia RTX 5080 used in this project. No personal data needs to be uploaded to a cloud-based server, ensuring privacy.

This type of model requires a prompt in order to function. The prompt must provide each context to the LLM in a variable (see Table 3), which corresponds to the *text* column mentioned earlier. An expected output format is also specified so the model can follow it. However, smaller models often fail to consistently adhere to the desired format across all iterations. To address this, the output is parsed to extract the question and the answer, which are then used to populate their respective fields in the output .csv file. This approach prevents undesired

Table 3: Prompt for SDG

prompt = f"""
Based on the following context, generate one question and one answer.
Make sure the question is directly related to the context and that the answer is accurate.
Do not invent information that is not present. Do NOT use your training data – only rely on what the context says.
Formulate specific, complete questions rather than generic ones. Ask about concrete aspects so that the question can be clearly linked to its context.
Context: {context}
Output format:
Question: <generated question>
Answer: <generated answer>
"""

content such as the model's reasoning or additional comments from being included. The *success* column, introduced earlier, automatically displays yes or no depending on whether the model correctly populated both QA fields. Each of the six models generates a QA pair for each of the 82 context chunks.

4. LLM-as-a-judge assessment

Once a .csv file has been generated for each LLM's output, the assessment phase can begin. Three judge models were designed with distinct profiles to reflect different evaluation styles – or even 'personalities'. This approach aims to mimic human behaviour. Given the diversity of models and profiles, the evaluations are expected to be varied. The temperature parameter controls the randomness of the generated text: the lower the value, the more deterministic the output. It ranges from 0.0 to 1.0. For instance, LLM-judge_A is intended to be consistent, with a temperature set to 0.0. It uses *deepseek-r1:14b*, a reasoning model. In contrast, LLM-judge_C, powered by *llama3.1:8b-instruct-q8_0*, is designed to be more creative, with a temperature of 0.6. LLM-judge_B, *gemma3:12b*, sits at an intermediate temperature of 0.3, but its main distinction lies in the prompt: it is explicitly instructed to be stricter in its ratings. Table 4 presents the prompt used for the judge models. The prompt for LLM-judge_B includes an additional line: 'IMPORTANT: Be strict and stingy with the ratings. If you're between two scores, go with the lower one'.

Table 4: Prompt for evaluating the QA dataset

You are an expert in evaluating QA datasets in Spanish and assigning ratings.
You are given a context, along with a question and an answer generated from that context.
Your task is to assign a rating from 1 to 5 to the question-answer pair and provide a very brief explanation of your reasoning.
Fidelity to the context and overall coherence are essential. You will use the following scoring criteria:
Criteria: {criteria}
Context: {context}
Question: {question}
Answer: {answer}
Output format:
Rating: <number>
Explanation: <a very brief explanation>

The evaluation guidelines are outlined in Table 5. They describe how each judge LLM should rate the QA pairs on a scale from 1 to 5, following a Likert-style approach that simulates human scoring. Each of the three LLM-as-a-judge models evaluated the outputs from all six generation models, resulting in a total of eighteen .csv files.

Table 5: Rating guidelines followed by the judge models

1 –	Nonsense. The pair makes no sense whatsoever, regardless of how it is phrased. Neither the question nor the answer is formally correct.
2 –	The answer does not actually respond to the question and/or there are contradictions with the context.
3 –	The question or answer includes words in another language. Overall, it's borderline acceptable.
4 –	Both the question and the answer are formally correct and can be derived from the context. The answer is reachable using only the context and the question. There may be very minor formulation issues, or the question may be too obvious.
5 –	The result resembles what a human would produce. The question and answer are well-chosen given the context. No errors are present. Again, the answer can be obtained solely from the context and the question, and the result is optimal.– If the answer contradicts the context, the rating must be 1 or 2.

5. Analysis of the results

5.1. Quantitative analysis of the results

After completing the evaluation with the LLM-as-a-judge models, the ratings are shown in Table 6. According to the results, *gemma3:12b* was the best-performing model, closely followed by *qwen3:14b*. In contrast, *llama3.1:8b-instruct-q8_0* was the lowest-performing model by a significant margin. This underperformance is likely due to the use of guardrails, a common feature in Meta's models. Guardrails are mechanisms designed to censor or constrain a model's outputs to prevent misuse, which may limit their flexibility when generating answers. In turn, deepseek is actually a reasoning model, which means it is not specialised in following complex instructions for difficult tasks. Nevertheless, it achieved an excellent rating.

Table 6: Ratings by judge model and generation model (82 × 5 = 410 max. rating per model)

	Deepseek	**Gemma**	**Granite**	**Llama**	**Mistral**	**Qwen**
LLM-judge_A	397/410	395/410	389/410	282/410	379/410	404/410
LLM-judge_B	374/410	397/410	367/410	276/410	340/410	386/410
LLM-judge_C	345/410	373/410	359/410	263/410	320/410	371/410
Total (absolute)	1116/1230	1165/1230	1115/1230	821/1230	1039/1230	1161/1230
Total (relative)	0.907	0.947	0.907	0.667	0.845	0.944

As far as the judge models are concerned, Table 7 reveals a surprising trend. According to the judge average column, the strictest judge was not LLM-judge_B, but LLM-judge_C, the model with the most creative profile. Interestingly, this judge is the same one that performed worst when generating the synthetic dataset: *llama3.1:8b-instruct-q8_0*. A possible explanation is that its higher temperature setting reduced its ability to follow instructions and apply the evaluation criteria consistently.

Table 7: Average model scores per judge model

	Deepseek	**Gemma**	**Granite**	**Llama**	**Mistral**	**Qwen**	**Judge Average**
LLM-judge_A	4.84	4.82	4.74	3.44	4.62	**4.93**	4.57
LLM-jusge_B	4.56	**4.84**	4.48	3.37	4.15	4.71	4.35
LLM-jusge_C	4.21	**4.55**	4.38	3.21	3.90	4.52	4.13
model average	4.54	**4.74**	4.53	3.34	4.22	4.72	4.35

5.2. Qualitative analysis of the QA datasets generated

Thanks to the expanded context available to the models, the generated QA pairs were generally acceptable. One key factor was including the names of the speakers, which improved the model's understanding of the action and character relationships in the narrative. First, it is worth discussing the failures. As previously mentioned, the llama model posed the most issues due to its guardrails. It refused to generate 21 out of 82 QA pairs – nearly a quarter of the dataset. This significantly impacted its overall rating. No other model failed or refused to produce any QA pairs. The refusals were justified with messages such as: 'situations involving child sexual exploitation', 'content related to political or social topics', or 'content describing violence or harm involving minors'.

At other times, the model simply refused to provide an answer without offering any explanation. In general, its concerns were justified based on the content, although in some cases it appeared to misinterpret the passage. For example, its refusal in response to a scene involving child sexual exploitation was entirely valid: the passage describes a fifteen-year-old prostitute making a sexual advance toward the main character, Max Estrella. Another justified refusal involved a depiction of a deceased child in the arms of his mother, aligning with the model's policy on content depicting harm to minors. In terms of political content, one passage portrays a highly charged moment involving street protests, references to a workers' strike and ideological exchanges between characters. Groups such as *Acción Ciudadana* and institutions like *la Casa del Pueblo* are explicitly mentioned. The model likely refused to process this text due to these clear political references, consistent with its policy on avoiding political or socially sensitive material.

Table 8: Example of a correct QA pair generated by gemma.

Original context
MADAMA COLLET: A mí la muerte no me asusta. ¡Pero tenemos una hija, Max! **MAX**: ¿Y si Claudinita estuviese conforme con mi proyecto de suicidio colectivo? **MADAMA COLLET**: ¡Es muy joven! **MAX**: También se matan los jóvenes, Collet. **MADAMA COLLET**: No por cansancio de la vida. Los jóvenes se matan por romanticismo. **MAX**: Entonces, se matan por amar demasiado la vida. …
Translated context
[**MADAMA COLLET**: I'm not afraid of death. But we have a daughter, Max! **MAX**: And what if Claudinita agreed with my plan for collective suicide? **MADAMA COLLET**: She's too young! **MAX**: Young people take their own lives too, Collet. **MADAMA COLLET**: Not out of weariness. Young people do it out of romanticism. **MAX**: Then they do it because they love life too much. …]

(Continued)

Table 8: (Continued)

	question	answer
original	¿Cuál es la razón que Madama Collet aduce para que, según ella, los jóvenes a veces se quitan la vida?	Madama Collet afirma que los jóvenes se matan por romanticismo, lo que ella interpreta como amar demasiado la vida.
translation	[What reason does Madama Collet give for why, according to her, young people sometimes take their own lives?]	[Madama Collet states that young people take their own lives out of romanticism, which she interprets as loving life too much.]

Nevertheless, most of the QA pairs generated by the models received high ratings. Table 8 presents an example of an almost-correct QA pair, with the context slightly trimmed for display purposes. The only flaw in this example lies in the formulation of the question: it should have been phrased along the lines of *¿Qué razón aduce Madama Collet para explicar por qué, según ella, los jóvenes a veces se quitan la vida*? Given the model's size, however, the overall quality of the generation remains commendable.

6. Conclusions

This chapter has presented a real-world use case involving an entire literary work. Six LLMs were tested for QA generation, and three additional LLMs were used as evaluators. A thorough analysis of the results was conducted, and the methodology was described in detail to ensure replicability. Addressing the main research questions: (1) judge LLMs do not appear to be biased toward datasets generated by the same model (see Table 7), given that the results are mixed, (2) the best-performing model, according to consensus among judge LLMs, was *Google's Gemma3:12B*, which achieved a remarkably high rating despite its compact size; and (3) combining synthetic data generation (SDG) with LLM-based evaluation has proven to be a practical and effective approach. It significantly reduces the time and effort required for both dataset creation and evaluation. In fact, while all experiments were conducted locally on consumer-grade hardware within a few hours, manually producing a comparable QA dataset would likely take several weeks, in addition to the considerable effort needed for human evaluation involving multiple linguists or subject-matter experts. Nonetheless, what an LLM deems correct may not always align with human judgement, even considering the current impressive performance of these models. Furthermore, compact open-access models like those used in this study still lag behind premium models available via paid APIs or platforms such as ChatGPT or Gemini. Future work will include comparisons between LLM-driven and human evaluation to explore this divergence further. Additionally, the synthetic QA datasets will be tested in downstream RAG tasks to assess their practical value. Despite existing limitations, the results presented here are promising.

Acknowledgements

This chapter is framed under the Spanish national project GRESEL: UAM (PID2023-151280OB-C21), UNED (PID2023-151280OB-C22).

Bibliographical References

Chen, G. H., Chen, S., Liu, Z., Jiang, F., & Wang, B. (2024). 'Humans or LLMs as the Judge? A Study on Judgement Bias'. In Yaser Al-Onaizan *et al.* (eds.), *Proceedings of the 2024 Conference on Empirical Methods in Natural Language Processing* (Miami, Florida, USA: Association for Computational Linguistics, 2024), 8301-8327. https://doi.org/10.18653/v1/2024.emnlp-main.474

DeepSeek-AI, Guo, D., Yang, D. *et al.* (2025) (preprint). 'DeepSeek-R1: Incentivizing Reasoning Capability in LLMs via Reinforcement Learning'. *arXiv.* https://arxiv.org/abs/2501.12948

Gemma Team, Kamath, A., Ferret, J. *et al.* (2025). 'Gemma 3 Technical Report'. *arXiv.* https://arxiv.org/abs/2503.19786

Grattafiori, A., Dubey, A., Jauhri, A. *et al.* (2024). 'The Llama 3 Herd of Models'. *arXiv.* https://arxiv.org/abs/2407.21783

Jadon, A., Patil, A., & Kumar, S. (2025) (preprint). 'Enhancing Domain-Specific Retrieval-Augmented Generation: Synthetic Data Generation and Evaluation Using Reasoning Models.' arXiv. https://arxiv.org/abs/2502.15854

Jiang, A. Q., Sablayrolles, A., Mensch, A. *et al.* (2023) (preprint). 'Mistral 7B'. *arXiv.* https://arxiv.org/abs/2310.06825

Kalpakchi, D., & Boye, J. (2023). 'Quasi: A Synthetic Question-Answering Dataset in Swedish Using GPT-3 and Zero-Shot Learning'. In T. Alumäe, & M. Fishel (eds.), *Proceedings of the 24th Nordic Conference on Computational Linguistics (NoDaLiDa)* (Tórshavn, Faroe Islands: University of Tartu Library, 2023), 477-491. https://aclanthology.org/2023.nodalida-1.48/

Mishra, M., Stallone, M., Zhang, G. *et al.* (2024). 'Granite Code Models: A Family of Open Foundation Models for Code Intelligence'. *arXiv.* https://arxiv.org/abs/2405.04324

Raina, V., Liusie, A., & Gales, M. (2024). 'Is LLM-as-a-Judge Robust? Investigating Universal Adversarial Attacks on Zero-shot LLM Assessment'. In Y. Al-Onaizan *et al.* (eds.), *Proceedings of the 2024 Conference on Empirical Methods in Natural Language Processing* (Miami, Florida, USA: Association for Computational Linguistics, 2024), 7499-7517. https://doi.org/10.18653/v1/2024.emnlp-main.427

Shahriar, Md S., Al Fayad Chowdhury, A., Ehsan, Md. A., & Kamal, A. R. (2023). 'Question Answer Generation in Bengali: Mitigating the Scarcity of QA Datasets in a Low-Resource Language'. In J. C. Park, Y. Arase, B. Hu, W. Lu, D. Wijaya, A. Purwarianti, & A. A. Krisnadhi (eds.), *Proceedings of the 13th International Joint Conference on Natural Language Processing and the 3rd Conference of the Asia-Pacific Chapter of the Association for Computational Linguistics (Volume 1: Long Papers)* (Nusa Dua, Bali: Association for Computational Linguistics, 2023), 430-441. https://doi.org/10.18653/v1/2023.ijcnlp-main.29

Siledar, T., Banerjee, S., Patil, A., Singh, S., Chelliah, M., Garera, N., & Bhattacharyya, P. (2023). 'Synthesize, if You Do Not Have: Effective Synthetic Dataset Creation Strategies for Self-Supervised Opinion Summarization in E-Commerce'. In H. Bouamor, J. Pino, & K. Bali (eds.), *Findings of the Association for Computational Linguistics: EMNLP 2023* (Singapore: Association for Computational Linguistics, 2023), 13480-13491. https://doi.org/10.18653/v1/2023.findings-emnlp.899

Schwabe, T., Siebel, L., Valach, P., & Acosta, M. (2025) (preprint). 'Q-NL Verifier: Leveraging Synthetic Data for Robust Knowledge Graph Question Answering'. *arXiv.* https://arxiv.org/abs/2503.01385

Valle-Inclán, R. del (2017). *Luces de bohemia. Esperpento.* Biblioteca Virtual Miguel de Cervantes. https://www.cervantesvirtual.com/nd/ark:/59851/bmc0875782

Yang, A., Li, A., Yang, B. *et al.* (2025) (preprint). 'Qwen3 Technical Report'. *arXiv.* https://arxiv.org/abs/2505.09388

Yang, C., Lin, X., Xu, Ch. *et al.* (2025). 'LongFaith: Enhancing Long-Context Reasoning in LLMs with Faithful Synthetic Data'. *arXiv.* https://arxiv.org/abs/2502.12583

Notices biographiques des autrices/auteurs / Biographical Notes of the Authors

Marine Abraham

Enseignante-chercheuse à l'Université de Murcia, Espagne. Spécialiste du discours publicitaire adressé aux adolescents, ses recherches portent sur les dimensions sémiolinguistiques, psycholinguistiques et sociolinguistiques de la publicité, l'influence des jeunes sur la société de consommation, ainsi que la néologie dans les médias contemporains.

Assistant Professor at the University of Murcia, Spain. Her research focuses on advertising discourse aimed at adolescents, exploring the semiolinguistic, psycholinguistic and sociolinguistic dimensions of media communication, the influence of youth on consumer behaviour, and contemporary neologisms in the media.

Yanco Amor Torterolo Orta

Doctorant à l'Université Autonome de Madrid et affilié au Laboratoire de Linguistique Informatique, Espagne. Ses travaux portent sur les corpus littéraires et l'Intelligence artificielle appliquée à la linguistique. Dans ses recherches récentes, il étudie la génération automatique de données textuelles synthétiques à partir d'œuvres littéraires, à travers l'utilisation de grands modèles de langage (LLMs).

PhD student at the Autonomous University of Madrid and a member of the Computational Linguistics Lab, Spain. His work focuses on literary corpora and artificial intelligence applied to linguistics. His recent research explores the automated generation of synthetic textual data from literary works using large language models (LLMs).

Jamal Eddine Barhone

Docteur de l'Université Abdelmalek Essaâdi (ENS Tétouan, Maroc) et directeur général de l'école Aya al Madina. Il est spécialiste de l'ingénierie de la formation pour adultes et de la gestion des systèmes éducatifs. Il participe également à des projets de recherche en ingénierie pédagogique appliquée à l'enseignement des langues.

PhD from Abdelmalek Essaâdi University (ENS Tetouan, Morocco) and serves as General Director of Aya al Madina School. He specialises in adult training engineering and educational systems management, and he actively participates in research projects related to pedagogical engineering applied to language education.

Sonia Berbinski

Professeure HDR à l'Université de Bucarest (Roumanie), où elle coordonne le doctorat en linguistique théorique et appliquée. Spécialiste en sémantique, pragmatique, argumentation et traductologie, elle a publié plusieurs ouvrages de référence sur l'antonymie et l'approximation. Elle est co-responsable du Centre de Réussite Universitaire sous l'égide de l'AUF et a dirigé de nombreux projets européens dans le domaine de l'enseignement du français par la chanson. Chevalier des Palmes Académiques, elle a reçu le Prix d'Excellence de l'ARDUF.

Full Professor at the University of Bucharest (Romania), where she coordinates the doctoral programme in theoretical and applied linguistics. A specialist in semantics, pragmatics, argumentation and translation studies, she has authored key works on antonymy and approximation. She co-directs the AUF-supported Centre for Academic Success and has led several European projects on teaching French through music. She was named *Chevalier des Palmes Académiques* and received the ARDUF Excellence Award.

Laure Bracq

Professeure Associée à l'Université Autonome de Madrid (Espagne), spécialisée dans la didactique du français langue étrangère (FLE). Diplômée de l'Université Lille III, elle détient un DEA en philologie hispanique et un master en FLE. Elle a enseigné pendant huit ans à l'Université Catholique de Lille et exerce actuellement également à l'Université Pontificia Comillas et à l'Institut Français de Madrid. Elle participe à des projets pédagogiques innovants comme SINOFLE ou CONJUGO CON JUEGO.

Lecturer at the Autonomous University of Madrid (Spain), specialising in French as a Foreign Language Didactics (FLE). A graduate of Lille III University, she holds a DEA in Hispanic Philology and a Master's in FLE. She taught Spanish as a foreign language for eight years at the Catholic University of Lille and currently teaches at both Comillas University and the French Institute in Madrid. She also contributes to innovative teaching projects such as SINOFLE and CONJUGO CON JUEGO.

Elena-Cristina Drăguț

Doctorante à l'Université de Bucarest (Roumanie) et autrice de travaux interdisciplinaires sur le discours multimodal. Sa recherche récente porte sur l'analyse critique des infox, à travers des approches croisées en sémiotique, littératie numérique et pragmatique. Elle participe activement à des projets internationaux dans les domaines de la communication et de la linguistique appliquée.

PhD student at the University of Bucharest (Romania), known for her interdisciplinary work on multimodal discourse. Her recent research analyzes fake news through intersecting approaches in semiotics, digital literacy, and pragmatics. She actively participates in international projects related to communication and applied linguistics.

Imane El Imadi

Enseignante-chercheuse à l'Université Hassan II de Casablanca (Maroc). Ses recherches portent sur l'éducation et la technologie, notamment l'échange virtuel, l'analyse du discours et les dispositifs pédagogiques hybrides. Elle a contribué à des chapitres clés tels que *Expanding Learning Horizons* et *Navigating Virtual Worlds and the Metaverse for Enhanced E-Learning*, explorant serious games, métaverse et environnements d'apprentissage collaboratifs (revues.imist.ma).

Associate Professor at Hassan II University in Casablanca (Morocco). Her research focuses on education and technology, including virtual exchange, discourse analysis, and hybrid teaching environments. She has contributed to key works like *Expanding Learning Horizons* and *Navigating Virtual Worlds and the Metaverse for Enhanced E-Learning*, exploring serious games, the metaverse, and collaborative learning platforms.

Mohamed Erradi
Professeur à l'École Normale Supérieure de l'Université Abdelmalek Essaâdi à Tétouan (Maroc), où il est également membre du laboratoire LIROSA. Docteur en informatique de l'Université Mohammed V, ses recherches portent sur la pédagogie numérique, les technologies éducatives et l'apprentissage en ligne. Il a dirigé et contribué à de nombreux projets portant sur la modélisation de scénarios pédagogiques, l'ingénierie de plateformes e-learning et l'adaptation des dispositifs aux besoins de l'apprenant adulte. Il est l'auteur de plusieurs chapitres d'ouvrages et articles scientifiques dans les domaines de l'éducation assistée par les technologies, de l'andragogie et de la formation à distance.

Full Professor at the École Normale Supérieure of Abdelmalek Essaâdi University in Tetouan, Morocco, and a member of the LIROSA laboratory. He holds a PhD in Computer Science from Mohammed V University. His research focuses on digital pedagogy, educational technologies, and e-learning. He has led and contributed to numerous projects on the modelling of pedagogical scenarios, the design of e-learning platforms, and the customisation of learning environments for adult learners. He has authored multiple book chapters and academic articles in the fields of technology-enhanced education, andragogy, and distance learning.

Omar Erradi
Doctorant à l'École Normale Supérieure de l'Université Abdelmalek Essaâdi de Tétouan (Maroc), et chercheur actif dans le domaine des technologies éducatives. Il a contribué à plusieurs chapitres d'ouvrages internationaux sur l'enseignement en ligne, la classe inversée, le choix des modèles pédagogiques, la gestion de projets e-learning et l'architecture des plateformes éducatives.

PhD student at the École Normale Supérieure of Abdelmalek Essaâdi University in Tetouan, Morocco, and an active researcher in educational technologies. He has contributed to several international book chapters on online education, flipped classrooms, pedagogical model selection, e-learning project management, and educational platform architecture.

Carmen Fontaneda
Doctorante à l'Université Autonome de Madrid, Espagne. Sa recherche porte sur les discours critiques des enseignants vis-à-vis des réformes éducatives, analysés à travers des témoignages recueillis sur la plateforme X (anciennement Twitter). Elle s'intéresse à la construction de la théorie éducative à partir des voix enseignantes dans les espaces numériques, en lien avec l'antipédagogisme et la résistance professionnelle.

PhD student at the Autonomous University of Madrid, Spain. Her research focuses on critical teacher discourses regarding educational reforms, based on testimonies collected from the X platform (formerly Twitter). She explores the construction of educational theory through teacher voices in digital spaces, particularly in connection with anti-pedagogical movements and professional resistance.

Aránzazu Gil Casadomet
Enseignante-chercheuse à l'Université Autonome de Madrid (UAM), affiliée au laboratoire TiLc&Com et au groupe LAEC, spécialiste de linguistique française (sémantique discursive et argumentative). Elle publie sur les émotions linguistiques, la lexicographie, la linguistique de corpus et computationnelle, ainsi que sur l'ingénierie pédagogique en FLE/FOS. Elle a codirigé plusieurs ouvrages collectifs dans une perspective interdisciplinaire, portant notamment sur la technologie, la multimodalité, l'innovation pédagogique, la communication scientifique et les outils numériques. Elle est coordinatrice et co-éditrice de l'ouvrage *Recherches en sciences du langage. Perspectives internationales et interdisciplinaires en langues et communication* (Peter Lang).

Associate Professor at the Autonomous University of Madrid (UAM), affiliated with the TiLc&Com laboratory and the LAEC research group, she specialises in French linguistics (discursive and argumentative semantics). Her publications address linguistic emotions, lexicography, corpus and computational linguistics, as well as pedagogical engineering in French as a Foreign and for

Specific Purposes (FLE/FOS). She has co-edited several collective volumes within an interdisciplinary framework, focusing in particular on technology, multimodality, pedagogical innovation, scientific communication and digital tools. She is the coordinator and co-editor of the volume *Recherches en sciences du langage: International and Interdisciplinary Perspectives on Languages and Communication* (Peter Lang).

Hugo López-Romano

Doctorant à l'Université Autonome de Madrid, en Espagne, inscrit au programme de doctorat en chimie agricole. Il s'intéresse à la quantification des métaux lourds dans le contexte agricole. Sa thèse porte sur le cadrage l'agriculture et de l'agriculture urbaine dans le discours espagnol. Il adopte une approche basée sur la linguistique de corpus pour analyser la polarité sémantique et les récits environnementaux liés au développement durable dans les médias et les politiques publiques.

PhD student at the Autonomous University of Madrid, Spain, enrolled in the doctoral programme in Agricultural Chemistry. He is interested in the quantification of heavy metals in agricultural contexts. His thesis focuses on the framing of agriculture and urban farming within Spanish discourse. He adopts a corpus-based approach to analyse semantic polarity and environmental narratives related to sustainable development in the media and public policies.

Margherita Manieri

Étudiante en master de sciences du langage à la Sapienza Università di Roma, Italie. Elle mène une recherche comparative sur les stratégies culturelles et linguistiques dans les discours promotionnels en anglais et en espagnol. Elle s'intéresse à la manière dont les différences culturelles influencent la construction des messages publicitaires et leur efficacité persuasive selon le public ciblé.

Master student in Language Sciences at Sapienza University of Rome, Italy. Her research involves a comparative analysis of cultural and linguistic strategies in promotional discourse in English and Spanish. She investigates how cultural differences shape advertising messages and their persuasive effectiveness depending on the target audience.

Francesca Minerba
Étudiante en master à la Sapienza Università di Roma, Italie. Ses recherches s'appuient sur la linguistique cognitive et l'analyse de corpus pour étudier les métaphores conceptuelles de la colère en italien et en catalan. Elle analyse comment les émotions sont représentées discursivement à travers des constructions métaphoriques, révélant des variations culturelles dans la conceptualisation de l'émotion.

Master student at Sapienza University of Rome, Italy. Her research combines cognitive linguistics and corpus analysis to study conceptual metaphors of anger in Italian and Catalan. She investigates how emotions are discursively represented through metaphorical constructions, revealing cultural variations in the conceptualisation of emotion.

Ling Mu
Doctorante à l'Université Autonome de Madrid, Espagne. Elle se consacre à l'étude linguistique et pragmatique des constructions à thème avec le verbe psychologique espagnol *gustar*. Son approche met en lumière les implications syntaxiques et didactiques de ces structures, notamment dans le contexte de l'enseignement de l'espagnol comme langue étrangère.

PhD student at the Autonomous University of Madrid, Spain. She focuses on the linguistic and pragmatic analysis of topic constructions involving the Spanish psychological verb *gustar*. Her work highlights both the syntactic and didactic implications of these structures, especially in the context of teaching Spanish as a foreign language.

Mavina Pantazara
Enseignante-chercheuse à l'Université Nationale et Capodistrienne d'Athènes, Grèce, spécialiste de la traduction assistée par les technologies. Docteure en Sciences du Langage (Université Paris 8), elle a participé à de nombreux projets européens en traitement automatique des langues. Elle travaille sur les ressources lexicographiques, les corpus spécialisés et l'élaboration de matériaux pédagogiques numériques.

Associate Professor at the National and Kapodistrian University of Athens, Greece, specialised in technology-assisted translation. She holds a PhD in Language Sciences (University of Paris 8) and has participated in several European R&D projects in natural language processing. Her work includes computational lexicons, specialised corpora, and digital educational materials.

Chantal Seta

Étudiante en master à l'Université de Tübingen (Allemagne). Son projet de recherche analyse les régularités discursives dans les médias allemands à propos des féminicides. Elle propose une lecture critique des stratégies d'euphémisation et de culturalisation, mettant en évidence les enjeux idéologiques et médiatiques autour de la violence de genre.

Master student at the University of Tübingen (Germany). Her research focuses on discursive patterns in the German media concerning femicides. She provides a critical analysis of euphemisation and culturalisation strategies, highlighting the ideological and media-related stakes of gender-based violence representation.

Alina Silion

Doctorante à l'Université de Bucarest, Roumanie. Elle mène une recherche sociolinguistique sur le discours numérique autour du fitness, analysé à l'aide de la linguistique de corpus. Son travail explore les représentations sociales du corps, de la santé et de la performance dans les environnements numériques contemporains.

PhD student at the University of Bucharest, Romania. Her sociolinguistic research focuses on digital discourse about fitness, using corpus linguistics tools. She investigates how contemporary values related to the body, health, and performance circulate in online environments.

Belkacem Tayeb-Pacha

Doctorant à l'Université Autonome de Madrid, Espagne. Sa recherche s'intéresse à l'impact des manuels scolaires de FLE algériens sur les représentations des apprenants. À travers une approche critique, il explore les enjeux identitaires, idéologiques et postcoloniaux de l'enseignement du français en Algérie.

PhD student at the Autonomous University of Madrid, Spain. His research examines the impact of Algerian French as a Foreign Language textbooks on learner perceptions. Using a critical lens, he explores the identify, ideological and postcolonial dimensions of French language teaching in Algeria.

Eleni Tziafa
Enseignante-chercheuse à l'Université Nationale et Capodistrienne d'Athènes, Grèce. Titulaire d'un doctorat en traduction et linguistique computationnelle, elle s'intéresse aux outils d'aide à la traduction, à la linguistique de corpus et à l'analyse du discours. Ses travaux récents portent sur la traduction audiovisuelle et la formation des traducteurs à travers les technologies.

Associate Professor at the National and Kapodistrian University of Athens, Greece. She holds a PhD in Translation and Computational Linguistics, and her work focuses on translation tools, corpus linguistics, and discourse analysis. Her recent studies deal with audiovisual translation and translator training using new technologies.

Marta Tordesillas
Enseignante-chercheuse à l'Université Autonome de Madrid, spécialiste en linguistique française. Docteure en sémantique argumentative et énonciative, elle a été dirigée par Oswald Ducrot et Javier del Prado. Ses recherches portent sur l'argumentation, la subjectivité linguistique et la configuration du sens. Auteure de nombreuses publications, elle est aussi fondatrice de plusieurs réseaux et laboratoires de recherche. Elle est coéditrice de l'ouvrage *Recherches en sciences du langage. Perspectives internationales et interdisciplinaires en langues et communication* (Peter Lang).

Senior Professor at the Autonomous University of Madrid, specialising in French linguistics. She holds a PhD in argumentative and enunciative semantics, co-supervised by Oswald Ducrot and Javier del Prado. Her research explores linguistic argumentation, subjectivity and the semantic-pragmatic construction of meaning. She is the author of numerous publications and founder of several research networks and laboratories. She co-edited the volume *Research in Language Sciences: International and Interdisciplinary Perspectives en langues et communication* (Peter Lang).